明代哲学的源与流

张昭炜 程海霞 编

北京大学出版社
PEKING UNIVERSITY PRESS

图书在版编目(CIP)数据

明代哲学的源与流 / 张昭炜，程海霞编. —北京：北京大学出版社，2023. 1
ISBN 978-7-301-33672-4

Ⅰ. ①明… Ⅱ. ①张… ②程… Ⅲ. ①古代哲学—中国—明代 Ⅳ. ①B248

中国国家版本馆 CIP 数据核字（2023）第 006180 号

书　　名	明代哲学的源与流 MINGDAI ZHEXUE DE YUAN YU LIU
著作责任者	张昭炜　程海霞　编
责 任 编 辑	吴　敏
标 准 书 号	ISBN 978-7-301-33672-4
出 版 发 行	北京大学出版社
地　　址	北京市海淀区成府路 205 号　100871
网　　址	http://www.pup.cn　新浪微博：@ 北京大学出版社
电 子 信 箱	pkuwsz@126.com
电　　话	邮购部 010-62752015　发行部 010-62750672 编辑部 010-62757065
印 刷 者	北京中科印刷有限公司
经 销 者	新华书店
	787 毫米×1092 毫米　16 开本　31.5 印张　450 千字 2023 年 1 月第 1 版　2023 年 1 月第 1 次印刷
定　　价	129.00 元

序

吾师张学智先生，1952年12月生于宁夏中卫，北京大学哲学系中国哲学专业教授，博士生导师，从事宋明理学研究，尤其精专明代哲学。犹记燕园求学时，吾师每晚于静园哲学系中国哲学教研室笔耕不辍，孤灯寒窗，历经十余载，完成鸿篇《明代哲学史》（2000）。《明代哲学史》选材翔实，分析缜密，将明代哲学研究带入一个新高度。目前有英文、韩文译本。此外，还著有《贺麟》（1992）、《缁门警训注译》（1997）、《心学论集》（2006）、《中国儒学史·明代卷》（2011）、《明代哲学史》（修订版）（2012）、《贺麟思想研究》（2016）、《心学论集》（修订版）（2019）、《儒学的精神与演进》（2020）等，哲思之勤，未曾中断。吾师七十寿秩之际，又有大作《中国哲学概论》面世，可谓学术长青，佳作纷出。

吾师1986年任教于北京大学，耕读燕园三十余载，桃李满天下，弟子多以明代哲学为选题，兼及宋代以前与清代以降的哲学。群弟子感念师恩，以“明代哲学的源与流”为主题，结集此书，为老师七十寿庆献礼，展现在老师指导下对明代哲学源流的开拓。又承蒙吾师的同事学友陈来先生、李存山先生、景海峰先生、吴震先生、杨立华先生等名家惠赐大作，为本书增添异彩。群弟子亦当以此书为契机，勠力同心，共弘师传，是为序。

群弟子记

2022年11月7日

目 录

王阳明及王门后学

明末清初

近现代

两宋时期

所以与必然：朱子天理观的再思考

杨立华*

在《四书或问》中，朱子将所穷之理概括为“所当然而不容已，所以然而不可易”①。然而《朱子语类》卷十七又载：“或问‘格物’章本有‘所以然之故’。曰：‘后来看得，且要见得“所当然”是要切处。若果见得不容已处，则自可默会矣。’”② 由此可知，所当然之不容已当中已经包含了“所以然而不可易”的意思。在《答陈安卿》三（“泰伯篇”）中，针对陈淳“所以《大学章句》、《或问》论难处，惟专以当然不容已者为言，亦此意”的理解，朱子答曰：“《大学》本亦更有‘所以然’一句，后来看得且要见得所当然是要切处，若果得不容已处，即自可默会矣。”③ 这则答问，与前引《语类》一则文字基本一致。按《答陈安卿》三作于1191年④，距《大学或问》成篇已逾十载。⑤ 朱子对相关问题的思

---

* 杨立华，1971年生，哲学博士，现任北京大学哲学系教授，博士生导师。主要研究领域是中国哲学史、儒学、道家与道教，近年来主要着力于宋明哲学及魏晋哲学的研究。

① 《朱子全书》第6册，上海：上海古籍出版社；合肥：安徽教育出版社，2010年，第528页。

② 《朱子语类》，北京：中华书局，1986年，第384页。

③ 《朱子全书》第23册，第2737页。

④ 陈来：《朱子书信编年考证》，北京：生活·读书·新知三联书店，2007年，第344页。

⑤ 《大学或问》的成篇时间，应该与《论语或问》《孟子或问》的完成时间相去不远。参见《朱子全书》第6册，第492页。

考，已经有了进一步的深化。

所以然、所当然、自然、必然等概念，是理解朱子天理观的关键。考虑到现代汉语语境的巨大变化，重新梳理这些概念在朱子哲学话语的含义，考察其中的古今之异，对于更深入、准确地把握朱子的天理概念将是不无裨益的。

一、天运有差

认识到天运有差的问题，显然与历法有关。历代制作历法的尝试，都无法做到与天体的运行完全一致。对此，朱子说：

> 只有季通说得好，当初造历，便合并天运所差之度都算在里。几年后差几分，几年后差几度，将这差数都算做正数，直推到尽头，如此庶几历可以正而不差。今人都不曾得个大统正，只管说天之运行有差，造历以求合乎天，而历愈差。元不知天如何会有差，自是天之运行合当如此。此说极是，不知当初因甚不曾算在里。①

这里，值得注意的是，“天运有差”是“天之运行合当如此”。换言之，天行之差是符合天理的。

朱子对蔡元定有关历法的观点的评价，《朱子语类》中有另一则记载，与此正好相反：

> 季通尝言：“天之运无常。日月星辰积气，皆动物也。其行度疾速，或过不及，自是不齐。使我之法能运乎天，而不为天之所

① 《朱子语类》，第2213页。

运，则其疏密迟速，或过不及之间，不出乎我。此虚宽之大数纵有差忒，皆可推而不失矣。何者？以我法之有定而律彼之无定，自无差也。”季通言非是。天运无定，乃其行度如此，其行之差处亦是常度。但后之造历者，其为数窄狭，而不足以包之尔。①

与前引一则不同在于，朱子明确地表达了对蔡元定的批评。但细致比较将会发现，两者的基本思想是一致的：其一，天之运行是有差的；其二，天行之差自有其常度。

天运之差既有常度，则造历时将此常度算入其中，就应该可以与天体运行相一致了。但朱子又明确指出“后之造历者”的问题在于“为数窄狭”。关于“阔”和“窄”的问题，朱子曾有过专门的讨论：

或问：“康节何以不造历？”曰：“他安肯为此？古人历法疏阔而差少，今历愈密而愈差。”因以两手量桌边云：“且如这许多阔，分作四段，被他界限阔，便有差，不过只在一段界限之内。纵使极差出第二三段，亦只在此四界之内，所以容易推测，便有差，容易见。今之历法于这四界内分作八界，于这八界内又分作十六界，界限愈密，则差数愈远。何故？以界限密而逾越多也。”②

从这则议论可知，朱子并不认为可以完全精确地计算出天行之差，只是要这差误落在预先确定的界限内。这样的好处在于容易推测，差处也易见。天之运行既然无法完全精确地计算，则根本上讲还是无定的。朱子之所以不能完全认同蔡元定“天之运无常”的说法，恐怕还是考虑到了天之运行的确定性对于人类的社会生活的重要性。简单强调“天运无

① 《朱子语类》，第 25 页。

② 《朱子语类》，第 2213 页。

定”，有可能从根本上动摇人的生活经验中最具确定性的东西。所以，一方面要看天之行度的无定，又要看到其差错当中的“常度”。

事实上，天之运行既然在大化流行的总体当中，其“无定”是理所当然的：

问：“地何故有差？”曰：“想是天运有差，地随天转而差。今坐于此，但知地之不动耳，安知天运于外，而地不随之以转耶？天运之差，如古今昏旦中星之不同，是也。”①

朱子并不认为地是不动的。地随天而转。只是人在地中，无法觉察其运动而已。天行有差，以致地亦有差。

二、不　齐

始终在阴阳的相互作用中的实然世界，自然有种种“不齐”：

又问：“一阴一阳，宜若停匀，则贤不肖宜均。何故君子常少，而小人常多？”曰：“自是他那物事驳杂，如何得齐！且以扑钱譬之：纯者常少，不纯者常多，自是他那气驳杂，或前或后，所以不能得他恰好，如何得均平！且以一日言之：或阴或晴，或风或雨，或寒或热，或清爽，或鹘突，一日之间自有许多变，便可见矣。”又问：“虽是驳杂，然毕竟不过只是一阴一阳二气而已，如何会恁地不齐？”曰：“便是不如此。若只是两个单底阴阳，则无不齐。缘是他那物事错揉万变，所以不能得他恰好。”②

① 《朱子语类》，第2212页。
② 《朱子语类》，第79—80页。

如果天地间只有“两个单底阴阳”，即使相互作用、感应，也不会生出不齐之物。但天道生生不已，阴阳总在不断相互转化当中，阳之动必生阴之静，阴之静又感应出阳之动，无尽日新的阴阳两体，“错揉万变”，所以不可能有完全“恰好”的物事。

气的世界的“不齐”，有方方面面的体现。当然，最突出的表现还是在德福之间的不一致上：

> 问：“夫子不答南宫适之问，似有深意。”曰：“如何?”过谓：“禹稷之有天下，羿奡不得其死，固是如此。亦有德如禹稷而不有天下者，孔子终身为旅人是也；亦有恶如羿奡而得其终者，盗跖老死于牖下是也。凡事应之必然，有时而或不然。惟夫子之圣，所以能不答。君子之心，亦为其所当为，而不计其效之在彼。”（蜀录云：“必然之中，或有不然者存。学者之心，惟知为善而已，他不计也。夫子不答，固有深意，非圣人不能如是。”曰：“此意思较好。”）①

“必然之中，或有不然者存”不是朱子本人的话，是弟子王过的体会。从朱子的回应看，他是认同王过的观点的。这里的“凡事应之必然，有时而或不然”，提示出道学话语中的“必然”与我们今天所讲的客观规律的必然之间的不同。有一物则必定会产生相关联的某一物，或做这事儿就必定会产生某种结果，这样的必然在两宋道学的世界观里是不存在的。现代自然科学的笼罩性影响无处不在，根本上宰制了当代人的世界观。自然科学的规律被普遍当作必然的铁律。而实际上，自然科学规律的普遍性和必然性并没有在思理的层面上得到真正意义上的证明。

---

① 《朱子语类》，第1121—1122页。

三、所以与所以然

自程子以“所以”强调性地区分形上、形下，“所以”和“所以然”就成为天理概念的基本内涵。然而，“所以”一词在朱子哲学话语中的具体含义，仍然有含糊之处。在朱子那里，“所以”一词大体上有三种用法：其一，引出某一现象的原因。比如，“雪花所以必六出者，盖只是霰下，被猛风拍开，故成六出。如人掷一团烂泥于地，泥必灒开成棱瓣也。又，六者阴数，太阴玄精石亦六棱，盖天地自然之数”①。其二，用以、用来之义。如，“人常读书，庶几可以管摄此心，使之常存。横渠有言：‘书所以维持此心。一时放下，则一时德性有懈。’其何可废！”② 其三，决定义。如，“耳目之视听，所以视听者即其心也，岂有形象”③。最后这种用法是理解天理概念的关键，但“决定”是在什么意义上的“决定”，还有待深思。

在朱子那里，“所以然”基本上都是与知相关联的：

> 如事亲当孝，事兄当弟之类，便是当然之则。然事亲如何却须要孝，从兄如何却须要弟，此即所以然之故。如程子云：“天所以高，地所以厚。”若只言天之高，地之厚，则不是论其所以然矣。④

这则语录中的“所以然”指道德规范的根据和自然现象的原因，是格物致知的目标。在朱子看来，道德实践能否真正落在实处，是由知的深

---

① 《朱子语类》，第 23 页。
② 《朱子语类》，第 176 页。
③ 《朱子语类》，第 87 页。
④ 《朱子语类》，第 414 页。

浅决定的。“所以然”更多地指向道德行为背后的根据。“所以然”既然是知的内容，其中虽然包含对天理的认识，但严格说来，我们不能说天理就是万物的所以然。因为天理并不依赖于人的认知。

“所以然”有时也被表达为“所以当然”。在解释《论语》“五十而知天命”时，朱子即将“天命”解释为“事物所以当然之故”：

> 又云：“天命处，未消说在人之性。且说是付与万物，乃是事物所以当然之故。如父之慈，子之孝，须知父子只是一个人，慈孝是天之所以与我者。”①

既然强调天之“付与”，“事物所以当然之故”也就有了普遍、决定的意思。

四、当然与自然

朱子讲“当然”，常与“自然”关联在一起：

> （炎录云：天下事合恁地处，便是自然之理。）如“老者安之”，是他自带得安之理来；“朋友信之”，是他自带得信之理来；“少者怀之”，是他自带得怀之理来。圣人为之，初无形迹。季路颜渊便先有自身了，方做去。如穿牛鼻，络马首，都是天理如此，恰似他生下便自带得此理来。②

“合恁地处”即是“当然”。而天下事的“当然”就是“自然之理”的

① 《朱子语类》，第552页。
② 《朱子语类》，第757页。

体现。“穿牛鼻，络马首”是对待牛、马的“当然”，同时也就是牛、马的“自然”。

“自然”又有“必然”之义：

> (砺录云：“毕竟是阳长，将次并进。”)以至于极，则有朋来之道而无咎也。“反复其道，七日来复，天行也”，消长之道自然如此，故曰“天行”。处阴之极，乱者复治，往者复还，凶者复吉，危者复安，天地自然之运也。①

在朱子的哲学中，阴阳消长最具我们今天意义上的客观必然性，因此，此处的“自然”是有着极为突出的必然义的。在后面的讨论中，会有相关问题的进一步探究。

对于《周易·节卦》“彖传”中的“天地节而四时成”，朱子有一段值得注意的阐发：

> 天地转来，到这里相节了，更没去处。今年冬尽了，明年又是春夏秋冬，到这里厮匝了，更去不得。这个折做两截，两截又折做四截，便是春夏秋冬。他是自然之节，初无人使他。圣人则因其自然之节而节之，如“修道之谓教”，“天秩有礼”之类，皆是。天地则和这个都无，只是自然如此。②

“到这里厮匝了”是说进入了一个往复循环当中。“更去不得”的说法，与朱子讨论无极、太极之“极”时的话基本一致：“无极之真是包动静而言，未发之中只以静言。无极只是极至，更无去处了。至高至妙，至

---

① 《朱子语类》，第1789页。
② 《朱子语类》，第1866页。

精至神，更没去处。濂溪恐人道太极有形，故曰‘无极而太极’，是无之中有个至极之理。如‘皇极’，亦是中天下而立，四方辐凑，更没去处；移过这边也不是，移过那边也不是，只在中央，四畔合凑到这里。”① 天运循环的“更去不得”与太极、无极之“极”的“更没去处”，皆是“自然”。这里的“自然”，无疑更具必然的意味。朱子既强调“自然之节”是“无人使他”的，则“自然”就有不为别的因素支配和影响的意思。这对于我们理解朱子哲学中的必然义和主宰义是极有帮助的。

在朱子与弟子的讨论中，有时也用“合当如此”说“当然”：

> 道夫言：“向者先生教思量天地有心无心。近思之，窃谓天地无心，仁便是天地之心。若使其有心，必有思虑，有营为。天地曷尝有思虑来！然其所以‘四时行，百物生’者，盖以其合当如此便如此，不待思维，此所以为天地之道。”②

这段话是朱了弟了杨道夫所说。从朱子的回答看，朱子只是对其中“天地无心”的说法有保留。“四时行，百物生”是天道之必然，杨道夫却将其理解为“合当如此”。由此可知，“当然”也有必然义。

五、不容已与必然

朱子说“不容已”，大体上有两种含义：其一，不应该不如此；其二，天运自然意义上的不得不如此。后一种含义更具哲学的意义：

---

① 《朱子语类》，第 2369 页。

② 《朱子语类》，第 4 页。

> 问："《或问》云：'天地鬼神之变，鸟兽草木之宜，莫不有以见其所当然而不容已。'所谓'不容已'，是如何？"曰："春生了便秋杀，他住不得。阴极了，阳便生。如人在背后，只管来相趱，如何住得！"①

这里谈到的"不容已"有非常突出的必然的含义。

这种必然意义上的"不容已"在朱子论及历史的理势时，是与"自然""必然"等概念完全等同起来的：

> 问："其所阙者宜益，其所多者宜损，**固事势之必然**。但圣人于此处得恰好，其他人则损益过差了。"曰："圣人便措置一一中理。如周末文极盛，故秦兴必降杀了。周恁地柔弱，故秦必变为强戾；周恁地纤悉周致，故秦兴，一向简易无情，直情径行，皆事势之必变。但秦变得过了。秦既恁地暴虐，汉兴，定是宽大。故云：'独沛公素宽大长者。'秦既鉴封建之弊，改为郡县，虽其宗族，一齐削弱。至汉，遂大封同姓，莫不过制。贾谊已虑其害，晁错遂削一番，主父偃遂以谊之说施之武帝诸侯王，只管削弱。自武帝以下，直至魏末，无非刬削宗室，至此可谓极矣。晋武起，尽用宗室，**皆是因其事势，不得不然**。"贺孙问："本朝大势是如何？"曰："本朝监五代，藩镇兵也收了，赏罚刑政，一切都收了。然州郡一齐困弱，靖康之祸，寇盗所过，莫不溃散，亦是失斟酌所致。又如熙宁变法，亦是当苟且惰弛之余，**势有不容已者**，但变之自不中道。"②
>
> 又问："韩柳二家，文体孰正？"曰："柳文亦自高古，但不甚

① 《朱子语类》，第413—414页。

② 《朱子语类》，第599页。

醇正。”又问：“子厚论封建是否?”曰：“子厚说‘封建非圣人意也，势也’，亦是。但说到后面有偏处，后人辨之者亦失之太过。如廖氏所论封建，排子厚太过。且封建自古便有，圣人但因自然之理势而封之，乃见圣人之公心。且如周封康叔之类，亦是古有此制。因其有功、有德、有亲，当封而封之，却不是圣人有不得已处。若如子厚所说，乃是圣人欲吞之而不可得，乃无可奈何而为此！不知所谓势者，**乃自然之理势，非不得已之势也**。”①

这里，特别值得注意的是“不得不然的”的“事势”或“自然之理势”与“不得已之势”的区别。“不得已”和“无可奈何”就有个“想做而不能做、不想做却偏又不得不做”的被动意思。之所以有此被动，是仅仅知道历史趋势的无法阻挡，而不知其中的义理之当然。“不得不然”则是真实见到了历史趋势中的“当然”。比如封建，是当时的历史情势下对“有功”者、“有德”者、“有亲”者合当有的德义，不是仅仅出于力所不及和治理的需要才不得已而为之的。至于周末文盛柔弱变而为秦之简易强戾，秦之暴虐转为汉之宽大，则是极则必反的必然之理的体现。到了这里，“更去不得”，所以只能转向相反的方向。

在充满各种“不齐”的气的世界里，阴阳之间的循环消长是“天生自然铁定”② 的。天理就是这“一阴一阳循环而不已”的“所以”：

问：“屈伸往来，气也。程子云‘只是理’，何也?”曰：“其所以屈伸往来者，是理必如此。‘一阴一阳之谓道。’阴阳气也，其所以一阴一阳循环而不已者，乃道也。”③

---

① 《朱子语类》，第 3303 页。

② 《朱子语类》，第 253 页。

③ 《朱子语类》，第 2437—2438 页。

> “一阴一阳之谓道。”阴阳是气，不是道，所以为阴阳者，乃道也。若只言“阴阳之谓道”，则阴阳是道。今曰“一阴一阳”，则是所以循环者乃道也。“一阖一辟谓之变”，亦然。①

我们在前面分析过朱子哲学话语中“所以”的几种含义。这里的“所以”应该是决定的意思。朱子特别指出《易传》所说的不是“阴阳之谓道”，而是“一阴一阳之谓道”。形而上的道或理是一阴一阳循环不已的决定者、主宰者。值得深思的是：这里的决定和主宰是什么意义上的呢？理又是如何主宰和决定气的流行的呢？

六、主　宰

通过前面的分析，我们可以看到，朱子论及天理的本质的相关概念——“当然”“自然”“必然”“所以”在很多情况下都是交互使用的，且都有与“不容已”和“不得不”的意思关联起来的用法。而这样一种必然的意味又与我们现在所说的客观规律意义上的必然有所不同：

> 问：“‘道不可离’，只言我不可离这道，亦还是有不能离底意思否？”曰：“道是不能离底。纯说是不能离，不成错行也是道！”②

道不是自动实现的客观必然。如果是客观规律意义上的必然，就根本谈不上对错了。朱子所说的“不能离”，只能在无法摆脱的形式和倾向的意义上来理解：

---

① 《朱子语类》，第 1896 页。
② 《朱子语类》，第 1498 页。

> 问："'视听、思虑、动作，皆天也，人但于中要识得真与妄耳。'真、妄是于那发处别识得天理人欲之分。如何?"曰："皆天也，言视听、思虑、动作皆是天理。其顺发出来，无非当然之理，即所谓真，其妄者，却是反乎天理者也。**虽是妄，亦无非天理，只是发得不当地头**。譬如一草木合在山上，此是本分，今却移在水中。其为草木固无以异，只是那地头不是。恰如'善固性也，恶亦不可不谓之性'之意。"①

妄者也是自然倾向的体现，也具有当然的形式，只是发在了不恰当的地方。当羞恶时全无羞恶之心，不当羞恶处却羞恶了。以行道为志向，却以恶衣恶食为耻。羞恶之心是人普遍的自然倾向、善的具体形式之一，发错了地方，就流为恶了。

基于对"必然"的这种理解，我们可以进一步讨论朱子所说的"主宰"的真正含义：

> "不窥密"，止"无测未至"。曰："许多事都是一个心，若见得此心诚实无欺伪，方始能如此。**心苟涣散无主，则心皆逐他去了，更无一个主**。观此，则求放心处，全在许多事上。**将许多事去拦截此心教定**。"②

"主"就是不受他者影响和左右，就有个"定"的意思。而"定"就是"不易"，也就是保持自身的同一。

而"定"和"不易"又不是僵死的、无变化的，反而是在变化当中，方能恒常。朱子论《恒》卦曰：

---

① 《朱子语类》，第 2452 页。
② 《朱子语类》，第 2249 页。

《恒》非一定之谓，故昼则必夜，夜而复昼，寒则必暑，暑而复寒，若一定，则不能常也。其在人，“冬日则饮汤，夏日则饮水”，“可以仕则仕，可以止则止”，今日道合便从，明日不合则去。又如孟子辞齐王之金而受薛宋之馈，皆随时变易，故可以为常也。①

恒常贯通于变易。或者说，同一是贯通在差异的不断作用和产生当中的。普遍和必然的同一，不受不断产生的差异的影响和左右。

七、理、神与一

在朱子的哲学里，理是主宰者：

问：“天地之心，天地之理。理是道理，心是主宰底意否？”曰：“心固是主宰底意，然所谓主宰者，即是理也，不是心外别有个理，理外别有个心。”②

问：“有是理而后有是气。未有人时，此理何在？”曰：“也只在这里。如一海水，或取得一杓，或取得一担，或取得一椀，都是这海水。但是他为主，我为客，他较长久，我得之不久耳。”③

在天或理与人的关系中，人是被动的。这一被动性根本上源自天对人的“付与”。在朱子那里，天或理的主宰、主动义和恒久义是确定无疑的。

理与神是同等层次的概念。当然，这里所说的神不是“鬼神”这个概念层面的神：

① 《朱子语类》，第 1821 页。
② 《朱子语类》，第 4 页。
③ 《朱子语类》，第 2 页。

问："所谓神者，是天地之造化否？"曰："神，即此理也。"①

理作为形而上者，是"动而无动，静而无静"的："理则神而莫测，方其动时，未尝不静，故曰'无动'；方其静时，未尝不动，故曰'无静'。"②

神妙万物。昼夜、阴阳皆为神所变，而神却并不为昼夜、阴阳所变：

问："动而无动，静而无静。"曰："此说'动而生阳，动极而静，静而生阴，静极复动'。此自有个神在其间，不属阴，不属阳，故曰'阴阳不测之谓神'。且如昼动夜静，在昼间神不与之俱动，在夜间神不与之俱静。**神又自是神，神却变得昼夜，昼夜却变不得神**。神妙万物。如说'水阴根阳，火阳根阴'，已是有形象底，是说粗底了。"③

神既不为昼夜所变，则是始终如一的。"神又自是神"，神贯通于一切对立的两体当中，始终自身同一。

朱子对张载的"一物两体"说极为赞赏，以为"'神化'二字，虽程子说得亦不甚分明，惟是横渠推出来"④。对于张载的"一故神，两故化"，朱子阐发说：

两所以推行乎一也。张子言："一故神，两在故不测；两故化，

① 《朱子语类》，第 2404 页。
② 《朱子语类》，第 2403 页。
③ 《朱子语类》，第 2403 页。
④ 《朱子语类》，第 2512 页。

> 推行于一。”谓此两在，故一存也。“两不立，则一不可见；一不可见，则两之用或几乎息矣”，亦此意也。如事有先后，才有先，便思量到末后一段，此便是两。如寒，则暑便在其中；昼，则夜便在其中；便有一寓焉。①

“先”的自身同一，已包含“后”。“寒”的自身同一，已包含“暑”。一切差异皆是对立的两体的体现，而对立的两体在各自的自身同一中，已必定包含了对方。“一”不是独立于相互依存、相互作用的两体之外的“一”。无分别的“一”只能是始终处在无分别的僵死状态，这样的“一”并不存在。“一”只是对立的两体各自的自身同一。而两体中的任何一方的自身同一，同时就意味着对立一方的存在：“阴中有阳，阳中有阴，阳极生阴，阴极生阳，所以神化无穷。”②

动静、阴阳并没有一个开端，所以，程子说：“动静无端，阴阳无始。”对此，朱子明确说道：

> 这不可说道有个始。他那有始之前，毕竟是个甚么？他自是做一番天地了，坏了后，又恁地做起来，那个有甚穷尽？③

有形之物即使大如天地，终有坏灭。然而，坏灭并不是一切对立和差别的消失。所以，朱子说：“天地始初混沌未分时，想只有水火二者。”④这里所说的“水火”，应该只是阴阳二者。阴中涵阳，则有水之象；阳中涵阴，则有火之象。

---

① 《朱子语类》，第 2512 页。
② 《朱子语类》，第 2511 页。
③ 《朱子语类》，第 2377 页。
④ 《朱子语类》，第 7 页。

无穷无尽的大化流行，只是相互依存的对立两体的相互作用和转化的体现。然而两体之“立”，又各是其自身同一的体现：

> 凡天下之事，一不能化，惟两而后能化。且如一阴一阳，始能化生万物。虽是两个，要之亦是推行乎此一尔。

阳之自身同一必以阴为条件，反之亦然。所以，对立两体各自的自身同一，又是对立一方的自身同一的根本。

由对立的两体构成的无限差异“推行乎此一”。无限的差异各自的自身同一相互感应、作用，就产生出万变“不齐”世间万有。天理不是别的，就是遍在于对立的两体以及由两体构成的无限差异的“一”，所以朱子说：

> 若理，则只是个洁净空阔底世界，无形迹，他却不会造作；气则能酝酿凝聚生物也。[①]

所谓的“洁净空阔”，就是纯一无杂之义。理不是别有一物，“分付”和“主宰”万物。理只是一切差异和存有的自身同一。实有的世界虽然万变“不齐”，但总体而言又自有其“定”处：“若果无心，则须牛生出马，桃树上发李花，他又却自定。”[②] 这“定”处，就是万有之自身同一的体现。

---

① 《朱子语类》，第 3 页。

② 《朱子语类》，第 4 页。

八、结 语

朱子的形上学思想与程子、周子的渊源，在既往的研究中，已经受到了充分的关注。而朱子对张载的本体论的汲取，也许是学界囿于理本与气本的僵化分别，却并没有引起足够的重视。对于张载的本体论建构，朱子一方面继承了程子对“清虚一大”的批判，另一方面，又对“一物两体”的思想做了创造性的深入阐释和发展。而这一深化、发展对于朱子的天理观的形成，产生了根本的影响。

综合前面的分析，我们可以得出如下结论：其一，在朱子的哲学中，气的世界里的具体存有之间并没有确定的必然规律。换言之，气的世界在根本上是“不齐”的；其二，对立的两体（如阴阳、动静）之间的消长、转化的必然性，其实是理的必然性的体现。消长、转化是永恒和必然的，而具体的过程则是或然的、没有确定性的。其三，天理作为形上者，其实就是一切层面的存有和一切存有的层面自身同一的倾向。对立的两体的每一方在维持自身同一的同时，也在维持其对立面的自身同一。在这个意义上，同一和差异是互为条件的。由此而来的大化流行的统体，才能维持其变化和生生的自身同一，才能永恒变化、生生不已。天理就是“洁净空阔”的“一”。这“一”遍在于一切差异和变化当中。一切差异和变化都是“一”的推行和实现。天理的主宰义和决定义即在于此。“所以”“当然”和“必然”的根本义涵亦根源于此。

不已、生生与对待

——《程氏易传》中的天道观

唐纪宇*

一、不　已

程颐虽以王弼、胡瑗、王安石三家作为读《易》的入手处①，但在卦爻辞的诠释上有时却呈现出与三家明显的不同，这些不同所体现的正是不同哲学家在思想旨趣方面的差异。而这些差异，也为我们理解其思想特质提供了很好的切入点。

以《未济》卦为例，程颐相比于王弼和胡瑗②，特别强调“不已”的观念。而王弼的注释则以《象传》为本，其阐释集中在拯救“未济”所需具备的条件。③ 胡瑗的注释虽也在谈可“济”之条件，但据儒家立场

* 唐纪宇，1983年生，哲学博士，现任国际关系学院政治理论教研室教授，硕士生导师。主要研究领域为中国哲学史、儒家哲学，近年来主要着力于宋明理学、经学的研究。

① 《二程遗书》卷十九记载：“易有百余家，难为遍观。如素未读，不晓文义，且须看王弼、胡先生、荆公三家。理会得文义，且要熟读，然后却有用心处。”（《二程集》，北京：中华书局，2004年，第248页）

② 今人所辑录的王安石《易解》并没有《未济》卦相关的材料，其具体解释我们无法得知，故只以王弼、胡瑗的注释进行对比。参见杨倩描《王安石〈易〉学研究》，保定：河北大学出版社，2006年，第91页。

③ 参见《周易正义》，《十三经注疏》整理委员会整理，北京：北京大学出版社，1999年，第253页。

凸显德才的重要性。除此之外，还引入《序卦传》阐发为何《未济》卦继于《既济》卦之后。[①] 同是引入《序卦传》，《程氏易传》(以下简称《程传》)解释的侧重点，却明显与其师胡瑗的立场有所不同，《程传》曰：

> 《序卦·未济》："物不可穷也，故受之以未济终焉。"既济矣，物之穷也。物穷而不变，则无不已之理，《易》者变易而不穷也，故既济之后，受之以未济而终焉。**未济则未穷也，未穷则有生生之义**。为卦，离上坎下。火在水上，不相为用，故为未济。[②]

程颐的注释重在说明为何《易》以《未济》作为结尾，凸显了"不已"之意，而"不已"意味着宇宙大化的生生不息。这构成了理解程颐哲学中天道观的重要一环，甚至可以说是理解其天道观的起点。[③]

那究竟何谓"不已"呢？在《程传》中，"不已"有时也被称为"未穷""不息"。"未穷"强调其永无穷尽、永未完成之义。在这个意义上，程颐哲学中的世界是没有终极目标的，因为目标的达成同时也就意味着世界的终结。而"不息"则强调其永不止息、永无间断之义。从宇宙大化的角度来讲，阴阳的消长生灭是一个连续的过程，其言曰："上九亦变，则纯阴矣。然阳无可尽之理，变于上则生于下，无间可容息也。"[④] 从具体事物发展的角度来说，同样也是没有片刻间隙的。因此，程颐反对佛教对事物发展变化的理解：

---

① 参见《周易口义》(《儒藏》精华编第三册)，北京：北京大学出版社，2009 年，第 346—347 页。

② 《二程集》，第 1022 页。

③ 杨立华教授的《一本与生生》以证明世界的无始无终作为起点，我们也可将"不已"作为理解程颐哲学的起点。(参见杨立华《一本与生生：理一元论纲要》，北京：生活·读书·新知三联书店，2018 年，第 2—4 页)

④ 《二程集》，第 816 页。

> 释氏言成住坏空，便是不知道。只有成坏，无住空。且如草木初生既成，生尽便枯坏也。他以谓如木之生，生长既足却自住，然后却渐渐毁坏。天下之物，无有住者。婴儿一生，长一日便是减一日，何尝得住？然而气体日渐长大，长的自长，减的自减，自不相干也。①

按照佛教的理解，事物的变化分为生成、停止、毁坏、空无四个不同的阶段，这意味着事物先受生长的作用、趋势支配，待这一作用、趋势停止后，毁坏的趋势开始发挥作用，最后完全归于空寂。依佛教之解释，则几种作用和趋势互不相干、彼此发挥各自的功用。如此一来，其背后的所以然之理也必定是分裂的，而非一本之学。这样不仅否定了事物发展变化的连续性，也否定了世界的统一性。因此，程颐强调“息”字的双重意涵，既包含“止”之义，亦包含“生”之义，其言曰：“息为止息，又为生息。物止而后有生，故为生义。”② “止”从来不是绝对的停息，其中必然包含新“生”之可能。

既然“不已”意味着整个世界（包含具体事物）的发展变化是一个永无间断、永不停息的过程。因此，许多学者将“不已”直接释为“永恒变化”。③ 在程颐的哲学中，“永恒变化”的概念是可以成立的，但这并非是指“永恒的变化”，即永恒不是作为变化的形容词出现的，

① 《二程集》，第 195—196 页。

② 《二程集》，第 951 页。此外，在《二程遗书》卷十七“伊川先生语三”中亦有类似记载，“《革》言水火相息，息止息也。既有止息之理，亦有生息之理”。（《二程集》，第 178 页）

③ 如杨立华教授在其《一本与生生》的标题中就使用了“永恒变化”的概念。（见杨立华《一本与生生：理一元论纲要》，第 4 页）丁耘教授在其《道体学引论》中亦使用了“永恒运动”的说法，并认为中西思想的分野，即在于对永恒运动的不同阐释。（参见丁耘《道体学引论》，上海：华东师范大学出版社，2019 年，第 45 页）

而毋宁说是永恒必表现为变化或变化才能永恒。[①] 但即便这一概念可以成立，“不已”能否直接等同于“永恒变化”也是值得进一步探讨的问题，因为在《程传》中程颐对某些“不已”的观念显然是持批判的态度的：

《序卦·习坎》：“物不可以终过，故受之以坎，坎者陷也。”理无过而不已，过极则必陷，坎所以次大过也。[②]

《序卦·明夷》：“晋者进也，进必有所伤，故受之以明夷，夷者伤也。”夫进之不已，必有所伤，理自然也，明夷所以次晋也。[③]

《序卦·夬》：“益而不已必决，故受之以夬，夬者决也。”益之极，必决而后止，理无常益，益而不已，已乃决也，夬所以次益也。[④]

《序卦·困》：“升而不已必困，故受之以困。”升者自下而上，自下升上，以力进也，不已必困矣，故升之后受之以困也。[⑤]

在这些注释中，程颐明确批判一种单向度的“不已”——过而不已、进之不已、益而不已以及升而不已。这意味着在程颐的视野中，世界的发展变化绝不会是朝着某个固定方向的前进(或倒退)。因此，其所谓的“不已”，必是极而必反的“不已”，即朝一个方向发展到极致(或接近纯粹)的时候，必然向其反方向转化，并且这种转化是无片刻

① 如《恒》卦注云：“夫所谓恒，谓可恒久之道，非守一隅而不知变也，故利于有往。唯其有往，故能恒也，一定则不能常矣。”(《二程集》，第860—861页)

② 《二程集》，第843页。

③ 《二程集》，第878页。

④ 《二程集》，第918页。

⑤ 《二程集》，第940页。

间断的。[1]

但并非所有的极而必反的“不已”都是程颐所接纳的。前辈学者对程颐哲学的研究中多提及其对张载宇宙观的批评[2]，而张载的宇宙观也可以视为一种物极必反的“不已”，但这种“不已”却是基于气的循环往复，这与程颐的思想大相径庭：

> 若谓既返之气复将为方伸之气，必资于此，则殊与天地之化不相似。天地之化，自然生生不穷，更何复资于既毙之形，既返之气，以为造化？近取诸身，其开阖往来，见之鼻息，然不必须假吸复入以为呼。气则自然生。人气之生，生于真元。天之气，亦自然生生不穷。至如海水，因阳盛而涸，及阴盛而生，亦不是将已涸之气却生水。自然能生，往来屈伸只是理也。盛则便有衰，昼则便有夜，往则便有来。天地中如洪炉，何物不销铄了？[3]
>
> 近取诸身，百理皆具。屈伸往来之义，只于鼻息之间见之。屈伸往来只是理，不必将既屈之气，复为方伸之气。生生之理，自然不息。如复言七日来复，其间元不断续，阳已复生，物极必返，其理须如此。有生便有死，有始便有终。[4]

从材料中看，程颐之所以不赞同张载的宇宙观，理由是“殊与天地之化不相似”。其批判似乎是来自对天地变化的经验观察和感受，因为我们

---

① 在这里，“极而必反”主要是着眼于对宇宙大化整体所做的描述，并不完全适用于具体的有限的存在物。以个体为例，个体的死亡就是极而不反。《程传》中亦有“极而成”“极而散”的说法，即便是人类社会也可以因为某些原因极而不反，最终彻底消亡。但从宇宙全体来说，则是极而必反的，否则宇宙之变化就将彻底停止，哪怕只有片刻。

② 参见陈来《宋明理学》(第二版)，上海：华东师范大学出版社，2004 年，第 74—75 页。牟宗三《心体与性体》(中)，长春：吉林出版集团，2013 年，第 215—216 页。

③ 《二程集》，第 148 页。

④ 《二程集》，第 167 页。

身处其中的世界不断在创生出新的事物来。但以经验观察和感受是无法作为坚实的论证依据的。其根本原因还是在“理”的层面，《二程粹言》中的一段记载可以帮助我们清楚看到这一点，其言曰：“凡物既散则尽，未有能复归本原之地也。造化不穷，盖生气也。”① 太虚、气与万物往复变化的世界观，其根本的问题在于“造化有穷”。程颐言曰：“天地造化又焉用此既散之气。”② 这是说如果造化生物要以既散之气作为基础，也就意味着气如果保持聚的状态而不散，那么造化就无法进行。所以造化在生物之前需要等待物之重新散为气，如此则造化有穷(即有条件)，造化之生物将受到太虚的制约。正如杨立华教授指出的：“在程颐看来，如果天地造化必须以太虚这样的永恒质料为基础，那就等于对造化本身设置了限定和条件，生生不已的造化过程就不再是绝对和无条件的了。”③ 这正是对“造化不穷，盖生气也”最好的注脚。

综上所述，程颐首先无法接受的世界存有模式，是那种有间断的、彼此无关联的世界图景，这会造成一个分裂的世界，而分裂世界就不可能是“不已”的，其背后的所以然之“理”也不可能是一元的。在程颐看来，一个“不已”的、永恒的世界必定是变化的，因为“一定则不能常矣”。但这种变化不是某种单一向度的绝对前进(或后退)，亦不是不灭质料间的循环往复。因此，程颐所谓的“不已”，指的只能是一种无条件的、不间断的、永无停息的创生过程，也就是“生生”。

---

① 《二程集》，第 1253 页。

② 《二程集》，第 163 页。

③ 杨立华：《一本与生生：理一元论纲要》，第 15 页。

二、生　生

关于“生生”的观念，吴飞教授在《论“生生”——兼与丁耘教授商榷》一文中对前辈哲学家的专门论述做了系统梳理。[①] 其中张岱年先生的说法值得注意，其强调生生中没有目的和主宰，这就将生生哲学与目的论哲学区别开来。而无目的和主宰意味着没有绝对的至善，在所有目的论哲学中必然将目的设定为所应遵循和达到的至善，这种至善具有极强的排他性，凡是与此目标不符的都被视为是应该否定的。[②] 如今人们信奉的进化论本质上也是一种目的论，即追求最完美的生命形态。但在生生哲学中，并没有绝对的至善，只有此时此地的、具体情境中的至善。因此，人生并非只为追求一个终极的至善，而是追求每一个当下的至善。如此，人生就不会因为做到了终极至善而停下来，而是要不断去做到最好，这就是所谓的“自强不息”。

在生生哲学中虽然摒弃了目的和主宰，但并不意味着宇宙大化流行没有根本的倾向。正如陈来先生指出的：“天地大化流行的过程，是一个客观的自然过程，无所主宰，不以人的意志为转移，在这个意义上，可说天地无心；但是，就天地以生物为本而言，阴阳交感，运行不息，也确实有个生物之心，这是客观的规律，自然的功能，也就是宇宙的心。”[③] 故程颐于《复·彖传》注中言：

---

① 参见吴飞《论“生生”——兼与丁耘教授商榷》，《中国文化研究》2018 年春之卷。对前辈哲学家论生生的梳理，也从一个侧面反映出后辈学者对“生生”的研究并未获得多少实质性的进展。因此，近来丁耘和吴飞两位教授关于“生生”的探讨，就犹显重要。

② 吴飞教授曾言：“西方思想之所以强调二元对立，其哲学的根据即在于，认为至善的形式、理念或神是永恒不变的精神性存在，是整体，是主宰，而变动的现象是次一层的，是局部，是被动者和反抗者。”（吴飞：《论“生生”——兼与丁耘教授商榷》，《中国文化研究》2018 年春之卷，第 17 页）

③ 陈来：《仁学本体论》，北京：生活·读书·新知三联书店，2014 年，第 316 页。

> 一阳复于下，乃天地生物之心也。先儒皆以静为见天地之心，盖不知动之端乃天地之心也。非知道者，孰能识之？①

这里程颐所批驳的应当是以王弼为代表的先儒观点，王弼认为："复者，反本之谓也，天地以本为心者也。……寂然至无，是其本也。"王弼之所以将天地之本解读为寂然至无，实际上指向万物的共生共存，故其言曰："若其以为有心，则异类未获具存矣。"王弼担心的是如果天地有某种特定的倾向，那就会导致与之相反的一方不复存在。但在王弼的理解中有个重要的前提，即相对待的双方必定是对立的、彼此排斥的关系。② 因此，天地之心必定是一个无对立者，而这个无对立者只能是静、是默，故其言曰："凡动息则静，静非对动者也。语息则默，默非对语者也"，这也就是其以静为天地之心的内在逻辑。③

而在程颐的生生哲学中形上之理的层面并不存在绝对对立(彼此排斥、否定)的双方，一切对待都是相互蕴含的，如动中有静、静中有动，生中有死、死中有生等等。而且对待的双方必然是要相互转化的，这也是世界之所以能够"不已"的基础和逻辑环节。因此，对待双方的转化承接就成了理解宇宙变化的关键。这个关键在程颐看来就体现在"动之端"上，在这里我们注意到程颐在用辞上极为精确，不是"动"为天地之心，而是"动之端"为天地之心。这一字之差所表达的含义极为不同。事物生长、达成的过程并不能体现天地之心，因为事物同样还有衰败、寂灭的过程。真正体现天地根本倾向的，是由至静而有动之萌生的时刻。从此处才能体贴到世界变化的真相，即在宇宙整体连续且复杂的生灭过程中，"生"(动)是更为根本，并起主导性作用的。那么接下来

---

① 《二程集》，第 819 页。

② 本文试图说明在程颐的哲学中，"对"的观念不能简单等同于"对立"概念。

③ 此段中出现的引文，皆出自王弼对《复·彖传》的注释。(见《周易正义》，第 112 页)

的问题是：为何不将由至动而有静之萌生作为天地之心？因为如果以寂灭为主导，则整个世界就是趋向“死死”而非“生生”了。此外，对于无始无终的世界来说，我们的宇宙也早已归于寂灭了。[①] 因此，寂灭之后无片刻停息的复动，恰恰体现了天地运行的根本倾向。世界不会归于毁灭，必然重新燃起新生。而这一根本倾向，也就构成了人类社会一切价值的根源，凡是符合“生生”倾向的，即被称为是善，而违背这一倾向的，就被视为是恶。因此，善恶并非基于人的普遍的主观情感，也非来自于人为的制造与安排[②]，而是背后有天道作为其依据的。

如果说无目的是生生哲学的特质，其所关注的是何谓生生的问题。那另一个关键的问题则是何以生生，即是对生生是如何可能的、其背后的所以然之理为何等问题的回答。而之所以要追问这些问题，因为在程颐的哲学中，生生属气[③]，生生是形下之气的存在方式。因此，为何气会以此种形式存在的问题当然值得关注。

在《程传》中生生与阴阳(天地)的关系至为密切，程颐首先关注的是“生(物)”何以可能的问题，即“生(物)”之实现条件。[④] 在诸多卦的解释中，程颐都谈到了这一问题：

> 天地交感，则变化万物，草木蕃盛。君臣相际而道亨。天地闭

① 参见杨立华《一本与生生：理一元论纲要》，第 3 页。

② 参见杨立华教授对“教人涂辙”的解释。见《宋明理学十五讲》，北京：北京大学出版社，2015 年，第 167—168 页。

③ 丁耘教授云：“伊川以生生为气，非形而上之道。明道以生生为道、为理……”(见《道体学引论》，第 217—218 页)

④ 在《论“生生”——兼与丁耘教授商榷》一文中，吴飞教授将对“生生”的理解落实到更为具体的三个问题：一、生生与创造究竟是什么关系？二、是否可以，以及如何来用四因说解释生生？三、如何理解生生中的阴阳交感？(《中国文化研究》2018 年春之卷，第 4 页)其中前两个问题关系密切，试图回答和解决用基于“制造”传统的四因说解读“生生”合理性的问题，这是有关现代如何诠释传统中国哲学的问题。对于本文来说，由于集中于阐释程颐对生生的理解，故更关注第三个问题。

隔，则万物不遂。君臣道绝，贤者隐遁。①

阴阳不交则为否，始交而未畅则为屯。②

阳气下降，阴气上交也。阴阳和畅，则万物生遂，天地之泰也。③

夫天地之气不交，则万物无生成之理。④

天地之气，相交而密，则生万物之化醇。⑤

阴始生于下，与阳相遇，天地相遇也。阴阳不相交遇，则万物不生。天地相遇，则化育庶类；品物咸章，万物章明也。⑥

在这里，程颐将阴阳之气或天地之气的相交视为生物的重要条件和基础。反之，如果（阴阳）不相交（不相遇）则绝无生物的可能。其中最为典型的就是对《泰》《否》二卦的解释，在程颐看来，《泰》卦的“乾下坤上”结构恰恰象征着天地交通、万物生遂。与之相对地，《否》卦的“坤下乾上”的结构则象征着天地隔绝、万物不生。此外，《噬嗑》卦之有亨义，就在于其能消除间隔实现和合，故程颐注云：“凡天下至于一国一家，至于万事，所以不和合者，皆由有间也，无间则合矣。以至天地之生，万物之成，皆合而后能遂，凡未合者皆有间也。”⑦

但在《程传》中，阴阳相交仅仅是万物生遂的必要条件，而非充分条件，因为并非所有的相交都能带来顺利的生物，如《屯·象传》注云：“阴阳始交，则艰屯未能通畅；及其和洽，则成雷雨，满盈于天地之间，

① 《二程集》，第712—713页。
② 《二程集》，第714页。
③ 《二程集》，第753页。
④ 《二程集》，第759页。
⑤ 《二程集》，第910页。
⑥ 《二程集》，第924页。
⑦ 《二程集》，第802页。

生物乃遂，屯有大亨之道也。”[1] 因此，除却相遇之外，阴阳和洽也是万物生遂的重要条件。故在程颐的表述中“交”与“和”常常伴随万物化生一同出现：

> 天地阴阳之气相交而和，则万物生成，故为通泰。[2]
>
> 天地之气开散，交感而和畅，则成雷雨；雷雨作而万物皆生发甲坼。天地之功，由解而成，故赞解之时大矣哉！[3]
>
> 云气蒸而上升于天，必待阴阳和洽，然后成雨。[4]

因此，仅仅说阴阳交感即能生物，在程颐的哲学中至少是不完整的。因为在交感中还必须遵循阳尊阴卑的秩序，即阳气发动主导、阴气顺应配合，如此才能真正实现万物生遂。因此，阴阳之气并非随意的交感，而是要遵从固有之秩序。在程颐的理解中气层面的阴与阳并非完全是对等的，而是此消彼长的关系，而这种消长最终构成了宇宙发展的运势。虽然阴阳可以相互转化，可以相互作用，但只有阳为主导、阴为顺应时，才能化生万物。反之，则无法成就生物之功。如《小畜・上九・象传》注云：“阴敌阳则必消阳”[5]，《复》卦辞注亦云：“一阳始生，至微，固未能胜群阴而发生万物，必待诸阳之来，然后能成生物之功而无差忒，以朋来而无咎也。”[6] 都是在说除阴阳交感外，还应遵从阴阳固有之秩序，这样才能化生万物。这种在交感中强调“（阴阳）和洽”的观念，与认为世界的发展是靠其中蕴含的对立所推动的观点大相径庭。以人类社会为

---

① 《二程集》，第 714 页。
② 《二程集》，第 753 页。
③ 《二程集》，第 902 页。
④ 《二程集》，第 724 页。
⑤ 《二程集》，第 749 页。
⑥ 《二程集》，第 818 页。

例，在后一种理解中，在国家中治理者和被治理者之间是对立的双方，双方的斗争是推动社会发展的主要动力。而在前一种理解中，并非治理者为阳、被治理者为阴，而是君为阳、臣为阴，君臣相互配合才能成生民之功。

从阴阳处理解生生固然重要，但在程颐的哲学中阴阳是形而下者，属气。因此，阴阳与生生不过是从气的层面讲具体的生物过程。除此之外，还应从理的层面来理解生生，即乾坤与生生的关系。在以往的有些研究中很自然地将阴阳与乾坤等同起来，这样就将阴阳与生生的关系当作是乾坤与生生的关系。但程颐的哲学根本特征就在于其明确地区分形上与形下[①]，而理本论的特点在于解释不能只停留在形下之气的层面，必须进一步追问作为其所以如此根据的形上之理，即阴阳之所以能交感和洽而生物背后的形上之理。因此，我们不能简单地就把阴阳与乾坤等同起来。

在《正义》和《口义》中“乾”都被理解为气之功用。《正义》云：“此乾卦本以象天，天乃积诸阳气而成天……此既象天，何不谓之天，而谓之‘乾’者？天者定体之名，‘乾’者体用之称。故《说卦》云：‘乾，健也’。言天之体，以健为用。”[②]《口义》则基本继承了《正义》的观点，其言曰：“六爻皆阳，象天积诸阳气而成也。既象天其不名天而名乾者，盖天者乾之形，乾者天之用。”[③] 二者都将天释为阳气所积，而乾则是此阳气的功用、属性。程颐则明确地将“乾”释为天道，如此一来，乾就不再是阳气的属性，而是阳气之所以然。这样阴阳与乾坤的关系就发生了翻转，阴阳之气成为乾坤之理的现实表象。阴阳不过是形而下者，

① 参见陈来《宋明理学》（第二版），第 72—73 页；杨立华《宋明理学十五讲》，第 165—168 页。

② 《周易正义》，第 1 页。

③ 《周易口义》（《儒藏》精华编第三册），第 13 页。

其形上之所以然为乾坤。

> 乾之用，阳之为也。坤之用，阴之为也。形而上曰天地之道，形而下曰阴阳之功。①

既然乾坤都属于形而上者，那么就意味着无法像区分形下之阴阳一样将它们视为是对立的双方。因此，将乾坤如阴阳般区分开来，是程颐极力反对的。其言曰："天地人只一道也。才通其一，则余皆通。如后人解《易》，言乾天道也，坤地道也，便是乱说。论其体，则天尊地卑；如论其道，岂有异哉?"② 在对《乾》卦的解释中，程颐更是直接将"乾"(天)释为"道"。"道"作为至高的普遍者是一，而非多。所以是无法将"道"分为天地人的，因为任何对"道"的区分，都会导致"道"失去其普遍性，而沦为有限的存在。因此，只能从不同角度去描述，而无法分割"道"，故《乾》卦注云："夫天，专言之则道也，天且弗违是也；分而言之，则以形体谓之天，以主宰谓之帝，以功用谓之鬼神，以妙用谓之神，以性情谓之乾。"③

从"专言之则道也"的表达上看，乾坤绝非简单的对立关系，乾是可以涵摄坤的。如此，则为何又会有乾坤的分别，程颐有关乾坤四德的注释值得注意：

---

① 《二程集》，第 707 页。

② 语见《二程遗书》卷十八"伊川先生语四"。(《二程集》，第 183 页)在《二程粹言》中亦有类似的记载，"或问：'介甫有言，尽人道谓之仁，尽天道谓之圣。'子曰：'言乎一事，必分为二，介甫之学也。道一也，未有尽人而不尽天者也。以天人为二，非道也。子云谓通天地而不通人曰伎，亦犹是也。或曰：乾天道也，坤地道也，论其体则天尊地卑，其道则无二也。岂有通天地而不通人？如止云通天文地理，虽不能之，何害为儒。'"(《二程集》，第 1170 页)

③ 《二程集》，第 695 页。

> 元亨利贞谓之四德。元者万物之始，亨者万物之长，利者万物之遂，贞者万物之成。惟乾坤有此四德，在他卦则随事而变焉。①
>
> 坤，乾之对也。四德同，而贞体则异。乾以刚固为贞，坤则柔顺而贞。牝马柔顺而健行，故取其象曰牡马之贞。②

在这里，程颐首先将“元亨利贞”四德释为万物之生长遂成的过程，这意味着《易》中的乾坤二元结构旨在说明万物之生成。其次，“惟乾坤有此四德”，说明只有形上之“道”才是(万物)生生之源。③ 最后，乾坤二卦的不同之处在于贞体，也就是在物之成就处才有所差异，乾以刚健为贞，而坤以柔顺为贞。

按照程颐的理解，万物之所以能够生成是因为天道自身就包含有刚健和顺承两种性情，二者相互作用才有了万物化生。而这两种性情落实到气之具体存有层面，刚健之性就为阳气，顺承之性就为阴气。因此，阴阳是所以然之天道体现为具体存有时分化的不同方面。因此，阴阳的分化并非是偶然的，而是作为万物生生之所以然的天道本身就包含必然的二元结构——乾坤。而接下来的问题是：为何这种二元结构是必然的？或者我们可以这样问：为何纯粹的刚健不息不能实现万物化生，必须有不息的柔顺与之相配合？可以肯定的是，作为宇宙大化驱动者的天道必然具有健动不息的品格，但这似乎无法解释为何宇宙大化会呈现出“生生”的存有模式。因此，在程颐看来，必然有相对待的双方作为其所以然根据，才能使得这个世界生生不已，即所谓“理必有对待，生生

① 《二程集》，第695页。

② 《二程集》，第706页。

③ 程颐言“惟乾坤有此四德”，显然不是从言辞上说，因为《易》中除却《乾》《坤》二卦之外，尚有《屯》《随》《临》《革》诸卦的卦辞中也都有此四德。故而不同注释者对于各卦中所出现的元亨利贞含义是否相同，在理解上存在很大差异。如孔颖达强调诸卦之四德劣于乾(见《乾·文言》注)，而胡瑗则认为诸卦之四德皆为天地之四德，并无优劣之分(见《屯》卦辞注)。

之本也”①。

三、对　待

提及“对待”的观念，学者多举明道之语，“天地万物之理，无独必有对，皆自然而然，非有安排也。每中夜以思，不知手之舞之，足之蹈之也”②。其实，程颐也非常重视“对”的观念。除“理必有对待”“道无无对”的说法外，在《二程粹言》中更有明确的记载：“天地万物之理，无独必有对。”③ 可见“无独必有对”是二程的共同思想。④ 而程颐将“对待”视为“生生之本”，更凸显其在整个哲学体系中的重要性。

那究竟何为“对待”呢？可以肯定的是，我们不能将“对待”简单等同于对立统一规律。对立统一以解释事物发展变化为目标，“对待”则以解释万物化生（生成）为目标。对立统一中的双方相互排斥、相互斗争的关系构成了事物发展变化的内在动力，而“对待”中的双方主从、和合的关系则构成了事物生成和存在的基础。从程颐对《损》卦的解释中我们可以清楚看到“对待”观念的这些特点。

在《损》卦中程颐以质文、本末为例，极言“对待”之义：首先，程颐认为本末、质文是一切事物的存在方式，其言曰：“有本必有末，有实必有文，天下万事，无不然者。”其次，本（质）为事物得以存在的根本，而文（末）是事物能够存在的表现，故云：“无本不立，无文不

① 《二程集》，第 808 页。

② 见于《二程遗书》卷十一“明道先生语一”。（《二程集》，第 121 页）

③ 《二程集》，第 1268 页。

④ 冯友兰先生在《中国哲学史》中分辨程颢、程颐的差异对二程思想的研究可谓贡献甚巨，但过分强调两兄弟的区别，则容易忽略他们在思想上的一些重要共识。

行。”无本则一事物不足以成其为自身，无文则一事物无法现实存有。如恩情是父子关系的本质，无恩情则父子不成其为父子，但恩情必须表现为威严恭顺的具体方法才能实施。恭敬是君臣关系的本质，无恭敬则君臣不成其为君臣，但恭敬必须通过顺承应接之类的仪则表现出来。内在的礼让之心，也必须依靠现实的威仪才能够表达出来。尊卑的秩序也要通过物质条件上的差异才能分别开来。如是，则文与质(实)的关系为“相须而不可缺”。因此，《损》卦之义并非要尽去末与文，所“损”的乃是末之流、文之胜。故程颐在注释中特别提道：“夫子恐后人不达，遂以为文饰当尽去，故详言之。”那何为末之流、文之胜？程颐注云：“峻宇雕墙，本于宫室；酒池肉林，本于饮食；淫酷残忍，本于刑罚；穷兵黩武，本于征讨。”此段皆是言“文”，前者都属文之胜，即过度之文，后者乃合理之文。这些“文”都来自奉养之“实”，其流至于危害天下。可见，奉养之“实”本身并无所谓善恶，乃自然而有，不可灭绝。善恶乃在于“文”，合宜的文即为善、为天理；过度的文即为恶、为人欲。因此，“损人欲以复天理”并非去除人的自然需求(实)，也非去除宫室、饮食(文)，而是要减损“文”中过度的部分，使其合于天理。[1]

由此可见，天地间万物都是以“对待”的方式存在的。因此，对待的双方是彼此依存、不可或缺的关系。甚至有着对待关系的善恶亦是如此：

> 天地之间皆有对，有阴则有阳，有善则有恶。君子小人之气常停，不可都生君子，但六分君子则治，六分小人则乱，七分君子则大治，七分小人则大乱。如是，则尧、舜之世不能无小人。盖尧、

---

① 此段引文，皆见《损》卦注。(《二程集》，第907—908页)

> 舜之世，只是以礼乐法度驱而之善，尽其道而已。然言比屋可封者，以其有教，虽欲为恶，不能成其恶。虽尧、舜之世，然于其家乖戾之气亦生朱、均，在朝则有四凶，久而不去。①

在程颐看来，即便如尧舜这样的圣王之世也不是完全没有小人，只不过是通过治理不能成其恶而已，并非没有为恶之心。因此，对待双方是无法只保留其一的，存则俱存、亡则俱亡。既然在气（存有）的层面是以对待作为其存在方式，那也就意味着阴阳动静是无法分别先后的，故其言曰："阴阳开阖，本无先后，不可道今日有阴，明日有阳。如人有形影，盖形影一时，不可言今日有形，明日有影，有便齐有。"② 正因为无有先后，所以整个世界必是无始无终的。

但所有的"对待"，其根源必然来自形上之"道"，作为一之"道"如何转化为乾坤二元结构依然是问题的关键。"道"作为至高的普遍者，并非是一种静态的、僵死的普遍状态，而是必然永远处于动态的"普遍化"之中，这种永恒的普遍化（动）就是"乾"。"道"在普遍化的过程中同时赋予一切事物普遍化的倾向，这种倾向使得一切事物都要不断地超越自身当下的状态，因此万事万物都处于永恒的变易当中。而"道"自身又必有气质化（实有）的倾向，也就是可能性必然要转化为现实性，这种倾向就是"坤"。"乾"作为发动者，是一切事物变易之根源，是事物的超越性和可能性，故曰"万物资始"；"坤"作为承载者，是一切事物生成之根源，是事物的同一性和现实性，故曰"万物资生"。因此，"乾"构成了万物超越的本性，这是万物不断变化之所以然；"坤"构成了万物稳定的倾向，这是万物虽变易但依然保持自身同一性的所以然。由于超越性（可能性）让事物不断突破自身的限制，所以它

---

① 《二程集》，第161—162页。
② 《二程集》，第160页。

有一种“散”的倾向，同时也是一种否定性；而现实性(同一性)让事物维持其自身的状态，所以它有一种“聚”的倾向，同时也是一种肯定性。聚散又构成了理解其他对待关系的基础，故程颐曰：“天地之化育，万物之生成，凡有者皆聚也。**有无动静终始之理，聚散而已。**”[①] 此外，这种二元结构，从具体的存有来看，超越的本性总是大于稳定的倾向，即散的力量大于聚的力量，因此，具体的万有必是有始有终(再持久的事物也终有消亡之时)。但从宇宙大化的总体来看，虽然乾为主导、坤为顺承，但二者作为同一生成过程，作为顺承者的坤亦是不息的，所以天地流行没有停歇之时。[②] 因此，乾坤本质上是一种一体化的二元结构，二者统一于“道”，由此构成了“生生不已”的真正根源。

---

① 《二程集》，第 931 页。

② 《坤》卦注云：“乾健坤顺，坤亦健乎？曰：非健何以配乾？未有乾行而坤止也。其动也刚，不害其为柔也。”(《二程集》，第 707 页)

试论张载生死观

何绍锦*

一、“冰水之喻”与朱熹对张载的批评

“冰水”是《正蒙》中的著名喻象。张载曾以冰水比喻太虚与气以及天性与人性的关系。

(1) 天性在人，正犹如水性之在冰，凝释虽异，为物一也。[①]

(2) 气之聚散于太虚，犹冰凝释于水，知太虚即气则无无。[②]

第一条引文讲天性、人性；第二条引文讲太虚、气，二者都使用了冰、水喻像。王夫之注第一条引文，谓：“未生则此理在太虚为天之体性，已生则此理盈于形中为人之性，死则此理气仍返于太虚，形有凝释，气不损益，理亦不杂，此所谓通极于道也。”[③] 王氏从太虚与气的转变对应解读天性与人性之不同，是基于其对于《正蒙》整体思想的深刻洞见，因为不管是第一条引文所属的《诚明篇》，还是第二条引文所属的《太和

* 何绍锦，福建宁德人，北京大学哲学系、国学院博士生，研究方向为先秦哲学及宋明理学。

① 王夫之：《张子正蒙注》，北京：中华书局，1975 年，第 100 页。

② 王夫之：《张子正蒙注》，第 14 页。

③ 王夫之：《张子正蒙注》，第 100 页。

篇》，生死问题都是核心关切，而太虚、气则是张载用以分析生死问题的关键概念，冰水之喻则是生死流转的形象比喻①。

朱子认为“冰水之喻”表明张载生死观受到了佛教“还元反本”的影响。朱子曾多次与弟子讨论张载“冰水之喻”，如：

> 弟子问：“横渠又言：‘未尝无之谓体，体之之谓性。’先生皆以为言近释氏。冰水之喻，有还元反本之病，云近释氏则可。‘未尝无之谓体，体之之谓性’，盖谓性之体本虚，而理未尝虚，若与释氏不同。”曰：“他意不是如此，亦谓死而不亡耳。”②

朱子批评张载近释氏，根本上在于他认为张载主张“死而不亡”。但是“死而不亡”是一个很宽泛的命题，不管是佛教讲的心识、基督教讲的灵魂，还是张载说的“性”，都承认人的某种本质性存在并不因为肉体消亡而消失，以此来保证生者的意义，这些实际上都可看作某种意义上的“死而不亡”。朱子看待死亡问题的思路，与此完全不同。朱子对死亡的基本看法是：“盖人死则气散，其生也，又是从大原里发出来。”③朱子认为人死之后，气便散尽了，而非返回太虚。不断有气消失，不断有新的气产生，这样方可摆脱佛教的轮回观念。那么，理学家所看重的“性”又如何解释？朱子在给廖德明的回信中阐述了性与生死的关系：

> 性只是理，不可以聚散言，其聚而生、散而死者，气而已矣。

---

① 对于太虚、气和天性、人性的理解虽多有不同，但后世注家一般都将“冰水之喻”看作张载生死观的隐喻，如高攀龙谓：“以水喻天，以冰喻人，以凝释喻生死，以受光喻气禀之不同，以照纳喻性之不二，彼照此纳，天赋而人受也。”相关注释可以参看林乐昌《正蒙合校集释》(上)，北京：中华书局，2012 年，第 311—313 页。

② 《朱子语类》，北京：中华书局，2015 年，第 2536 页。

③ 《朱子语类》，第 3032 页。

所谓精神魂魄有知有觉者，皆气之所为也。故聚则有，散则无。若理则初不为聚散而有无也。但有是理，则有是气。苟气聚乎此，则其理亦命乎此耳，不得以水沤比也。①

朱子的生死观奠基于其理（性）、气概念之上。性即理，性没有聚散，亦没有生死，气是随附于理（性）而来的，人死则气尽。性无所谓生死，即使人死了，性也只是从所依附之人身上离去了而已。朱子的说法似乎与张载没有本质不同，性作为一种本质性存在，不也是不灭的吗？实际上并非如此。二者最明显的不同在于，张载生死观的基础是"气"而朱子的则是"理"。"性即理"的命题表明，"性"具有"理"的公共性与恒常性特征。因此不管朱子再怎么强调"理气不离"、理气共同参与生成的活动，但"理"终究是高于"气"的存在。用朱子自己常用的话说，"理"或"性"是形而上者，"气"是形而下者。而"生死"作为形而下的现象，自然只能相对于形而下的"气"而言，而不能相对于形而上的"理"或"性"而言。甚至"生灭"（生死）本身即可看作一种"理"，因此说"理"或"性"有生灭，如同一种自我否定。这是引文中朱子讲"理则初不为聚散而有无也"的理据所在，或者说，这是由理的恒常性特征所决定的。

因为朱子的出发点是"理"，而"理"所具有的公共性特征，使朱子在思考生死时更为关注作为总体的"人物"，而非个体，如其所谓："且乾坤造化，如大洪炉，人物生生，无少休息，是乃所谓实然之理，不忧其断灭也。"② 朱子将目光从个人生死上移开，转入《易》"生生"的叙述中，个人的生死被置换为乾坤之造化、天地之生生。但问题是，生死仍是"我"之生死，源于有死的必然性产生的忧虑是否能解脱？

---

① 《朱子语类》，第 2081 页。

② 《朱子语类》，第 2081 页。

二、虚、气与生死

正如上文所言，朱子生死观的基础是理气观；张载生死观的基础是虚气观，这是二者根本差异。只有通过“理”的概念才能理解朱子生死观。同样，理解张载生死观首先要理解其虚、气概念。

张载虚气观念多次遭到二程与朱子的批评，如：

(1)形而上者谓之道，形而下者谓之器。若如或者以清、虚、一、大为天道，则乃以器言，而非道也。[①]（明道语）

(2)子厚以清虚一大名天道，是以器言，非形而上者。[②]（伊川语）

(3)《正蒙》所论道体，觉得源头有未是处……**如以太虚、太和为道体，却只是说得形而下者**，皆是“发而皆中节谓之和”处。

(4)问：“横渠云：‘太虚即气’，太虚何所指？”曰：“他亦指理，但说得不分晓。”曰：“太和如何？”曰：“亦指气。”[③]

前两条引文分别为明道与伊川的批评，后两条是朱子的批评。二程的基本观点是：张载未能区分形而上与形而下。太虚、太和都不能称为道体，因道体应该是形而上的，而张载描述的太虚与太和却是形而下的。朱子同意二程的批评，同时还指出张载其实是想把太虚当作理，太和当作气，只是言之不清。至朱子时，理气概念已成为一对相对确定的范畴。“理”本身是静止和恒常的，保持其形而上的统御地位，“理”通

① 《二程集》，北京：中华书局，2004 年，第 118 页。
② 《二程集》，第 174 页。
③ 《朱子语类》，第 2533 页。

过“气”实现自身，此所谓“存有而不活动”。但是朱子与张载二人的气的概念并不相同，这在后面将着重说明。需指出的是，“太和”在张载那里并非实体概念，而是对气“和”之状态的描述。这一点王夫之看得很清楚，他注释“太和”为“和之至也”。[①]《太和篇》“太和所谓道”后云：“中函浮沉、升降、动静相感之性，是生䌷缊、相荡、胜负、屈伸之始。”[②] 这与后文对气的描述相一致。整个《太和篇》围绕的核心概念其实就是太虚与气，二者是张载哲学的基础。那么，太虚与气又是什么关系？

牟宗三在《心体与性体》中已经指出二程与朱子对张载虚、气概念的误解。他极为反对将张载哲学看作“气论”，认为这种自然主义的观点是对张载哲学的极度简化。牟宗三有“太虚神体”的说法。太虚与气是体用关系，太虚是体，气是用。“太虚即气”中“即”不是表示判断，而是表示二者不即不离，即体用不离之义。“神体”“性”“太虚”的含义在牟宗三语境中几乎相同。“死而不亡”指的是太虚，或者说“虚体”。虚、气既然是体用关系，由“体”生“用”也无不妥。因此，牟宗三批评张载“虚不能生气”为“不谛”之辞。[③]

不管是朱子以理、气理解（太）虚和气，还是牟宗三从体用关系理解二者，虚、气始终被理解为两个不同的实体。朱子虽然强调理气不离，但同时更强调二者不杂。体用关系也是如此。作为本体的“虚”不管如何与“气”相关联，但既然说“太虚即气”的“即”只是“相即”之义，则必然存在根本上的差异。“太虚神体”“虚体”等说法，

---

① 王夫之：《张子正蒙注》，第1页。

② 王夫之：《张子正蒙注》，第1页。

③ 牟宗三以“既存有又活动”之本体为儒学大宗。若“虚不能生气”，则与其对张氏哲学的衡定有所冲突。牟宗三认为此是源于横渠对“生”字理解有限，“‘生’者妙运、妙应之义。以清通之神、无累之虚妙运乎器而使其生生不息，使其动静聚散不滞，此即是生也”。（参见牟宗三《心体与性体》，台北：台合报系文化基金会，2003年，第466—483页）

似乎已经在本体与现象层面将二者截然区分开来。另外，牟宗三的解释，也与张载本人的表述如“虚不能生气”等，有所出入。那么，对虚气关系，是否有其他可行的解释？

(一)本体或是空间

将太虚理解为气的本体，主要是依据“太虚无形，气之本体”[①]。这句话似乎可以很自然地理解为“无形的太虚是气的本体”。但是，张载关于虚、气关系，另有三处同样重要的论述：

> (1)太虚不能无气，气不能不聚而为万物，万物不能不散而为太虚。[②]
>
> (2)知虚空即气，则有无隐显，神化性命，通一无二，顾聚散、出入、形不形，能推本所从来，则深于易者也。[③]
>
> (3)气坱然太虚。[④]

从(1)来看，“太虚—气—万物—太虚”构成生灭的循环。将太虚理解为本体似乎并无不妥。(2)中“虚空即气”与“太虚即气”含义相同，依照牟宗三“体用不离”的解释，似乎也说得通。但是，(3)“气坱然太虚”意思是：气充满太虚。不管将太虚理解为本体(朱子)，还是将二者理解为体用关系(牟宗三)，在解释上都有困难。依朱子理气关系，理气虽然不杂不离，但是不能说气充满理。依牟宗三之义则无法解释“虚不能生气”。但“气坱然太虚”恰好佐证了“虚不能生气”：生成关

---

① 王夫之：《张子正蒙注》，第3页。
② 王夫之：《张子正蒙注》，第5页。
③ 王夫之：《张子正蒙注》，第8页。
④ 王夫之：《张子正蒙注》，第11页。

系意味着空间的富余；气既然充满太虚，则太虚自然不能生成气。

假如不预设二者间的关系，仅从字面义看，“气坱然太虚”描述了“气充盈于太虚之中”的画面。“太虚”是一个充满了气的“空间”（这并不是定义）。“太虚不能无气”是说太虚这一空间中总是存在气；“虚空即气”是说“虚”这一空间即是充满气的空间；“气坱然太虚”是说气充满太虚。三者意思相同。而且我们看到，这一解释将“太虚即气”命题的重点转为“气”这一概念，“太虚”的含义或作用是通过气来界定，而不是相反。

（二）为二或是为一

如果我们承认太虚是一个空间概念，那么接下来的问题是，太虚与气是否是两个不同对象？就像说“房间里充满了空气”，“房间”和“空气”是两个不同的对象。而朱子与牟宗三解释的共同点在于，他们都把虚、气看作两个不同的实体。张载虚气观念预设的论争对象，主要是佛老。在进一步澄清之前，不妨先看一下他对佛老的批评：

> 若谓虚能生气，则虚无穷，气有限，体用殊绝，入老氏自然之论，不识所谓有无混一之常。①
>
> 若谓万象为太虚中所见之物，则物与虚不相资，形自形，性自性，形性、天人不相待而有，陷于浮屠以山河大地为见病之说。②

第一段引文批评道家“有生于无”之说。“无”指太虚，“有”指气，虚不能生气，即无不能生有，气不是从太虚中产生的，这也是张载强调“虚不能生气”的原因所在。上文提到，“虚能生气”的前提是二者在

① 王夫之：《张子正蒙注》，第9页。
② 王夫之：《张子正蒙注》，第10页。

空间意义上不等同，也就意味着有一部分虚不被气覆盖，这种纯粹虚无的状态，他称之为“体用殊绝”。第二段引文批评佛教。张载认为，要保证真实世界实有，则需要承认万物生成与太虚存在某种实质关联，即“物与太虚须相资”。其中的微妙之处在于：虚既然不能生气，自然不能直接生万物，物与太虚是在何种意义上“相资”？合理的推论是，虚与万物的生成关系，或这里所谓的“相资”，只能是由充盈于太虚中的气实现的。这也是为何张载既说“虚不能生气”，又强调“太虚不能无气”的原因。而“万物不能不散而为太虚”①，则是说万物消散回归到太虚状态。太虚状态不是“无”（如佛老），而是未气化之前气充盈的状态。

“气”在张载宇宙生成论构造中具有首要地位。《正蒙》中关于“气”的诸种论述要远远多于“虚”。张载的相关表述可能会让人误认为存在一个本体的“虚”或“太虚”，而张载本人确实也说过“太虚无形，气之本体”。但是，张载的本体，是否就是朱子所理解的本体？上文所引二程与朱子对张载的批评，已表明张载所理解的本体与其他理学家有所不同。在张载那里，不存在严格的形上、形下世界。张载的世界观是“一气流行”的整体世界观。当然，认为张载是唯物论者，或者说“气”是自然主义意义上的物质，同样是对张载哲学的误解。不妨看如下引文：

> 太虚为清，清则无碍，无碍故神，反清为浊，浊则碍，碍则形。②
>
> 凡气，清则通，昏则壅，清极故神。③

---

① 王夫之：《张子正蒙注》，第 5 页。
② 王夫之：《张子正蒙注》，第 15 页。
③ 王夫之：《张子正蒙注》，第 16 页。

前一句其实是对“太虚不能无气，气不能不聚而为万物”的另一种表述，解释生成变化之原理。后一句（包括此条后续条目）是具体解释气化过程。“太虚为清”与“凡气，清则通”两句都是用“清”来分别描述“太虚”与“气”的状态。一般而言，形上、形下对象应该具有本质之不同。从引文看，太虚的“清”与气之“清”似乎并无不同。而前一句的“无碍故神”与后一句的“清极故神”，由于“无碍”也是“清”的意思（清则无碍），则二者不管在表达形式还是表达内容上，都有相当高的一致性。这表明，张载实际上是将太虚与气当作同一对象来处理。另外，上文“气之聚散于太虚，犹冰凝释于水”，也可视为虚气同一的例证：冰释于水，不是冰在水之中融化，而是冰融化成水，二者是水（H_2O）的不同形态。同样虚与气也可以看作气的不同形态，前者是指未气化之前的气，后者是气化后（或气化中）的气。借用弗雷格的指称理论，太虚与气的指称（reference）相同，而含义（meaning）不同。

（三）死何以不亡

至此，可以初步断言，不管是太和还是太虚，都是气的不同状态。实际上，太虚（或虚）是当时佛老通用的概念，而张载认为，这一概念恰是“有生于无”“色即是空”的症结所在。张载虚气观念的意义不在于他首倡此概念，而在于他用儒家本有的、更具有“质料感”的气的概念来充实“虚”的概念，使其在生成论上具有更积极的含义。在做了以上理论准备后，我们可以回到《太和篇》中对生死问题的讨论：

> 聚亦吾体，散亦吾体，知死之不亡者，可与言性矣。[①]

① 王夫之：《张子正蒙注》，第8页。

王夫之注："聚而成形，散而归于太虚，气犹是气也。"① 这与朱子对生死的理解极为不同。朱子认为，人死之后，个体之气便散尽了。在理气框架下，作为本质存在的理虽然无所谓生死，但是气必定消散。能以"生生"表述的只能是"理"，个体之生死只是理之"生生"的必然而已。面对有死之必然带来的忧愁感，朱子用"理"这一更高的价值来淡化它。这种排遣方式类似于革命志士对共和国的热忱而舍生忘死，或者如孟子所言"所欲有甚于生者"。但死毕竟是"我"之死，死亡之忧虑很大程度上出于想象个体消灭殆尽而来的虚无之感，这种体验最为切己且无从转化。除了将个体生死依附于某种更高的价值，从而忽略因死亡而带来的虚无感之外，另一种安抚方式是：承诺个体之死并不意味着完全终结，个体的生命将以另一种形式再度降临，如上帝之城、彼岸世界、灵魂不朽、轮回转生等。张载虽不承诺存在两个世界，但是"聚亦吾体，散亦吾体"，实际上也是认为个体的生命在死后仍将以气的形式回归，亦即"死而不亡"。

船山曾回应朱子对张载的批评，谓："朱子以其言既聚而散，散而复聚，讥其为大轮回。而愚以为朱子之说，反近于释氏灭尽之言，而与圣人之言异。"② 朱子批评张载"还元反本"近释氏，而王夫之反过来批评朱子有释氏"灭尽无余"之嫌，这点颇值得玩味。气的实在特征保证了现实的生活并不是虚幻的，而"虚气为一"也恰是"散亦吾体"的理论前提：因为不存在绝对"无"意义上的虚空，才能说个体生命的消亡仍然是气之变化的呈现。上文提到，朱子是从作为整体之"人物"的意义上理解生死，个体之生死被置换为乾坤造化、理之流行的环节。我们看到，朱子对死亡的理解，是极为理性和崇高的。相比而言，张载

---

① 王夫之：《张子正蒙注》，第 8 页。

② 王夫之：《张子正蒙注》，第 7 页。

更显“温情”（tender-minded）。[1] 生死就是气的聚散，下次所聚之气，即是此次所散之气，这使我们能够想象，个体死亡之后，仍将以气的形式，以**个人的身份**，参与到下一代乃至万世的造化当中，如此，此生的意义似乎也得以延续而不绝。

三、尽性与生死

张载在《诚明篇》中再度提到生死问题：

> 尽性，然后知生无所得，则死无所丧。[2]

对比《太和篇》的说法“聚亦吾体，散亦吾体，知死之不亡者，可与言性矣”，会发现二者之间的微妙不同：前者是说尽性之后，才能明白生死之道（即“生无所得，则死无所丧”）；后者是说，明白生死之道后（即“死之不亡”），才能谈论性。前者是实践问题（用），后者是认识问题（体）。体用不二是宋明理学的典型特征。在对待生死问题上，实践维度显得尤为重要。东西方宗教对此都有一套特定的修行建议，而张载给出的答案，则是“尽性”。

（一）性命之辨

性之含义在张载语境中较为复杂。朱子以性为理所赋于人者，性指人而言，同时具有与理相同的规范性与必然性。性在张载哲学中，既指天之性，又指人之性；既有规范性意味，又表示一般人性，如口腹之欲

① 这里借用了威廉·詹姆士（William James）的软心肠（tender-minded）与硬心肠（tough-minded）的说法。

② 王夫之：《张子正蒙注》，第 98 页。

等，后者在朱子系统中一般属于“欲”或“情”的范畴，而张载则称之为“攻取之性”或“气质之性”。朱子虽然也用张载“天命之性”与“气质之性”的概念，但二者含义稍有不同。在朱子，理(天地之性)落于气中而成气质之性，气质之性即是现实中表现出来的人性，有善有恶。人通过修身工夫，可以转化气质之性而回复为天命之性。在张载，人性既有天命之性，又有气质之性，在来源上皆是天所赋予，人通过修身工夫，能够彰显(“存”)天命之性。因此，张载只说：“形而后有气质之性，善反之，则天地之性存焉。”① 宋儒常讲的“复性”，对张载而言，更准确的表述应是“存性”，因为在来源上，天地之性与气质之性具有同样的先在性。联系上文“气”的概念便不难理解这点。“气”是一切造化的根源，自然也是性之来源。口腹之欲既然是人天生而有的，当然也是性。张载反对的是只将性等同于人的自然欲求，换言之，即只以气质之性为性，而旁落了天命之性。

性命之辨是《诚明篇》的重要主题。横渠谓：

> 性其总，合两也；命其受，有则也。不极总之要，则不至受之分。尽性穷理而不可变，乃吾则也。②

《诚明篇》性命对举之处颇多，而此条目尤为精简。首句“性其总，合两也”中“合两”一词，历来解释不一，有以为“阴阳”者，有以为“理气”者，有以为“虚气”者，然而结合前文“上达反天理，下达徇人欲者与”及张载对自然人性的态度，最合适的解释可能是指“天地之性”与“气质之性”，这也是王夫之的理解，王氏谓：“故有声色臭

---

① 王夫之：《张子正蒙注》，第107—108页。
② 王夫之：《张子正蒙注》，第102页。

味以厚其生，有仁义礼智以正其德，莫非理之所宜。”[①]“两”分别指“声色臭味”和“仁义礼智”。下文“命其受，有则也”，可以有两种理解。一种理解认为“命其受”，所受的是上文的“性”；另一种理解，“命其受”指的是宽泛而言的人生际遇，即一般讲的“命运”。“有则也”，是说禀受之命有一定的法则。[②]如果采取第一种理解的话，性、命之间是承受关系。后文“不极总之要，则不至受之分”的“分”当读第一声，谓分有之意，意即具体的际遇中，实现所禀受的性。而如果采取第二种理解的话，性、命之间呈现出一种张力，天赋的性在具体际遇中受到“命”的制约。但是这种理解容易引发命定论的质疑：如果“命”指的是先天的制约的话，人能否“尽性”，或者该不该“尽性”，是否都失去了意义？张载性命之辨恰是要排除这种质疑。因此，后文“不极总之要，则不至受之分”的“分”当读第四声，表示分内、本分之意。儒家有“正命”之说，意谓作为事实呈现的命虽然是客观的，但导致此事实的行为却可以评价其好坏，即孟子所谓“桎梏死者，非正命也”。最后一句“尽性穷理而不可变，乃吾则也”，前面提到“命则”而这里说“吾则”，意谓即使命有必然性之原则，但人的行事应着眼于性的规范性法则。

（二）尽性与生死解脱

从上文性命之辨中不难看出一个问题，即命的必然性原则与性的规范性法则之间的张力，张载“尽性”的说法可以看作对此问题的回应。

---

① 王夫之：《张子正蒙注》，第102页。对“合两”的其他注解，可以参看林乐昌：《正蒙合校集释：上》，第316—317页。

② 王夫之采取的是第二种理解。王氏谓：“厚生之用，有盈有诎，吉凶生死因之，此时位之不齐，人各因所遇之气而受之。百年内，七尺之形，所受者止此，有则而不能过。”见《张子正蒙注》，第102页。

横渠谓：

> 天所性者通极于道，气之昏明不足以蔽之；天所命者通极于性，遇之吉凶不足以戕之；不免乎蔽之戕之者，未之学也。[①]

引文中出现两组重要关系，即“性通极于道”与“命通极于性”。由上文可知，性在张载语境中包含了自然人性的概念。虽然张载也说“性于人无不善，系其善反不善反而已”[②]，但这里的“善”与孟子性善论的“善”含义不完全相同，所谓的“无不善”更接近于“非恶”之义，因张载的性包含天命之性与气质之性，因此，只单独说性，并不必然是善，由此才有“善反”或“存性”之说。这也便是“性通极于道”的含义，意谓性与道合一。同样地，“命通极于性”，是说命与性合一，指在规范意义上，命的必然性原则合于性的规范性法则。张载并不否认“命”的独立性，但他更强调的是性对于命的影响，亦即人对于天的作用。[③] 引文中“学”指一般修身实践。横渠实际上是认为，通过修身（“学”），能使道、性、命统一起来，这也是横渠在后文中提到的“穷理尽性，则性天德，命天理”“尽其性……莫不性诸道，命诸天”[④] 所表达的意思。

性命问题是张载乃至儒家伦理中最为核心的问题之一。张载依儒家“正命”传统提出的“性诸道”“命诸天”等观念，将命的必然性特征减弱而极大地彰显人的能动性。通过修身实践，看似不变的、客观的

---

① 王夫之：《张子正蒙注》，第 99 页。

② 王夫之：《张子正蒙注》，第 107 页。

③ 在天人关系上，张载极为重视人的能动性，如张子所言：“天人尽性，不以天能为能而以人谋为能”（《张子正蒙注》，第 97 页），“虽然，圣人犹不以所可忧而同其无忧者，有相之道存乎我也”（第 103 页），“气与志，天与人，有交胜之理”（第 27 页）。

④ 王夫之：《张子正蒙注》，第 112、105 页。

命，也足以改变而成为具有规范性意味的“正命”。这仍然是源于张载一气流行的观念：性命虽然是两个独立的范畴，但从气的一元性上看，事实性的命与规范性的性之间，并不像后来伦理学上认为的那样具有难以跨越的鸿沟。在本体论层面，完全可以认为持存天地之性能够带来符合性之规范性要求的“正命”，因为从根本上说，它们都源于气的造化作用。

但张载仍不得不面对人的终极命运：死亡。尽管尽性能带来正命，但有一点是不可改变的，即人之死。“气之不可变者，独死生修夭而已。”[①] 人不可能摆脱有死的必然性，张载反复强调“穷理尽性以至于命”，并不是让人挣脱这种必然性，而是安然面对这种必然性：

> 气之不可变者，独死生修夭而已。故论死生则曰“有命”，以言其气也。与富贵则曰“在天”，以言其理也。[②]

关于后两句的理解，王夫之的注释颇值得借鉴：“形气厚薄不可变也”与“理御气而可变者也”。[③]《论语》言“死生有命，富贵在天”，通常理解为人的死生与富贵都受到某种外在强制力的影响。但是依照王夫之的解释，只有死生是不可变的，富贵是可变的。结合“气之不可变者，独死生修夭而已”，王夫之的解释不无道理。张载在大量论述了为何及如何“穷理尽性”后，提到“死生修夭”的不可变，其面对生死的态度是很明确的：坦然接受生死。这句话极为朴素，但需要结合我们反复强调的“尽性”这一前提，即横渠所言“尽性，然后知生无所得，则死无所丧”。通过认知性的内涵及持存天地之性，使现实的遭际合于性

① 王夫之：《张子正蒙注》，第 112 页。
② 王夫之：《张子正蒙注》，第 112 页。
③ 王夫之：《张子正蒙注》，第 112 页。

的要求，此即性命合一。只有通过毕生的修身实践，才能晓然“生无所得”“死无所丧”。这并非一种知识，而是一种境界。

四、余　论

与其他理学家不同，张载对夫子罕言的生死之道似乎尤为重视，其中当然也有佛教传布的影响，但张载本人对《易》与《中庸》的偏好也不可忽略。《太和篇》与《诚明篇》中有大量相关内容的引用、化用。实际上，当人把目光从眼下日常琐事中移开，而投向更为宏大的宇宙存在时，很自然会思考个体的有限存在于其中的位置，生死从日常性中脱离出来，成为一个迫在眉睫的问题。张载对生死问题的解决，其特点可归纳为二：既从本体论上考虑个人之生死与气化总体的关联，以“死而不亡”安抚因有死之必然而产生的忧愁情绪；又从宏大的总体存在回到日常，以切实的“尽性”工夫来贞定生者的意义。“尽性”即是实现“性命合一”。但仍然可以提出一个问题：具体如何尽性呢？从《诚明篇》来看，张载确实很少描述具体的尽性工夫，但有句话可见其端倪：“惟大人为能尽其道，是故立必俱立，知必周知，爱必兼爱，成不独成。”[①]熟悉张载哲学的人，很容易便能看出其与《西铭》的关联。具体的尽性实践体现于“民胞物与”基础上的、“大家庭化”的伦理实践中，这已超出本文讨论的范围，姑置之。

（原载于《上饶师范学院学报》2021年第2期）

---

① 王夫之：《张子正蒙注》，第97页。

“朱子学”概念解析

邓庆平*

朱子学是中国传统文化研究的重要领域，这点毋庸置疑，但我们对“朱子学”这个概念的使用往往是约定俗成却又习焉不察，其具体所指通常是有差异的。随着近些年来朱子学研究领域的逐步拓展，有必要对朱子学概念重新进行审视。这看上去纯粹是名词意义的问题，但每一概念从外延到内涵，其相对应的是一种研究视野与研究空间，既涉及对朱子学相关研究对象的恰当定位，也涉及朱子学学术思想体系的整体图景。为了方便理解，我们选择“主体”与“体系结构”来讨论朱子学概念的外延与内涵问题。

一、“朱子学”的主体

我们对朱子学的界定通常是通过确定学术思想的主体来定义的，主体是确定研究对象最方便直观的标准之一。先来看几个关于“朱子学”的典型界定：

董玉整主编的《中国理学大辞典》中“朱子学”一条中认为“朱子学指南宋哲学家朱熹的学说”[①]。华裔学者陈荣捷对“朱子学”的范围界定也是指与朱子本人相关的一切，以朱子为中心进行的研究。类似的

---

* 邓庆平，1977年生，哲学博士，江西师范大学马克思主义学院教授，南昌大学江右哲学研究中心研究员、博士生导师。

① 董玉整主编《中国理学大辞典》，广州：暨南大学出版社，1995年，第193页。

研究很多，均为狭义意义上的朱子学。这里的朱子学主体无疑是朱熹，这种观念在目前朱子学领域中影响最大。

日本学者子安宣邦认为，朱子学有广义与狭义之分，狭义指朱子本人的学问，广义则是指所有师承朱子学的后继者所发展出来的学问。[①]这里对朱子学主体进行了狭义与广义的区分，将朱子学的后继者也包括在内，这基于朱子学作为一个有明确传承历史的学术思想流派之特点，但是子安宣邦对广义朱子学的界定未能将朱子本人的学问包括在内，是一个失误之处。因此，朱人求先生在界定东亚朱子学的研究领域时表述得更精确："朱子学，顾名思义，就是指朱子的学说，这是狭义的朱子学概念。最早的朱子学指闽学，就是朱子之学。在更为广泛的意义上，它指朱子及其后学的学说。"[②] 此外，狭义与广义的讲法粗看似乎非常清晰，但其中实际存在一个重要问题，那便是对于朱子门人群体的定位问题。如果按照子安宣邦的这个说法，朱子门人非朱子本人，属于师承朱子者，应该是属于广义朱子学的范围，朱子门人与其他后继者乃至韩日朱子学者处于同样的思想史地位。这点是不符合历史事实的。朱子门人全程参与了朱熹学术思想形成的全过程，朱熹本人的学问与其门人群体是分不开的；而且，如蔡沉的《书集传》、黄榦与杨复完成的《仪礼经传通解续》和张洽的《春秋集解》等是朱子注经体系的重要组成部分，其与狭义朱子学的关系更近，不仅在义理体系上与朱熹思想一致，而且在后世也与朱熹的《四书章句》《诗集传》《周易本义》等一起被视为完整的注经体系。因而，朱子门人应该视为朱子学的共同创造者，而不能仅仅被归为朱熹的后继者。

---

① 参见子安宣邦《朱子学与近代日本的形成》，黄俊杰、林维杰编《东亚朱子学的同调与异趣》，台北：台湾大学出版中心，2006 年，第 156 页。

② 朱人求：《东亚朱子学研究的新课题》，《福建师范大学学报（哲学社会科学版）》2014 年第 2 期，第 5 页。

另外，子安宣邦称呼朱子后学所继承的朱子学为"朱子主义"，如同马克思本人的思想与马克思主义思想两者之间已有清楚的区隔般，他认为，朱子本人的学问与后学所发展出的朱子主义之间，有必要做出区隔。这将能够帮助我们理解日本的朱子学，也就是朱子主义式的学问和思想。[①] 这里借鉴了马克思主义的相关概念区分，将朱子后学所继承的广义朱子学称之为"朱子主义"，在朱子本人的学问与朱子后学所发展的朱子之间做出区隔，这点对于我们理解朱子后学与朱子本人之间的思想史差异问题是比较有启发意义的。但子安宣邦对马克思主义相关概念的借鉴是不完整的。

韩国学者郑仁在将朱子学传入韩国后的发展情况，区分为"本源朱子学"（比较符合朱子的学问）和"修正朱子学"（与朱子学说有一定差异的学问）。罗整庵是"修正朱子学"的鼻祖，李栗谷深受罗整庵的影响，属于修正派。李退溪反对罗整庵，属于本源派。郑仁在理解的朱子学，是指朱熹之前的北宋五子之学、朱熹本身的思想，及其在中国、韩国、日本乃至欧美的发展与修正。[②] 本源朱子学与修正朱子学的区分对于判别后世不同朱子学支派之间的学术立场是有帮助的，事实上郑仁在先生也是将之用来说明朱子学在韩国沿两大流派开展的历史。但这对概念区分也存在一个问题，本源朱子学被视为"比较符合"朱子的学问，所谓"比较符合"是个不够精确的模糊概念，本源朱子学与朱子的学问之间未作区分。而其实这种区分是非常必要的，属于朱子的学说与朱子后学的学说之间的区分，有利于完整理解朱子学发展的不同历史阶段与理论体系。

---

① 参见子安宣邦《朱子学与近代日本的形成》，黄俊杰、林维杰编《东亚朱子学的同调与异趣》，第155—168页。

② 参见郑仁在《朱子学在韩国的开展》，黄俊杰、林维杰编《东亚朱子学的同调与异趣》，第298—305页。

至此，我们可以发现，通常理解的朱子学概念其实际所指的外延不外乎以下三个领域：

第一，作为朱熹学问思想的朱子学，这是后世学者力图准确把握的目标与揭示的对象，体现在朱熹个人著述与实践当中，这是一个有着特指对象的单独概念。

第二，作为朱子学学派的朱子学，朱子与朱子门人所共同创立的朱子学，这是作为道学流派与其他思想流派相对而存在的朱子学，是两宋以来道学运动的一个重要部分。高令印先生在其著作中称“朱子学”为“闽学”，他认为这两者是同义的，可以互相替代的，他所称的闽学是指南宋朱熹在福建建阳考亭所创立的学派，是当时与濂、洛、关等并称的地域性学派之一。张立文先生主编的《朱熹大辞典》也认为“朱子学即闽学”①。这个朱子学在朱熹与门人的学术活动及其所完成的著述当中有集中体现。

第三，作为一个学术思想传统的朱子学，流传至今、传播海外的朱子学，从时间上表现为长达八百余年的朱子学发展史，从地域上表现为中国、韩国、日本、越南等全球各地流传的朱子学。与前两个概念相比较，这通常被视为广义的朱子学。

在三个所指当中，目前的朱子学研究主要还是集中在朱熹身上，也即在第一个“朱子学”概念框架当中。今天对朱熹的研究，其成果异常丰富，从吴展良先生所编的《朱子研究书目新编 1900～2002》(台北：台湾大学出版中心，2004)可以窥见一斑。以往之所以忽视朱子门人的研究，对朱子门人定位不准确，在一定程度上就是将朱子学等同于朱熹学问思想的结果。在这样的概念框架当中，朱子学是朱熹一人独立创造的成果，朱熹是唯一被重视的对象，根本就没有彰显朱子门人参与创建朱

---

① 张立文主编《朱熹大辞典》，上海：上海古籍出版社，2013 年，第 456 页。

熹学术思想体系之学术贡献的理论空间。这不仅不符合朱熹学术思想发展的事实，也无意中忽略了朱子学派中朱子门人的重要价值。

事实上，上面三种所指分别对应了朱子学相关的三个不同研究对象。为了消解“朱子学”这一概念使用上的混乱，我们可以借鉴马克思主义学科的几个核心概念区分。在马克思主义当中有几个相关概念，马克思学、马克思主义、苏联马克思主义、中国马克思主义等。所谓马克思学是指马克思本人的理论与实践，以马克思本人的著述为依据对象；而马克思主义首先便是由马克思、恩格斯共同创立的一种学说，这通常被认为是狭义的马克思主义，奠定了后来马克思主义发展的基础。苏联马克思主义、中国马克思主义则是马克思主义在苏联、中国的进一步发展，被视为广义的马克思主义。从学说的时间与空间存在形态来看，马克思主义与朱子学具有相近之处，一方面作为一种思想流派产生于特定的思想环境当中，另一方面又都是一种存在较长时间、流传多个地域的思想学说。基于这个共同之处，我们参照马克思主义的概念理解，认为在理解朱子学这一概念时可以同样区分三个相关概念：朱子学的本义应该是朱熹及其弟子所创立的思想学说，其中朱熹本人的思想学说可以称之为朱熹学，朱熹学奠定了朱子学的基础，是朱子学的主要部分；而自朱熹开始的、存在八百余年并流传海外的朱子学则可以称之为广义的朱子学，其中朱熹之后的部分可以称之为后朱子学，这些朱子学者即朱子后学。

这里需要说明的是，将朱子学与朱熹学区别开来有几个考虑：第一，所谓“朱子学”之“朱子”已经不单纯是一个姓名，而是一个作为尊称的人名概念，象征着一个以朱熹为首的学派，内在地包含了信从者即朱子门人在内，若无众多遵从者也不可能有朱子这样一个概念出现。在这个意义上可以说，我们无须像子安宣邦那样生造出朱子主义一词，朱子学就包含了朱子主义的内涵，这样的朱子学应该以朱熹及其门人的著述与实践为研究对象；而朱熹仅仅只是一个姓名，朱熹学便是朱熹本人的学术思想，以朱熹本人的著述与实践为研究对象。第二，从当时学术思想界乃至政治界将朱子学视为“闽学”“考亭学派”等的普遍态度也可以证明朱子学是作为一个学术群体出现并在各方面发挥作用。这样的区分对于我们理解朱子门人在朱子学当中的学术贡献与历史地位是有帮助的。第三，从朱熹本人的学术思想体系来看，朱熹学是不完整的，这个最明显就体现在朱熹的注经体系上，朱熹完成了《四书章句集注》《诗集传》《周易本义》《易学启蒙》等，在礼学、书学、春秋学方面则未有完成的注经著作，这三部分的注经著作是由朱子门人在朱熹去世之后才得以最终完成的，这一工作的完成，标志着朱子学遍及四书、五经的完整经学体系的真正形成。这个完整的经学体系在后世一直被视为朱子学派的整体性学术著作，在元明清的科举考试当中作为标准读本整体地被使用。此外，后世的一些综合性理学文献也多采择朱子门人的经注思想，如明代所编修的《四书大全》与《五经大全》等。事实上，陈来先生就曾借用毛泽东思想与毛泽东的思想这两个概念来区分朱子的思想和朱子学。①

广义朱子学是指朱子学在时间与空间意义上的进一步发展，包括朱子学在后来八百余年的发展历史与在东亚乃至世界多个地域的传播演变，是属于朱子学发展史与东亚朱子学甚至世界朱子学层面的概念。

从形式逻辑的角度来看，这三个概念在概念类型上也存在重大差异。朱熹学与朱子学都是只有一个外延的单独概念，所指对象均为特定的，它们的区别主要是在朱子学的创始人问题上。而第三个所谓广义朱子学则不同，其广义不仅在于主体不同，更在于此概念所指对象并非特定的唯一，这是一个外延在两个以上的普遍概念，又可称之为类概念，

---

① 参见蔡方鹿主编《张栻与理学》，“前言”，北京：人民出版社，2015年，第1页。

故其所指既包括上述两个概念，还包括所有朱子后学的学术与思想。此外，有必要说明的是，正因为朱子学从一个单独概念转变为一个类概念，朱子学才成为一个延续数百年影响多个地域的文化传统。而当我们在文化传统的意义上来使用朱子学这个概念时，事实上是在使用朱子学发展史和东亚朱子学甚至世界朱子学这样的单独概念，其中东亚朱子学与世界朱子学是表示一个集合体的集合概念，但中国朱子学、韩国朱子学、日本朱子学、越南朱子学等是作为这个集合体的组成部分来说的。

这样对朱子学研究当中的三个主要研究领域进行概念上的区分，使得朱熹、朱子门人和朱子后学在朱子学研究领域当中的位置得以明确。就朱熹而言，他无疑是这个学术流派的灵魂式人物，其学术思想是朱子学的核心与基础，是后来朱子学发展传播史共同的源头，同时也是目前研究最集中的领域；对朱子门人而言，其学术活动跨越朱熹生前与死后两个阶段，因此在朱子学发展史当中，朱子门人具有双重身份，既扮演了与朱熹一同创立朱子学派的共同创始人角色，也具有朱子后学的身份，是朱子学在后朱子时代的发展史的重要开端，对朱子后学的影响巨大。朱子门人研究是八百余年朱子学史上的一个重要阶段，目前相关研究非常缺乏。只有对朱子门人进行这种概念界定，才在基本观念上为朱子门人的研究提供足够的理论空间。当然，将朱子学视为朱熹及其门人共同创造的成果，也并非我们的首创，但这个概念尚未得到有力的证明。一个概念的提出并不是最重要的，重要的是如何进行具体详尽且强有力的证明，以使之可以真正成立。在这个意义上，对朱子门人群体的学术思想活动与实践活动进行独立系统研究，以揭示这个学术群体在朱子学形成与发展过程中的历史贡献就显得非常重要。应该说，从概念上确立朱子门人的朱子学共同创始人地位，这只是提供了一种对朱子学概念的理解可能，而从学术思想史的事实中挖掘朱子门人群体的历史贡献才能真正具体详实地证成这一概念，改变人们通常将朱子学等同于朱熹学的一般看法，这也是我们现今重视朱子门人研究的一个重要理论目标。就朱子后学而言，其学术思想构成了朱子学长达八百余年影响遍及多个地域的伟大文化传统，相关的研究还比较零散，有必要从广义朱子学的视野来构建朱子学发展史与东亚朱子学乃至世界朱子学的概念框架，这是朱子学研究的一个伟大远景，也是今后朱子学研究领域中应当具备的宏大视野。

二、朱子学的体系结构

上述“朱子学”概念的辨析主要侧重于其实际所指概念的外延。就“朱子学”概念的理解来说，还有一个更重要的问题便是朱子学的内涵，即朱子学到底包括哪些内容和组成部分。从系统论的角度，我们通常将朱子学视为一个相对完整的学术思想系统。全祖望曾称朱熹学术思想为“致广大，尽精微，综罗百代矣”，其本意是指朱熹学，但从体系完整性来说，用来描述朱子学也是恰当的。这种对朱子学系统内部结构的描述也即对“朱子学”这一概念内涵的陈述。

如何具体说明朱子学体系的内部结构，是个重要但又比较难以回答的问题。所谓重要是不言而喻的，这涉及对朱子学的整体理解；而难以回答则是由于朱子学本身的复杂性，这复杂性从现代朱子学研究力量来源于诸多学科就可以得到证明。这个问题是每个朱子学的学习研究者都会面临的问题。要恰当说明朱子学体系的内部结构，有两个要求：一是完整，即对朱子学所涉及的主题与领域力求基本上都涵盖进来，二是各部分之间既具有相对明确的区分，又可以恰当地构成一个整体。这两个要求在试图对朱子学或理学进行整体描述的著作当中通常以编排次序的形式集中表现出来。我们认为，朱子学庞大的学术思想体系在朱子门人那里得到第一次清晰的展示。下面就从几部涉及理学全部知识的汇编类著作来看待这个问题。

朱熹与吕祖谦曾编辑一部理学汇编式的著作《近思录》，共十四卷，622 条，收周、程、张子之语，结构为：一、道体；二、为学大要；三、格物穷理：四、存养；五、改过迁善，克己复礼；六、齐家之道；七、出处进退辞受之义；八、治国平天下之道；九、制度；十、君子处事之方；十一、教学之道；十二、改过及人心疵病；十三、异端之学；十四、圣贤气象。

张岱年先生早在上世纪 30 年代即指出“中国哲学书，向来没有形式上条理系统，朱子作《近思录》，目的在分类辑录北宋诸子的哲学思想，似乎应该作一个条理分明系统严整的董理了，但结果却分成十四部分，各部分互相出入的情形颇甚”[①]。从形式系统的角度来看，《近思录》的体系很成问题。《近思录》试图综合周、程、张子的理学思想体系，但由于其编辑的原则是“切问而近思”，着重从学习的角度要求由近及远，由易到难。从这十四卷的次序可以大略看出《大学》首章内圣而外王的路径，同时又综合了其他考虑。这里对理学知识的编排侧重于工夫论，也并不是完全从理学义理体系本身的逻辑出发。唯一例外的是第一卷的安排，吕祖谦在《近思录》序中说：“《近思录》既成，或疑首卷阴阳变化性命之说，大抵非始学者之事。阴阳变化便是讲宇宙论，性命便是心性论。此为理学义理之本原，名为道体。”阴阳变化性命的问题是理学的宇宙论、本体论，这是理学知识的基础。朱、吕二人将这个部分放在卷首，遵从的是理学理论体系的逻辑，这在后来许多理学汇编著作当中被接受。

朱熹去世后，朱子门人后学纷纷收集朱子语录并编辑成书，由于这些语录记录时间较长，语录数量巨大，涉及理学知识的各个方面，编排

---

① 张岱年：《中国哲学大纲》，“序论”，北京：生活 · 读书 · 新知三联书店，2005 年，第 5—6 页。

次序就成为编辑者必须考虑的重要问题。当时大体出现了两种编排次序，即以记录人和记录时间为主的各种版本《朱子语录》和以主题类别为依据的各种《朱子语类》。其中《朱子语录》的编排兼顾了朱子学的历史变化，但未涉及朱子学体系的内部结构，《朱子语类》的编排次序则直接体现了对朱子学的整理理解。

现存《朱子语类》是黎靖德在咸淳六年(1270)综合当时所见的各种《朱子语录》与《朱子语类》而统一编辑而成，应该说其收集的语录最为完备，其编排次序是依据语录的主题类别来确定。据黎靖德自己在序言中所讲："语之从类，黄子洪士毅始为之，史廉叔公说刻之蜀，近岁徽州又刻之；王公佖为续类，徽州又刻之……靖德忘其晚陋，辄合五书而参校之，因子洪门目以续类附焉，饶后录入焉，遗者收之，误者正之，考其同异，而削其复者一千一百五十余条，越数岁编成，可缮写。"由于黄士毅编排合理，这个目录次序自黄士毅首创以来就受到后来语录编辑者的认可，后为王佖采用而编成《徽州刊朱子语续类》，也为黎靖德所采纳，成为现行《朱子语类》的基本卷目顺序。对此卷目次序，黄士毅自己有一个说明：

> 右语类总成七十家，除李侯贯之已刊外，增多三十八家。或病诸家所记互有重复，乃类分而考之。……既以类分，遂可缮写，而略为义例，以为后先之次第。有太极然后有天地，有天地然后有人物，有人物然后有性命之名，而仁义礼智之理则人物所以为性命者也。所谓学者，求得夫此理而已。故以太极天地为始，乃及于人物性命之原，与夫古学之定序。次之以群经，所以明此理者也。次之以孔孟周程朱子，所以传此理者也。乃继之以斥异端，异端所以蔽此理，而斥之者，任道统之责也。然后自我朝及历代君臣、法度、人物、议论，亦略具焉。此即理之行于天地设位之后，而著于治乱

> 兴衰者也。凡不可以类分者，则杂次之，而以作文终焉。盖文以载道，理明意达，则辞自成文。后世理学不明，第以文辞为学，固有竭终身之力，精思巧制，以务名家者。然其学既非，其理不明，则其文虽工，其意多悖，故特次之于后，深明夫文为末，而理为本也。①

这是黄士毅嘉定十二年(1219)编辑刻印第一部朱子语类即《眉州朱子语类》时的自序。从这个自序当中，我们可以明确看出，黄士毅确立的编排次序建立在成熟的理论思考基础之上。首先，他对之前语录的编排次序有清醒认识，认为以记录人或记录时间为序均会导致"所记互有重复"的问题，也即不成体系。于是，黄士毅的做法则是从理论上对所有朱子语录所涉及主题进行分类，以主题类别区分来编辑朱子语录，试图展示朱子学的不同理论部分。其次，他对主题类别的区分紧紧围绕朱子学核心概念"理"来展开，这是《朱子语类》编排次序的最大特点，所谓"有太极然后有天地，有天地然后有人物，有人物然后有性命之名，而仁义礼智之理则人物所以为性命者也。所谓学者，求得夫此理而已"。这里围绕"理"的概念展示了一个"太极—天地—人物—性命—仁义礼智—为学"的朱子哲学思想体系的逻辑，涉及以太极为首要概念的宇宙本体论、以性命义理为核心的心性论和以求得此理为核心的为学工夫论。宇宙本体论是"理"的根源，性命义理为"理"的实质与重心，为学是求得此"理"的过程，这三点最接近于今日之朱子哲学部分，将之列为《朱子语类》第一部分，与《近思录》以道体为首卷的安排是一致的，可以视为"理"之内涵的直接揭示与逻辑展开。在此基础上，围绕"理"的其他面向，他将其他朱子语录的主题大略分为四大类。第二大

① 《朱子语类》，北京：中华书局，2007年，第6—7页。

部分即“明此理”，涉及的是朱子学对儒家所有经典即四书五经的诠释，此为朱子学的经学部分。第三大部分即“传此理”，分为论及正面的体道代表人物即孔、孟、周、程等历代道统人物与排斥反面的异端两部分，涉及儒学思想史，也可称之朱子学的道统论。第四部分是“理”的外王维度，即“此即理之行于天地设位之后，而着于治乱兴衰者”，涉及历代君臣、法度、人物、议论等主题，是朱子学的政治学部分。第五部分是不好分类的其他，如诸子、天文、地理等，是朱子学的杂学部分。第六部分是朱子学的文学部分，有感于“后世理学不明，第以文辞为学”的现实，将这一部分列于最后，可使学者明了“理本文末”的理学基本原则。总体来说，朱子学包括哲学、经学、道统论、政治学、杂学和文学六部分。再次，结合现行《朱子语类》的具体卷次来看，这一编排次序体现出朱子学的重心所在。朱子学的第一部分即哲学部分包括十三卷，即现行《朱子语类》的卷一到卷十三；第二部分即经学部分包括七十九卷，即卷十四到卷九十二；第三部分即道统论部分包括三十四卷，即卷九十三到卷一百二十六；第四部分即政治学部分包括十一卷，即卷一百二十七到卷一百三十七；第五部分即杂学部分仅一卷，即卷一百三十八；第六部分即文学部分包括两卷，即卷一百三十九和卷一百四十。《朱子语类》是朱子九十多位门人所记录的朱子四十岁至七十岁之间三十年的主要语录，虽不能说这是朱子所有讲学内容的完整展现，但也基本涵盖了朱子讲学的主要内容。由此编排次序与篇幅可见，第二部分即朱子学经学部分篇幅最多，是朱子学的重心所在，而第一、二、四部分篇幅也较多，其中第一部分涉及朱子之“理”本身内涵，受今日哲学研究者重视，也是朱子学的基础理论部分，而第五、六部分篇幅较少。

如果再具体查看《朱子语类》六部分共一百四十卷的每一卷小标题，我们可以发现，黄士毅的这个编排次序展现的是朱子学的内部体系结构，基本涵盖了朱子学学术思想的所有重要领域，与朱子学的实际规模相当。每个领域之间都有相对的区分，不至于出现太多重合的部分，是朱子学学术思想体系的一个完整清晰的表达。后来黄百家曾论朱子“其为学也，主敬以立其本，穷理以致其知，反躬以践其实，而博极群书，自经史著述而外，凡夫诸子、佛老、天文、地理之学，无不涉猎而讲究也。其为世间之巨儒，复何言哉”[①]，其中所言朱子学内容都包含在《朱子语类》的编排结构当中。而且，《朱子语类》除了主要收集朱熹语录之外，还收入蔡元定、黄榦等朱熹重要门人的语录；朱熹语录也多是应门人之问而所做出的回答，门人之问是朱子学问题体系的重要组成部分，门人之问也应视为《朱子语类》不可或缺的重要内容；再加上朱子语录的收集过程也主要是朱子门人之功，因而《朱子语类》更加突出地向我们表明，朱子学是朱熹与朱子门人共同创立的学问，这一学问在朱子门人的参与下才呈现出一个完整的学术思想体系。

此外，在其他朱子门人那里，也有一些涉及理学体系完整表达的著作。如朱子门人程端蒙试图以字训形式概括朱子学义理的《性理字训》，其编排顺序：造化第一，情性第二，学力第三，善恶第四，成德第五，治道第六。这里没有专设四书五经的经学诠释部分，而且字训非常简单，但其卷目安排却也有一定次序，第一、二、三、四涵盖在黄士毅《朱子语类》第一部分之中，而第五、六则与《朱子语类》第三、四部分相关。另外，陈淳的《北溪字义》也是以字训的形式试图对朱子学义理进行完整阐发的著作。现在的通行本《北溪字义》以概念为目录，共列二十六门[②]，分为上下卷一一解释。卷上为命、性、心、情、才、志、

---

① 《宋元学案》，北京：中华书局，1986 年，第 1505 页。

② 初版为二十五门，后增入“一贯”一门，成为现在通行本。此外，清顾秀虎刊本根据《性理大全》增入“太极”“通书”“论朱子”三条为补遗，此三条与通行本体例不合，“通书”“论朱子”并非道学概念，“论朱子”更是摘自陈淳第一次见朱熹时所呈《初见晦庵先生书》，而《北溪字义》为陈淳晚年思想成熟时期作品。故此本文论述不及此三条。

意、仁义礼智信、忠信、忠恕、一贯、诚、敬、恭敬，卷下为道、理、德、太极、皇极、中和、中庸、礼乐、经权、义利、鬼神、佛老。对此，前辈学者如邱汉生先生和张立文先生都认为《北溪字义》的如此安排具有一定逻辑次序与结构[①]，我们也认为陈淳的选择与安排绝非随意，而是遵循了一定内在逻辑的原则。大体上，北溪先生的选择与安排原则是根据其《道学体统》所阐述的道学总纲从两条线来分别有序展开，而且两条线之间相互呼应。上卷所选之“字”属于性情论、道德修养论，下卷为本体论、境界论和批判异端。[②] 陈淳这里所选的均为朱子理学的重要概念，其讨论的论域基本上都在《朱子语类》当中可以找到。相比较而言，《朱子语类》不仅加上了围绕四书五经诠释的经学部分，而且其他几部分的讨论也要比这两部字训详细与丰富得多。可以说，这是朱子门人群体对朱子学内在体系所做的最为完整的一次展现。黄士毅在编辑这部语类时，也曾与黄榦有过讨论，应该也得到黄榦的认可。作为朱子学学术思想整体结构第一次清晰完整的表达，黄士毅创设的卷次安排具有规范意义，不仅直接为后来黎靖德所编《朱子语类》编排所沿用，也借助《朱子语类》，对后世学者理解朱子学学术思想的体系乃至整个宋明理学，进而构建朱子学的完整图景也产生了重要影响。

明代永乐年间所编辑的涉及整个理学知识的三个大全书即《性理大全书》与《五经大全》《四书大全》，其编排思路就明显受《朱子语类》卷目安排的影响。此三部大全书同辑成于永乐十三年(1415)九月，明成祖亲撰序言，冠于卷首，颁行于两京、六部、国子监及国门府县学，对后世影响深远。此三部大全的格局是分义理与经学为两部分，与《朱子语

---

① 参见侯外庐主编《宋明理学史》上卷，北京：人民出版社，1984 年，第 500 页；张立文《中国哲学范畴发展史》(天道篇)，北京：中国人民大学出版社，1988 年，第 22 页。

② 参见邓庆平《论〈北溪字义〉对朱学概念的规范化解释》，收于陈支平、叶明义主编《朱熹陈淳研究》，厦门：厦门大学出版社，2014 年，第 489—502 页。

类》大体相当，其中代表其义理的《性理大全》在卷目上与《朱子语类》相应部分也有不少重合。

《性理大全》共分为两个部分，前一部分二十五卷，为两宋理学家的九种著作，后一部分则与《朱子语类》类似，为各理学家的言论。第二十六卷以后分十三个专题汇编各家言论，与朱子语类相似，其编排次序为：卷二十六、卷二十七为理气，卷二十八为鬼神，卷二十九至卷三十七为性理，卷三十八为道统、圣贤，卷二十九至卷四十二为诸儒，卷四十三至卷五十六论为学，卷五十七、卷五十八为诸子，卷五十九至卷六十四为历代，卷六十五为君道，卷六十六至卷六十九为治道，卷七十为诗、文。从这些主题来看，《性理大全》卷二十六后的部分试图涵盖两宋理学的所有内容，先是宇宙本体论，接着是心性论，再接着是道统、圣贤与诸儒，然后是为学、诸子，而后是历代政史、君臣之道，最后是诗文。除了经学部分外，就其主题设置以及先后次序来看，这里所采用的编排结构大体上承袭了黄士毅所创《朱子语类》的卷次结构。于此也可见，黄士毅视野中的朱子学完整图景在传统社会朱子学研究中具有一定的代表性。

进入现代学术研究模式以来，朱子学研究当中的朱子学体系结构的问题依然重要。黄士毅所设计的《朱子语类》编排体系对我们理解朱子学的体系结构依然是有指导意义的。这里再选择两部著作做一点考察。

一是《朱子新学案》。现代学者钱穆认为“朱子崛起南宋，不仅能集北宋以来理学之大成，并亦可谓其乃集孔子以下学术思想之大成”①。钱氏称朱子为集儒学之大成，即集理学、宋学之大成（宋学包括三方面，一政事治道之学，一经史博古之学，一文章子集之学）与集汉唐儒学之大成。钱穆先生给朱子学加上了学术、思想两个概念，其学术是指经

① 钱穆：《朱子学提纲》，北京：生活·读书·新知三联书店，2002年，第1页。

学、史学与文学，其思想则以理气、心性为核心问题。钱先生对朱子学的整体理解集中体现在巨著《朱子新学案》当中。全书分五大册，共一百余万言。正如蔡仁厚先生所言，其内容可约为三大部分：一、思想之部，此又分为“理”与“心性”两部分，第一、二两册属之。二、学术之部：此又分为经学、史学、文学三部分，并添附校勘、考据、辨伪与游艺、格物之学，第四、五两册属之。三、行事之部：虽已有清人王懋竑之朱子年谱而不复着笔，然介于思想与学术两部之间，特为考述朱子早年从游延平之始末，及其对北宋五子与南宋湖湘之学、浙东之学之评述，以及朱陆异同等篇，实亦朱子生平学行之所关，此即第三册之主要内容。① 这里将朱子学体系分为三大部分，思想、学术与行事。思想与学术的部分和前面《朱子语类》中的结构接近，是比较好理解的。而行事部分则以朱熹生平活动为主，并非传统的朱子学的理论内容，乃是朱子学研究的一个重要任务与领域，是研究朱子学学术思想体系的基础与前提。因此就朱子学体系来说，其主要组成部分就是学术与思想，这两个概念与《朱子语类》中各部分也可以对应，其中《朱子语类》第一部分即为思想，其余部分皆为学术。这里的思想是指朱子学哲学思想，它是学术的基础，这样的结构划分与《近思录》卷首安排上所体现出来的逻辑层次也是一致的。

需要进一步说明的是，行事部分的存在，一方面表明朱子学与朱子学研究这两个概念之间的差异，另一方面如果说在现代广义知识论的视野下，理学知识除了语言、心智层面之外还应包括实践即行事部分②，那么《朱子新学案》所展现的，可以理解为更加完整的现代意义上的朱子学体系。

---

① 钱穆：《朱子新学案》，“作者介绍”，北京：九州出版社，2011 年。

② 参见邓庆平《试论理学的三个层面》，收入陈义初主编《开封与宋学——第二届宋学国际学术研讨会论文集》，上海：华东师范大学出版社，2014 年，第 51—58 页。

二是近年出版的第一部关于朱熹的专门辞典《朱熹大辞典》(张立文主编，上海：上海古籍出版社，2013 年)。凡是与朱熹有关的词条，《朱熹大辞典》都尽量收集。除了涉及朱熹生平事迹、朱子门人后学、世界朱子学与朱子学研究历史的部分之外，《朱熹大辞典》在吸收多学科研究最新成果的基础上，将近三分之二的篇幅集中在朱熹的思想体系上。它围绕众多关键性概念和经典命题，将朱熹思想分为十四个部分：政治思想、哲学思想、伦理思想、教育思想、文学思想、美学思想、经学思想、史学思想、经济思想、法律思想、心理学思想、科技思想、子学思想、佛道思想。这十四个部分主要借鉴了现代学科分类，如哲学、教育学、文学、美学、经济学、法学等，同时也兼顾了传统学术分类，如经学和子学思想，反映出今天对朱熹思想的理解不局限于传统的政治学、哲学等学科，已经逐渐形成多学科共同参与的格局，这当然也符合朱熹思想体系的庞大复杂的特点。但从逻辑的角度来看，这里十四个部分之间的界限与逻辑不够明了，整体图景也不够清晰。这当然与辞典是由多方参与编辑而成的特点有关，但也反映出朱子学在现代学科体系当中被肢解的现状。这种现状提示我们在现代学科分立的研究模式下对朱子学进行整体理解的困难，促使我们反思现有研究模式与构建朱子学整体面貌之间的张力，但这依然不能阻止和消解我们对朱子学内在结构进行整体描述的认识需要。

学者李祥俊说：“中国哲学史上的体系性著述是中国传统哲学体系的自我表述，理应构成理解中国传统哲学内在体系的基本坐标。”① 近年来，有学者开始特别注意到理学汇编类著作所体现的中国传统哲学体

① 李祥俊：《中国传统哲学体系结构的多维审视》，《杭州师范大学学报(哲学社会科学版)》2016 年第 1 期，第 7 页。

系结构议题，如对《近思录》体系结构的解读[1]。而《朱子语类》汇集的朱子与门人语录，其内容不仅仅只是朱子学哲学部分，基本涵盖了朱子学的所有部分，是朱子学的重要著作，其章节安排同样是朱子学体系结构的一次重要展现，为后世学者完整理解朱子学提供了重要参考，对我们今天从整体上理解和把握朱子学也具有重要启发。

回到朱子学的三个所指，上面提到的朱子学学术思想体系的内部结构不仅可以用来描述朱熹学，更可用来描述包括朱熹及其门人学术思想在内的朱子学内部结构。但学界长期忽视朱子门人群体，在学术研究方面，重视朱熹学学术思想体系的阐发，而对于包括朱子门人学术思想在内作为学派意义上的朱子学学术思想体系尚无全面系统的研究。对于广义朱子学即朱子学发展史和东亚朱子学乃至世界朱子学的整体描述除了在《朱熹大辞典》中有所涉及之外，更是非常少见。这就是目前的研究状况，这种现状提示我们在朱子学的研究领域任重而道远。

（本文主体内容散见于拙著《朱子门人与朱子学》[北京：中国社会科学出版社，2017 年]，收入本书时有一定修改）

---

① 参见李祥俊、贾椪钊《〈近思录〉与中国传统哲学的体系结构》，《哲学研究》2014 年第 9 期。

朱熹与张栻工夫论异同辨析

——以《太极图说解义》为中心

李丽珠*

周敦颐宋明理学开山地位的确立与南宋道学家的推崇不无关系，其中朱熹与张栻之功不可不提。朱、张推尊周敦颐，尤重《太极图》，他们对濂溪宇宙论意义上的太极作了本体论意义上的诠释，这帮助他们自身开启了完整意义上的理学建构，濂溪也顺理成章地被推上了理学开山的宝座。[①] 朱熹、张栻分别著有《太极图说解》和《太极图说解义》[②]，通过分析朱、张二人解义《太极图》可以发现他们对太极内涵的理解存在差

* 李丽珠，山东寿光人，哲学博士，北京航空航天大学人文与社会科学高等研究院助理教授，研究方向为中国哲学、宋明理学。

① 学界于此问题多有论述，其中比较有代表性的如陈荣捷先生1982年出版的《朱学论集》中有《朱熹集新儒学之大成》一文，认为朱熹之所以吸收太极观念是因为“一种具有逻辑性综合性有机性之新儒家哲学系统不能无此观念也”。(陈荣捷：《朱学论集》，上海：华东师范大学出版社，2007年，第8页)

② 乾道六年(1170)朱熹草成《太极图说解》后曾寄予张栻，张栻收到后即与朱熹及友人往复讨论，并逐渐写作自己的《太极图说解义》。张栻《太极图说解义》曾佚失，近年才得以重新发现，目前共有三个版本。第一个版本为上世纪80年代陈来于宋刻本《元公周先生濂溪集》中《诸儒太极类说》部分所发现之“解义初本”，此版本并不系统完整，且大量引用朱熹之言，可知当属张栻早期所成《太极图说解义》初本，此版本可参见苏铉盛《张栻〈太极解义〉》(见陈来主编《早期道学话语的形成与演变》，合肥：安徽教育出版社，2007年，第516—520页)。第二个版本于宋刻残本《濂溪先生集》(现藏于国家图书馆)中发现，其中《太极说》下除朱熹解义外还包含部分张栻的解义，笔者于国家图书馆古籍馆抄写得此版本，此版本系统成熟，已全部删除朱熹之言，与初本有较大差别，可惜有三段注解——“惟人也，得其秀而最灵”“圣人定之以中正仁义而主静”“君子修之吉，小人悖之凶”——缺失。第三个版本存于明代周木重辑的《濂溪周元公全集》中，其中《太极图说》后亦附有张栻解义，此版本系统完备，具体内容与第二版本相同，同时正好补齐第二版本所缺三段。并且二、三版本中有完整的南轩《太极图解后序》，正可纠正第一个版本中南轩《后序》中杂入了一段李侗衍文的问题。关于第三个版本的张栻《解义》，参见《张栻集》，北京：中华书局，2015年。

异，对太极的不同理解进一步反映为不同的修身工夫。真德秀曾经在《西山读书记》中提及：“二程之学，龟山得之而南，传之豫章罗氏，罗氏传之延平李氏，李氏传之朱氏，此一派也。上蔡传之武夷胡氏，胡氏传其子五峰，五峰传之南轩张氏，此又一派也。”[①] 二程之后，道南学派传之朱熹，湖湘学派传之张栻，二人通过不同的太极概念诠释指导不同的圣贤修身工夫，进而开出不同的理学建构路径。

一、太极内涵的不同理解

太极概念诠释是朱张二人在注解《太极图说》的过程中关注的核心，主要涉及太极的本体论定位以及太极的具体内涵问题，朱张二人对此的理解有同有异。二人都是从本体论而非生成论角度理解太极，此为同；但二人对于太极具体内涵的理解则各有侧重，此为异。以下据原文具体展开分析。

与周敦颐《太极图说》关注宇宙生成过程不同，朱张二人皆从本体论角度理解太极。太极的本体论定位主要通过两个方面表现出来：无极与太极的关系问题以及太极与阴阳、五行、万物的关系问题。关于无极与太极的关系问题，无极与太极非为二物，乃万化之终极根源，此乃朱熹、张栻二人共识。朱熹对“无极而太极”作无形而有理的理解，张栻则解之为：“有无本不足以论道，而必曰‘无极而太极’者，所以明动静之本，著天地之根，兼有无、贯显微、该体用者也。必有以见乎此，而后知太极之妙不可以方所求也。”[②] 太极为天地万物之终极根源，该贯体用、显微、动静、有无，无所不包，如此太极之妙无形无相，没有

① 真德秀：《西山读书记》卷三十一，《影印文渊阁四库全书》第 706 册，上海：上海古籍出版社，1987 年，第 106 页。

② 《张栻集》第 5 册，第 1605 页。

有形之物的限制。关于太极与阴阳、五行、万物的关系问题，张栻在注解《太极图说》时有言："二气五行，乃变化之功用，亦非先有此而后有彼。盖无不具在于太极之中，而命之不已者然也。"① 太极为本，阴阳、五行、四时皆天命流行过程中太极之功用，一齐俱存于太极之中，不可道时间上先有此后有彼。朱熹亦曾有类似论说："某问：'自阳动以至于人物之生，是一时俱生？且如此说，为是节次如此？'曰：'道先后不可，然亦须有节次。……阴阳亦一大阖辟也。但当其初开时须昏暗，渐渐乃明，故有此节次，其实已一齐在其中。'"② 关于阴阳、五行、男女、万物之生，不可道先生此而后生彼，它们其实是一齐具在的。阴阳、五行、男女、万物有个渐次分明出来的节次，分明出来后无极之妙即太极之理无不具于其中。可见，朱张关注的不是宇宙万物的先后生成过程，而是太极在生化过程中贯穿始终。相比于宇宙生成论，朱、张二人更为关注的是从本体论角度解太极，太极为万化之终极根源。

作为万化终极根据的太极具体内涵为何，是分析朱、张太极概念诠释过程中需要关注的第二个问题。朱熹、张栻皆秉持本体论，但对于太极具体内涵的理解各有不同。朱熹以为太极即理，并且严格区分形上之本体与形下之发用，有趋静的倾向。张栻则以性释太极，对太极内涵更多采取一种融贯的理解，有体用合一的倾向。

朱熹注解《太极图说》时曾反复阐述太极即理。"所谓太极者，只二气五行之理。"③ 太极为天地万物之根源、根据，朱熹以理来定义太极，理是天地万物之源。在朱熹眼中，这个理是有价值色彩的："太极只是个极好至善底道理。……周子所谓太极，是天地人物万善至好底表德。"④

① 《张栻集》第 5 册，第 1606 页。

② 《周子之书》，《朱子语类》卷九十四，见《朱子全书》第 17 册，上海：上海古籍出版社；合肥：安徽教育出版社，2003 年，第 3119 页。

③ 《周子之书》，《朱子语类》卷九十四，见《朱子全书》第 17 册，第 3116 页。

④ 《周子之书》，《朱子语类》卷九十四，见《朱子全书》第 17 册，第 3122 页。

理是极好至善的，而且“人人有一太极，物物有一太极”，“即阴阳而在阴阳，即五行而在五行，即万物而在万物，只是一个理而已”①。太极这个理非是别为一个物，它在阴阳、五行、人人物物之中，“虽视之不见，听之不闻，然却开眼便看见，开口便说着。虽‘无极而太极’，然只是眼前道理”②。至高至妙的太极只是眼前道理，物物皆有。朱熹为解《太极图》作《图解》，解释《太极图》的第一圈时对“无极而太极”的内涵进行了清楚的阐释：“此所谓无极而太极也，所以动而阳、静而阴之本体也。然非有以离乎阴阳也，即阴阳而指其本体，不杂乎阴阳而为言尔。”③ 朱熹清楚阐明“无极而太极”绝非二物，这一个无形之理是万事万物动静变化生成的本体，朱熹以理、以本体解太极，这是《太极图》中的最高存在。但同时也必须承认朱熹时有关联太极与性之言，“气质是阴阳五行所为，性则太极之全体”，“太极便是性，动静阴阳是心”。④ 之所以如此，是因为朱熹的理学体系广大精微，从宇宙本体到心性工夫无所不包。太极本体最终落脚到心性论，天人之学中对天道的关注是为人性论提供本体根据，心性问题是核心问题。朱熹以为太极即理，是形而上的本体根据，太极之理至善，为人性本善提供本体层面的根据。但对于周敦颐《太极图说》中的太极之内涵，朱熹始终坚持太极即理。

张栻一贯坚持太极即性。⑤ 太极为天地万物之终极根源，太极即

① 《周子之书》，《朱子语类》卷九十四，见《朱子全书》第 17 册，第 3122 页。
② 《朱子十二》，《朱子语类》卷一百一十五，见《朱子全书》第 18 册，第 3647 页。
③ 《太极图说解·图解》，见《朱子全书》第 13 册，第 70 页。
④ 《周子之书》，《朱子语类》卷九十四，见《朱子全书》第 17 册，第 3138 页。
⑤ 陈来先生在《张栻〈太极图说解义〉及其与朱子解义之比较》(《周易研究》2019 年第 1 期)一文中认为，张栻特别强调太极为性的意义之外，亦以太极为理，曾云“太极涵动静之理”“太极之理未尝不存”。但笔者于国家图书馆古籍馆抄写宋刻残本《濂溪先生集》中所载为“太极未尝不存”，并无“之理”二字。至于“太极涵动静之理”则为说明太极与动静之关系。所以张栻亦以太极为理之言似可商榷。

性，张栻以为《太极图说》中描绘的即性外无物、物外无性的宇宙图景。所谓性外无物，张栻面对《太极图说》中“无极之真，二五之精，妙合而凝”一句，曾以为“无极之真”应属上句，无极与二五不能混说。[①]在他看来，“太极不可言合，太极，性也”[②]。人与物皆有太极之性于身，本有之性不可言合。太极之性只可言立与不立，毕竟人虽具太极却可陷溺之，此时可谓之不立。虽然张栻在定本《太极图说解义》中不再以“无极之真”属上句，“无极之真与夫二五之精，妙合凝聚，故有男女之象。非无极之真为一物，与二五之精相合也”[③]，但仍是强调无极并非一物，妙合乃是说无极存于万物之中，性外无物。“盖有太极则有二气五行，而万物生焉，此所谓性外无物也。”[④] 所谓物外无性，对《太极图说》“五行之生也，各一其性”一句，张栻解之为：“五行生质虽不同，然太极未尝不存也，故曰‘各一其性’。”[⑤] “各一其性”强调的是万物生化之后各禀太极于身，太极无处不在，物外无性。“万物之生，禀二五之气，虽成质各不同，而莫不各具一太极，此所谓物外无性也。”[⑥] 张栻以性释太极，在他看来濂溪《太极图》即是一幅物皆有性、性外无物的宇宙图景。

在太极概念诠释问题上，太极作为终极根据的本体论地位是二人的共同坚持，将周敦颐的宇宙生成过程深化为本体论是理学发展的必然要求。理学继续发展，开出不同流派则可通过朱张二人不同的太极诠释路径表现出来。朱熹以为太极即理，作为本体的太极之理是《太

---

① 朱熹曾在《答张敬夫》的信中提道：“但所喻‘无极、二五不可混说，而无极之真合属上句’，此则未能无疑。”（顾宏义：《朱熹师友门人往还书札汇编》，上海：上海古籍出版社，2017 年，第 3266 页）

② 《南轩文集并语录答问》，《周敦颐集》，长沙：岳麓书社，2007 年，第 44 页。

③ 《张栻集》第 5 册，第 1607 页。

④ 《张栻集》第 5 册，第 1607 页。

⑤ 《张栻集》第 5 册，第 1606 页。

⑥ 《张栻集》第 5 册，第 1607 页。

极图》中的最高存在；张栻则坚持太极即性，认为《太极图说》中描绘的即性外无物、物外无性的宇宙图景。太极概念内涵上的不同诠释指导不同的圣贤修身工夫，朱熹、张栻在工夫论上持不同观点。

二、修身工夫

朱熹与张栻对太极概念的不同诠释路径影响了他们对于修身成圣工夫的看法。周子《太极图》是一个循环图，包括由上至下的太极动静生万物以及由下返上的君子修习复立人极的过程。《太极图说》中“圣人定之以中正仁义而主静，立人极焉”开启了对君子修身工夫的诠释，对此句的诠释朱熹和张栻有不同看法。

对“圣人定之以中正仁义而主静，立人极焉”一句，朱熹在《太极图说解》稿本中曾注解此句如下：“静者，性之贞也，万物之所以各正性命，而天下之大本所以立也，中与仁之谓也。盖中则无不正，而仁则无不义也。”① 朱熹以为中正仁义四者之中，中与仁谓之静，中与仁既定则正与义亦定。张栻对朱熹之区分颇多质疑，在与朱熹的通信中张栻提及：“但某意却疑仁义中正分动静之说，盖是四者皆有动静之可言，而静者常为之主，必欲于其中指二者为静，终有弊病。兼恐非周子之意。（周子于主静字下注云无欲故静可见矣。）……周子此图固是毫分缕析，首尾洞贯，但此句似不必如此分。”② 张栻以为朱熹单独指中正仁义中二者为静颇有弊病。在张栻看来，中正仁义皆有动静，而静为中正仁义之主，指其中二者为静恐有分别之病，此非周子本意。对张栻的质疑朱

---

① 《太极图说解二稿残文》，《朱子遗集》卷四，见《朱子全书》第 26 册，第 665 页。此为朱熹草成《太极图说解》后与吕祖谦的相关讨论，伯恭以为朱熹专指中与仁为静并不合适，毕竟周子原文以静为中正仁义之主，是中正仁义四德发用之根据、本源。

② 《答朱元晦秘书》，《南轩先生文集》卷二十，见《张栻集》第 3 册，第 1065 页。

熹回应如下："太极中、正、仁、义之说，若谓四者皆有动静，则周子于此更列四者之目为剩语矣。但熟玩四字指意，自有动静，其于道理极是分明。盖此四字便是元、亨、利、贞四字，元、亨、利、贞一通一复，岂得为无动静乎？近日深玩此理，觉得一语嘿、一起居，无非太极之妙，正不须以分别为嫌也。"① 朱熹认为若如张栻所言中、正、仁、义皆有动静，那么周子不须将中、正、仁、义四者一一列出。朱熹强调中正仁义的动静体用之分，坚持动静分别的同时，朱熹又强调太极之妙无所不包，明了此理，则不须担心有什么分别之病。此分别之病即指张栻质疑朱熹单独指中正仁义中二者为静恐有分别之病，中正仁义分动静，但有太极之妙的一以贯之，故没有分别之嫌。

朱熹思想发展过程中很重要的一次转变即从"中和旧说"到"中和新说"的转变，中和新说成于乾道五年(1169)，与旧说相比很重要的一个特征是其工夫论的转变。朱熹将承自李侗的静处体验未发与湖湘学派的察识于已发之际相结合，认为工夫论应该包含静时涵养和动时察识两端。朱熹1169年之际参悟中和新说，从旧说时期的工夫全在已发之心上做到新说时期重新重视静处体认未发的重要性。隔年1170年，正在朱熹重新重视静处涵养的工夫论之后，他草成《太极图说解义》，其对静处涵养工夫的重视正可以从对中正仁义分动静的注解中体现出来。② 中正仁义四者之中，中与仁为静、为主。而张栻此

① 《答张敬夫》，《晦庵先生朱文公文集》卷三十一，见《朱子全书》第21册，第1337页。

② 在朱熹的《太极图说解》定本中已无中与仁之谓静的说法，但这并非表示朱熹已放弃中、正、仁、义分动静的观点。在朱熹的《太极图说解》后有《附辩》一文，其中朱熹提到他的《太极图说解》写成后，有人质疑，"又有谓仁为统体，不可偏指为阳动者"，针对这一质疑，朱熹响应曰："况此图以仁配义，而复以中正参焉，又与阴阳刚柔为类，则亦不得为专言之矣，安得遽以夫统体者言之，而昧夫阴阳动静之别哉！"（《太极图说解》，见《朱子全书》第13册，第76—78页）由此可以看出，朱熹始终坚持中、正、仁、义之动静之别。张栻亦曾在与吕伯恭的信中说元晦"仁义中正之论，终执旧说"。（《寄吕伯恭》，《南轩先生文集》卷二十五，见《张栻集》第4册，第1134页）

一时期秉持的仍是承自胡宏的“先察识后涵养”的工夫论，心为已发，性为未发，察识工夫于已发之心上做。张栻关注的是动时的察识工夫，所以在注解“圣人定之以中正仁义而主静”时不同意朱熹分别中与仁为静为主的观点，只是按照濂溪原文，认为中、正、仁、义皆有动静。

关于修身工夫的争议，除了以上中正仁义分动静的问题之外，朱张二人对濂溪“主静”亦有争议。对濂溪《太极图说》中“主静”的思想倾向，朱熹解曰：“故圣人中正仁义，动静周流，而其动也必主乎静”[①]，圣人全具中正仁义之德而本之于静。张栻曾在与朱熹的信中提出言静恐溺于虚无的担心，朱熹回应曰：“但见得一动一静，互为其根，敬义夹持，不容间断之意，则虽下‘静’字，元非死物，至静之中盖有动之端焉。”[②] 朱熹认为此静并非佛教之静，而是静中含有动之端，动静互为其根，静并非隔绝事物闭目坐禅。张栻提议不若以“敬为本”代替“静为本”，朱熹认为：“周子之言主静，乃就中正仁义而言。以正对中，则中为重；以义配仁，则仁为本尔。非四者之外别有主静一段事也。……然‘敬’字工夫通贯动静，而必以静为本，故熹向来辄有是语。今若遂易为‘敬’，虽若完全，然却不见敬之所施有先有后，则亦未得为谛当也。”[③] 朱熹认为，《太极图说》中言“主静”是针对中、正、仁、义四者而言，四者之中以中、仁为本为静，所以此处曰主静并非别有一事，而是以中、仁为本为静之意。若如张栻所言代之以“敬为本”则不甚恰当，毕竟敬之工夫贯通动静，即动时须持敬、静时亦须持敬，以“敬”代“静”不能体现工夫之先后，由是按照周子言“中正仁义

① 《太极图说解》，见《朱子全书》第 13 册，第 75 页。
② 《答张钦夫》，《晦庵先生朱文公文集》卷三十二，见《朱子全书》第 21 册，第 1420 页。
③ 《答张钦夫》，《晦庵先生朱文公文集》卷三十二，见《朱子全书》第 21 册，第 1421 页。

而主静”的本意，须坚持的是以静为本。[①]

以上可见，因朱张二人秉持不同的太极诠释方法，所以在修身工夫上亦有不同。朱熹坚持太极即理，区分形上太极与形下之器两个层面，所以在修身工夫上，他坚持未发时的涵养工夫和已发后的察识工夫并重。而且因其草成《太极图说解》之时，正是他重新重视静处体认未发工夫的重要性之时，所以朱熹对于濂溪“主静”思想做了强调与坚持。张栻则坚持太极即性，关注心性理论，工夫在已发之心上做，心以成性，所以他对《太极图说》中的修身工夫部分，只是按照濂溪原文，认为中、正、仁、义皆有动静，而且想以“敬为本”代替“静为本”。

三、差异原因

以上对朱张太极之辩以及修身工夫的分析可见，朱熹重分解，张栻重综合。为何有此分别？通过以上对朱熹、张栻二人注解的分析可见，二人注释典籍时存在注解风格的根本差异。张栻以为：“《图解》须子细看，方求教，但觉得后面亦不必如此辩论之多，只于纲领处拈出可也。不然，却只是骋辩求胜，转将精当处混沽耳。”[②] 南轩亦曾在与伯恭的信中说：“濂溪自得处混全，诚为二先生发源所自。然元晦持其说，句句而论，字字而解，故未免返流于牵强，而亦非濂溪本意也。”[③] 以上可知，南轩似以为朱熹《太极图说解》辩论太多，对濂溪《太极图说》字

① 朱熹不同意以“敬为本”代替“静为本”并非否定“敬”之工夫，“敬”作为贯通动静的工夫是成就圣学的关键。朱熹曰：“修之悖之，亦在乎敬肆之间而已矣。敬则欲寡而理明，寡之又寡，以至于无，则静虚动直，而圣可学矣。”（《太极图说解》，见《朱子全书》第 13 册，第 75 页）动时静时皆持敬不失则可学而成圣。朱熹这里强调静为本实际是解释静时的主敬涵养工夫，这不妨碍动时工夫亦坚持主敬。

② 《答朱元晦》，《南轩先生文集》卷二十二，《张栻集》第 4 册，第 1100 页。

③ 《寄吕伯恭》，《南轩先生文集》卷二十五，《张栻集》第 4 册，第 1134 页。

字句句详加解释不但无此必要，反易流于牵强，不合濂溪本意。南轩以为阐述纲领即可，不须字字句句而解。朱熹奉周敦颐为孟子之后道统继承者，故而系统注解其著作《太极图》，而非如南轩所言拈出纲领即可。这样一来，晦庵与南轩当然就《太极图说》的一些内容产生争议。

朱张二人形成如上差异，师友的影响亦不可忽视。朱熹年轻时曾从学李侗，期间多次见面，不断书信往返。朱熹与李侗的书信往返中可见，“理一分殊”是二人讨论的很重要的一个概念。朱熹自从学白水、籍溪、屏山三先生时即读伊洛之书，对天理统体并不陌生，然延平教人主要在于分殊。朱熹曾转述延平之言曰：“吾儒之学所以异于异端者，理一分殊也。理不患其不一，所难者分殊耳。”[①] 朱熹懂得“天地生物本乎一源，人与禽兽草木之生莫不具有此理”[②] 的道理，延平向朱熹讲授的主要是分殊的道理。

朱熹曾以《中庸》中已发、未发之语解《太极图说》，以“太极动而生阳”为已发，并且向下分为两节。“动而生阳”即是天地喜怒哀乐之发处；太极动静而阴阳生，阴阳变合而五行具，二气五行化生万物即是人物喜怒哀乐之发处。朱熹分此为两节，并且这两节皆属已发，相互贯通。李侗不同意朱熹对此作两节看，从“动而生阳”以至于“二气交感，化生万物”，分殊之时都是一理贯之。[③] 实际上，李侗质疑的不光是朱熹分“动而生阳”与“二气交感，化生万物”为两节，李侗以为

---

① 赵师夏：《宋嘉定姑孰刻本延平答问跋》，《延平答问附录》，《朱子全书》第 13 册，第 354 页。

② 赵师夏：《宋嘉定姑孰刻本延平答问跋》，《延平答问附录》，《朱子全书》第 13 册，第 335 页。

③ “问：太极动而生阳，先生尝曰：‘此只是理，做已发看不得。’熹疑既言‘动而生阳’，即与复卦一阳生而‘见天地之心’何异。窃恐‘动而生阳’，即天地之喜怒哀乐发处，于此即见天地之心；二气交感，化生万物，即人物之喜怒哀乐发处，于此即见人物之心。如此做两节看，不知得否？先生曰：‘太极动而生阳’，至理之源，只是动静阖辟。至于终万物、始万物，亦只是此理一贯也。到得二气交感，化生万物时，又就人物上推，亦只是此理。”（《延平李先生师弟子答问》，《朱子全书》第 13 册，第 328—329 页）

万物成形分殊之时应是一理贯之的。朱熹和李侗在《延平答问》中有过一段讨论。朱熹曾言："又详伊川之语推测之，窃谓理一而分殊，此一句言理之本然如此，全在性分之内、本体未发时看。"延平对此响应称："须是兼本体已发未发时看，合内外为可。"① 朱熹以为理之本然只在本体未发时看，结合之前朱熹所持观点，朱熹这是以理之本然也就是太极之本然为未发，至于"动而生阳"则为已发。朱熹以未发与已发解释太极之本然与太极动静生阴阳，李侗对此并不赞同，而认为理应兼已发未发时看：未发之时，天理统体为一；已发之时即万物毕出分殊之时，仍应见天理统体之一贯。受延平理一分殊思想的影响，朱熹逐渐意识到笼统地说一个虚灵空阔的道理的危害。喜言笼统宏阔固然简易直截，但宏阔之道无所不包易落入空谈，而且道的本体地位也无法阐明，所以朱熹在注解《太极图说》的过程中坚持理一与分殊并举、形上之道与形下之器之分。所以可以说，朱熹受李侗影响，多数时候坚持太极即理，坚持形上太极与形下动静阴阳的区分。

张栻在处理太极问题时，将太极指向性，坚持太极即性，这与胡宏性本论的影响不无关系。胡宏《知言》论性特详，皆因当是时异端兴起，心性之论不彰，学者溺于其间，丧失本心，其祸不可胜数。故而胡子著《知言》，以彰性论。胡宏坚持性本论，以天命为性，性为天下之大本。"大哉性乎，万理具焉，天地由此而立矣。世儒之言性者，类指一理而言之尔，未有见天命之全体者也。"② 万物生于天，天命以为性，所以可以说万物皆为性之所有。在胡宏这里，理的大本地位退去，性为天地之大本，性为万理总和，天地由此而立。"性譬诸水乎，则心犹水之下，情犹水之澜，欲犹水之波浪。"③ 性为大本，胡宏将性比之于水，其他

① 《延平李先生师弟子答问》，《朱子全书》第13册，第328—329页。

② 胡宏：《知言》，《胡宏集》，北京：中华书局，1987年，第28页。

③ 胡宏：《知言》，《胡宏集》，北京：中华书局，1987年，第13页。

如心、情、欲皆由性决定。心为性之用，心以成性，情欲则如水之波澜，它们皆为性所决定。胡宏对性本论的坚持影响了张栻，如上所述，张栻在处理太极问题时，将太极指向性，坚持太极即性。

四、结　论

通过对朱熹、张栻二人《太极图说解义》的分析，可发现二人对于太极内涵有不同的理解。朱熹认为太极即理、即本体，对作为宇宙本体的太极本身关注较多。在修身工夫上，他坚持未发时的涵养工夫和已发后的察识工夫并重，并且因张栻之湖湘学派对涵养工夫的欠缺，所以朱熹特别强调了濂溪“主静”的一段工夫。张栻则坚持太极即性，受其师胡宏影响多关注心性论，修身工夫在已发之心上做，心以成性，对于濂溪的“主静”工夫并未过多注解，只是认为中、正、仁、义皆有动静，而且相比于“静为本”，他更关注“敬为本”。

南宋时期，道学思想的发展异彩纷呈，绝非定朱熹于一尊。二程之学传之朱熹，关注形而上之理的规范性；传之湖湘张栻，关注心性理论的主体性。通过对朱张二人太极概念诠释的比较，可见以下两点：首先，张栻并非一贯附和朱熹①，他对太极问题有自己的理解，其思想核心与胡宏湖湘学派一脉相承，张栻思想绝非无甚特色，南轩在南宋道学史上有重要影响。其次，朱张二人秉持不同的太极概念诠释方法，开出不同的理学建构历程，这正印证了真德秀的理学派系理论，南宋道学发展多样性可见一斑。

---

① 如牟宗三在《心体与性体》中讨论到朱熹参究中和问题以及写作《仁说》时，皆与张栻有大量辩论，牟对二人辩论的总结是张栻常附和朱熹，未能坚守明道及其师胡五峰路数，胡学逐渐模糊。刘述先在《朱子哲学思想的发展与完成》中提到，现存张栻著作几无五峰学痕迹，也看不出他本人特色何在，其学也无传人，大概因为依附朱子，遂完全为朱子学所压盖下去。

张九成对《大学》致知格物的心学诠释

李春颖*

“致知在格物”作为《大学》八条目的开端，其意义重要但意涵难解。从张九成对致知格物的理解中，我们既可以看到程朱主张即物穷理的一面，也可以看到王阳明将格致工夫返归到内心的一面。

“致知在格物”在《大学》中，除了“此谓知本，此谓知之至也”一句相关之外，没有更多的阐发，朱熹认为此处有阙文，并尝试补了格物致知传。朱熹的尝试遭到了很多反驳，除却对补充文字内容上的反驳，还有相当一部分人并不认为此处有阙文，这就涉及对《大学》结构的解读。张九成对《大学》结构的分析就与朱熹不同。以下引用张九成的论述来分析他对《大学》八条目结构的理解：

> 小学之道，先王所以发圣人之机也；大学之道，先王所以宣圣人之用也。能言则学唯，能食则尚右手，六年则学方名，十年则学书计，十有三年则读《诗》舞《韶》矣，十有五年则舞《象》而学射御矣，此所谓小学之道也，所以发圣人之机也。过此以往则致知以格物，格物以知至，知至以诚意，诚意以正心，正心以齐家，齐家以

---

* 李春颖，1985 年生，中国政法大学国际儒学院副教授、副院长。2003—2012 年就读于北京大学哲学系，获哲学学士、哲学博士学位。

治国，治国以平天下，此所谓《大学》之道也，所以宣圣人之用也。①

“致知以格物”一句，对于熟悉朱熹《大学章句》的人来说，显得扞格不通。从“过此以往则致知以格物，格物以知至，知至以诚意，诚意以正心，正心以齐家，齐家以治国，治国以平天下”的句式来看，后者是前者的阶梯、基础。这是将《大学》原文“物格而后知至，知至而后意诚，意诚而后心正，心正而后身修，身修而后家齐，家齐而后国治，国治而后天下平”中的先后关系，更明确地阐发为一种递进关系。并且将这种递进关系进一步延伸到“致知在格物”一句中，将其训解为“致知以格物”，即通过致知工夫来达到格物。这样的阐释在张九成著作中并非偶然出现，“大学之道始于致知”是他的一贯主张，在我们通常所说的《大学》八条目之前加上致知，把致知和知至作为两个工夫，使《大学》的工夫成为九条目，这是张九成格物致知思想中颇具个人特色的部分。

一、《大学》之道始于致知

张九成对《大学》工夫论的解读以“致知”为中心，这与朱熹以“格物”为中心有本质上的差异。“然余尝考之大学之道始于致知，孟子之论始于修身，何也？盖致知方求其体，而修身已见于用。”② 致知是大学之道的起点，也是为学工夫的起点。“亦犹君子格物之学，自致知而充之以格物，以知至，以诚意，以正心，以修身，以齐家，以治国，以平天下，而后已。则以其知本之所自而充之，故其极乃如是之大

① 张九成：《横浦集》卷十八，《影印文渊阁四库全书》，第414页。
② 张九成：《孟子传》卷十四，《影印文渊阁四库全书》，第381页。

也。"[①] 格物之学从致知开端。以致知作为《大学》修养工夫的中心，则从"明明德于天下"至"先致其知"，是从圣王功业推至内在的隐微工夫；自"致知在格物"至"国治而后天下平"，是从隐微工夫发展出卓著的事功。

从"自致知而充之以格物……"的"充"字明显看出，格物、知至、诚意、正心、修身、齐家、治国、平天下都是统括在致知之中的，是致知内涵中的应有之义。这种解读，源自于张九成对致知、格物内涵的独特理解。张九成以本心等同于天理，主张"心即理，理即心"[②]。本心与天理一致，是自然之理和人世之则的最终依据，"夫所谓天下四方万里事物之本，何物也？盖天下此心也，四方万里此心也，若事若物此心也。"[③] 因而去除内心不正的念虑，使心之大体呈露，方可体认到天人一心，天人一理。"惟精惟一，惟时惟几，一旦恍然雾除，霍然云消，思虑皆断，而心之大体见矣，然后知吾之所以为天者在此。"[④] 这种心学思想虽然不否认外物也有各自之理，但本心包含众理无所欠缺，逻辑上必然导致对知识的认识会倾向于向内寻求。较之于从外界事物上学习并获得知识，对本心的体悟、对内心所含众理的体认，就显得尤为重要。

因而，对张九成而言，致知实际上是推至内心本有之理。"苟学之不精，不先于致知，使天下之物足以乱吾之知，则理不穷"，穷理不是穷尽外界事物之理，也不是通过学习外界事物之理来达到内心的豁然贯通，而是直接指向对内心之理的穷尽。致知即是体认并推至本心之理，对本心之理笃信不疑，自然能够物来顺应，这样天下事物就不能扰乱我

① 张九成：《孟子传》卷十九，第 425 页。
② 张九成：《孟子传》卷十九，第 425 页。
③ 黄伦：《尚书精义》卷六，《影印文渊阁四库全书》。
④ 张九成：《孟子传》卷二十七，第 494—495 页。

的固有之知。

西方的“知”，基本上是与事物分开的理论静观；而中国古人讲的知，却总是与“应对万物”（实践）有关，知不是要认识“客观事物的本质”，而是总要落实到“应对万物”上。[①] 致知作为对本心固有之理的体认和推至，包含两个重要的方面：一、体认，天理虽然是本心固有，但在现实中人由于禀受之气的驳杂和后天习染的干扰，本心不能自然地发见，人要通过对本心的体认，来实现对天理的认识；二、推至，对本心的体认是为了在现实生活中依据天理而行，因而致知更深一层的含义是要将固有之知推至具体事物上，指导实践。只有完成本心在现实中的发用，才可以说是做到了致知。

结合致知以上两层含义，就可以理解张九成为何以致知作为《大学》工夫的中心。既然本心是一切规律、价值、规范的来源和最终依据，那么相对于了解事物之理，对本心之理的体认必然是最根本的工夫。只有通过对本心之理的体认和推至，才可以从根本上实现行为思虑合乎天理。从行为上对规矩的学习和遵守，固然可以使人渐渐接近本心，但这主要还是义袭而取之，致吾心固有之知才能从根本上保证一种符合天理、顺应天理的生活。

二、格物与物格

在对致知的这种诠释下，格物也具有了与程朱理学穷尽事物之理不同的内涵。“夫学莫先乎致知，致知莫先乎格物，格物者，穷理之谓也。使天下之理一物不穷，则理有所蔽；理有所蔽，则足以乱吾之智。虑惟

---

① 张汝伦：《关于格物致知的若干问题——以朱熹的阐释为中心》，吴震主编《宋代新儒学的精神世界——以朱子学为中心》，上海：华东师范大学出版社，2009 年，第 54 页。

无物不格，则无理不穷。”[1] 单独看此句，与程朱理学似乎并无不同，都是主张致知要以格物为先，格物即是穷理。但二者对格物内涵的理解不同。陈来先生在《朱熹哲学研究》中指出：“格物指努力穷究事物之理，而当人们通晓事物之理后，人的知识也就完备彻底了。所以致知完全是作为认识过程的格物在主体知识方面产生的一个自然结果。”[2] 这是对程朱格物思想的明确阐发。张九成则不同于此，在他思想中应该叫作“致知格物”，因为从根本上讲，致知应该在格物之前。对比张九成与朱熹的注释：

> 使天下之理一物不穷，则理有所蔽；理有所蔽，则足以乱吾之智。虑惟无物不格，则无理不穷。[3]（张九成）
>
> 所谓致知在格物者，言欲致吾之知，在即物而穷其理也。盖人心之灵莫不有知，而天下之物莫不有理，惟于理有未穷，故其知有不尽。[4]（朱熹）

张九成“使天下之理一物不穷”与朱熹“即物而穷其理也”是相反的意思。张九成所言，是天下之理在我有一物不周遍，则说明在我之理没有达到穷尽；朱熹之言是在事物上穷尽事物之理。张九成所穷之理首先在我，而朱熹所穷之理首先在物。天下之理在我、所穷之理在我，当发现自己有一些事物之理还未能理解和确定，这就说明我尚未完全体认本心固有之理。在我来说，理还有所遮蔽，因此不能做到物来顺应，会受事物干扰和引诱。

---

① 张九成：《孟子传》卷十四，第 381 页。
② 陈来：《朱熹哲学研究》，上海：华东师范大学出版社，2009 年，第 189 页。
③ 张九成：《孟子传》卷十四，第 381 页。
④ 朱熹：《四书章句集注》，北京：中华书局，2005 年，第 6 页。

致知是体认和推至本心固有之知，格物就是将此固有之知推至具体事物上，在具体事物上展开、历练和检验。只有做到无物不格，即事事物物均得其理、均得其所，方能说明在我之理穷尽无余。这与朱熹格物致知说恰好相反，朱熹认为通过对事物之理的认识，可以达到对主体知识的扩充；而张九成认为，对主体固有之知的认识，是了解事物之理、使事物各得其所的根本。也正是在此意义上，后者坚持认为大学之道始于致知，格物至少在逻辑上是致知之后事，是对致知的实践和验证。

格物，是至物、及物，亦是正物。格物既是将自身固有之知推至事物上的过程，更是正事物之不正以归于正的过程，以天理之当然使事事物物各得其所。此过程就主体而言，是物来顺应的过程。如应对事物的过程中存在疑惑、存在扞格不通，则说明自身之理有所遮蔽；如能物来顺应，无所拘碍，物物皆格，则此物格的境界，即说明吾知之至。

此处存在一个疑问，既然致知先于格物，为何张九成有时也说“致知莫先乎格物”?“夫学莫先乎致知，致知莫先乎格物，格物者，穷理之谓也”①一句所言格物在先，应如何理解?致知作为工夫，其自身就包含了体认和推至两个方面，不但要求认识本心之理，同时更要求将本心之理推至具体的事物上，落实为实践行为。此“知”的意涵有以下几种：一、认知能力、知觉；二、认知的结果，即知识；三、由此知指导的行动，即应对万物。这三种意涵均包含在致知的工夫之中，以思维能力去体认本心，并使本心发见。如此，格物作为将本心之知推至事物上的过程，这已经是致知工夫的本有之意。从主体上言，是推至吾知，从客体言，是格物。正因为格物是从客体而言，所以格物可以作为检验主体致知工夫的一个标准。正是在这种意义上，张九成言“夫学莫先乎致知，致知莫先乎格物”。在下面引文中，他也表达了这种观点：

---

① 张九成：《孟子传》卷十四，第381页。

> 夫《大学》之道何道也？王道也。王道何在？在致知格物也。格物者，穷理之谓也。天下之理无一之不穷，则几微之生，无不极其所至矣。①

穷理，可以说是穷尽事物之理，但方式是通过穷尽本心之理进而达到穷尽事物之理。因而，通过事事物物皆得其理，就可以知道自己对于天下之理无一不穷，进而就可以做到几微隐兆均知晓其原因，预料其发展。格物是在事物上验证自身之知，物格是事事物物各得其理，证明吾知已至。

浑全而言，致知、格物、物格、知至，均包含在致知的工夫中。分而言之，致知偏重体认本心；格物偏重推至事物；物格从客体上言致知的结果，即事物各得其所；知至从主体言致知的结果，即本心之理无一不穷。"亦犹君子格物之学，自致知而充之以格物，以知至，以诚意，以正心，以修身，以齐家，以治国，以平天下，而后已。则以其知本之所自而充之，故其极乃如是之大也。"② 致知作为根本工夫，在于通过致知能够体认大本。真正体认大本，从小处说，物格、知至是其应有之事，扩大而言，诚意、正心、修身、齐家、治国、平天下，均在吾本心经纶范围之内。

张九成以"正物"来解释"格物"的思想，受到了大慧宗杲的启发。绍兴十年(1140)张九成因得罪秦桧被贬为提举江州太平观，返居盐官期间他与汪应辰一同往径山问道，此次问道有两个重要议题，第一个议题就是格物之旨，大慧讲了一个意味深长的故事，此事《大慧禅师年谱》与《嘉泰普灯录》均有记载：

---

① 张九成：《横浦集》卷十四，第389页。
② 张九成：《孟子传》卷十九，第425页。

> 慧曰："公只知有格物，而不知有物格。"公茫然，慧大笑。公曰："师能开谕乎?"慧曰："不见小说载唐人有与安禄山谋叛者，其人先为阆守，有画像在焉。明皇幸蜀，见之怒，令侍臣以剑击其像首。时阆守居陕西，首忽堕地。"公闻顿领深旨。题不动轩壁曰："子韶格物，妙喜物格。欲识一贯，两个五百。"慧始许可。

程颐以穷理训格物，成为洛学至论，但如何穷理，穷何处之理，在后学中仍有分歧。张九成、汪应辰等士大夫在径山讨论格物，格物本是儒学内的论题，但大慧一语，如重石投向湖面，给张九成思想带来很大冲击。大慧以物格来解释格物，并以小说所载唐明皇在四川斩叛臣画像，其人在山西首级落地来说明。张九成当时领悟了大慧的寓意，题不动轩壁曰："子韶格物，妙喜物格。欲识一贯，两个五百。"是说自己的格物之说与大慧的物格之说，是同一含义，正如两个五百铜钱就是一贯铜钱。张九成成熟时期的思想中，将致知阐释为体认和穷尽本心之知，将格物阐释为本心之知在具体事物上的落实，这样，格物致知就成为了由体认本心推至实践中的一贯工夫。这种思想与大慧当年"只知有格物，而不知有物格"的启发应有一定关系。

这种工夫的根本在于内心，这就无法避免心学发展的流弊。在张九成去世七年后(1166)，三十七岁的朱熹撰写《杂学辨》，攻击张九成的思想"乃释氏之余绪，非吾儒之本指"，怒斥它为"阳儒阴释"，后来又批评张九成认虚灵明觉为本心，即过于重视内心知觉而忽视天理，这与他将致知格物工夫解读为反身内求有关。张九成自身刻苦进学，也有世事上的磨砺，一路上既曾收获赞誉，也曾遭致诋毁，这样饱满的人生经历给予了他对自身良知信任的基础。若是一般人，难免会错认知觉甚至欲望为本心。心学发展传承中可能出现的这种流弊，我们在阳明后学中可以看到。但就思想而言，心学主张由本心向外开展出道德性的生活，而不是以外在规范去指导行为，这符合宋明道学为儒家伦理寻找形而上基础的主旨，是对主体价值的肯定和赞扬。

三、格物与穷理

以穷理解格物，是程门的一贯主张。程颐以格物穷理作为学者进学一个重要的工夫门径：

> 格犹穷也，物犹理也。犹曰穷其理而已矣。穷其理，然后足以致知，不穷则不能致也。①
>
> 或问："格物须物物格之，还只格一物而万理皆知？"曰："怎生便会该通？若只格一物便通众理，虽颜子亦不敢如此道。须是今日格一件，明日又格一件，积习既多，然后脱然自有贯通处。"②

程颐的主张很明确，通过穷究一事一物之理，进而达到积久贯通的境界。这是一种渐进的工夫路径，通过对外界之理的穷索，间接达到内心的贯通。朱熹继承了程颐这一思想，言"于天下之物皆有以究其义理精微之所极，而吾之聪明睿知亦皆有以极其心之本体而无不尽"③。朱熹常常将其概括为"格物所以致知"，这是指，一方面格物以致知为目的，另一方面致知是在格物过程中自然实现的。④

张九成对于格物穷理的理解恰恰与此相反，在他看来，格物本应是在致知过程中自然实现的，不过致知虽然是致本心之知，但完全认识本

---

① 《遗书》卷二十五，《二程集》，北京：中华书局，2004 年，第 317 页。
② 《遗书》卷十八，《二程集》，第 188 页。
③ 朱熹：《四书或问》卷下，《朱子全书》，第 526 页。
④ 陈来：《朱熹哲学研究》，第 289 页。

心是个很难达到的工夫，所以格物就成为了对致知工夫的检验和补充。因而，虽然张九成同样以穷理来解格物，但此穷理非程朱意义上的通过穷事物之理渐进达到主体知识的扩充。张九成之穷理，是指向穷究大本之理，“格物者穷理之谓也。穷一心之理以通天下之理，穷一事之理以通万事之理。”① 既然天下万理俱在心中，那么穷理也应是穷尽本心之理。

本心之理涵括一切事物之理。如蒙培元在《“所以然”与“所当然”如何统一？——从朱子对存在与价值问题的解决看中西哲学之异同》一文中指出：“所以然”讲的是事实，是陈述句，是客观的，而“所当然”讲的是价值，是祈使句或命令句，是主观的，但无论是客观的还是主观的，其“理”均为一理。② 张九成所言人的本心之理、致知之“知”，也是涵括万物之本体、自然之秩序、人伦之规范等多种意涵的。“人之知也，本自高明，本自广大，本自和乐，本自庄钦，天地、日月、四时、鬼神、河海、山岳、昆虫、草木举在于是，不知格物则其理不穷，其理不穷则天地、日月、四时、鬼神、河海、山岳、昆虫、草木一皆颠倒失序，其可以弗谨乎!”③ 通过将吾本心之知推至事物上磨砺和检验，来完成穷尽本心之理，天地、日月、四时方能各得其所。

张九成认为所穷之理为本心之理，即天理。那么言穷理是个人通过修养工夫去体认此理。学者学习、修养是为了使天理全然呈现，而不是穿凿造作发明一新理，也不是增加或减除天理。学习、修养的目的是剔除遮蔽本心天理的障碍，而天理不受智愚贤不肖的影响，永恒在那里。虽然本心包含众理，可以参与造化，这是对人价值和能动性的极大肯

---

① 张九成:《横浦集》卷十七，第 412 页。

② 蒙培元:《“所以然”与“所当然”如何统一？——从朱子对存在与价值问题的解决看中西哲学之异同》，《泉州师范学院学报(哲学社会科学版)》2005 年第 1 期。

③ 张九成:《横浦集》卷十八，第 415 页。

定，但在天理面前人必须始终保持一种诚挚和谦卑。只有这样，才能真正接近、体认并返归天理，这也是“穷理”的应有之意。穷理不是外在地迎合，而是与本心的契合，是开始真正认识自己，并依此真我而行，此时方能胸中有守，自信不动，物来顺应：“非其胸中高明，自信不动，安能确然自执，昌言判断于天下而无疑哉！倘为不然，见商鞅必喜刻薄之说，见孙膑必喜兵革之说……”① 这是来自体认本心天理而有的自信和从容。“先生云：人之念虑欲静，要须尽穷理之学。理之不穷，而欲念静，事来无处，则愈扰矣。若见得到底人，往往常觉静，理定故也。亦有顽懒人，自会顿置闲事，不挂思虑者，然亦不可应物。”② 这种通过穷理而达到的物来顺应的境界，与程颢《识仁篇》“识得此理，以诚敬存之而已，不须防检，不须穷索”的精神正相呼应。

穷理与致知都指向大本，致知为致本心之知，穷理为穷天理，那么格物这一概念就比较费解。无论如何诠释，格物都有及物的一面，以穷理来训格物，分外牵强，不若以穷理来对应致知显得更为妥帖。上文已经明确了穷理的对象，现在就需要进一步说明格物与穷理的关系：

> 所谓格物者，穷理之谓也。一念之微，万事之众，万物之多，皆理也。惟深造者，自天下之本溯流沿叶，进进不已，而造极于格物。是故于一念之微，一事之间，一物之上，无不原其始而究其终，察其微而验其著，通其一而行其万。则又收万以归一，又旋著以观微，又考终而要始，往来不穷，运用不已，此深造之学也。夫如是则心即理，理即心。③
>
> 使吾知格物知至之学，内而一念，外而万事，无不穷其源流，

① 张九成：《孟子传》卷二十九，第1511页。
② 张九成：《心传录》卷中，第51页.
③ 张九成：《孟子传》卷十九，第420页。

> 穷其终始，穷之又穷之，至于极尽之地，人欲都尽。一旦廓然，则性善昭昭，无可疑矣。此所谓“一日克己复礼，天下归仁”也。①

以上两段是张九成对格物穷理一贯的阐释方式。格物穷理不是在一事一物上穷究此事此物之理，而是由本心发见于事物，由事物追溯回本心的工夫。

就第一点由本心发见于事物来看，格物指对本心之理的推至。正如了解树木的本根，则自然可以了解其枝叶，因为树根为本其叶为末；同样，体认本心，则自然可以顺流而下把握事物的情态和规律。在这种意义上，格物穷理就是未发之本心落实在已发之事物上，把握事物之理，使事物各得其所。

第二点由事物追溯回本心的工夫，则是第一点的逆推。“无不穷其源流，穷其终始，穷之又穷之，至于极尽之地，人欲都尽。”无论是外在的事物还是内心的念虑，都是格物之“物”。无论是应对事物还是念虑之发，均来自内心，因而认识事物、念虑的目的是回溯到本心。对事物之理的认识不是平面的了解，而是向内一步一步地靠近本心，需要经历一番“溯流而上，经历关山而不止”的工夫，才能回到本心。

这种格物的工夫不同于程朱所言今日格一物，明日格一物，通过积累达到豁然贯通。程朱这种通过外在知识的积累达到内心贯通的工夫，虽然标榜理性，但积累如何引起贯通，质变如何引起量变，中间的过程仍然带有不可言说的神秘性。而张九成所言格物，是本心应物而感，自然发见为对事事物物的应对；再由对事事物物的认识回溯到本心。本心与念虑、行为是一贯的，未发已发是一贯的，它们没有被截然分开在两个无法逾越的层面。

---

① 张九成：《孟子传》卷十五，第391页。

第一点言格物，是顺流而下；第二点言格物，是逆流而上。穷理作为穷大本之理，其“穷”字也具有多层次的内涵。首先，穷乃是对大本之理完全的体认，对于一切事物通过穷其源、穷其本，最终达到穷大本之理；其次，穷也指大本之理的落实，本体虽是未发者，但其本身包含着已发的可能性，需要落实在具体的实践中，因而又具有顺流而下、旋著以观微的意涵。

四、结　语

张九成以本心同于天理，这样本心就具有了本体性，是自然界一切规律和人类社会一切伦理规范的来源。因而对于他来说，修养工夫就不可能是向外寻求，而是内向体认本心；为学工夫也不可能是向外获得知识，而是识得和推至本心之知。这形成了他颇具特色的格物致知说。

以致知作为进学的起点，与传统以格物作为起点形成了鲜明对比。在张九成看来，既然本心是一切道理、价值、规范的来源和依据，那么相对于了解事物之理，对本心之理的体认必然是最根本的工夫。致知不是由外而内地获得知识，而是对本心固有之理的体认和推至：一方面是通过体认本心来实现对天理的认识；一方面是将固有之知推至具体事物上，指导实践。致知本身就包含了本心之知在现实生活中的实践和落实。

格物就是将此固有之知推至具体事物上，在具体事物上展开、历练和检验。受大慧宗杲的启发，张九成以物格来解释格物，认为只有做到无物不格，即事事物物均得其理，才能说明在我之理穷尽无余。因而格物至少在逻辑上是致知之后事，是对致知的实现和检验。就实现来看，格物穷理指大本之理的落实，是未发之本心顺流而下，落实在已发之事物上，使事物各得其所；就检验来看，格物穷理乃是穷大本之理，对于一切尚未明了的事物，均可逆流而上，通过穷其源、穷其本，最终达到体认本心之全体。因而格物是至物、及物，亦是正物。如应对事物的过程中存在疑惑、存在扞格不通，则说明自身之理有所遮蔽；如能物来顺应，无所拘碍，物物皆格，则此物格的境界，即说明吾知之至。

张九成对格物穷理的阐释主要还在于要求人内向自省。相对于道南体验未发的工夫，他明显开始纠正静坐体悟容易流入空寂的倾向，对接触事物、应对事物更为强调。他明确谴责士大夫以体验未发为名专于寂静、搁置世事不问，指出一味寻求寂静的人不能应事接物："理之不穷，而欲念静，事来无处，则愈扰矣。"只有体认本心，对内心之理确信不疑，方能做到真正的坚定。但相对于程朱的格物思想，张九成缺乏对事物之理的重视，而是将认识事物之理作为实践本心和回溯本心的一个门径。

值得提出的是，以物格、正物来阐释格物，这一思路与阳明格物思想有相似之处。张九成这种思想进一步发展，逻辑上可以推出王阳明以格物为格心的思想，阳明言："格物，如《孟子》'大人格君心'之'格'，是去其心之不正，以全其本体之正。但意念所在，即要去其不正以全其正，即无时无处不是存天理，即是穷理。"这种以格物穷理为正其心之不正的思想，在张九成已经有端倪，他提出"格非心"的概念，亦是去除心之不正。但"格非心"更多出现在他的政治哲学中，主张对君主格非心，调纠君主内心的偏邪，这仍是延续孟子的思路，在哲学层面尚未完全融入他对格物穷理的阐释中。这体现出张九成已经在尝试构建与心学相匹配的工夫论，在此过程中，他努力将对本心的高扬和对现实世界的肯定结合起来，因而始终认可致知格物有及物的一面。换个角度，这种在逻辑上贯彻不够彻底的心学，恰恰展现出了张九成作为士大夫的担当，对现实的关注和对儒家正统的坚守。

明代前期

明代岭南心学的思想旨趣及特征

景海峰*

儒学在岭南地区的发展，汉有“三陈”（陈钦、陈元、陈坚卿）、“四士”（士燮等），唐有张九龄及韩愈等，宋亦可举出余靖、崔与之等人。但总的来讲，偏处一隅的岭表因地理阻隔和远离政治中心等，在历史上始终处在中原文明的末梢和边缘地带，儒家文化的影响和传播也是十分有限的。[①] 观其大势，从整体的学术版图上来讲，岭南儒学明显地呈现出一种由北向南渐次递减的趋势，更不用说扮演中心或者是引领潮流的角色了。到了明代，这一情形才有了根本的改变，陈白沙的出现和江门学派的崛起，引领了有明一代的学术风气，为心学的重新开启和持续发展奠定了基础，使得粤地之学术第一次从边缘走向了中心。岭南心学的发轫始于陈献章(1428—1500)，亦以白沙之思想为基调与核心，白沙门下弟子众多，杰出者如林光、张诩、湛若水、贺钦、李承箕等，而甘泉实为传其衣钵者。湛若水(1466—1560)以九五高寿遍建书院以祀白沙而成岭学之大宗，又与王阳明本人紧密互动，引领心学思潮渐入佳

* 景海峰，1957年生，宁夏贺兰人，现任深圳大学文学院院长、国学研究所所长、哲学系教授，武汉大学兼职教授、国学专业博士生导师，中山大学中国哲学专业博士生导师，香港中文大学中国哲学与文化研究中心通讯研究员。

① 对此，陈白沙曾感叹：“夫自开辟达唐，自唐达宋至于今，不知其几千万年。吾瞻于前，泰山北斗，曲江公一人而已耳。吾瞻于后，泰山北斗，公(余靖)与菊坡公二人而已耳。噫！士生于岭表，历兹年代之久，而何其寥寥也。”(《韶州风采楼记》，见《陈献章集》，北京：中华书局，1987年，第26页)

境，有所谓“分主教事”的说法，其势头便与浙学形成了互犄之态，一时间王、湛之学几淹天下。在甘泉之后，粤学逐渐散逸于岭表以外，王、湛两家之门人又“递相出入”，线索便渐渐地模糊了；传湛氏学脉者，如吕怀、何迁、洪垣、唐枢等，皆非粤人，且大多调停于两派之间。而溯源其宗风，在之后学者当中唯有庞嵩、唐伯元、王渐逵等几位庶几近之。以陈、湛学术为中心的岭南心学，在经过了几代人的构建与传承之后，于有明一代大放异彩，从明中叶起始的一百多年间，占据着儒学非常重要的位置，实现了粤地学术从边缘到中心的历史性跨越。

岭南心学的出现，有其客观的历史因素，唐宋以后文化重心自北向南的渐次转移，尤其是南宋理学的深深浸润，早已使得粤边数省成了儒家文化的中心；元的强烈冲击和文化板块的重新组合，在历史记忆的断续与链接之中，也为边地学术的崛起提供了可能。从学统和师承上来讲，白沙心学并不是南宋陆学的简单复活，也不是明初朱子学形态的自然延续，而是在特定的历史条件下所出现的一个重大的时代转折，它由此开启了一种新的儒学形态，创造出一个崭新的局面。故黄宗羲总结道：“有明之学，至白沙始入精微。”“作圣之功，至先生而始明。”① 以陈、湛学术为代表的岭南心学自不同于宋元时期的理学，与南宋之陆学也有着不小的差别，对于明初流行的朱子学而言，更是形成了鲜明的对抗性。从明代学术发展的背景和宋明理学跌宕起伏的转折及路向的调整来看，这一学派在构建的过程中，形成了自己独有的特点，对儒学形式的丰富化和心学之境的开掘，发挥了极为重要的作用。

一、以“自得”之学扭转风气

明初学术略显凋敝，儒学的影响和活力尚处在蛰伏的状态，随后朱

① 黄宗羲：《明儒学案》上册，北京：中华书局，1985 年，第 78 页。

子学被朝廷定于一尊，胡广等人奉命纂修了三部《大全》，配合科举，颁行天下，士子无不翻腾于流俗之中。《明史·儒林传序》谓："原夫明初诸儒，皆朱子门人之支流余裔，师承有自，矩矱秩然。曹端、胡居仁笃践履，谨绳墨，守儒先之正传，无敢改错。"北方的理学大师薛瑄(1389—1464)主张："四书《集注》《章句》《或问》，皆朱子萃群贤之言议，而折衷以义理之权衡，至广至大，至精至密，发挥先圣贤之心，殆无余蕴，学者但当依朱子'精思熟读，循序渐进'之法，潜心体认而力行之，自有所得。"① 南方的硕儒也是白沙老师的吴与弼(1390—1469)，虽说刻苦奋励，学问多从五更枕上汗流泪下得来，但也只是"一禀宋人成说"(黄宗羲语)。并世大儒，尚且如此，一般的读书人就可想而知了。在钦定朱子学的笼罩下，士子竞奔于科举之途，逐而不反，已不知儒家的真精神为何物。章懋(1437—1522)在《原学》中痛切地说：

> 今之学则又异于是矣！心性之教不明，而功利之私遂沦浃而不可解，传训诂以为名，夸记诵以为博，侈辞章以为靡，相矜以智，相轧以势，相争以利，相高以技能，相取以声誉，身心性命竟不知为何物。……然要其所为，不过为假仁袭义之事，终不足以胜其功利之心，其去圣学也远矣。②

陈白沙便是这一境况下的典型受害者，他二十岁"中乡试第九"，其后"凡四入京师"，三次会试不第，直到四十出头才作罢。③ 此一痛切的经历，使白沙对科举制的戕性害人体会甚深，他力诋章句之学的危害："由斯道也，希贤亦贤，希圣亦圣，希天亦天。立吾诚以往，无不可也。

① 《薛瑄全集》，太原：山西人民出版社，1990年，第1025—1026页。
② 黄宗羲：《明儒学案》下册，北京：中华书局，1985年，第1080页。
③ 《陈献章集》，北京：中华书局，1987年，第795页。

此先王之所以为教也。舍是而训诂已焉，汉以来陋也。舍是而辞章已焉，隋唐以来又陋也。舍是而科第之文已焉，唐始滥觞，宋不能改，而波荡于元，至今又陋之余也。”① 对于科场儒学的失望和厌离，进而做反省批判，构成了白沙倡言“自得”的前提和基础。

“自得”观念，源于《孟子》。《离娄下》谓：“君子深造之以道，欲其自得之也。自得之，则居之安；居之安，则资之深；资之深，则取之左右逢其原，故君子欲其自得之也。”孟子的尽心知性、存心养性，根植于天人合德的信念，惟其生命个体与天地万物为一体，故在根源处能够不离于天命，修身以俟之，默识心通，达到“人之所不学而能者，其良能也；所不虑而知者，其良知也”的境地。对于孟子所讲的“自得”，大程子解释道：“大抵学不言而自得者，乃自得也；有安排布置者，皆非自得也。”强调“学要在自得”，“默识而自得之”②，也就是处在日常生活状态的优游餍饫间，真积力久，然后必有所得。“自得”显然不是从知识论的意义上来讲的，而是本之于道德自我的良知体认，在事上磨练，日积月累，最终得以显豁的境地。它是一套道德修养的工夫论，而不是讲如何获得外在的知识。所以“自得”不是从书本上所得到的理解，而是自我身心在真实体味生命实存的过程中所达到的境界。即如孟子所谓“尽信书，则不如无书”之意，明白这些事理，不是依赖于书本上的知识，而是全靠生命的体验。小程子说：“解义理，若一向靠书册，何由得居之安、资之深？不惟自失，兼亦误人。”③ 这种“自得”之工夫，便是二程兄弟所讲的“自家体贴”的那套东西了。

陈白沙所提倡的“自得”之学，显然是继承了孟子一路，不重书本知识，而是靠内心的体悟，重在独立遗世的精神。他科场失意，遂远离

① 《陈献章集》，第 28 页。
② 《二程集》第一册，北京：中华书局，1981 年，第 121、118 页。
③ 《二程集》第一册，第 165 页。

举业，杜门不出，习静十年，其曰：“百氏区区赘疣若，汗牛充栋故可削”，“读书不为章句缚，千卷万卷皆糟粕”。自认“吾能握其机，何必窥陈编”的白沙，描绘其“自得”之境：“卓乎有以自立，不以物喜，不以己悲”，胸中充盈着“华落实存”的浩然之气。[①] 这种超拔脱俗的境界，不能用知识传递的方式来教导，而只能以“光风霁月”的气象来感召，大概贺钦（1437—1510）一类的弟子最能够体会得到。在《与贺克恭黄门》数则中，白沙有充分的开示：

> 人要学圣贤，毕竟要去学他，若道只是个希慕之心，却恐末梢未易凑泊，卒至废弛。若道不希慕圣贤，我还肯如此学否？思量到此，见得个不容已处，虽使古无圣贤为之依归，我亦住不得，如此方是自得之学。
>
> 心地要宽平，识见要超卓，规模要阔远，践履要笃实，能此四者，可以言学矣。
>
> 为学须从静中坐，养出个端倪来，方有商量处。[②]

在这些描述性的语言中，没有讲到掌握知识的技能和获得知识的路径，而只有对于此种境地之揣摩的印迹和体味的韵致，以情态相感，以默会相契，就个体而言，如人饮水，冷暖自知。所以贺钦在读了白沙的手书后，叹曰：“先生之资质高，功夫深，真豪杰之士，不为流俗之所移者！”[③]《明儒学案》有记，陈庸“游白沙之门，白沙示以自得之学。谓：‘我否子亦否，我然子亦然。然否苟由我，于子何有焉？’先生深契

① 《陈献章集》，第 8 页。

② 《陈献章集》，第 133、135 页。

③ 贺钦：《医闾先生集》，沈阳：辽宁人民出版社，2011 年，第 18 页。

之”[1]。这种心领神会，以神遇而不以目视，是否真正能够把握得到，是无法用言语来表达的，也无法用事实来验证，甚至无法沟通和交流，而只能默识于心而已。

白沙所提倡的“自得”之学，上承孟子，近接象山，对宋元以来渐成大宗的程朱理学是一个巨大的扭转，与明初复兴儒学的中坚力量薛瑄、吴与弼、胡居仁等人相较，走了一条完全不同的路。从“自得”之意，我们能感觉到岭南心学的开端是具有很大独创性的，其致思取向与同时代仍旧延续朱子学路线的儒家人物也是很不一样的，其另辟蹊径，彻底复活了心学的记忆，并使之发扬光大。就师承而言，虽说白沙师从过吴与弼，但是在崇仁学派的门下，几大弟子的学术志趣并不相投。敬斋最能谨守师业，思想接近于程朱的传统，对白沙之异见新说也多有批评。而一斋相对要复杂些，但娄门弟子对白沙也是颇有微词，谓“白沙之学近禅”。可见白沙的“自得”之学并不是从师承的线索得来的，在当时颇不能见容于复兴理学的主流儒家，甚至在一干师友当中，也是处在孤立无援的境地。尤其在明初儒学为科举所束缚，而“六经分裂于训诂，支离芜蔓于辞章业举之习，圣学几于息矣”[2] 的状况下，陈白沙能够倡言“自得”，力挽狂澜，扭转风气，这是何等的不易。正是在这种独立遗世的精神品格的激励与感召下，白沙的“自得”之学才吸引了一大批人，并且后有传承，得以发扬光大，从而彻底复活了心学的真精神。正如张诩(1455—1514)所说的：

> 若夫为学，舍身心外皆非古人所谓学也。所谓身心者，内则端其本，复能励行守义以方乎外，而弗苟焉，徇物以为名利规者也。

① 黄宗羲：《明儒学案》上册，第 105 页。

② 《王阳明全集》，上海：上海古籍出版社，1992 年，第 226 页。

本端而行义立，异日出而用世，必能建功立业，以康济我生民；即弗用，亦能安素履、崇节谊，以维持乎名教。①

“自得”之学的倡扬，破除了拘泥于书本知识的僵固化形式和条制化的朱子学形态，将个人的生命体验和道德实践活动重新置于学问的顶端，一切知识的获得都必须要经过个体生命的体悟与验证，只有通过身心的不断磨砺，才能够获得切己的和有意义的所知。

二、从“自然”体认天道

早在上个世纪30年代，容肇祖先生就已指出：白沙“反对朱熹以来理学派的‘戒慎恐惧’的烦琐的操存，而归于简易的‘致虚以立本’。这是理学上的解放，即是由程朱的谨严，而解放到陆九渊的简易”②。后来牟宗三先生进一步分析，在儒学发展史上，“烦琐”和“简易”这两种风格实际上是情理如何铺摆与交融的问题。在《论语》中，曾点的“风乎舞雩”和孔子“吾与点也”之叹喟，只不过是一种“轻松的乐趣”，而到了宋明理学里面，二程将此与道体流行打拼在一起，成就一种虽然平常而实极高明的境界。濂溪、康节均有这种风格，但朱子却很不喜欢这一套。陈白沙的“学宗自然”，可以说是续了这个彩头，开显了明代心学“情识而肆”的极致面貌。③

岭南心学的这种风格从表面上来看，与道家和禅宗极为相像，从白沙的时代开始，此一特征就不断地遭到他人的质疑和批评。正如许多学者所指出的，陈白沙之“自然”，有得于庄子之“齐物”“逍遥”，有得

① 《张诩集》，上海：上海古籍出版社，2015年，第149页。
② 容肇祖：《明代思想史》，济南：齐鲁书社，1992年，第43页。
③ 牟宗三：《从陆象山到刘蕺山》，台北：台湾学生书局，1979年，第285—288页。

于魏晋之自然主义，有得于高僧之“禅悦”。如他在《湖山雅趣赋》中所描绘的“当其境与心融，时与意会，悠然而适，泰然而安。物我于是乎两忘，死生焉得而相干”之意境，以及“灵台洞虚，一尘不染。浮华尽剥，真实乃见”的那种自得之乐，① 还有在《示湛雨》中所言“天命流行，真机活泼。水到渠成，鸢飞鱼跃”② 等话头，这些与庄、禅之意趣何其相似！特别是其诗作中大量的山水之情、草野之趣，处处透显着道家之情韵和禅僧的逸致。诚如湛若水所诠释的：

> 盖其自然之文言，生于自然之心胸；自然之心胸，生于自然之学术；自然之学术，在于勿忘勿助之间，如日月之照，如云之行，如水之流，如天葩之发，红者自红，白者自白，形者自形，色者自色，孰安排是，孰作为是，是谓自然。③

但深究一层，白沙所说的“自然”，在本质上又毕竟不同于庄、禅，它的宗旨依然是以道德自我作为主体的，落实在“虚己”体认和希圣向学。陈白沙说：“古之善学者，常令此心在无物处，使运用得转耳。学者以自然为宗，不可不著意理会。”④ 这样，“自然”就是一个“义理须到融液处，操存须到洒落处”的道德主体性的问题，而并不是道家所谓的自然，与禅僧之意趣也不相同。对此，湛若水有明白无误的说明：

> 夫自然者，圣人之中路也。圣人所以顺天地万物之化，而执夫天然自有之中也。……先师白沙先生云：“学以自然为宗。”当时闻

---

① 《陈献章集》，第 275 页。

② 《陈献章集》，第 278 页。

③ 《重刻白沙先生全集序》，见《甘泉先生续编大全》(上)，台北：“中研院”中国文哲研究所，2017 年，第 36 页。

④ 《陈献章集》，第 192 页。

者或疑焉。若水服膺是训，垂四十年矣，乃今信之益笃。盖先生自然之说，本于明道"明觉自然"之说、"无丝毫人力"之说。明道"无丝毫人力"之说，本于孟子"勿忘勿助"之说。孟子"勿忘勿助"之说，本于夫子"毋意、必、固、我"之教。[1]

这个"自然"，体现的是一片"淳和之心"，包含了仁爱、忠厚、诚信等道德的价值，是儒家伦理原则之天然性的反向证成。"自然之蕴，其淳和之心乎？其仁义忠信之心乎？夫忠信、仁义、淳和之心，是谓自然也。"所以，简又文先生说："溯本寻源，其'自然'名辞，透过明道而得自道家，但其涵义则大异于道家而仍是儒家本质的。至其发微阐奥则又超越明道之简单的理解与说法矣。"[2]

回到明初的情形，白沙所倡扬的"学宗自然"，可以说是其"自得"之独立学术精神的必然导出。他本人厌恶科第之学，对程式化、僵固化的官方朱子学根本拒斥，渴望能从这些套套中解放出来，为儒学创辟新的动源与活力。正因为如此，白沙"自我得之，自我言之"的心学，在当时是背逆主流、有违官学的。他退居边地，隐于民间，仍不免遭到各色诋毁，有目之为禅者，有控其为"自立门户"的，更有人加之以伪学的罪名。围绕着陈白沙不同于流俗的"自然"之说，当时的学界有两种反应。笃守朱子学"格物穷理"之旨、以"居敬"为工夫的一派，大多持批评的态度，尤以崇仁同门为著；而散落在民间的一些边缘学者，却能呼应白沙的想法，与之遥相发明。

在吴与弼的三大弟子(石斋、敬斋、一斋)中，最能谨守师业的是胡居仁(1433—1484)，当时最不能容忍白沙之异见新说的也是这位敬斋。

① 《自然堂铭》，见《泉翁大全集》(二)卷三十三，台北："中研院"中国文哲研究所，2017年，第875—876页。

② 简又文：《白沙子研究》，香港：香港简氏猛进书屋，1970年，第70页。

他对白沙多有责备，认为其“物有尽而我无尽”的主张，“即释氏见性之说”，“是认精魂为性”，有违儒门宗旨。对于这位同门的批评，白沙未做任何回应。后来黄宗羲勉为调停，谓敬斋也有主“静中之涵养”的话，同白沙所谓“静中养出端倪”意同。“而先生必欲议白沙为禅，一编之中，三致意焉，盖先生近于狷，而白沙近于狂，不必以此而疑彼也。”① 实际上，敬斋、白沙二人不只是个性有异，其学问宗旨也根本不同。敬斋主“敬”，左绳右矩，严毅自律，属保守型的理学家，学问气象与白沙迥然有别。白沙的另一位同门娄谅(1421—1491)因“遗文散失”，学术面貌不明，而他的弟子夏尚朴(东岩)却也是“传主敬之学”的。在《东岩集》中，就有不少批评白沙的话，谓“白沙之学近禅”，并明确将当时的学风大坏(实为学风转变)归罪于白沙：

> 近世论学，直欲取足吾心之良知，而谓诵习讲说为支离，率意径行，指凡发于粗心浮气者，皆为良知之本然。其说蔓延，已为天下害。揆厥所由，盖由白沙之说倡之耳。②

这说明白沙“学宗自然”确实开了一代新风，其不容于崇仁同门，痛遭贬斥与逐除，正好说明他与正统朱子学已经分道扬镳，而走上了心学之路。

反过来，在白沙的同调之中，多为当时的边缘人物。其中最可注意的是陈真晟(1411—1474)，《白沙集》收有《与陈剩夫》一函，透露出两人惺惺相惜、亟盼相会的消息。“穹壤百年，极欠一会。某自春来得厥疾，一卧至今，武夷之游遂成虚语。”③ 生前未能相见，白沙极引为憾

---

① 黄宗羲：《明儒学案》上册，第 30 页。

② 夏尚朴：《东岩集》，引见《明儒学案》上册卷四，第 69 页。

③ 《陈献章集》，第 268 页。

事。“陈布衣竟不及面而卒，当此衰否之极，又失此人，可叹，可叹！”[①] 为什么白沙于此人如此情真意切？原来“学无师承，独得于遗经之中”的陈剩夫也是以复兴心学为己任的，他认为心学道统在宋以后又失其传：“及朱氏没而复晦者，只由宋、元学校虽皆用程、朱之书，而取士又仍隋、唐科举，是以士视此心学为无用，故多不求，遂又多失其真传焉。”[②] 所以他教人静坐，主一养心；又仿周敦颐《太极图说》，作《心学图》，试图将心学之本体也宇宙图式化。他的心学思想在当时显然识者寥寥，故黄宗羲说：“凡先生学有所得者，至是皆无所遇。”[③] 可见陈剩夫在明初儒林中，也是一个孤寂的探索者。为了转化主流学术，陈剩夫有意将居敬穷理糅合在“养心”之中。他说：“所谓敬者，岂非涵养此心，使动而穷夫理，则有刚锐精明纯一之气，静而合夫理，又有高明广大之量者乎？”[④] 对陈剩夫“先养其心”的主张，白沙当然是心有灵犀的，“其人虽未面，然尝粗闻其学术专一，教人静坐，此寻向上人也”[⑤]。“此学寥寥，世间无人整顿得起”，得一同道，于白沙而言，当是莫大慰藉。除了陈剩夫之外，庄昶（定山）、蔡清（虚斋）等，也能呼应白沙“学宗自然”之说，遥相成犄角互峙之势。

对于陈白沙的“以自然为宗”，后人多有分析与定评。如李颙（1627—1705）谓：“白沙之学，以自然为宗，去耳目支离之用，全虚圆不测之神，见之词翰，从容清真，可以观其养矣。‘出辞气，远鄙倍’，其先生之谓乎。读其《集》，令人心融神怡，如坐春风中，气质不觉为之默化。”[⑥] 陆世仪（1611—1672）说：“陈白沙学问，以自然为宗，最近于

① 《陈献章集》，第132页。
② 陈剩夫：《心学图》，引见《明儒学案》下册卷四十六，第1092页。
③ 黄宗羲：《明儒学案》下册卷四十六，第1090页。
④ 陈剩夫：《论学书》，引见《明儒学案》下册卷四十六，第1094页。
⑤ 《陈献章集》，第153页。
⑥ 李颙：《二曲集》，北京：中华书局，1996年，第50页。

天然，却又是曾点一家，只是天机动荡，非性与天道全体太极之天。”① 需要说明的是，“以自然为宗”并非是白沙一人之主张，而是整个江门学派的特点，尤为张诩等弟子所持守。故白沙生前在描述张诩的学问概貌时就说过：“廷实之学，以自然为宗，以忘已为大，以无欲为至。即心观妙，以揆圣人之用。其观于天地，日月晦明，山川流峙，四时所以运行，万物所以化生，无非任我之极。而思握其枢机，端其衔绥，行乎日用事物之中，以与之无穷。”② 而张诩在白沙死后，为其所作之《墓表》及《行状》中，皆将回归自然、体悟自然（浩歌长林、孤啸绝岛、弄艇投竿于溪涯海曲）作为白沙学问的最终归趋，并认为此天人合一的状态是“自得”之学的究极意义之所在。

三、由“主静”涵养道德性情

《四库全书总目》谓：“史称献章之学，以静为主。其教学者，但令端坐澄心，于静中养出端倪，颇近于禅，至今毁誉参半。”③ 黄宗羲也总结白沙之学是“以静为门户”。白沙确说过许多诸如“学劳扰则无由见道，故观书博识，不如静坐”④ 的话，在当时就引起激烈批评。胡居仁说他是“多流于禅”；静中养端倪“是将此道理来安排作弄，都不是顺其自然”⑤。曾是白沙学友的周瑛（翠渠）致书李大厓（世卿，白沙高足）与之辨，认为白沙所主“今乃块然静坐，求毕体用之学，是释氏之

---

① 陆世仪：《思辨录辑要》卷二十三，载《儒藏》（精华编）第一九六册，北京：北京大学出版社，2016 年，第 247 页。

② 《陈献章集》，第 12 页。

③ 永瑢等：《四库全书总目》影印本，下册，北京：中华书局，1965 年，第 1487 页。

④ 《陈献章集》，第 269 页。

⑤ 《胡居仁文集》，南昌：江西人民出版社，2013 年，第 89 页。

虚空也”。[①] 时人厌恶静坐，诋白沙近禅，多拘泥于形迹，而未了其深心，白沙之主静，实在于拔人于利禄之涂，是在对症下药。其主张“静坐”，一如倡言“自得”，有其深刻的历史背景。他命弟子林光(1439—1519)代笔书信，面授机宜道：“大意只令他静坐寻见端绪，却说上良知良能一节，使之自信，以去驳杂支离之病。”[②] 静坐的目的是卸去重担，从书本中解放出来，“以我而观书”，“求诸吾心”，使自己成为学问的主人，而不是为学问所缚。他说：“六经，夫子之书也，学者徒诵其言而忘味，六经一糟粕耳，犹未免于玩物丧志。”[③] 这是针对当时学术的利禄化、官方朱子学的威权化，以及普遍的心灵窒塞、思想僵固，而做的振聋发聩之吁，实为济世之举。

“主静”观念经周敦颐改造后，已与释、道二家判然有别，成为理学中的重要修养方法。后人据此也往往将白沙的思想来源上溯至濂溪。从学术渊源上讲，白沙之“主静”对宋元理学家当然有所继承，这是没有问题的。他本人也曾述其源流，并对“主静”与“主敬”之纠葛有所辩白：

> 伊川先生每见人静坐，便叹其善学。此一静字，自濂溪先生主静发源，后来程门诸公递相传授，至于豫章、延平二先生，尤专提此教人，学者亦以此得力。晦庵恐人差入禅去，故少说静，只说敬，如伊川晚年之训。此是防微虑远之道。然在学者须自量度何如，若不至为禅所诱，仍多静方有入处，若平生忙者，此尤为对症药也。[④]

---

① 引见黄宗羲《明儒学案》下册卷四十六，第 1096 页。
② 《陈献章集》，第 972 页。
③ 《陈献章集》，第 20 页。
④ 《陈献章集》，第 157 页。

这就说明白沙此时强调“主静”，主要是缘于一种实存的感受，即士子奔竞于科举之途，久已迷失自我，利禄钻营，扰攘动杂，只有静坐稍安，扪心一问，才是转疾起疴之良药。就像“道问学”和“尊德行”是两种不同的完善人格之方法一样，“主静”与“主敬”也有不同的入手处。主静强调身体自我的调适，凝聚精神，存养本心。主敬偏重于关系自我的顺合，交相为用，格物穷理。但从根本上来讲，两者的目标是一致的，相辅相成，并不矛盾。明初，朱子学独尊，居敬穷理的主张占据主导地位，理学家多偏执于下学工夫(如薛瑄等)，言行酬酢流于俗泛。生活化(伦常日用)的居敬穷理工夫无形中对“主静”派构成了贬斥和排挤，二者的张力由此加大，在理学内部自然也就产生出某种紧张，从当时的“主静”与“主敬”之诠解、辩难即可看到这一点。白沙逢人便说“静坐”，可以说是对“主敬”派话语霸权的一种挑战。

白沙言“静坐”，遭谤议为禅，他本人未多置辩，只说个禅与吾儒“似同而异，毫厘间便分霄壤”[①]。他的朋友庄昶却为之鸣不平，指出“世之好事诋陈为禅者”，拘于名辞，不究其理。如儒家也讲“无”(“无极而太极”“静无而动有”等)，“吾儒亦不能无‘无’也。但吾之所谓无者，未尝不有，而不滞于有；禅之所谓无者，未尝有有，而实滞于无。禅与吾相似，而实不同矣”。[②] 所以，白沙所主之“静”同禅家所谓“静”是根本不同的。湛若水用静以待动、先翕后辟来解释白沙之“主静”。他说：“先生之意，总见先静而后动，须以静为之主；由虚乃至实，须以虚为本。若不先从静虚中加存养，更何有于省察？……圣学精微俱括于此，奈何以禅目之！”[③] 可见当时复兴心学的一派，皆重视“主静”之作用，但都不承认自己是禅。后来黄宗羲总结说：“白

---

① 《陈献章集》，第 243 页。

② 庄昶：《语要》，引见《明儒学案》下册卷四十五，第 1083 页。

③ 湛若水：《白沙子古诗教解》卷上，见《陈献章集》附录一，第 711 页。

沙论道，至精微处极似禅。其所以异者，在‘握其枢机，端其衔绥’而已。禅则并此而无之也。奈何论者不察，同类并观之乎！”① 作为明代心学的殿军，黄宗羲于白沙之“主静”未免袒护，但所言基本靠实。

实际上，白沙之“主静”是动静合一的，只不过在言语上多用“静坐”一词，给人以专一静而不及动的印象。再加之对动描述得不多，不以动、静对举，所以就易遭人误解。可能张诩意识到了这一点，故在《行状》中，特意加上“随动随静以施其功”一阶段，作为白沙学术思想发展的第四个时期。另外，当时白沙门人对此问题也有所展开和申述。如林光以“闲其心”解释“主静”，提出“静养动应”说：

> 夫人之一心，息之极而闲之至，足以参两间，而后群动万物不足以相挠，死生不足以为变，视世之为仁义者犹若拘拘，而况于功名富贵乎？……闲其心者有要也，要者，一而已矣。事之未至一其心，则静而闲矣；事之既接一其心，则动而闲矣。知静养而不知动应，是有体而无用，非吾儒之学也。②

张诩还以“虚”来解释了“主静”的本体意义：“得其要，则可以体道，可以求益，可以应事，可以摄生。天下事无大小，盖无乎不可也。至哉虚乎，其天地之根、性命之蒂乎！”③ 蔡清（1453—1508）虽非门人，但“极重白沙，而以新学小生自处”。④ 他亦用“虚”作为诠言“主静”的关键概念，认为由静—动—虚构成了一个交互为用的系统：

---

① 黄宗羲：《明儒学案》上册卷六，第 94 页。
② 林光：《南川冰蘗全集》卷二，北京：中国文史出版社，2004 年，第 38—39 页。
③ 张诩：《虚所说》，见《张诩集》，上海：上海古籍出版社，2015 年，第 206 页。
④ 黄宗羲：《明儒学案》下册卷四十六，第 1097 页。

> 人心本是万里之府，惟虚则无障碍，学问工夫，大抵只是要去其障碍而已。……故吾妄意虚之一字，就是圣贤成终成始之道。
>
> 静之一字，更须于动中验之，动而不失其静，乃为得力，反覆体验，又止是虚而已。盖居尝一念及静字，犹觉有待于扫去烦嚣之意，唯念个虚字，则自觉便安。①

这些诠释都发挥和引申了白沙的意思，致力于寓动于静、动静相合的思考，以补“静坐”字面意义之不足。

白沙“主静”，静只是出发点，养静为其方法，而关键是要养出一个“端倪”来。这就是他所说的，“为学须从静中坐，养出个端倪来，方有商量处”②。端倪是什么？刘宗周认为“毕竟不离精魂者近是”（《明儒学案·师说》）。实际上，白沙所谓端倪，即是善端，养端倪就是养善端。他说：“夫养善端于静坐，而求义理于书册，则书册有时而可废，善端不可不涵养也。……诗、文章、末习、著述等路头，一齐塞断，一齐扫去，毋令半点芥蒂于我胸中，夫然后善端可养，静可能也。”③ 白沙是将人的主体性从人所依附的外在世界，特别是从人自身的创造物之负赘中剥解出来，成就一个“纯粹的我”。这是对孟子“善端”“养气”诸说的进一步发展，因为静坐也就是识蔽、去蔽的过程，通过静坐，明天理而消人欲，养成君子品格。“由来须一静，亦足破群疑。敢避逃禅谤，全彰作圣基。”④ 由此，我们说白沙之“主静”在本质上完全是儒家的，而不同于释、老所谓静，更不是枯木死灰。他的静是蕴育生机之静，静坐是体悟天地之道的过程，而主静的目的在于养成

---

① 蔡清：《语要》，引见《明儒学案》下册卷四十六，第1099页。
② 《陈献章集》，第133页。
③ 《陈献章集》，第975页。
④ 《陈献章集》，第986页。

参赞化育、与天地参的君子人格。“君子之所得者有如此，则天地之始，吾之始也，而吾之道无所增；天地之终，吾之终也，而吾之道无所损。天地之大，且不我逃，而我不增损，则举天地间物既归于我，而不足增损于我矣。”① 江门后学王渐逵(1498—1558)在解《恒》卦卦爻时说：“上六振恒，凶天下之道，惟静为长久。故砚静而能久，笔躁则不能久。人之养身亦然，惟静以处之，气定神凝，乃为寿命之道。治天下国家亦然，岂特穷兵黩武为不善，凡自作聪明，纷纷变更，不能与民安静者，皆是也。为学亦然，武侯曰‘学，湞静也’，程子曰‘多着静不妨’，又每见人静坐，便叹其善学，盖不能默坐，使之久久自明，而欲躁暴急迫以求之，何以能得。”② 又在解《系辞下》“寂然不动，感而遂通天下之故”一句时，谓：“朱子曰‘其寂然者，未尝不感，其感通者，未尝不寂’，此心学之妙。周子曰‘静而无静，动而无动’，程子曰‘动亦定，静亦定’，无非发明此心之体用而已。”③ 从这样的理解来看，主体性的我即达到了天人相合，即“君子一心，万理完具。事物虽多，莫非在我”④。这就为心学的重新发煌奠定了形而上的基础，并且由此走出了僵固化的朱子学之“理”世界的强力笼罩，而于明初学术的滞凝状态之中，另外创辟出一新途。

四、随时、随处的体证工夫

白沙之学以自得为要，以自然为宗，吃紧工夫全在于生命的涵养，

---

① 《陈献章集》，第 55 页。

② 王渐逵：《读易记》中卷，见《续修四库全书》第 6 册，上海：上海古籍出版社，1996 年，第 611—612 页。

③ 王渐逵：《读易记》下卷，见《续修四库全书》第 6 册，第 642 页。

④ 《陈献章集》，第 55 页。

陆世仪谓："陈白沙最善涵养，故其言曰：工夫在勿忘勿助间。"① 也就是说，其涵养工夫不是外在的事功，不是做一件具体的事情，更不是有意识地去下一段力气以成就一个结果；而是在永不停歇的日常生活状态里，将工夫体现在生命的真实活动之中，消弭其迹，化于无形，一切都是随时、随处在呈现。所谓"雪消炉焰冰消日，月到天心水到渠"，"好春刚到融融处，细雨初开淡淡花"，"静处春生动处春，一家春化万家春"，这些美妙的诗句，就特别神似地表达出了这里所说的"勿忘勿助"的那般意境。这样一种工夫，是生命本体中所含具的，是生命活动中活泼泼地自然之呈现，而不是在外在力量的驱使之下的有意作为。从人的自然情感的蕴聚来讲，它是本有的，是心之灵敏，感而遂通；从涵养工夫的把持力来看，它又是处静的，八风不动，所谓"喜怒未发而非空，万感交集而不动"。陈白沙将他所体味到的这种工夫称之为"不可以言传者"，是致虚立本，他说：

> 夫学有由积累而至者，有不由积累而至者，有可以言传者，有不可以言传者。夫道至无而动，至近而神，故藏而后发，形而斯存。大抵由积累而至者，可以言传也；不由积累而至者，不可以言传也。知者能知至无于至近，则无动而非神，藏而后发，明其几矣。形而斯存，道在我矣。是故善求道者求之易，不善求道者求之难。义理之融液，未易言也；操存之洒落，未易言也。夫动，已形者也，形斯实矣。其未形者，虚而已。虚其本也，致虚之所以立本也。戒慎恐惧，所以闲之而非以为害也。②

---

① 陆世仪：《思辨录辑要》卷七，见《儒藏》(精华编)第一九六册，北京：北京大学出版社，2016年，第116页。

② 《陈献章集》，第131页。

积累而至的知识是有形的，表现为外在的，所谓“为学日益”；不由积累而至的工夫是无形的，是“虚而已”，所谓“为道日损”。不明就里者，谓白沙之自然工夫近于老氏“致虚极，守静笃”之旨，或是“高妙处不容凑泊，终是精魂作弄处”（刘宗周语）。杨慎（1488—1559）亦谓：“儒教实，以其实实天下之虚；禅教虚，以其虚虚天下之实。陈白沙诗曰：六经皆在虚无里，是欲率古今天下而入禅教也，岂儒者之学哉！”[1] 这一类的批评，一如对于“主静”说的误判，都没有抓住白沙思想的要义，而是将基于生命本体意义上的工夫之内在性，转移为外在的有行迹的事功来看，从而形成了一种错解。

当然，按照常人的理解，此“义理之融液”“操存之洒落”的工夫最终是需要知会的，“未易言”最终是需要言的，而且单从诗的意境来照查也是远远不够的。所以，白沙之门人为了弥补这一只能意会不可言传的缺憾，之后从不同的角度、以不同的方式对“主静”的工夫论做了各自的发挥。林光尝试从体用关系来解释此一主静的工夫，谓其为“闲其心”，即不为外物所累，就本体而言是闲适、静定的，但物来顺应，又可以随机而发动、发之为用。所谓“事之未至，一其心则静而闲矣；事之既接，一其心则动而闲矣”，故“知静养而不知动应，是有体而无用，非吾儒之学也”[2]。张诩则强调了“虚”的重要性，虚才可以做到物来顺应，纳万物于一心，所以要以“虚静”为本。他指出“端倪”即为本心，养端倪即是涵养本心，而此本心是虚静的，可以容含万物，只有“端本澄源”，才能够成就其他的外王之事业。“端本澄源，以出治化，所以治其里也。诸公发迹贤科，历官中外，以至今识，素所抱负

① 杨慎：《升庵集》卷七十五，见《影印文渊阁四库全书》第1270册，上海：上海古籍出版社，1987年，第752页。

② 林光：《南川冰蘖全集》，第39页。

者，古人明德新民之学，心得而身体之久矣。”[①] 贺钦认为，通过“静坐”可以涵养性情，“于性命、道德之蕴，天理、民物之彝，经世之要道，为学之大法，所得益深，始内餍焉”[②]。这相当于是打通了内外之隔，能够将内心的澄净之感落实在修身明德的躬行实践当中，处静的涵养在德行的表现上便自然的彰著。此合一内外之道，从本体与工夫的关系来讲，是体用相即的，通过静坐工夫来收拾身心，然后于“人事中体认天理”，做到“即事以求道”。也就是说，静的工夫最终要内化为实践活动，从日常生活中的每一件小事做起，随时随地都能够体现出“养端倪”的特有意义来，寓“求天理”于一事一物之中。李承箕(1452—1505)从“主静”的工夫延伸出了本心的“无肆”“无妄”特点，他说：“吾尝观古今人矣，事业美大，可以济世之泰否者，心乎不肆者也；风声清熏，可以鼓动上下者，心乎不妄者也；才量洪密，竟注不流溟渤，而淑淑渊渊，可以气施而形生者，通明强健其心者也。”[③] 也就是说，通过静坐修养，可以涵育出良好的性情，培养人格，成就一种超凡脱俗的特别“心境”。这种因道德实践所陶冶而成的“至人”之境或“大人”之境，能够将静坐工夫内化成为日常的生活样态，达到身心的和谐、行为的自如和性情的怡然，与大道流行相配适、相统一。李承箕将这种理想的人生状态称之为“真乐”，所谓“不言鸢飞鱼跃，不必随柳傍花，天机默契乎无声，真乐何关于外物”[④]。

在这些诗意之外的陈述中，白沙后学动用了各种理论资源，有儒家内部学理的挖掘，也有对释、道义理的借用和发挥，在当时各种思潮的激荡与镜鉴之下，将白沙所力倡的“主静”的体证工夫加以充实和发

① 《张诩集》，第 144 页。
② 贺钦：《医闾先生集》，第 157 页。
③ 《李承箕集》，武汉：湖北人民出版社，2017 年，第 197 页。
④ 李承箕：《定山先生诗集序》，见《李承箕集》，第 252 页。

展。这其中，尤以湛若水的贡献为巨，他系统地提出了一套“随处体认天理”的理论，对理学和心学的关系做了中和，也调适了儒释道各家的想法，对当时的各派学说都有相当的观照与应对。在甘泉看来，理学讲的“天理”和心学讲的“良知”“端倪”，在体证工夫上都是需要随时随地的照应与呈现的，离不开一个及时性和处境化的前提，“随”就是触处皆是、当下即是、应机而出。所谓“随动随静，随感随寂，随有事无事，无往而非此体认之意耳”①。儒家经典中虽然用了不同的概念，论述的角度也有不同，但这种处处、事事的遍在性和无物不然、无理不可的通贯性，在各经的言教里面都已经含具了。甘泉与弟子王元德之间有一段对答：

> 元德窃思体认天理，不曰某处，而曰随处，最好。随意、随心、随身、随家、随国、随天下，只是一个格物。随性、随情、随形、随体、随礼、随乐、随政、随教，只是一个慎独。随视、随听、随言、随动，只是一个勿。随色、随貌、随言、随事、随疑、随忿、随得，只是一个思。何等容易！何等快活！
>
> 此段见得甚好，首二句尤足破惑人之惑，尤好！②

可见，不管是《大学》的“格物”、《中庸》的“慎独”，还是《论语》的“四勿”、《孟子》的“良知良能”，都包含了这一“在场”和“即是”的意思。这种“随处”所言，是一个即在的临场感，严丝合缝的对接和没有任何空隙的包裹，是一种深深的浸润状态。天理是“天然自有之中”，心随机应发，随处体认之，便是心与事对，随感而应之，得其中正，不偏不倚，这就是理，也就是对理的体证。工夫不离本体，所以

---

① 湛若水：《新泉问辩续录》，见《泉翁大全集》(四)卷七十三，第1815页。
② 湛若水：《新泉问辩续录》，见《泉翁大全集》(四)卷七十一，第1753页。

"随处"，既是对天理的体认与证成，也是工夫本身的见在与展开，没有"随处"的工夫，也就没有意义可以呈现的"天理"。对于甘泉所主张的"随处体认天理"，白沙生前也表示过大体的赞同，谓"日用间随处体认天理，着此一鞭，何患不到古人佳处也"①。但甘泉后续之着力营造和规模宏大的义理展开，恐怕又是白沙当时所难以想见的了。

经过弟子们后续的陈述和引申，白沙"主静"的体认工夫论从诗意的朦胧之中得以云开雾散，呈露出理论的圭角，可以供后人做系统的描绘。此体验、体证的状态并非心之静寂、形如枯槁，而是始终活泼泼的，有一种亲临和在场感，是生命活动的全幅呈现。对于每一个生命个体而言，这种体证是具体的、处境化的，根植于日常生活的真实细节当中，每一种道德行为都可以成为生命成长过程中的创造性素材和显现意义的动力。随着境遇的不断变化与磨砺，以及体验活动的丰富累积，个体与社会环境的相和性与融洽度也就不断增强，工夫的涵养便会越来越深刻，变得持久而细密，生命的强度和坚韧力量也得到了提升。在此随时、随处的呈现过程中，体验、体证活动变为了生命的一种常态，它不是外在的施与之功，而是就含具在生生不息的生命大流之内，"勿忘勿助"，只是顺其自然，做必有之事，成必有之功，便是体会了自然的这个道理。而此种体会，不是外在的求知活动，更不是要将心与事剥离开来，将事推出去言说和认识、将其客观化；而是即事体会，即事言心，心是自然之心，所得的道理也是自然之理，这样便做到了事理相融、心物不二。

作者附记：

欣逢老友张学智教授七十寿辰，友生昭炜等筹划出集纪念，征稿于

① 《陈献章集》，第193页。

我，惜专研明代儒学的文章未及写出，只好以旧作一篇呈上，以表庆贺之意。学智与我同为宁夏人，1978年从银南地区同时考入北大哲学系，他是机关职员，我是水电站工人，幸亏高考恢复了，得以脱去旧衣、重换新颜，成为新时代的大学生。当年，北大哲学系在宁夏只招收两名，我们幸运地被录取了，成为同学。之后，我们又先后考取了北大中国哲学专业的研究生，得以从事相同领域的学术研究工作，同乡、同学加同行，关系就自然非同一般。尽管我们此后的就职，天南地北，不在一处，但彼此的往来却是非常频密的，友情也与日俱增，交游论学，四十余年未尝止息。

学智师从邓艾民先生，发凡起步，始自阳明。时邓先生校注《传习录》，讲授阳明思想，惜开坛不久、撰作初成，便因病过世了。学智留系任教之后，接续邓先生的未竟之业，淬力于阳明学研究，继又扩展至整个明代哲学史。经过十几年的努力后，他终于完成了一部厚重的《明代哲学史》，填补了学界的空白，为其后的明代哲学史研究奠定重要基础。就在《明代哲学史》出版之际，邓先生的《传习录注疏》也得以在台北面世，这不能不说是一段因缘巧合。学智的研究以儒学为主，从先秦到现代无所不及，在宋学和现代新儒家方面尤多着力、著述颇丰，但他的专长仍在明代哲学史，可以说数十年来孜孜以求、尽心竭力，全在于兹，其取得的成就和最有学术影响力的，也当数该领域。值此张学智教授七十寿庆之际，友生们以明代思想学术为主题，发起编纂一部文集，以为纪念，诚是学界一大快事，聊缀数语，以示祝贺！

景海峰

2022年4月18日于深圳湾畔

论湛甘泉对理学与心学的融合

——以“随处体认天理”为中心

徐亚豪[*]

湛甘泉是明代心学最具代表性的人物之一，其哲学体系在理论形态上呈现出融合理学与心学的特征，但此种融合是如何实现的，其思想架构的内在逻辑又是什么，学界关于这些问题的讨论似未能充分注意。整体来看，甘泉的问题意识与致思方式是对明代中后期儒学发展的集中反映，一方面，他继承了陈白沙挺立道德主体性的自得之旨，深感程朱之学隐含的心理、心性二分的理论倾向所导致的“支离务外”之弊；另一方面又在与王阳明心学的长期互动攻错中体察到内在性的思想逻辑而可能产生的“是内非外”的疏漏。基于此，湛甘泉力图以中正无偏的哲学诠释原则寻求一个恰当的理论平衡点，真正实现一种在彰显心与理之一贯性的同时又不遗落对事物探求的“内外合一”之学。

随处体认天理的为学宗旨集中体现出湛甘泉力图融合理学和心学的努力。心体广大，体贴万物而与之浑然为一，宇宙万物皆在心的包贯和陶铸之下成为向人敞开的即心即物的合一体，因此物并不在心外。所谓天理，并不是客观事物的法则，亦不是独立于心之外的超绝实体，而是人在与事物相感应时心得中正的状态，天理不离开心而存在。体认之功所获得的并不是具体知识，而是对每一事物的反应均实现出心之中正并

---

* 徐亚豪，北京大学哲学博士，现为北京大学马克思主义学院博雅博士后。

自觉保任此种中正，进而达成天理的当下呈显。为学实践须在具体事物中体认、印证此心本有的中正之天理，在此视域中，因应客观事物成为天理获得现实性的一个必要基础，具体知识作为一种消极性的媒介促使着价值意义的天理在道德实践中的判断和措置不断精纯。

一、心物合一与内外无间

心与物指向的是人与世界的关系，对这一问题的理解直接决定了整个哲学体系的基本进路。在湛甘泉看来，理学将物看作独立于心之外的有待于主体认识的客体存在，在这一认识过程中主体所得到的是物的客观法则，并不能直接转为道德的内在滋养，因此在为学实践中便可能产生“务外遗内”的弊病。而王阳明心学在批判朱子学的立场上将物定义为“意之所在”，虽然挺立起了人心之道德意识作为万物存在的价值基础的意义，但这样一来物就仅仅成为了人心的意向性构造，从而忽略了其本有的实然存在的性质，又走向了“是内非外”的歧途。在甘泉看来，不论是偏向外还是偏向内，实际上都导致了“内外”的对立与割裂，没能准确理解心与物的本原一体关系，因此他力求在这两种心物关系之间找到一个动态的平衡点，以“大心说”的理论设定实现出万物一体、无分内外、体物而不遗的合一之学：

> 人心与天地万物为体，心体物而不遗，认得心体广大，则物不能外矣。①
>
> 心也者，包乎天地万物之外，而贯乎天地万物之中者也。中外非二也，天地无内外，心亦无内外，极言之耳矣。故谓内为本心，

① 湛若水：《泉翁大全集》，台北：“中研院”中国文哲所，2017 年，第 216 页。

而外天地万事以为心者，小之为心也甚矣。[1]

湛甘泉指出，“心”并不仅仅是对自身主体意识的指称，“物”也不再是独立于主体之外的客观实存，而是在主体的体贴、照察过程中呈现出的价值与事实的总体，万事万物均在心的包罗与贯彻之下。从这一角度出发，宇宙万物都变为被心所陶冶和规范了的即心即物的“心物合一体”，没有离开的心的物，也没有离开物的心，此两者混融交织为一个充满生意和价值的意义世界。在这一视域中，人心不再是与万物相对的二元状态，大千世界本然地包含在人心之中，心体贴万物而与之为一，心与物、内与外的界限在混融合一的整体中被消弭。湛甘泉的心物关系论，一方面继承了其师陈献章“心物合一”“心与道俱”的自然境界，另一方面也在与王阳明相互辩难攻错的过程中激发了对于这一问题的思考，进而有意识地建立起区别于理学和心学这两种典型心物关系的独特立场。

从问题的历史演进上看，朱子“即物而穷其理”的工夫路径将物看作认知对象，格物所得到的首先是具体事物的知识，再经由心的涵养与贯通方能将其转化为对超越之价值天理的认识，而天理的实有诸己需要获得一种觉解，在拥有此觉解之前，知识与道德是分为两截的，认知主体与伦理主体不能时时为一。王阳明基于儒学追求德性人格的根本精神，认为圣人之所以为圣人的本质在于“其心纯乎天理”，敏锐地指出朱子哲学中道德与知识的断裂。

由此出发，王阳明把“天理”视为“至善之理”，相应地，作为“至善”的道德原理必然内在于主体自身，而不在于外部事物，从而实现了心与理的理论融合。此外，王阳明通过意向性的诠释，使“物”变

---

① 湛若水：《泉翁大全集》，第 838 页。

为个体意识贯彻其中的“事”，消解了独立于主体而存在的“物”的意义，主体的道德意志成为任何实践活动得以成立的先决条件，与主体意识无关的纯粹客观物不在格物的范围之内。为学实践由探究事物之客观定理转变为改正有某种所在的意念本身，从而完成了“求之吾心”的理论转向。

然而，在甘泉看来，顺着“意之所在”的致思逻辑向前推导，“物”就仅仅变成了人心之中纯粹的意识结构，而忽略了其实然的客观存在性，走向“遗略外物”的另一个极端。他说：“非徒逐外而忘内，谓之支离也；是内而非外者，亦谓之支离也，过犹不及耳。”[①] 在批评朱子向外求理的学问方向，以及坚持用至善原则阐释天理方面，湛甘泉完全与王阳明一致，但他反对王阳明将物仅仅看作“意之所着”，认为接触万事万物既是心的内在规定，亦是实现德性人格、开显超越之天理所必须经由的载体。

与王阳明所持的主体的价值关涉是实践活动得以成立的前提的“心外无物”不同，也与朱子论述的有待于被心认知的独立存在的客观物的角度有异，湛甘泉所谓“物”是经过主体的“心”规范过的伦理与物理的合一体，在这合一体中得到的并不是规律性的具体知识，而是经由“心与物”的交融、感通而实现出来的价值原则。这一价值原则的根源来自主体自身而不是外部世界，因此随处体认的工夫并不是“求之于外”，同时，体认天理的展开路径是主体在因应万物中展开的一个动态过程，因而亦不会走向“是内非外”，这是甘泉诠释“心物合一”的基本思路。

---

① 湛若水：《泉翁大全集》，第 81 页。

二、生生之理与所当然之则

由于天理本身具有极强的可诠释性，又包含了多重面向的理论意义，后世思想家往往从各自的立场出发对这一概念进行不同的理解，因而产生了众多纷争。一般而言，朱子哲学中的天理范畴在内容上包含着“所以然”和“所当然”两个方面，在性质上又可以细分为能然、必然、当然和自然这几个向度，而这其中又以“当然”为核心。[①] 在朱子看来，“所当然”不仅指代的是人文世界的价值规范，亦强调出宇宙万物不得不如此运行的法则，即“其所当然而不容已与其所以然而不可易者”[②]。这两个方面如车之两轮、鸟之双翼一般，共同构成天理的内在义涵。虽然朱子认为万事万物的客观规律是获得超越之价值天理的前提，但实质上这两者涵具的内容分属于认识主体和伦理主体的不同层次，如何保证认识原则与伦理原则的统一，则成为一个不得不面对的问题。

事实上，明代心学对于朱子哲学的反动正是沿着这种“所当然”与“所以然”的张力而不断展开的。在王阳明心学看来，儒学的终极追求在于生命本质的实现和德性人格的圆成，万事万物的具体规律及其背后的根据并不是儒学追求的核心论域，圣贤人格的实现在于其道德意识的充分实现和此心天理之精纯，而并非知识积累的多寡。知识只有在道德的伦理赋值中方能够获得它本有的意义，对于知识的过度侧重只会导致支离逐物，丧失道德主体性的自觉，因此，天理的内涵便被凝结为一

---

① 杨立华教授曾详细阐释了天理的内涵，并援引朱熹和其弟子陈淳的讨论，指出天理包含了能然、必然、当然、自然这几个方面，而其中以“所当然”为主体，则其余的几个概念便自然包含其中了。（杨立华：《中国哲学十五讲》，北京：北京大学出版社，2019 年，第 248—252 页）

② 《朱子语类》，北京：中华书局，1986 年，第 414 页。

个至善之伦理法则，而对朱子哲学中天理所包含的具体事物之“所以然”的向度则弃之不论。

湛甘泉在这一方面与王阳明的立场一致，反对寻求事物背后之所以然的道理，认为天理只是一个生生不息的伦理法则，他强调：“故孔子川上之叹曰：‘逝者如斯夫！不舍昼夜。’即指水是道，多少直截，不费辞说，令人易见。见此，则宇宙内开眼便见道体之流行，更不须寻个所以然也。”[①] 甘泉这里显豁地指明了对待客观世界时的应然态度，以满心流行的道德意识照彻、渗透进万物之具体存在中，取其充满生意的状态，使得每一个实存的事物都能够变成主体在道德理性培养中的媒介，因此为学的根本即在于体认心中本具的生生之理：

> 学者须识种子，乃不枉了功夫。何谓种子？即吾此心中这一点生理，便是灵骨子也。今人动不动只说涵养，若不知此生理，徒涵养个甚物？[②]

心学能够在思考的起点上便致力于生生之理所指向的价值世界，内在地体现出了宋儒在宇宙天道系统构建中的成功。哲学演进的重心随着宇宙论的日臻完善而更多地转入价值论的场域，最终被凝结为这一至善的伦理原则：“这点生意即天地生生之德，即仁也。程子每令学者须先识仁，即此也。于心中无事时，便见活泼地。”[③] “只是中间这一点生意，即是天理，即是浑沦。”[④] 至善原则的实现不仅要在伦理性的“事”中体现出来，更要在纯粹客观的实然世界当中透显，而这对于追求圣人之道以

---

① 湛若水：《泉翁大全集》，第 1863 页。
② 湛若水：《泉翁大全集》，第 1645 页。
③ 湛若水：《甘泉先生续编大全》，台北：“中研院”中国文哲所，2017 年，第 695 页。
④ 湛若水：《甘泉先生续编大全》，第 756 页。

实现德性人格的宋明思想家而言便需要一种价值的投射，如草木之生长、水流之不息，均可以看作生生之理的体现，这种道德情感的贯注是理学家在为学工夫中实现天理之周遍性的必然方式。

当然，如果我们仅仅把至善原则停留在疏阔而抽象的层面，天理就会变成一个空洞的道德法则，因此“所当然”之天理要从浑伦走向具体，才能使自身获得现实性和必然性。① 天理是一个超越的道德原理，如果悬空地把持一个所当然的原则而不能结合具体情境，天理便全无着落进而无法显现出它的必然性。这里又涉及一个问题，如果把天理看作具体的所当然或者所当然的具体化，那么它在道德实践中又如何跳脱出朱子“诚明两进”的工夫路径？

在甘泉哲学中，天理之超越原则的实现必须在与万事万物的相互感通接应之中产生，但在具体事物中得到的并不是具体知识的积累，而是直接在事物中体认内心本有的天理，它不同于朱子所谓的在长期的格物实践中得到的豁然贯通，而是在顺任事物本性的基础上使自己措置得宜，内心的道德意识此时呈现出一种廓然大公的敞开性，这一相互感应的过程所激发出的价值原则便是天理。由此可见，湛甘泉剔除了朱子哲学中“所以然”的理论内容，以伦理价值的“所当然”作为“天理”的全部内涵，却并没有因此对万事万物之客观规定性有所疏漏，而是将其作为实现天理的媒介消极地存于工夫中，在每一次格物实践工夫以增进德性涵养的同时，措置具体事物时得到的具体法则隐含其中了。

必须指出，我们在理解天理之至善原则时，往往习惯于做出过于分解的说明，而致使“生生之理”变成一个程式化的定则，在为学实践中把天理看作一个对象化的东西，事实上，天理只是一个“至善恰好处”，它并没有固定的形式与规程，而是一个灵动无方的依循事物之具体性质

① 参见杨立华：《天理的内涵：朱子天理观的再思考》，《中国哲学史》2014 年第 2 期。

而显现的价值内涵。天理的内容即是人心中一点生意，它必须在与实然存在之事物的接触中显现自身，随主体所处之具体时空的境遇而表现出不尽相同的形态，但这并不说明天理的原则是随时变异的，而是说每一事物中呈显出的天理之至善原则都必然要契合于特定环境下所需要的"恰到好处"。天理是人与物在相互感通中实现出的中正的价值原则，在这一视域中开显出人、物之本性的客观呈露，它以内心之道德情感的发用为基础，在顺任事物之理则的措置合宜中转化出一个立足当下又超越现实的敞开性价值境遇，人与物均在这种伦理赋值的系统中突破自身有限的规定性而指向于无限的意义世界。

三、物我感应与心之中正

从形式上看，湛甘泉"随处体认天理"的工夫保留了"向外即物"的意义，因此便不断遭受着来自心学内部的"求之于外"的批评。甘泉指出，这种说法显然没能正确理解他对于天理及其实现方式的诠释：

> 或疑随处体认恐求之外者，殊未见此意。盖心与事应，然后天理见焉。天理非在外也，特因事之来，随感而应耳。故事物之来，体之者心也，心得中正则天理矣。所云："看来宇宙内，无一事一物合是儒者少得底。"此言最当。更不若云："宇宙内无一事一物合是人少得底。"犹见亲切。盖人与天地万物一体，宇宙内即与人不是二物，故少不得也。①

天理是此心与事物相感应时生发出的中正的价值原则，虽然天理的呈现

① 湛若水：《泉翁大全集》，第260—261页。

需要在理会事物的过程当中转化，但天理仍是在此心上体认，因此并不是“求之于外”。在感应万物之时，主体所获得的并不是事物的具体法则，而是一种对事物措置得宜的中正状态，这一状态乃是价值层面的伦理法则，然而与事物相感应的过程却是必不可少的，内心中正之状态只有在与物相接的实践活动中方能获得现实性。因此，天理并不是主体之外的对象，也不是一个有着固定规程的物体，而是在动态的工夫历程中实现出的价值原则，它因任具体的环境要求而展现出不同的表现形式，而从根本上均体现出一种至善的伦理原则。

湛甘泉十分强调天理“生于感应之中”① 的特质。天理的呈现需要在人心与事物的感应中产生，而天理即是主体在因应事物时体现出的措置得宜的结果，这一结果的达成必然以具体事物之客观规定作为支撑，尽管它是一种隐性的存在。换言之，天理是至善的伦理法则，这是为学的终极追求和根本目标，事物的具体规定性只是促成天理实现的客观基础和消极媒介，体认之功仍是在此心上做工夫，措置得宜即心得中正，即天理实现。正是在这个意义上，甘泉认为他的为学阐释原则既挺立起了道德主体的内在性原则，又避免了空谈良知之弊，保证了天理之至善的普遍必然性。

甘泉在此把接触事物预设为工夫形态中不可或缺的路径，有其反思阳明心学流弊的独特用意。尽管湛甘泉与王阳明都着力阐发心与理的一致性，但二人的工夫路径仍存在根本的不同，这种不同主要是他们哲学体系中最高范畴的区别而造成的。

首先，“本心”或“良知”不能在湛甘泉的思想体系中独立承担起实现道德法则的重任，虽然至善之天理的根源在内心，但必须借助于“心之中正”状态的描述，即“天理者非他也，乃吾心中正之本体

① 湛若水：《泉翁大全集》，第462页。

也”。[①] 而这一状态又必须在因应具体事物时呈现，因而，“天理”才是湛甘泉哲学中最本原的哲学范畴，“心”必须依托“理”的内在规定才能够支撑起“中正”的状态，“天理”并非是由“心”直接产生的至善的道德原则，而是要经过一个与物相接应的曲折设定。

其次，湛甘泉虽然承认“良知”或者“本心”是人人生而本具有的、不待外求的先验的道德情感，但他并不是通过将本心之良知的至善原则赋予事物来展开工夫历程的，而是重视以学问思辨来扩充“良知”，虽看似与王阳明的“致良知”别无二致，但实则大不相同。王阳明的“致良知”是把良知本身的所含有的原则推致于事物，事事物物因良知的照彻而皆得其理，宇宙万物的存在价值与意义都是由良知所赋予的，良知即是天理本身，良知在现实中推至于事物与否并不妨碍良知本身作为道德法则的意义。但在甘泉，天理是人心在与事物相互感通的过程中体现出的“中正”原则，如果缺乏具体事物的媒介则“中正之天理”便无法获得现实性，可见甘泉将因应事物设定为“天理”显现的必然原则。

最后，王阳明的“良知”概念是一个具有不可分析性的精神凝结与能动整体，而甘泉却将“良知”分为“良”与“知”，乃是从一种语言概念和知觉发用的角度理解“良知”所包含的不同层面的内涵。总之，甘泉所谓的“本心”“初心”“良知”等概念，都是一种需要在后天学习的充拓中不断精纯的原初道德意识，它不能够直接等同于至善之天理的完满，而是必须在具体事务的措置接洽中实现出天理的原则。针对这一点，有学者提出甘泉是“言心而不信心”[②]，但不可否认的是，湛甘泉确实并未将道德法则的实现全部委于“本心”之本原流露的道

① 湛若水：《泉翁大全集》，第 1825—1826 页。

② 参见张慕良：《“信心”与“言心”——思考王、湛之别的一个维度》，《北京师范大学学报(社会科学版)》2020 年第 3 期。

德情感与意识，而是侧重于万事万物感通过程中“心得中正”的原则，作为最高价值的“天理”便必须在两者的双向互动中呈显。

这样一来，湛甘泉的“本心”似乎丧失了其作为独立的道德法则的根本意义，实则不然，甘泉强调的是，“良知本心”只是一个抽象浑沦的伦理原则，如果它不能结合具体实际，只能变成一个空洞的道德律令。湛甘泉所论“天理”的侧重点，在于通过因应事物的途径使天理获得现实性的意义，而并非仅仅指明一个纯粹的道德原理，因此他一再强调良知之为良知的意义全在一个“达”字，抽象的道德原则要在不断具体化的过程中呈现自身。

湛甘泉对于“本心良知”的审慎态度，以及“天理”呈现方式的阐述，体现出他对于儒学中道问学和尊德性这两个方面的综合理解，也反映出他力图融合理学与心学立场的用心。道德法则的根源在于本心，但不能将“本心”直接等同于“天理”的实现，否则便会陷入缺略事物、专务内心、喜静厌动，只有随任主体所处之具体境遇而接应事物，在与物相感通的过程中因应人、物之本性而呈现出廓然大公、措置得宜的场域，这时节作为至善之超越的“天理”方能以“心之中正”状态的形式呈现出来，“体认天理”便是自觉保任此种“中正”。

当然，“心之中正”指的是至善的伦理道德法则，而并非具体事务中的客观知识，但在应接事物以处置得当的过程中必然以事物之客观法则作为基础，知识作为实现道德的重要补充和中间媒介，成为学问工夫中不可缺少的一环。在随处体认天理的过程中，道德法则的真实拥有是主体所致思的目标，每一次的格物实践都能够获得对于天理的认识，而知识作为天理呈现自身的必要媒介，也隐含在其中。可以说，这种理论设定是对于朱陆之辩以来的关于儒家“道德与知识”如何有效统合问题的成功突破，既保证了为学实践中道德意识的优先性，又避免了反观内省所造成的遗弃事物的弊端，真正在理论架构上实现了内外之间的动态平衡。

四、伦理与物理的向度

自南宋以来，朱陆之辩所透显出的两种不同的为学进路使得尊德性与道问学的一体关系走向分途，伦理与物理何者为先，以及如何实现两者的融合，渐次成为宋明理学中争论不已的核心话题。在理学看来，物理的获得是伦理原则实现的前提，只有在广泛而深入地掌握事物之理的基础上，才能够将其涵养为价值意义的天理，而心学则认为，作为至善原则的天理本具于人心，唯有先挺立起道德主体之大本大原，事物之理的探究方有个头脑。理学批评心学为专守本心、浮华不实，而心学则指摘理学乃是支离务外、茫荡无归。事实上，理学与心学的争论之所以产生，其实质便在于他们对于为学进路的理解与阐释有着不同的侧重，而各自基于价值原则和事实原则的不同立场相互批评，并未真正在理论层面上达成有效沟通，致使宋明儒学中伦理与物理的关系似乎陷入一种不可调和的分裂境地。

基于两家可能产生的流弊和理论疏漏，湛甘泉所要努力实现的理论目的是，既能够挺立起天赋的道德主体性，又能够不遗落对于事物的探求，从而真正实现物理与伦理的合一。一方面，甘泉的随处体认天理是在心之主宰的统帅下，经过外部事物的载体而实现出至善之则的动态过程，其目的乃是在具体事物中直接体认纯粹至善的本具于人心的道德原理，力图使每一次的体认之功都能超越其所包含的“物理”之内容，进而指向于一个以“伦理”至善原则为核心的终极场域，这说明甘泉有别于朱子之“诚明两进”的诠释原则；另一方面，甘泉亦坚持应接事物及获取客观理则的必要性，反对王阳明以“正念头”诠释格物的方法，认为这不仅会走向喜静厌动、脱略事物的歧途，且念头之“正”亦会在缺少知识的支撑下而丧失其客观标准，陷入佛教明心见性的窠臼。

在此视域下，湛甘泉学说中伦理与物理的作用与具体措置便可清晰地体现出来。实践活动必然始于对具体事物的认知，但这一知识性的获取仅仅是天理显现的消极性铺垫，是至善原则之自我觉醒过程中的媒介。为学的目的是要实现和回复那纯粹至善的天理原则，而并非仅仅停留在认知性上去探究事物客观的结构之理。由于天理的呈现是人与物交接时达成的一种中正的恰到好处的原则，主体须依循事物之本性而客观应对之，以廓然大公、物各付物的状态成就事物之本然规律，但学者常因习染之弊而无法保任此一状态，因此便需要“学问思辨”的工夫。尽管事物之客观物理在甘泉哲学中作为一种隐性的媒介，但如若缺乏对于万事万物之理的掌握，便难以保证天理的普遍必然性，他在与阳明的信中深刻阐明了这一点：

> 若徒守其心而无学、问、思、辨、笃行之功，则恐无所警发，虽似正实邪，下则为老、佛、杨、墨，上则为夷、惠、伊尹是也。何者？昔曾参芸瓜，误断其根，父建大杖击之，死而复苏。曾子以为无所逃于父为正矣，孔子乃曰：“小杖受，大杖逃。”乃天理矣。一事出入之间，天人判焉，其可不讲学乎？诘之者，则曰：“孔子又何所学？心焉耳矣。”殊不知孔子至圣也，天理之极致也，仁熟义精也，然必七十乃从心所欲不逾矩。人不学，则老死于愚耳矣。若兄之聪明，非人所及，固不敢测，然孔子亦尝以学自力，以不学自忧矣。①

湛甘泉在这里举出“曾参芸瓜”的典故，指点出本心之直道而行与事物曲折之理的复杂关系。这是说，做错受罚是吾心之良知的当下反映，

① 湛若水：《泉翁大全集》，第259页。

更是天理原则在此事中的体现，它是主体伦理意识的自觉要求，本无可厚非。但人常常因习气的影响而无法认识到天理的中正原则应结合主体所处之具体情境而接应之，从而自足于本心当下的反映而不觉，把天理的动态原则看作僵化的外在规范。从这一点来看，曾参接受父亲在盛怒之下的杖击合于天理的要求，这是道德本心之自然的呈现，但如若径认本心流露，而不能考量到在这一事件中父亲可能因失手将他杖击而死的后果，则“无所逃于父为正”所导致的“死而复苏”的危险性便会陷父亲于不仁不义，这一做法只不过是教条化的愚孝而已。

甘泉进一步指出，孔子所说的“小杖受，大杖逃”方是随事物之具体情境的要求而采取的中正之道，而这正需要“学问思辨”的讲学工夫来提撕本心。在湛甘泉看来，曾子之“无所逃于父为正”的不足即在于，其未能体会到这一事件中所蕴含的曲折之相，而这一曲折并非单纯地径认本心所能够达至的。王阳明的格物说以改正内心不正确的意念为主要方法，但曾参的事例说明，正确的意念须以“学问思辨”的工夫作为基础，否则便会失却天理的中正之性而不自觉。①

基于此，我们能清楚地看到直任本心之当下流行的偏颇，以及道德实践的复杂面向。孔子之所以能够以“小杖受，大杖逃”的因时而宜的动态法则来应接事物，在于其通过不断地学问思辨的工夫而达成一种“仁熟义精”的境界，此境界并非预设一个外在的规范等待主体去遵守，而是在本心良知的基础上顺应事物之曲折的道理，因主体所处之具体境遇而达成一种人与物之本性的双向呈露，能够从事物之具体法则中超拔而出，在人与物的感应通达中呈显出中正至善的原则。在每一次的

---

① 黄敏浩指出，曾子与孔子关于这一事情评判标准之出入的关键点，在于曾子未能明了其中实有一曲折之相，如自足于本心之直道而行，天理便不能粲著于事物之中，而天理遂失矣，此即本心之昏蔽。而应当使本心在当下的自足中超脱出来，以顺应所接应事物之具体要求，而复得其中正之道。（黄敏浩：《湛甘泉的生平及其思想》，台湾大学硕士论文，1988 年，第 79—91 页）

格物实践中皆存在着具体的曲折之理，而学问思辨的工夫便是促使这主体在为学实践中警发其良知良能，在感应事物的过程中能够措置得宜，从而实现中正的天理。概言之，随处体认天理是一个动态的工夫历程，需要以具体事物之理的精准认识以促成主体在这一过程中的措置得宜，使得作为伦理意义的中正至善之天理获得其现实性。

湛甘泉认为王阳明以“正念头”为诠释方法的为学工夫难以顺应事物之具体法则，从而无法真正实现出中正的天理原则。然而，以王阳明自身的学问特点来看，其良知上有其自然的条理，它是一个既好善恶恶又知善知恶的综合体，良知对于知识的获取有自然的驱迫力，因此自能符合于中道。良知作为统帅，必然发用于实践中才能呈现自己，在道德主体的引领下，良知中包含的理性因素必然有获得具体知识的能动性。良知是整个精神活动的整体，它本身包含着价值性的判断力，在道德实践中带动知识，同时知识的获得又促使良知的判断更加明敏，在这种简捷的双向回环中实现伦理与物理的融合。①

因此，在共同坚持“心与理”的融贯性的基础上，王湛二人的思想论争只在毫厘之间。由于阳明的良知是宇宙万物的本原性价值基础，因此工夫的着眼点在于将良知推致于事事物物，客观事物在良知的照彻下获得存在的价值和意义，在此过程中良知亦得到证显；而甘泉的“天理”是在与事物发生感应时“心得中正”的状态，“天理”必须在“事物”中得到唤醒和自觉。进一步说，阳明的“良知”即便不与事物相接亦不妨碍其存在的完满，而甘泉的“天理”只有在事物中方可获得自身。括而言之，只有被良知关照的事物对阳明而言才具有价值和意义，致良知的工夫所指向的是一种强烈的伦理中心主义立场，而甘泉则于伦理原则之外，在一定程度上保留了获取客观定理的必要性。

---

① 参见张学智《明代哲学史》，北京：北京大学出版社，2000 年，第 83 页。

五、结 语

湛甘泉曾在与学生的讨论中自评其学问属性：“或有告者曰：‘阳明之徒以子为腐也，为行格式也，何如?’甘泉子曰：‘然也乎?’又有告者曰：‘整庵之说以子为禅也，为过高也，何如?’甘泉子曰：‘然也乎?’他日静思，偶发曰：‘夫一以我为腐，一以我为禅，则我犹乎在二者之中矣。我得其中，吾无虑矣。又安知夫真我者，神而明之，有超出二者之中之外也夫!’”① 甘泉之学在心学立场上对理学的工夫方法进行了吸收，呈现出审慎周备、阔大平实的特点，这在阳明心学看来无疑是刻板的“行格式”，而在理学后进那里又属于“近禅”之列，因而同时受到了两方的批评，甘泉则认为自己乃是得其中道而行，是一种超乎二者之外的“中正合一”的为学路径。

应当说，随处体认天理的为学宗旨是湛甘泉力图统合理学和心学的集中体现。一方面，他坚持心与理的一贯性，以“大心说”的包贯与融摄取消了心与物的内外之分，进而通过与王阳明相同的思维方式将天理限定在伦理范围内；另一方面，在物我的感通过程中依循事物之本性使主体之心达成物各付物的中正状态，天理便在这一人物之感应通达的过程中显现出来。湛甘泉强调的是天理获得现实性的过程，它内在于主体内心，证成于人物之感通，而天理呈露的过程是此心之道德法则和事物之具体理则的结合，虽然体认所得到的主要是道德意识的“伦理”滋养，但作为具体法则的“物理”也在因应事物之措置得宜的过程中自然包含了。

总之，湛甘泉哲学并不是对于程朱陆王的简单杂糅，而是开辟了一

① 湛若水：《泉翁大全集》，第924页。

条跳脱于内外纷争的可能性路线：既挺立出天理原则的内在性方向，又通过物我感应的阐释方式保留了接触外部事物的必要性。然而，由于甘泉的学说过于追求周备从而导致面向复杂、烦琐深晦，或许正因如此，甘泉一系在明代中晚期简易直截的阳明心学的浪潮中渐次式微。

明代荒政思想略析

陈前军*

近年来明代荒政文献领域有了一些研究，然而对荒政文献的思想总结还远远不足，本文从最高统治者、部分地方官所代表的官僚立场和平民立场三个维度略析明代的荒政思想。其中，最高统治者的荒政思想主要来自朱元璋的诏谕，地方官的荒政思想包括林希元、周孔教、屠隆等为代表的官方立场，钟化民、刘世教、吕坤等为代表的士绅学者则体现了平民立场。通过对明代荒政思想的探析，我们可以从这个兼具思想性和实践性的角度更好地观照明代政治社会思想的流变与发展。

一、最高统治者的荒政思想

荒政建设关系到国家的安危，严重的灾荒可能导致流民迁徙和社会动荡。朱元璋身为开国皇帝之前的平民经历，让他对灾荒有着深刻的认识。他十足重视荒政建设，既代表最高统治阶层制定了荒政思想和措施体系，也为官方荒政体系奠定了思想基础。

(一)重视备荒

朱元璋的荒政思想涉及面较广，但综合来看，其主要思想是备荒，防备于未然。“所谓‘天下非有水旱之可忧，而无水旱之备者为可惧’。

---

* 陈前军，字谦均，2013—2017年师从张学智教授攻读博士研究生。

传统社会遇灾比例大，而一旦成灾，饥荒乃是最基本、直接的恶果，因此备荒的重要性就不言而喻了。”① 在“备荒”核心思想的指导下，朱元璋一方面兴修水利，防备水灾；另一方面让各地设置预备仓。

1. 兴修水利

在兴修水利工程方面，朱元璋下了诏谕，叮嘱执行者当“斟酌人力”，体恤民情，可见其用心良苦。

兴修水利工程无非有两方面的作用，一是蓄水防旱，另一方面则是防止洪灾淹没农田。总之，水利工程为因地制宜的措施，适当考虑了当地的具体形式而提出的荒政建议。

水利工程修建方面受益最大的当属东南地区，东南地区因为降水量大，当地农业都依赖水网，若降水量过多，则导致洪灾，若降水量较少，则导致农业歉收。考虑到东南地区经济发达，所以东南地区的水利修建更为可行。

明代的陈继儒记录周孔教的《救荒条谕》，就迎合了朱元璋的水利工程设想，提出了具体的意见：

> 议荒政而鸠工，其无烦官帑，有益大户而兼可以济贫民者，无如修圩一事。盖圩埂日塌，仅存一线，所以一遇大水，捍御无策。今诚及八九月水退之时，县官轻舟寡从，遍致穷乡，每圩之中有田而稍绕者，计亩出米若干，有田而家贫者，计亩出力若干，即以饶者之米充贫者之腹，使之毕力修筑。……其地非水乡，无圩可修，或缮治城池，或平治桥道，或营建官廨，大都动千人之工，则活千人，动万人之工，则活万人，但须富民不扰，于饥民得济，此又救

① 张建民：《中国传统社会后期的减灾救荒思想论述》，《江汉论坛》1994 年第 8 期。

荒一端也。①

周孔教以为东南地区重在修圩，但在修建过程中农民当得到粮食充饥，对现有的圩加厚加高，还要让大圩变成小圩，方便日后的救灾。

2. 修建预备仓

对修建预备仓，朱元璋也非常重视，他认为，“人之常情安于所忽，饱即忘饥，暖即忘寒，不思为备，一旦卒遇灾荒则茫然无措”，“预防之计不可一日而忘”。

朱元璋对预备仓的管理也提出了具体要求，关于粜米、籴米、收支管理等等。预备仓在救济方面发挥了巨大作用，据俞汝为《荒政要览》记载明英宗对朱元璋的称赞：“自古圣皇明王暨我祖宗成宪于兹，洪武中仓廪有储，旱涝有备，具在令典，民用赖之。比年所用州县匪人，不知保民，坠废成法。凡遇饥民，民无仰给。”②

预备仓的籴谷资本由官府提供，在前期发挥了巨大的作用。但是预备仓的赈粮都是要偿还的，而且在管理中出现了极大的漏洞，很多土豪占用仓储的土地并冒领仓粮，很多地方官贪污，最终预备仓崩溃衰落。朱元璋“敕行在工部左侍郎周忱”时，提到了用预备仓，以弥补农民们无力购买官府的平粜粮，但还提及要预防贪污，可从侧面说明贪污现象十分普遍。③

(二)救荒需及时、落实

朱元璋除了重视备荒，在对待荒灾面前主张一种“及时性”。统治

① 李文海、夏明方主编《中国荒政全书》第一辑，北京：北京古籍出版社，2003 年，第 517 页。

② 转引自周致元《朱元璋的救荒思想和荒政措施》，《安徽史学》2000 年第 2 期。

③ 周致元：《明代荒政文献研究》，合肥：安徽大学出版社，2007 年，第 137 页。

者们面对天灾都有种“天谴”的迷信思想，但是朱元璋鼓励大臣们及时上报灾荒，明太祖指出：“祥瑞灾异，皆上天垂象。然人之常情，闻祯祥则有骄心，闻灾异则有惧心，朕尝命天下勿奏祥瑞，若灾异即时报闻，尚虑臣庶罔体朕心，遇灾异或匿而不举，或举不以实，使朕失致谨天戒之意，中书其谕天下，遇有灾变即以实上闻。”①

明太祖发布了“先赈后奏”的诏令，如洪武十八年(1385)，明太祖诏令：“尔户部即谕天下有司，自今凡遇岁饥，则先发仓廪以贷民，然后奏闻。著为令。”② 这样不仅鼓励了大臣面对灾荒不慌不忙，而且积极发挥他们的能动性，最大限度地让地方官投入灾荒救助中，如后来明英宗天顺间，“徐淮大饥，民死者相枕籍。竑至，尽所以救荒之术。既而山东、河南流民猝至，竑不待奏报，大发广运官储赈之。……共用米一百六十余万石。……(帝)后得竑奏，辄开仓赈济，大言曰：好御吏！不然，饿死我百姓矣！”③ 由此可见地方官不拘泥于条规，可以一定程度上发挥主观能动性。同时，为了最大限度地救助灾民，依据《明实录》的记载，从洪武十年到洪武二十四年，明太祖赈钞达一千二百多万锭。

明太祖朱元璋的荒政思想涉及面广，可实施性强，他为备荒、赈荒做出了开创性的巨大贡献，后来荒政文献的作者都在一定程度上受到朱元璋的影响。

二、官僚立场：林希元、周孔教、屠隆等

地方官在官僚集团中发挥着重要作用，他们对当地的救灾有着不容

---

① 龙文彬：《明会要》，北京：中华书局，1956年。

② 《明太宗实录》卷二百二十七，台北：“中研究”历史语言研究所，1962年，校印本，第3311页。

③ 李文海、夏明方主编《中国荒政全书》第一辑，第409页。

推卸的责任，代表和践行官方荒政立场。他们往往要体恤民情，调查灾荒，向朝廷汇报灾情。同时，地方官要贯彻朝廷的荒政思想，上传下达，并不时上奏皇帝提出救荒的建议，他们是救荒的主力军。

明代荒政文献的大部分作者都是体恤民情的地方官，他们的荒政思想有一定的倾向，林希元、周孔教、屠隆等亲自参与救荒，他们站在地方官的角度，维护社会安定，维持官僚体系在地方的统治。他们调查实际情况，运用合理的方法，为荒政做出自己的贡献。

（一）“救荒贵在得人”

正如学者祁磊所言：“中国传统社会是一个宗法农业社会，‘礼制’与‘法制’相并行，非常重视人治的作用”①，若要执行贯彻荒政思想，必须注重“用人”，好的官吏能贯彻朝廷的荒政思想。赈灾官员贤能与否将直接关系到救济效果的高低，因而救灾中对官员的任免就显得十分重要。朱熹曾经指出：“救荒之政，全在官吏遵奉推行，然后民被实惠。”② 嘉靖间名宦林希元认为：“盖为政在人，人存政举。”林希元深知用人的重要性，他以为救荒有“二难”，“曰得人难，曰审户难”，“所谓得人难者，非特府县官，凡分委赈济官者，皆所当择而不可苟者”。

万历间的周孔教继承林希元的主张，也继续注重用人，在用官方面他以为：“荒政不多言，顾得人何如耳。是故，有治人，无治法。行之非人，即一家父子兄弟夫妇之间，犹有不公不明之处，不免向隅之泣，况于兆姓万民乎？若得其人，则八荒之远，四海之广，其痛痒疾病，若呼号股膝之间，无不得附摩而爬搔之者，又况流离在目前乎？”③ 若得人，则同统治者一条心，而且能提出建设性意见，让救荒落实，百姓得

① 祁磊：《明清时期救荒思想的特点》，《云南社会科学》2007 年第 1 期。
② 转引自《吕坤全集》，北京：中华书局，2008 年，第 690 页。
③ 李文海、夏明方主编《中国荒政全书》第一辑，第 158 页。

救，“故一郡得一良二千石，则一郡理矣；一邑得一良令，则一邑理矣。所谓人定胜天，饥而不害”[①]；若不得人，则贪赃枉法，得寸进尺，只能乱上加乱。

周孔教还谈及对游手好闲之人的收用，他主张灾荒中“收壮勇以备不虞”，让他们加入救荒的队伍中：“吴门游守之民诚众矣，然其间黠有力者不过千百中一二者。此一二者，其力缓急可用，弃之可惜也。”把这些壮丁编入军队中，既利于补充军队，也利于地方治安。

（二）分等级赈灾，惠及灾民

林希元、周孔教尊重生命，想方设法以最大限度救助赈济灾民。

在具体实施救荒上，林希元结合实际情况，把灾民分为六等，对不同层次的灾民进行不同力度的救助，如“曰极贫之民便赈米，曰次贫之民便赈钱，曰稍贫之民便转贷”。

周孔教以民为本，尊重百姓的生命，处处为民着想。他注重“勘灾”，把勘灾的重点放在土地的荒熟上：“荒熟既尽得实，则饥民大略可知”，这样便知道饥民的情况，最大限度发挥赈济的作用。

周孔教主张赈灾首先确保种田的农民得到实惠：“今三吴之水不谓不稽天矣，水乡之民不谓不鱼鳖矣。然至于汹汹而好言乱者，此本非力农而被灾之民也，皆市井村落中无赖恶少，干纪捍网，不耕而食者。在荒固无获，即丰亦无获而特乘机以肆其咆哮耳。”[②] 官府的确给灾民赈济，但赈济的物品都被无赖恶少掠夺去，所以周孔教以为赈济需落实到贫民百姓身上。周孔教对灾民中的特殊群体读书人也有照顾，专门“恤寒士以全士节”，“夫士在齐民上，在平时犹当优恤，况当次凶

① 李文海、夏明方主编《中国荒政全书》第一辑，第 502 页。
② 李文海、夏明方主编《中国荒政全书》第一辑，第 503 页。

年，釜尘灶娃，兴三旬九食之叹，尤可怜悯”，他注意到读书人的人格尊严，特殊照顾读书人这个群体，可见其荒政思想的人文关怀。

与此同时，为了修筑水利工程，也为了解决饥民的生存问题，林希元提出“修工役以助赈”，通过出钱雇佣饥民来修筑水利工程。学者鞠明库指出：“工赈是指在受灾地区由政府出资雇用灾民兴办工役，以解决灾民生计，从而达到救灾的目的。”① 林希元以为：“民出力以趋事，而因可以赈饥；官出财以兴事，因而可以赈。是谓一举而两得，于土役之中而有赈济之助者。”② 周孔教则在林希元的基础上进一步强调工赈，“夫议荒政而及于鸠工，使贫民得役力以糊口，事诚然矣。然所谓兴工者，必修建有原设之额，帑藏有现贮之银，及此荒岁一举行之，是两利而俱存之说也。”③ 他称赞工赈的益处说：“于兴役之中寓赈民之惠，一举而两得之道也。”④ 工赈最主要的工程便是修筑水利工程，周孔教的水利工程修建思想主要实施在吴中一带水灾频繁发生的地方。

(三)尊重市场规律

市场在经济调节中起着重要的作用，过多的人为干预可能导致市场崩溃。林希元和周孔教也认识到这点，他们特别注重发挥市场规律，由政府提供籴本，“令商贾散往各处籴买米谷”，调动市场规律，让粮食自由流通，林希元感慨：“今天下一家，民无尔我，均朝廷赤子，乃各私其民，遇灾而不相恤，岂吾君子民之意，万一吾郡亦饥，又将籴米如何？是欲济吾民而反病吾民也。”⑤

尊重市场规律，让粮食自由流通方面，林希元批评抑制物价的做

---

① 鞠明库：《灾害与明代政治》，北京：中国社会科学出版社，2011 年，第 136 页。
② 鞠明库：《灾害与明代政治》，第 167 页。
③ 鞠明库：《灾害与明代政治》，第 517 页。
④ 鞠明库：《灾害与明代政治》，第 517 页。
⑤ 李文海、夏明方主编《中国荒政全书》第一辑，第 169 页。

法："尝见为政者每严为禁革，使富民米谷皆平价出粜，不知富民悭吝，见其无价，必闭谷深藏，他方商贾，见其无利，亦必惮入吾境。是欲利小民而适病小民也。"①

周孔教主张通过价格自身的规律来调整市场，放松对商人的管制，发挥市场自由规律，"禁抑价以招远商"："商贾熙熙穰穰而来，皆为利尔。唯不抑其价则米商自来，米商来多则谷价自平。若有司不识时宜，过口其价，则客米不来，客米不来则境内有蓄积者愈闭锢不出矣。嗟嗟，客贩不来，上户闭籴，小民嗷嗷，何所恃以为命？有饿死而已！"②同时，周孔教提倡开放市场，建议"通米船以示共济"："夫遏籴之政，霸者羞称。夫亦谓彼歉我丰，而闭不相恤，如晋饥秦输之粟，秦饥晋闭之籴之类也。非谓彼歉而我亦歉而亦不当遏也。邻人之子饥，同室之子亦饥。夺同室之子之食与邻人之子，非人情矣。"③ 他虽然不许本境米出境，但又主张"凡本境米不许出境，外省米不许阻拦，最善矣"④。由此可见周孔教懂得市场规律和人为干预结合起来，协助当地共同度过灾荒。

与周孔教几乎同时的屠隆也注重市场调节，提出"厉揭贩之禁以祛市奸"，以为："夫民情之趋，如水之流，顺而导之则通壅而遏之则决。荒年谷贵费，民诚不堪，有司不忍谷价日高，以病小民，乃令折减时价，定位平粜，此令一出，则他处之兴贩者，畏沮不来，本境之有谷者闭粜而不出，民食愈乏，人情益慌，强则有劫掠，弱则有饥死而已。"⑤这里可看出屠隆对林希元思想的继承。

---

① 李文海、夏明方主编《中国荒政全书》第一辑，第 170 页。
② 李文海、夏明方主编《中国荒政全书》第一辑，第 509 页。
③ 周致元：《明代荒政文献研究》，第 126 页。
④ 周致元：《明代荒政文献研究》，第 126 页。
⑤ 李文海、夏明方主编《中国荒政全书》第一辑，第 185 页。

(四)劝说民间力量参与救荒

周孔教的官职较高，他身为副都御史巡抚江南，对于救荒有着较大的责任，所以他的《救荒事宜》涉及面广，而且充分借鉴前人经验，当然，他也结合江南地区的灾荒情况，提出一些建设性意见，如推行平粜法①。对于平粜粮食的买卖，不仅仅由官吏本人完成，而且通过富商，也继承刘世教的经验，通过“宽赎罪以备赈给”② 完成。

周孔教千方百计劝富商参与到救荒中，他使用轮回报应的说法：“阴德之报为善，阴骘，书中所载甚详，谅非虚语”，“吴俗重因果，即如斋僧、造桥、造塔，往往不惜重费为之，况起饥于沟壑之中骨而肉之。所谓救人一命胜造七级浮图，此等阴德视其所踊跃趋役者”。③ 大户富商是集资的重要对象，“大户非能人人好义急公也，而温饱则身家念重，身家念重则乘机射利之心犹不能胜其畏法惧祸之心，故可使也”④。

在注重民间资本的参与方面，屠隆想方设法拉拢商人对灾民的赈济，他写道：“夫富者，珍宝丰盈，一身而外长物耳。仓箱充溢，一饱而外何加焉。即今百姓垂毙而吾安享绕腴，万一民穷盗起，戈矛相向，虽有粟，吾得食诸？而富民虽有所积，关未躯命；饥者稍得所济，实延余生。以吾未关躯命之粮而为彼实为延生之助，官府敬之，百姓感之，而又有阴德，何若不为？”⑤ 除了对富民晓之以利害，屠隆还提出给富民输资提供奖励，激发富人输资的积极性：“夫上躬先仁义，而其下有

---

① “平粜粮食或来源于京仓、通仓、水次仓，或来源于地方仓，也有出自民间富室。”(鞠明库：《灾害与明代政治》，第146页)

② 周致元：《明代荒政文献研究》，第126页。

③ 周致元：《明代荒政文献研究》，第126页。

④ 周致元：《明代荒政文献研究》，第126页。

⑤ 李文海、夏明方主编《中国荒政全书》第一辑，第169页。

不望风响应者，否也。又需悬赏格以劝民，颁科条以鼓众，或量其所捐而优以礼貌，风以折节，奖以旌扁，荣以冠带。富民之所最欲得者，给以印信一帖，除重情而外，预免其罪责一次，令得执以为信。彼见吾之中心款诚，调停详妥，好义者必争先，贪吝者亦勉应矣。"①

民间富商的资金救助，一定程度上缓解了朝廷的资金压力，但富商不一定愿出资救助，若要从本质上解决救荒的话，还当另寻他路。

三、平民立场：钟化民、刘世教、陈龙正等

地方官们并不把救荒作为国家职能的一部分而从政治角度进行诠释，而是从道德伦理的角度进行理解②，有的地方官是站在官方立场维护统治者的利益，有的地方官则是为平民着想，维护饥民的利益，也有的地方官是以救灾大任为重。

（一）备荒于未然

钟化民的《赈豫纪略》是万历二十二年（1594）前后任河南道御史在河南救荒的真实记录，他的荒政思想是自己实践经验的总结，具有地域针对性和时空性。

钟化民继承并发展了朱元璋的备荒思想，重视备荒，首先注重发展生产，然后注重赈粮，他以为："臣惟救荒于已然，不若备荒于未然。"③ 同时他引用贾谊的话说："圣王在上，而民不冻馁者，非能耕而食之，织而衣之，为开其资财之道也。"④ 如果生产力发展，那么就有

---

① 李文海、夏明方主编《中国荒政全书》第一辑，第 182 页。
② 祁磊：《明清时期救荒思想的特点》，《云南社会科学》2007 年第 1 期。
③ 李文海、夏明方主编《中国荒政全书》第一辑，第 283 页。
④ 李文海、夏明方主编《中国荒政全书》第一辑，第 283 页。

足够的能力面对灾荒，不必慌张应对；作为地方官的陈龙正也十分体恤民情，认为备荒是救荒的基础，他在《救荒策会》序中提道："蓄于上以给下，伯者之权。下自蓄而蓄之，及王者之政。古称三年九年，谓率土之民，各有斯蓄。而春秋补助，则十一之所余也。备荒之策，无时不豫。"①

为了做好备荒工作，钟化民和陈龙正认为国家该建立"常平仓"②。常平仓可以调节谷价，适当干预市场经济，从而使得谷价保持在一定的范畴，便于赈灾。钟化民认为："臣惟积贮之法在民莫善于义仓，在官莫善于常平。夫常平云者，官为立仓，以平谷价，民间谷贱，官为减价以籴之，民间谷贵，官为增价以粜之。本常在官，而上不亏官；利常在民，而下不病民。"③ 常平仓的建设对市场谷价起着一定的调节作用，但陈龙正认为常平仓大多数时间并没有发挥作用④。对于修复常平仓的具体方法，陈龙正有言："常平不惟盛时宜建，即荒迫中，稍有隙暇余资，便应料理，惟在上人节缩浮费，以为籴本耳。何叹儒之愚乎！"⑤

为了准备好赈粮的储备粮食，钟化民和陈龙正主张建设义仓，义仓是重要的民间备灾仓储形式。开国皇帝朱元璋提倡的预备仓，在崇祯时期出现了"天下皆无复有预备仓"的局面，因为朝廷赈灾的储粮也是有限的，预备仓被官吏贪污霸占，后期基本上慢慢消亡。做好备荒工作应充分发挥民间的义仓，其宗旨是要用民间的财富进行救荒准备，一次

---

① 李文海、夏明方主编《中国荒政全书》第一辑，第 649 页。

② "常平仓起源于汉代，是官办的备荒仓储，基本方法是在丰年谷贱之时，由官府出资籴谷，而在荒年谷贵之时，再平粜谷物，以平抑市场价格。"［程彩萍：《陈龙正荒政思想初探》，《重庆工商大学学报(社会科学版)》2010 年第 3 期］

③ 李文海、夏明方主编《中国荒政全书》第一辑，第 283 页。

④ 程彩萍：《陈龙正荒政思想初探》，《重庆工商大学学报(社会科学版)》2010 年第 3 期。

⑤ 李文海、夏明方主编《中国荒政全书》第一辑，第 658 页。

补充国家财政上的不足[①]，因此钟化民提出建设义仓，“以本乡所出积于本乡，以百姓所余散于百姓，则村村有储，家家有蓄，缓急有赖，周济无穷，此义仓之所由设也”[②]。陈龙正则认为：“以本乡所出积于本乡，以百姓所余散于百姓，则村村有储，家家有蓄，缓急有赖，因济无穷，此义仓之所有设也。”[③] 义仓源于民间，为官于崇祯时期的陈龙正主张各村百姓负责自己的义仓，这样便利于调动民间储粮的积极性，更好地协助官方备荒。

(二)救荒需及时

救灾是一个系统工程，其基本程序包括：报灾—勘灾—审户—发赈。[④] 在报灾方面，明末祁彪佳认为报灾当极简，谨防耽误救灾最佳时机。他提出：“荒政言预计，正戒缓也。然预计者，如采集医方而疗治，则在临病。设预计于平日，仍稽迟于届期，则一日之缓，不知有几许死亡矣，生死呼吸，全关乎拯救之人。”[⑤] 报灾不及时很可能导致大量灾民的死亡，然而报灾人往往意识不到这点，而拘于繁文缛节，祁彪佳认为：“今天下上德不究，下情不通，皆因文法所拘，格套所缚耳。不知民命倒悬，何如时也；生死关系，何如事也。尚可以章程往返，致赈恤之惠不立沛于闾阎乎?”[⑥]

钟化民、刘世教等人身为地方官，他们深知繁文缛节会耽搁救荒的最佳时机，他们也主张救荒的及时性。钟化民以为：“往时赈济，郡邑

---

① 程彩萍：《陈龙正荒政思想初探》，《重庆工商大学学报(社会科学版)》2010年第3期。

② 李文海、夏明方主编《中国荒政全书》第一辑，第138页。

③ 程彩萍：《陈龙正荒政思想初探》，《重庆工商大学学报(社会科学版)》2010年第3期。

④ 蔡小平：《祁彪佳荒政思想探析》，《防灾科技学院学报》2013年第2期。

⑤ 李文海、夏明方主编《中国荒政全书》第一辑，第685页。

⑥ 李文海、夏明方、朱浒：《中国荒政书集成》，天津：天津古籍出版社，2011年，第687页。

审详，司道转呈，文移往来，或经千里，迟疑顾虑，延搁时日。及其得请，灾民且沟瘠矣。”① 假若耽搁救灾的最佳时期，那么百姓的生命将死无数计。刘世教的《荒箸略》是万历三十六年他自己亲自救荒的经验，也以为救荒须及时：“夫遇祲而赈，盖历代之故事也，其善、不善，视当其时与否耳。犹之疗疾然，始病而药，药未竟而霍然矣。迫而投焉，人重困而药且倍矣，济，不济，半矣。若必俟其殆而后药之，则生气薄而势已亡及矣。其济者幸，而不济者常矣。赈之先后，胡以异此。”② 赈灾须掌握最佳时机，否则将会无效。

救灾思想有时并不能得到贯彻实施，官吏害怕报灾影响自己的仕途，地方官也不注重修建水利设施，所以屠隆提出了考核的标准：“修举者有赏，废堕者有罚，分别勤堕，以示劝惩，有备无患，此之谓也。”③ 救灾初期不能及时报灾将是致命的，后面的勘灾、审户、发赈流程也无法正常进行，导致饥民死亡无数，屠隆呼吁曰：“万一报迟，则上人易起疑而救灾又恐无及，此伊谁之咎乎？”④ 报灾的及时性是救灾的基础。

（三）以民为本

在救灾过程中，积极作为的地方官主要荒政思想导向是以民为本。他们体恤平民百姓，同情那些被迫为盗的百姓们，如钟化民“单骑往谕，遍历寨栅，召其渠魁，宣上德意”⑤，辛苦说服被迫为盗的百姓们归为良民。灾荒时期，他尽量减少平民的是非之争，“禁刑讼”，把主要精力用在救荒本身，如他说：“饥荒之后，幸留残命小民无知，每以小

---

① 李文海、夏明方主编《中国荒政全书》第一辑，第 272 页。
② 李文海、夏明方主编《中国荒政全书》第一辑，第 487 页。
③ 李文海、夏明方主编《中国荒政全书》第一辑，第 92 页。
④ 李文海、夏明方主编《中国荒政全书》第一辑，第 92 页。
⑤ 李文海、夏明方主编《中国荒政全书》第一辑，第 272 页。

忿逞讼，有司不能劝熄。受理如常，一罪之赎，夺一家数月之粮，一纸之追，绝一人数日之食，一番之驳，窘证犯数家之命。且一日被责则数日不使工作，一人创甚则数口俱为待毙。”[①] 他也禁止人口买卖，“这妻孥是饥荒时卖出的，中州人割人食肉，至亲不能相保，苟图活命，贱鬻他人。妻妾跟随后夫，寸肠隔断，子女飘零异域，五内俱颓，原非少恩，实出无奈”[②]。

陈龙正生性好施，并上疏《养和》《好生》二疏，略言问天全在好生，好生尤宜减死，所谓在天地为生生之德，在人即是不忍之心，他在记录庚午急救春荒事宜中总结道：“回天意莫如结人心，结人心莫如救人命。”[③] 就历史上乾道七年（1171）饶州大旱，宋孝宗发上供之米赈民，饶州得米十六万余石，陈龙正论曰：“观其多方面措置，非能如隋文帝之多藏也。然彼有余热，此不足而乐散，以绵其祚。人主之存心，天之福祸不其永鉴与？”[④] 若帝王没有体恤百姓的心思，再多的藏量也无济于事。

（四）“损有余，补不足”

“损有余，补不足”荒政思想主要是由刘世教提出的。不仅国家需要建国库储存粮食，地方也当积蓄粮食，他以为：“有郡国之积贮在，往者固有成命矣。曰在备不虞，今独非其时哉。”[⑤] 同时，他劝商人输资助赈，支持卖官积资，赎刑集资救荒等。商人输资助赈方面，刘世教建议说：“夫素封之家，即有恒产，而要之践更输挽，其奔走于公家者，

---

① 李文海、夏明方主编《中国荒政全书》第一辑，第 273 页。

② 李文海、夏明方主编《中国荒政全书》第一辑，第 280 页。

③ 程彩萍：《陈龙正荒政思想初探》，《重庆工商大学学报（社会科学版）》2010 年第 3 期。

④ 程彩萍：《陈龙正荒政思想初探》，《重庆工商大学学报（社会科学版）》2010 年第 3 期。

⑤ 李文海、夏明方主编《中国荒政全书》第一辑，第 489 页。

亦甚繁而苦矣。独旅人之质库不然，其拥赀甚厚，其腹利甚渥，其经营又甚逸，而名不挂版图，事不涉催科，抑何其多幸甚也。”① 在卖官集资方面，刘世教的态度是：“夫太学，贤士薮，盖自圣祖以来，翠华万乘，历世所亲莅而广厉者，然犹得以输金入，今独不可推之郡邑，以济一时之急乎？”② 卖官鬻爵在非常灾害时期，对救荒有一定的缓解，但就长远发展来看，这种做法无异于饮鸩止渴。在赎刑集资方面，他主张：“自今以后，迄于献岁之麦秋，诸大辟如制外，其他杂犯以下，非力不能赎者，悉以赎从事。其罪稍重而力饶于赀，非亡意者，从刑故论勿赎。”③ 罪行较轻者可以赎资脱罪，这样对罪犯的悔改和救荒都有一定的利处。

刘世教“损有余，补不足”的思想是针对灾荒时期病入膏肓的特别时期，因为类似于卖官集资的做法会导致社会动乱，政局不稳，对于初期的救灾而言，可行性不大。

（五）勤俭节约，注重积累

官方固然是救灾的主力军，但除了官方的赈济，平民百姓也当自救。众所周知，即使官方建立了预备仓，但具体落实到发放粮食，又不能很好地贯彻实施，所以众多地方官主张建立义仓，然而义仓的建立实施也有很多弊端，到后期往往粮食亏空。所以，百姓们应有自己积粮。祁彪佳认为：“地方薄有岁收，而四境皆当有荒歉，则趋利者必越贩如流，内藏行且与外粟同竭矣。于是有民积一法，使之照田计粮，备来年青黄不接之时。”④ 除了积粮，荒民也当注重平时养成勤俭节约的习惯，

---

① 李文海、夏明方主编《中国荒政全书》第一辑，第 491 页。

② 李文海、夏明方主编《中国荒政全书》第一辑，第 491 页。

③ 李文海、夏明方主编《中国荒政全书》第一辑，第 491 页。

④ 李文海、夏明方、朱浒：《中国荒政书集成》，天津：天津古籍出版社，2011 年，第 663 页。

这种自救比官方救助更为实际可行。勤俭是基本的致富之法和美俗之方，正所谓“贫富无他，在勤俭与不勤俭”①。

除了饮食节俭外，也当防止粮食的浪费，这尤其体现在酿酒和敬鬼神方面。吕坤和祁彪佳都反对酿酒对粮食的浪费，吕坤以为酿酒“饥不当食，寒不当衣，百害事，百耗谷”，而“山东、河南千室之邑，曲糵等费不减几万石”，依吕坤之见，若这些造酒粮食用于荒年，存活不减万人。② 祁彪佳也认为酿酒浪费了大量的粮食，因此他提出了“止酒”的主张：“天下地力有限，人力亦有限。计口而食，尚忧不足，若种秫酿酒，夺人之食，不啻三有一矣。荒岁粒米如珠，堪此旁耗！”③ 在食不果腹的灾荒年里，提倡止酒不无重要意义。再如敬神事鬼方面，“修盖寺庙，铸塑神尊，金碧辉煌，栋梁巍耸，要福不多，惑众实多”④，却丝毫无益于凶荒之年保小民之命，如吕坤所言：“想你平日盖了许多寺庙，塑画了许多神像，打了许多醮事，烧了许多金银，那个神灵救得你?”⑤ 所以应减少或者禁止敬鬼神之事，把资金腾出来用于救荒之事，吕坤的思想在当时具有一定的进步意义。

勤俭节约是长久之法，不仅平民要养成节俭的生活习惯，国家也当节省开支，“欲‘养民’‘裕民’，须取民有度，轻徭薄赋，不得任意征敛，势必要求宣府衙署、宫廷宗室节约用度，禁抑奢糜”⑥。这种习俗的养成将对救荒起着不可小觑的作用。

(六)市场管理：尊重客观规律

市场规律在调节谷价方面起着重要的作用，稳定的谷价利于救济灾

---

① 李文海、夏明方主编《中国荒政全书》第一辑，第 677 页。
② 李文海、夏明方主编《中国荒政全书》第一辑，第 677 页。
③ 《吕坤全集》，第 595 页。
④ 黄晓燕、王卫平：《吕坤荒政思想研究》，《苏州科技学院学报》2011 年第 6 期。
⑤ 黄晓燕、王卫平：《吕坤荒政思想研究》，《苏州科技学院学报》2011 年第 6 期。
⑥ 张建民：《中国传统社会后期的减灾救荒思想论述》，《江汉论坛》1994 年第 8 期。

民，防止商人敲竹杠趁机赚取钱财。各地管理者也认识到市场的价值，他们大都主张尊重市场规律，发挥市场的能动调节作用。

刘世教身为偏远地区的县令，虽然运用一定的方式干预集资，但他也尊重商品市场规律，他鼓励商人参与救荒："官倾储而致之邑，必不能盈数千也，及旬而尽可能矣。"[①] 祁彪佳也注重市场规律，他主张"禁抑价"，认为"前贤不行抑减，而反从权以增之者，良有深意"[②]。他进一步指出："二麦已熟时，而米价愈涌，奸牙罔利，诚为可恨。但若抑减其价，则现在者将闭户不售，外贩者将裹足不至。是以古人有增价以召商，使米多则价自减，非抑勒所能使然也。"[③] 抑价的话，外来的粮食无法进入本地市场，灾区的粮食将闭户不售，所以最好的方法是尊重市场规律，按照客观规律干预市场价格走向，不能盲目抑制价格。

陈龙正则以为可以运用一定的手段开辟新的市场，他说："民既俵米，即令采薪刍，出官钱收买。却于常平仓易米，归赡老稚，凡买柴二十三万束，至严冬雨雪，市无来薪，即依原价卖之，官不伤财，民再获利，此亦为民曲算之一事也。贫短于资，亦短于智，子民者代为筹算。"[④] 租赁山坡土地，让平民去樵采，然后官方出资买来，等遇到灾荒再以平价卖出，这样既发挥了市场规律，又救助了平民，可谓良策。

市场管理最为救荒过程中的重要环节，历代地方官都予以重视，卜风贤、邵侃在《中国古代救荒书研究综述》一文中指出："在宋代，尽管在主导思想上，人们仍然主张政府通过预先储积，建立健全常平仓制度进行救荒，但与此同时，主张商人参与救荒的思想也蔚然兴起，以至于

---

① 李文海、夏明方主编《中国荒政全书》第一辑，第 487 页。

② 《吕坤全集》，第 696 页。

③ 《吕坤全集》，第 698 页。

④ 程彩萍：《陈龙正荒政思想初探》，《重庆工商大学学报(社会科学版)》2010 年第 3 期。

一旦发生灾荒，‘今之守令为救荒之策者，不过曰劝分，曰通商而已’。”①而到了明代，地方官们更重视通商，他们着重于对市场的管理，发挥市场能动的调节作用，使得商人和官吏们共同投入救荒大潮中。

(七)注重灾后建设：安抚流民

流民成为社会的一大不安定因素。对此，陈龙正认为要安抚流民：“俗使见小小祸乱，辄议用兵，不知穷民之与奸雄非可一律行诛伐也。饥饿濒死，威不能戢，惟惠泽可以已之。”② 这一恩泽最实际的就是赈粮，发挥义仓和常平仓的作用，避免饥民饿死。

陈龙正还提出“建丐房议”。陈龙正认为被冻死的饥民都被忽略，所以该重视对乞丐的救助，如他说：“以冻致死，其事渐，人往往习而忘之，即诸乞未必自知之也。体仁者，先体乞人；先觉者，宜觉及于乞人之所不觉。”③ 对于已死之人，陈龙正也怀有怆恻之心，使其不至暴尸于野。他在《共冢记》中记载了同善会出资帮助买地掩埋死者，并作《埋胔述》表达自己对死者的余痛。

四、总　结

明代的荒政制度是比较完备的，从备荒到灾后重建方方面面都纳入了考虑的范围。从思想的角度上来说，最高统治者的荒政思想以朱元璋这一明代荒政的奠基人为代表，无论兴修水利还是对预备仓管理的重视都体现了朱元璋荒政思想中的关键，即备荒的思想；林希元、周孔教、

① 卜风贤、邵侃：《中国古代救荒书研究综述》，《古今农业》2009 年第 1 期。

② 程彩萍：《陈正龙荒政思想初探》，《重庆工商大学学报(社会科学版)》2010 年第 3 期。

③ 李文海、夏明方主编《中国荒政全书》第一辑，第 733 页。

屠隆等作为官僚代表，从这些地方官的荒政思想中可以看出，他们重视人才在救荒实践当中的关键作用，并且从实际的救荒实践中总结出诸如分等级救助和尊重市场本身的规律等宝贵的救荒思想；而钟化民、刘世教、陈龙正等作为平民思想的代表，其荒政思想体现出对平民百姓在灾荒当中的命运的关照，强调以民为本、发动民间的力量救荒，并且重视灾后的重建工作。

把这三种视角联合起来，我们可以看到一些共性和继承，比如无论最高统治者还是各级地方官员，都有明确的及时救荒的意识，并且都意识到了备荒的重要性等。这可以使我们获得对明代荒政思想自上而下、不同维度的略析，而这一观照恰恰有助于窥见明代政治社会思想在“民为邦本，本固邦宁”(《尚书·五子之歌》)基础上的流变与发展。

王阳明及王门后学

明代的民间儒学与民间宗教

——颜山农思想的特色

陈　来[*]

明代泰州学派的重要思想家颜钧(字山农)，早在黄宗羲编著《明儒学案》时即颇受重视，但从《明儒学案》所叙来看，黄宗羲并未看到过颜钧的文集，这使得他的叙述语焉而未详。而颜钧的著作几百年来不见于坊间，更造成研究的缺憾。有幸的是，20 世纪 90 年代，颜氏后人献出家藏《颜山农先生遗集》，由黄宣民先生点校印行，其中还合并印行了《韩贞集》。这是近年明代思想研究最重要的资料发现，对于推动对泰州学派的重新了解和深入研究，具有相当重要的价值。以下，就《颜钧集》和已有资料，对与颜山农研究的有关问题，提出一些看法，以供进一步讨论。

一、泰州学派与"颜、何学派"

黄宗羲的《明儒学案》把王阳明后学分述为"浙中王门学案""江右王门学案""南中王门学案""楚中王门学案""北方王门学案""闽粤王门学案"，然后叙"泰州学案"。"泰州"之名从王艮(心斋)来，王艮

* 陈来，1952 年生，北京人，祖籍浙江温州，哲学博士，清华大学国学研究院院长，哲学系教授、博士生导师，主要研究方向为中国哲学史、宋元明清理学和现代儒家哲学。

乃阳明在江西平藩时来学，但是黄宗羲不名“泰州王门学案”，而称“泰州学案”，显然是把泰州学派置诸“王门”正传之外。其实据刘宗周的见解，“王门有心斋、龙溪，学皆尊悟，世称二王。心斋言悟虽超旷，不离师门宗旨，至龙溪，直把良知作佛性看，悬空期个悟，终成玩弄光景，虽谓之操戈入室可也”①。这是说王艮仍“不离师门宗旨”；但刘宗周在另一处则又谓：“王门惟心斋氏盛传其说，从不学不虑之旨，解而标之曰‘自然’、曰‘学乐’，末流衍蔓，浸为小人之无忌惮。”②照这个提法，心斋之学的末流，变为小人之无忌惮。

刘宗周是黄宗羲的老师，黄宗羲把刘宗周的学术论断冠以“师说”，置于《明儒学案》之首，说明他是受刘宗周影响的，他对泰州王学不称“王门”，必然是因虑及心斋学的末流所致。

不仅如此，在《明儒学案》卷三十二的卷首，即在“泰州学案一”正式叙述王艮之前，竟有长达六页的我称为“绪言”文字。据《明儒学案》体例，一般每学案之首的绪言不过三五行字，最多者一二页，其内容是把“无语录可考者”放在篇首一并叙及。但泰州学案的情形颇不同，其绪言称：

> 阳明先生之学，有泰州、龙溪而风行天下，亦因泰州、龙溪而渐失其传。泰州、龙溪时时不满其师说，益启瞿昙之秘而归之师，盖跻阳明而为禅矣。然龙溪之后，力量无过于龙溪者，又得江右为之救正，故不至十分决裂。泰州之后，其人多能以赤手搏龙蛇，传至颜山农、何心隐一派，遂复非名教之所能羁络矣。……诸公掀翻天地，前不见有古人，后不见有来者。释氏一棒一喝，当机横行，放下拄杖，便如愚人一般；诸公赤身担当，无有放下时节，故其害

① 黄宗羲：《明儒学案》，北京：中华书局，2008年，第9页。
② 黄宗羲：《明儒学案》，第12页。

如是。今之言诸公者，大概本弇州之《国朝丛记》，弇州盖因当时爰书节略之，岂为可信？羲考其派下之著者，列于下方：

颜钧，字山农，吉安人也。尝师事刘师泉，无所得，乃从徐波石学，得泰州之传。其学以人心妙万物而不测者也；性如明珠，原无尘染，有何睹闻，著何戒惧？平时只是率性所行，纯任自然，便谓之道；及时有放逸，然后戒慎恐惧以修之；凡儒先见闻、道理、格式，皆足以障道。此大旨也。尝曰："吾门人中，与罗汝芳言从性，与陈一泉言从心，余子所言，只从情耳。"山农游侠，好急人之难，赵大洲赴贬所，山农偕之行，大洲感之次骨。波石战殁于沅江府，山农寻其骸骨归葬。颇欲有为于当世，以寄民胞物与之志，尝寄周恭节诗云……然世人见其张皇，无贤不肖皆恶之。①

以下又分叙梁汝元(何心隐)、邓豁渠、方与时、程学颜、钱同文、管志道。绪言中所提及刘师泉，即刘邦采，阳明门人。徐波石，即徐樾，阳明门人，亦颜山农老师。陈一泉即陈源，曾任南昌县教官，山农门人。赵大洲即赵贞吉，亦徐樾门人，曾任宰相，泰州学案有传。周恭节即周怡，字顺之。

黄宗羲这段绪言很值得注意，他说："泰州之后，其人多能以赤手搏龙蛇，传至颜山农、何心隐一派。"泰州即王艮，黄宗羲在这里已经把颜、何视为泰州后的"一派"，他在绪文中所说的"诸公"就是指"颜何一派"的人，所以又说"羲考其派下之著者列于下方"，而这一派的主要代表(著者)即颜钧、梁汝元、邓豁渠、方与时、程学颜、钱同文、管志道七人，其中梁汝元、程学颜都是颜钧门人中高弟子。事实上，黄宗羲的说法亦其来有自，在他之前顾宪成已有此说，顾云："东

① 黄宗羲：《明儒学案》，第703—704页。

坡讥伊川曰：'何时打破这敬字。'愚谓近世如王泰州座下颜何一派，直打破这敬字矣。"①

因此，根据黄宗羲的提法，我们可以说，《明儒学案》实际上是把泰州学派又划分为不同派别，而以颜何为一派，当然他是对颜何学派持否定看法的，他沿袭了刘宗周认为心斋末流衍蔓、渐为小人无忌惮之说，继而提出所谓"传至颜山农、何心隐一派，遂复非名教之所能羁络矣"的著名论断。近代以来的思想史研究，对宗羲此说是否确当，在何意义上可以成立，皆没有作细致研究。肯定名教与反对名教的人对泰州学派评价不同，但都从黄宗羲的说法中默认了颜何及泰州学派反抗名教的事实。而《颜钧集》的发现给了我们第一手的历史材料，使我们可以检证"颜何一派"对名教态度的真实情况。

二、化俗乡里的道德实践

颜山农在其自传中曾记述了他在家乡组办"萃和会"的实迹：

> 十八岁，同兄钦、铸扶父榇归庐。未葬，都人陷钦三年粮役，洗其家。铎、镗二人未完娶。铎惟知善养寡慈，将顺得欢心。有此孝行感天，得兄钥笔传道祖阳明阐揭良知……嗣此，津津自好无尚，不忍少间，时刻辟利色，惑他技也。如此自求有获，酷自庆丽大有为也。岂期明祖、严考先逝，不及见若祖无言不悦之与考庭无日不底乎豫道，仅侍寡慈，牖开忧怀，三月洶洶，世虑濯濯，夜枕鼾睡，达旦方醒，饮食加倍，精神复旧，如此曲成，几希曾、闵之双亲。

① 顾宪成：《小心斋札记》，北京：中国社会科学出版社，2020年，第120页。

及期月余，慈乐足，发引众儿媳、群孙、奴隶、家族、乡闾老壮男妇，几近七百余人，聚庆慈帏，列坐两堂室，命铎讲耕读正好作人，讲作人先要孝悌，讲起俗急修诱善，急回良心，如童时系念父母，常得欢心，率合家中，外移耽好妻子之蒸蒸，奉养父母之老年，勤勤恳恳，不厌不倦，不私货以裕己，不怀蓄而薄养，生息于士农工商，仰给惟父兄室家，迸没积忿，参商各各，□□和萃。如此日新又新，如此五日十日，果见人人亲悦，家家协和，踊跃奋励，虽少小童牧，尽知惭悔省发，皆自叩谢父母长上，竟为一家一乡快乐风化，立为萃和之会。会及半月，一乡老壮男妇，各生感激，骈集慈闱前叩首，扬言曰："我乡老壮男妇，自今以后，始知有生住世都在暗室中鼾睡，何幸际会慈母母子唤醒也。"会及一月，士农工商皆日出而作业，晚皆聚宿会堂，联榻究竟。会及两月，老者八九十岁，牧童十二三岁，各透心性灵窍，信口各自吟哦，为诗为歌，为颂为赞。学所得，虽皆刍荛俚句，实发精神活机，鼓跃聚呈农览，逐一点裁，迎几开发，众皆通悟，浩歌散睡，真犹唐虞瑟侗，喧赫震村谷，闾里为仁风也。①

据此可知，颜山农在学得《传习录》后，默坐开悟，然后将他的所悟用于生活实践，他用以侍奉寡母，三个月便使母亲精神安适，身体康健，摆脱了父丧以来的身心窘境，然后奉母命，集家族中儿媳、群孙、族众及邻里近七百人，宣讲"耕读正好作人""作人先要孝悌""起俗急修诱善"，劝人孝顺父母、和好家族、勤俭执业，经过十日宣讲，成效显著，人亲家和。于是立"萃和会"于中陂之三都，成为全乡的一种活动组织，其活动一如山农家族之会，晚聚会堂讲论，甚至聚宿，交换心得，

① 《颜钧集》，北京：中国社会科学出版社，1996 年，第 23—24 页。

两月之后，一乡风气大变，一派歌舞升平、协和踊跃的景象。这种化俗乡里的道德实践，正如山农所常言，是“翊赞王化”。与明王朝统治阶级主导的社会价值不仅毫无冲突，而且在实践上更为深入。

何心隐在其家也建过“聚和堂”，企图建立一个合族的共同体，族中的子弟共同教养，老人则共同抚养，青年婚嫁由族中经办，共同承担赋役。“聚和”之名无疑即来自颜山农之“萃和”，何心隐为山农弟子，他把山农的萃和会进一步从教育推广到经济，以实现“齐家”的理想，所以黄宗羲甚至把何心隐的“聚和堂”直接错写为“萃和堂”：“谓《大学》先齐家，乃构萃和堂以合族，身理一族之政，冠婚丧祭赋役，一切通其有无，行之有成。”① 萃即聚也，由何心隐集可知，心隐所建实为聚和堂，即发山农萃和之意，和即协和，心隐之行必由山农之例而起。但何心隐所立，不仅有合族的教化活动，更有合族的经济生活，以达到一种教养合一的理想共同体。

由上可知，颜、何一派的化俗和族的道德实践，不仅不反名教，而且把当时的正统的道德要求落实于基层生活，颜山农集中“箴言六章”，自注“阐发圣谕六条”，完全是把朱元璋的六条圣谕用通俗诗歌的形式加以发挥，意在使之深入民间，落实基层，他还作有“劝忠歌”“劝孝歌”“勉世诗”以及“歌修省”“歌修齐”“歌安业”“歌乐学”等，与明代蒙学和儒家的“基层化”“生活化”的潮流完全一致。又如韩贞、耿定向《陶人传》称他夫妇“毅然以倡道化俗为任，无问工、贾、佣、隶，咸从之游，随机因质诱诲之，化而善良者以千数”。因他翊赞王化成效显著，县令特嘉赏米、金，他致书谢曰：

> 侬窭人，无能辅左右，第凡与侬居者，幸无讼牒烦公府，此侬

① 黄宗羲：《明儒学案》，第704页。

所以报明府也。[1]

韩贞的理想是“人人知孝知弟”“政平讼息”[2]，他的活动与主流社会的价值和要求是一致的。

颜山农的劝善歌及阐发太祖圣谕的诗歌，韩贞致力乡里“无讼烦官府”的活动，都显示出与明中后期的“世俗儒家伦理”（如蒙学、社学）的一致性，在这些方面，他们不仅不是反名教的，反而是更为保守的。

与王艮一样，颜山农比起一般王学之士在知识分子间辩论良知学的精微处不同，他们受“万物一体”观念的推动，有一种内在的迫切和冲动，去把儒家观念落实到民间生活中去，化人心，成风俗。山农著名的“急救心火”文便是一个例子，他在泰州门下学习一年，在嘉靖十九年（1540）庚子秋试时急急忙忙赶回江西，在南昌城公榜讲演，救人心火，会集千百五人，罗汝芳也是这一次被吸引到他门下的。而《急救心火榜文》显示，山农为“翊赞王化，倡明圣学”，专救人心种种汩没。所谓心火，即种种私欲心火，他明确指出“多士能如是交攻异端，则皆心合道同，百虑惟一，万举顺适者也。又孰有作风波于世上，而外于混沌庞淳之善俗者也！”[3] 指出“孔孟中和位育之化，复睹今日者也，岂曰小关浅系云尔耶！”[4] 泰州学派这种急切的救世心态，那种面向社会大众的实践形式，都与江右、浙中的士大夫王学有重大的区别。

---

① 《颜钧集》，第 188 页。
② 《颜钧集》，第 204 页。
③ 《颜钧集》，第 2 页。
④ 《颜钧集》，第 3 页。

三、神秘体验的特色

王阳明学派中，有过神秘体验的人甚多，这与朱熹学派完全不同，颜山农的为学经历可以说完全是基于静坐基础上的神秘体验。

颜山农在《明羑八卦引》中说：

> 年既廿五，仲兄钥以德著廪庠，举入白鹿洞，听传阳明致良知之学，手抄《传习录》，归示男子，男子诵味至“精神心思，凝聚融结，如猫捕鼠，如鸡覆卵”四语，遂自醉心启，津津溯穷，屏息耳目形躬之用，静坐七日夜。凝翕隐功，专致竭思，一旦豁然，心性仁智皎如也。①

他在《自传》中将“一旦豁然”的体验叙述得更为清楚：

> 得兄钥笔，传道祖阳明阐揭良知、引掖人心四语，曰“精神心思，凝聚融结，如猫捕鼠，如鸡覆卵”。匹夫喜激丹灵，即俯首澄虑，瞑目兀坐，闭关七日，若自囚，神智顿觉，中心孔昭，豁达洞开，天机先见，灵聪焕发，智巧有决沛江河之势，形气如左右逢源之□。②

颜钧之兄颜钥所传阳明四句话，实出于《示弟立志说》，故四句话不见于今传各本《传习录》。但旧本《示弟立志说》载在《传习录》中，谢氏《阳明全书》编定后始置其说于《文录》。又，《文录》中四句次序与颜山农所

---

① 《颜钧集》，第 11—12 页。
② 《颜钧集》，第 23—24 页。

说略异，作“如猫捕鼠，如鸡覆卵，精神心思，凝聚融结”。且其原意亦与山农理解有异，阳明原文称：

> 是以君子之学，无时无处而不以立志为事。正目而视之，无他见也；倾耳而听之，无他闻也。如猫捕鼠，如鸡覆卵，精神心思，凝聚融结，而不复知有其他。然后此志常立，神气精明，义理昭著，一有私欲，即便知觉，自然容住不得矣。①

可见阳明强调的是立志要心思专一，并未要人静坐或闭关。而颜山农得此四句，以为妙诀，于是专一静坐，七日闭关，屏去思虑，瞑目兀坐，七天后突发地“神智顿觉”“灵聪焕发”，不仅智思被激发而成源泉不舍、取之不竭的涌流，仁性也皎然彰显。

山农在另一处将其体验叙述得淋漓尽致：

> 二十四岁，际兄钥廪员在学，宗主以孝行取入白鹿洞听讲，道祖阳明大倡良知之学，随抄示弟立志说四句，曰“精神心思，凝聚融结，如猫捕鼠，如鸡覆卵”。农见触心，即晚如旨，垂头澄思，闭关默坐，竟至七日七夜，衷心喜悦，忘食忘寝，如此专致，不忍放散其胸次，结聚洞快也。又逼激三日后，化为臭汗滋流，皮肤毛孔中，出体如洗。洗后襟次焕然豁达，孔昭显明，如化日悬中天，如龙泉趵江海。自心而言，即平日偃埋在百丈深坑中，今朝俄顷升入天堂上。然自身而言，即胎生三月不识不知之肫仁，竟被父母溺爱不明，引发其知识、喜好、情欲；及长大也，久被父母师友俗尚记读见闻，恰似捆挪在囚狱炕上，今朝倏然脱落出监，舞蹈轻爽。

---

① 《王阳明全集》，上海：上海古籍出版社，2011年，第260页。

> 然如此身心之如如，如此复生之肫肫，如此明哲之灵聪，如此闭关之自得，恰似时饮醉心酒，常餐无米饭；双瞳炯炯，察于日月之悬照；天机发动，察于四时之不忒；立己达人，察于甘露之时布。如此森森不已，如此鼓动睟盎，自善底豫，既翕宜家教国风天下之来归同仁道也；将适达乎四书六经之阃奥，是不啻乎视掌之清明；或提笔抝文，如江河水流之沛决；或欲进取科第，又谁得选驳于其间哉！若欲出世有为也，即如夫子司寇三月，同运今天下犹鲁国之大治。[1]

我曾经把儒学传统中的神秘体验概括为六种特征，即(1)自我与万物为一体；(2)宇宙与心灵合一，或宇宙万物皆在心中；(3)所谓心体(纯粹意识)的呈现；(4)一切差别感的消失，对时间、空间的超越感；(5)突发的顿悟；(6)高度的兴奋、愉悦，及强烈的心灵震撼与生理反应(通体汗流)[2]。这六种基本特征是就宋明儒学的总体而加以概括的，并不意味每一个儒者的神秘体验都同时具有六种特征。从颜山农的个案经历来看，他也是属于“归寂以通感”的形式，和“内向的神秘体验”，合于(3)(4)(5)(6)所标示的特征。[3]

但与我们一般了解的明代心学的神秘体验有所不同的是，在颜山农的叙述中，特别着重于心之用，而不是心之体，明儒如陈白沙之体验为“心体呈露”，聂双江体验亦为“闲之静极忽见此心真体”，王心斋梦中证悟而“汗溢如雨，心体洞彻”。明儒杨时乔曾将当时神秘体验的路径

---

① 《颜钧集》，第 33 页。

② 参看《有无之境》附录论儒学神秘主义之文。

③ 罗汝芳叙山农之悟曰：“忽胸中凝思七日夜，即心孔豁然内通，灿然灵光，如抱红日。”(《颜钧集》，第 44 页)曾守约则述山农之学曰：“触阳明凝神融结之旨而拳拳服膺，俄自觉坚如石，黑如墨，白气贯顶而纷然汗下，至七日恍若有得。”(《颜钧集》，第 79 页)但此二说皆非山农自述。

大体归为“血气凝聚”“虚灵生慧”“洞彻本真”。聂双江曾描述为“归寂以通感，执体以应用”。从山农的叙述来看，他的所得更多是在智慧的开发，而不是心体的境界，他强调的是“天机先见，灵聪焕发”“神智顿觉”“孔昭显明”；强调的是神智的不尽的根源可顿时获得开发，滚滚而来，用之于风俗，便能宜家宜国；用之于读书，便能登圣人之奥；用之于作文，即能流水成章；用之于科举，便能当下登第；用之于用世，便能治国平天下。因而颜山农更强调由神秘经验入手，“执体以应用”，而不是停止于“归寂以通感”的心理境界的满足。所以，颜山农在悟道之后即孝侍寡母，兴办萃和会，自谓“三月底豫，家乡萃和，直若孔子入鲁大治也”。[①]

四、七日来复的工夫

颜山农个人悟道是由“七日闭关”而引发，他也以此为教人之法，他说：“竟遂甘心信用此生，钻研已心，直通融活，引翼海内人豪，果皆七日三月同然，其知之好之乐之，恶可已也！”[②]

颜山农静坐开悟后，证之经典，他认为此种方法就是《周易》所说“七日来复，利有攸往”；而一旦豁然顿觉，就是《论语》“一日克复，天下归仁”（颜山农将《论语》语约括为此八字）。他还认为，七日闭关凝神澄思，即是《易》乾卦所谓“潜”（龙勿用），一旦豁然顿觉，即是“见”（龙在田），因此，这种工夫是完全合于儒家经典的指示的。

基于此种认识，他在《耕樵问答》中特辟“七日闭关法”一节，他特别指出，“直呈易见易取之方，仰辅二难君子以快志，莫厌异诞，实农心造历险，四方人豪洞自乐取者也”，说此是简易之学，不要视为怪

① 《颜钧集》，第 37 页。
② 《颜钧集》，第 34 页。

异。又说“此段消息自尼父破荒创此口决，至今二千年余，并未有一毫领会”，强调此法“作用甚异乎近代之强记者、讲解者、习文艺者”。[①]

在《七日闭关法》中他叙述此法：

> 忽觉夫子教颜渊曰：“一日克复，天下归仁”，印证“七日来复，利有攸往”之快心，即是敦敦打坐，默默无语，缚目不开，塞耳不听，两手擒拿，两足盘旋，回思内省，肫肫凝结自己精神，融成一片，胸次抑郁，若醉懵愁苦，不可自解以放松。如此忍耐一日二日，不上三日，即自顿冲然，潜伏孔昭之灵洞开，焕发启明，如东日之出见，如龙泉之滚趵。自心而言，若平日偃埋在百丈深坑中，今日俄顷自能升入天堂上……[②]

他认为世间人人都具有潜在的灵觉，但自幼被家庭社会诱导，使得欲念、知识将本有灵觉侵染不明，惟有经过“七日闭关法”的凝结内省，才能洞然启发，使本有的灵觉智慧开发无遗，作用不已。

他在另一篇《七日闭关开心孔昭》中对此种开心的工夫更作详细的指点：

> 于闭关七日之前曰：凡有志者，欲求此设武功，或二日夜，或三日夜，必须择扫楼居一所，摊铺联榻，然后督置愿坐几人，各就榻上正坐，无纵偏倚，任我指点：收拾各人身子，以绢缚两目，昼夜不开；绵塞两耳，不纵外听；紧闭唇齿，不出一言；擎拳两手，不动一指；趺跏两足，不纵伸缩；直耸肩背，不肆堕慢；垂头若寻，回光内照。如此各各自加严束，此之谓闭关。

---

① 《颜钧集》，第54页。
② 《颜钧集》，第54页。

夫然后又从而引发各各内照之功，将鼻中吸收满口阳气，津液漱噀咽吞，直送下灌丹田，自运旋滚几转，即又吸噀津液，如样吞灌，百千轮转不停，二日三日，不自已已。如此自竭辛力作为，虽有汗流如洗，不许吩咐展拭；或至骨节疼痛，不许欠伸喘息。各各如此，忍捱咽吞，不能堪用，方许告知，解此缠缚，倒身鼾睡，任意自醒，或至沉睡竟日夜尤好。醒后不许开口言笑，任意长卧七日，听我时到各人耳边密语安置，曰：各人此时此段精神，正叫清明在躬，形爽气顺，皆尔连日苦辛中得来，即是道体黜聪，脱胎换骨景象。须自辗转，一意内顾深用，滋味精神，默识天性，造次不违不乱，必尽七日之静卧，无思无虑，如不识，如不知，如三月之运用，不忍轻自散涣。如此安恬周保，七日后方许起身，梳洗衣冠，礼拜天地、皇上、父母、孔孟、师尊之生育传教，直犹再造此生。……故曰：三月成功，翕通心性之孔昭；七日卧味，透活精神常丽躬；三月转教，全活满腔之运，即《大学》之切磋琢磨，洞获瑟僩喧赫者也。①

在这里对《七日闭关法》中的“缚目”“塞耳”“打坐”作了更详细的指点，从其论述来看，与我们今天所了解的、流行的气功修习方法是一致的，与修“禅七”的方法程序亦相通，惟“长卧七日”法似稍特殊。其静坐法强调缚目、塞听、闭言、盘足、直背、津漱、吞灌等“身”法，而贯之以竭思澄虑、结聚精神的“心”法，如此坚忍耐持，三日之内，便可收到“自顿冲然，潜伏孔昭之灵洞开”的效果。他在另一处也曾这样形述其功法之效：“志气硬如铁，精神活如水，身子软如绵，双瞳炯炯，察于日月之并临；枢机发动，察于四时之不忒；立达已人，察

① 《颜钧集》，第38页。

于霖雨之时布。遂亦七日来复，利有攸往，三年有成，如孔显设。”①

五、民间宗教的性格

这里所说的“民间宗教的性格”不仅可以理解为“民间宗教的”，也可分解地从“民间的”和“宗教的”角度加以刻画。

1. 话语与文体

《颜钧集》的一个明显特色是，与当时流行的理学家文集、语录不同，颜集中有大量的歌、词。卷七载歌十九首，平易通俗，充满民间色彩，如《劝孝歌》中“儿行十里程，母心千里逐。一娶得好妻，鱼水情和睦。看母面如土，观妻颜如玉。母若责一言，含嗔怒双目。妻若骂百句，陪笑不为辱”②。其《旅词》“旅馆冰霜，灯节辉煌。道人拨炉，好一点火热心肠，开口无人共商量”③，“富贵由天定，执鞭空自忙，把良辰美景磋荡，不尚友羲皇世界，且睡一场”④，“到这里方才是个覆载持帱文宣王，那说著�阳梦里张子房”⑤。其《答引王本泉失贡归访正学》“直凌百千万个岁贡、状元、榜眼、探花郎，曾谁羡著此日此时，春秋胙肉祭酒，醉饱几场!”⑥ 这一类文体，近于词调中的引，或散曲的风格，但无牌调，比较随意。这种文体在阳明、龙溪集绝不可见，明显是贴近民间的风格，从而《颜山农集》中形式与内容所合成的话语，明显是非中心、非主流、非上层、非精英、非正统理学的话语，与士大夫王学的面貌有相当大的距离。

---

① 《颜钧集》，第 17 页。
② 《颜钧集》，第 58 页。
③ 《颜钧集》，第 74 页。
④ 《颜钧集》，第 74—75 页。
⑤ 《颜钧集》，第 75 页。
⑥ 《颜钧集》，第 75 页。

2. 反智主义

虽然，在一般意义上，王学反对朱学的对经典的繁复注解和训诂，但这种排斥有一定的限度。王阳明本人也还是有《大学》的旁注之作，王门各派的知识人也仍然常常讨论经典中的问题。

但颜山农及其弟子韩贞对此甚不满意，像颜山农，对《大学》《中庸》的解释极为随意，将“大”“学”“中”“庸”四字反复组合，任意发挥。据贺贻孙《颜山农先生传》称：

> 先生机辨响疾，双目炯炯，问难四起，出片语立解。往往于眉睫间得人，玄悟稍迟钝即诟詈，众相顾错愕，先生自若也。尝与诸大儒论天命之谓性，众方聚讼，先生但舞蹈而出。①

他与诸儒论学，见诸儒讨论天命之性之义，他即不耐烦，离席而去，这表示他对辨析理义甚为反感。在这一点上韩贞亦然：

> 先生尝与诸名公讲学，或有谈及别务者，先生辄大怒曰：“光阴有几，乃说此闲泛之语！”又有引经相辩者，先生则又大怒曰：“舍却目前不理会，乃搬弄此陈言，岂学究讲肆耶！”诸公咸为之悚。②

韩贞把讨论经义说成是搬弄陈言，对“学究讲肆”表示不屑的态度，都带有一种反智主义的倾向，与颜山农是一致的。

3. 民间宗教的色彩

颜山农是否与当时民间宗教有关联，现有材料尚不能十分确定，特

---

① 《颜钧集》，第 83 页。
② 《颜钧集》，第 206 页。

别是他与当时民间流行的道教是否有关联，仍需研究。

从七日闭关法来看，应当不是山农独创，因此，他从阳明示弟四句立转到静坐闭关，必定是曾经习过静坐法，也许早年曾受道教影响，亦未可知。《颜钧集》中诸文屡称王阳明为“道祖”，完全不是理学家的本色，而染着一种宗教或传道的色彩。他在《道坛志规》中设讲坛为“道坛”，说“奈何道教未明，道怀未开”，其中的“道教”“道怀”都不像是由传统的“道学”而来，而有着民间宗教的影响。

颜山农讲学的另一特点是始终带有一种教主的自信，他一贯把自己比于孔子，这在士大夫理学中很难想象。他自己申明“敢曰‘不俦宣尼忍自己’，复曰‘不续杏坛肯甘死’”，说“杏坛也，邱隅也，创始自孔子，继袭为山农”，“不是宣尼不敢俦”。此外，颜山农具有强烈的救世心态，处处显露着一种救世主式的自我膨胀，与其师王艮一样，都浸蕴着士大夫理学所不能有的风格，使他们的游学活动带有几分民间宗教的性格。

4. 危言危行

颜山农一派的学问和活动，将阳明学本有的“狂者”的一面更加以膨胀，他在初次静坐悟道后曾遍访吉安一带阳明门人，以求印证：

> 颇觉亲朋笑拟，非平日拘检人也。吉郡凡及明翁门者，莫不遍证所传之次，而皆不识男子所诣，且恣疑叹：“古之狂简，恐不类子。”①

一时阳明门人都不认可他的所得，认为他的“狂妄”已非阳明学“点也虽狂得我情”的胸次，他的“非平日拘检”的行为方式也不是阳明

① 《颜钧集》，第12页。

学无入而不自得的气象。

颜山农也承认他自己的活动常不免被人视为“危言危行”，如说：

流讲南北东西，启迪智愚，皇皇如饥渴，亹亹恣翊扬天下，信与大半鼓跃。岂期睽类蜂生疑憎，或忌妨己，潜滋妒害男子，罔罔危言危行，过满天下，杯蛇成窝，合并及门。[①]

他在《七日闭关开心孔昭》中也说，静坐悟道后，家乡萃和，又遇师授传活机：

据此蒸蒸操炼方向三十年，岂知危言危行，招来匡桓，煅熟南狱。[②]

李贽曾有《何心隐论》，也说当时人以何心隐为“独往独来”“危言危行”[③]。颜山农也承认：“（学颜）与友梁汝元（何心隐），洋洋帝里，几近或跃在渊之臣道。惜未能乎牖约要儿，罔者疑骇为邪淫。”[④] 这是说程学颜与何心隐在北京的行止未能免乎他人的骇疑。至于山农自己，罗汝芳也证实：“间有闻其名而未亲见者，或骇以为狂悖不经，遂致罹居枉狱。”[⑤]

何心隐被执，死于狱中。颜山农下狱两年，后因罗汝芳救助，始得出狱。从颜、何文集来看，二人的思想主张，并未逾越名教的藩篱。黄宗羲所说“传至颜山农、何心隐一派，遂复非名教之所能羁络矣”，其

① 《颜钧集》，第 12 页。
② 《颜钧集》，第 37—38 页。
③ 李贽：《焚书 续焚书》，北京：中华书局，1975 年，第 89—90 页。
④ 《颜钧集》，第 23 页。
⑤ 《颜钧集》，第 44 页。

实其中的“名教”二字并不能像通常理解的、当时通行的道德原则和价值体系，也不能因此而视颜、何为反封建的平民的政治抗议。事实上，若根据历史材料而体味黄宗羲的话，那么可以说，他在这里所说的“名教”实是指士大夫儒学的思想、行为方式，他的话正是代表正统儒家士大夫对于世俗民间儒者的排斥。当然，一般而言儒家士大夫不仅不会排斥民间儒者，还会鼓励、表彰他们的教化活动，但当世俗的民间儒者的活动获得巨大影响时，士大夫儒学就难免产生忧虑，惟恐世人将世俗化的、怪异的、鼓动性强的民间儒学当成儒学的正统，在这里便体现出精英儒学与世俗的民间儒者在价值取向上的一些差异，所以，时人论韩贞说：

> 然先生所为，大都于世法不合，且以一布衣处陇亩间，故人多不乐传。①

又说颜山农曰：

> 先生当日以布衣主盟坛坫，倾动天下，得名太高，故招忌太甚，卒之及身，不免于蒙难。②

都指出他们“布衣”的民间身份，而获得“倾动天下”的声名和影响，招致了士大夫儒学的不安。因为颜、何一派的学术与活动，的确不受士大夫儒学的自律规则的限制。颜山农的例子，在一定程度上显示出了精英文化与民间文化的紧张，以及士大夫儒学的话语与权力对民间活动家的排斥和挤压。

---

① 《颜钧集》，第195页。
② 《颜钧集》，第96页。

六、体仁说与放心说

《颜山农先生遗集》为研究颜山农的思想及活动提供了最基础的材料。但是，对颜山农的研究与评价亦不能完全限于该集所收材料，该集并未收入颜山农全部思想资料。如《明儒学案》所引山农寄周怡诗，即不见于《遗集》。

《泰州学案》绪言：

> 颜钧，字山农，吉安人也。尝师事刘师泉，无所得，乃从徐波石学，得泰州之传。其学以人心妙万物而不测者也，性如明珠，原无尘染，有何睹闻？著何戒惧？平时只是率性所行，纯任自然，便谓之道。及时有放逸，然后戒慎恐惧以修之。凡儒先见闻道理格式，皆足以障道。此大旨也。①

从“其学”到“此大旨也”一段是综论颜钧思想的基本宗旨，但这一段表述，证之于《颜山农先生遗集》，不见其依据所在。黄宗羲所说，颇合于王心斋之说，而不见于颜钧文字，何以如此，不得而知。

在颜钧遗集此次出版以前，治理学史的学者已熟知他有“急救心火”一文，但皆未曾晓见其文，这是因为《明儒学案》及《罗近溪集》中只有简略提及。此次颜山农遗集首篇即《急救心火榜文》，对治理学史的学者来说自是一个满足。

但急救心火文与今存传序之文所说似有未尽合处。如何属乾《颜山农先生遗集旧序》：

---

① 黄宗羲：《明儒学案》，第703页。

> 因读其遗稿，大略无剿说而多创谈。以急救心火为讲学第一题目，若曰：“秦火之焰，虽焚经而经存；心火之焰，不焚经而经亡。”更谓：“孟氏放心之旨，乃将名利之心，一切放落，犹良医慰病者曰：‘汝放心，霍然起矣。’”此皆先生独创之谈也。①

此序中所说遗稿中的创谈，所论急救心火之论，既不见于《急救心火榜文》，也不见于《遗集》其他各卷，何属乾《又尚集乡贤传》也说：“盱江罗近溪夫子，以师事之，与论孟子放心之义云：‘将名利之心，一切放下’，近溪若得闻所未闻。”② 照这里的说法，所谓“名利之心，一切放下”是山农与近溪论孟子之说，应是急救心火时向近溪(罗汝芳)所言。

山农救近溪心火，其事见载于《明儒学案》，学者多由学案而知此事：

> 罗汝芳字惟德，号近溪，江西南城人。……少读薛文清语，谓“万起万灭之私，乱吾心久矣，今当一切决去，以全吾澄然湛然之体”。决志行之，闭关临田寺，置水镜几上，对之默坐，使心与水镜无二。久之而病心火。偶过僧寺，见有榜急救心火者，以为名医，访之，则聚而讲学者也。先生从众中听良久，喜曰：“此真能救我心火。”问之，为颜山农。山农者名钧，吉安人也，得泰州心斋之传。先生自述其不动心于生死得失之故，山农曰：“是制欲，非体仁也。”先生曰：“克去己私，复还天理，非制欲，安能体仁？”山农曰：“子不观孟子之论四端乎？‘知皆扩而充之，若火之始然，泉之始达’，如此体仁，何等直截！故子患当下日用而不知，忽妄疑天性生生之或息也。”先生时如大梦得醒，明日五鼓，即往

① 《颜钧集》，第91—92页。

② 《颜钧集》，第84页。

> 纳拜称弟子，尽受其学。山农谓先生曰："此后病当自愈，举业当自工，科第当自致，不然者，非吾弟子也。"已而先生病果愈。①

《明儒学案》所叙本于《罗近溪集》，如《盱坛直诠》所附行实略。惟据行实略所载，汝芳自辛卯(嘉靖十年)得薛文清(瑄)粹言，次年壬辰闭关临田寺得病，后曾读《传习录》而病愈，至庚子(嘉靖十九年)始在南昌听颜山农讲学，中间颇有些曲折，并非如学案所叙之直截。

颜山农的"制欲非体仁"说，无论从哪个方面来说，在理学史上都有很高的地位，的确显示出山农理学的不凡水平，而此说却不见载于《颜山农遗集》，遗集中也甚少能达到"体仁"说水平的论述。但学案所撮录急救心火一段，仍未录"放心"之说。

贺贻孙《颜山农先生传》附于遗集卷末，中载山农与近溪论放心一节稍详：

> 始罗(汝芳)为诸生，慕道极笃，以习静婴病，遇先生(山农)在豫章，往竭之。先生一见即斥曰："子死矣，子有一物据子心，为大病，除之益甚，幸遇吾，尚可活也。"罗公曰："弟子习澄湛数年，每日取明镜止水，相对无二，今于死生得失不复动念矣。"先生复斥曰："是乃子之所以大病也，子所为者，乃制欲，非体仁也。欲之病在肢体，制欲之病乃在心矣。心病不治，死矣。子不闻'放心'之说乎？人有沉疴者，心怔怔焉，求秦越人决脉，既诊，曰：'放心，尔无事矣。'其人素信越人之神也，闻言不待针砭而病霍然。已，有负官帑千金者入狱，遽甚。其子忽自商持千金归，示父曰：'千金在，可放心矣。'父信其子之有千金，虽荷校负铰铛，不

① 黄宗羲：《明儒学案》，第703页。

> 觉身之轻也。夫人心有所系则不得放，有所系而强解之又不得放，夫何故？见不足以破之也。蛇师不畏蛇，信咒术足以避蛇也。幻师不畏水火，信幻术足避水火也。子惟不敢自信其心，则心不放矣。不能自见其心，则不敢自信而心不放矣。孔子曰‘朝闻道，夕死可矣’，放心之谓也。孟子曰：‘学问之道无他，求其放心而已矣。’但放心则萧然若无事人矣。观子之心，其有不自信者耶？其有不得放者耶？子如放心，则火然而泉达矣。体仁之妙，即在放心。初未尝有病子者，又安得以死子者耶？”罗公跃然，如脱缰锁，病遂愈。①

罗汝芳闭关静坐，求心如止水的安定境界，而且对生死大事已不复动心。但颜山农指出，这种以“制欲”为途径的方法是消极的；不仅是消极的，用“定”来约束、控制心的结果还会造成心理的失调（心火）。孟子本来是讲“收放心”，即将放溺的心收回内省，而颜山农却提倡“放心”，即把心中所执着的心念去除掉，使心得到解放和自由，认为这才是积极的方法。

“体仁”还意味着开发、扩充本有的仁心。贺传所载重在“放心”，《明儒学案》所载强调“体仁”；根据后者还可推测，罗汝芳“尽受其学”应当包括接受了山农的“七日闭关法”。从“山农谓先生曰：此后举业当自工，科第当自致”来看，明显与《七日闭关法》所说“如此满足七日之闭关”之后即能“如此适达四书六注如视掌，如此提笔扐文犹江水流之沛决，如此进科第不啻运指以折枝”如出一辙，《履历》中记其七日闭关法中亦有此说，都是说经过七日闭关法的过程，人的内在智慧得到根本开发，无往而不成。罗汝芳可能受山农闭关法之传，还可以颜山农为罗所作《著回何敢死事》作为参证：“遇耕樵（即山农）衍讲同

① 《颜钧集》，第82—83页。

仁，急救心火，芳听受二十日夜，言下悟领旨味，鼓跃精神，归学三月，果获豁然醒，如几不可遏者。”[1] 颜山农在南昌同仁祠张榜集众，急救世人心火，罗汝芳在此期间竟听受“二十日夜”，不可能不涉及七日法。归后继学，豁然醒悟，几不可遏，都是颜山农七日来复及效验的特征，如前所述，七日闭关法的根本特色就是把本有的灵聪开发为涌动不已的精神动源。

由此亦可知，颜之闭关静坐与罗汝芳在临田寺之闭关，虽同名为闭关，而其实不同。其根本差异在于罗是以心对水镜，使心可以渐渐平静，将心念控制调整在安定的状态，其本质为“制欲”（即制念）。而颜是将心困遏至极，求其猛然豁发，开发内在的神几，其本质为“体仁”。这种差别在一定程度上也正是在《定性书》中所表现的张载“规规于外诱之除”以求定，与程颢以“廓然大公”实现仁者的境界两者之间的差别。颜山农与程明道的不同在于，两者虽同样反对外在的制约，但颜山农所主张的更为积极用世，更显示出一种心智在根本开发后所达到的不可遏止的救世的迫切，与士大夫儒学的内在平和仍有不同。

总之，颜山农集的发现出版，使我们有了能重新反思 20 世纪 60 年代以前基于“平民的政治抗议”的模式对泰州学派的认识，而从世俗儒家伦理、民间宗教等方面认识泰州学派下颜、何派的性格，并从精英文化与民间文化的紧张中了解正统王学对颜、何派排斥的某些理由。

初稿写于 1998 年 4 月

---

① 《颜钧集》，第 43 页。

作为良知伦理学的“知行合一”论

——以“一念动处便是知亦便是行”为中心

吴　震*

在当今复兴传统文化的时代背景下，中国哲学研究特别是阳明学研究呈现出新的景象。令人颇感兴味的是，20 世纪 40 年代英国哲学家赖尔(Gilbert Ryle，1900—1976)发明的能力之知概念不仅引发了当代西方哲学中有关理智主义和反理智主义之争，据说这已经成为一个世界性的“学术热点”①，而且人们正在借助这一概念并运用比较哲学的研究方法，使得阳明学“知行合一”论的理论意义被重新激活，认为阳明学既可成为建构当代哲学的传统资源，又可成为解决当下问题的灵感来源。②

本文的任务并不在于评判从比较哲学的角度，利用赖尔哲学的命题性知识(knowing that)、能力之知(knowing how)③抑或黄勇提出的动力之知(knowing to)④等概念在解释知行合一问题时是否有效，而在于揭

---

* 吴震，1957 年生，复旦大学哲学学院教授，博士生导师。本文为国家社科基金重大项目“多卷本《宋明理学史新编》”(17ZDA013)的阶段性成果。

① 郁振华：《再论道德的能力之知——评黄勇教授的良知诠释》，《学术月刊》2016 年第 12 期，第 14 页。以下凡引该文，不再出注。

② 郁振华：《论道德-形上学的能力之知——基于赖尔与王阳明的探讨》，《中国社会科学》2014 年第 12 期，第 22—41 页。以下凡引此文，不再出注。

③ 赖尔：《心的概念》，刘建荣译，上海：上海译文出版社，1988 年。

④ 参看黄勇近十年来的一系列论文：《王阳明在休谟主义和反休谟主义之间：良知作为体知=信念、欲望≠怪物》，载陈少明编《体知与人文学》，北京：华夏出版社，2008 年；《在事实知识与技艺知识之外：信念-欲望何以不是怪物?》，载《哲学与文化》2012 年第 2 期；《论王阳明的良知概念：命题性知识，能力之知，抑或动力之知?》，《学术月 (转下页)

示一个观点：知行合一是良知伦理学的命题而不能是其他的什么命题——例如，以知识来源及其确定性为探讨对象的知识论命题。对阳明学而言，良知就是德性之知，是其整套理论的基础性概念，故以良知为核心的伦理学又可称之为德性伦理学。若从知识论的论域看，知行之间的时间差将永远无法消除，朱子的“知先行后”说将屹立不倒，因为就在经验知识或事实知识转化为规范性知识或落实为道德实践之际，或者相反，在行为付诸实施之前都需要一定的知识储备（无论是描述性知识还是规范性知识），因而两者之间永远都会存在一定的时间差，而且是一种在知行二元前提下的本质上的时间差，即便其差异的度量单位可以小到“毫厘倏忽之间”① 的地步，也不可能实现无时间差异的完全一致性，终将导致知行之间的“合一”为不可能。

知行问题在中国哲学史上由来甚久，自《尚书》提出“知易行难”（“非知之艰，行之惟艰”）命题以来，直至朱子理学始对此问题有了基本的解决：就知识论或认识论的角度言，“知先行后”；就实践论的角度言，“行重知轻”；就知识与行为的关系角度看，“知行相须”。及至王阳明，自1508年龙场悟道而得出“心即理”这一心学第一命题之后，次年即有“知行合一”之论，其时虽然还没有明确揭示“致良知”，但根据各种文本记录显示，龙场悟道之际，阳明已经对“良知”问题有了基本的觉悟。因此，对阳明学而言，“心即理”“知行合一”“致良知”构成了互相诠释的一套理论系统。

（接上页）刊》2016年第1期；《再论动力之知：回应郁振华教授》，《学术月刊》2016年第12期。黄勇有关“动力之知”概念的论述经过一些微妙的变化，其最终结论是：“不是广义上的道德知识，而只是狭义上的阳明所讲的德性之知，即只有使人倾向于做出相应行为的道德知识才可以算作动力之知。”（《论王阳明的良知概念：命题性知识，能力之知，抑或动力之知?》，《学术月刊》2016年第1期，第65页）此处之所以说是“狭义”的，因为阳明的良知不同于广义上含有三层不同涵义的动力之知：道德的、非道德的和不道德的。

① 《传习录》中卷，第132条。条目数字依据陈荣捷《王阳明传习录详注集评》，上海：华东师范大学出版社，2009年。以下凡引《传习录》，仅列条目数。

本文将从“新发现”的《阳明先生遗言录》中的一句命题着手，试图从中发现一些值得重新探讨的有关知行合一的哲学问题。该命题是**“一念动处便是知亦便是行”**。这与人们耳熟能详的一句命题有所不同：**“一念发动处便即是行。”**通过考察我们将发现“知行”并不是分属于知识与行动这两个不同领域的概念，而是被统摄在“一念”这一意识领域，与阳明良知学有密切关联。最后，我们将对知行合一何以是良知伦理学命题而非知识论命题的问题作出一些回应。

一

在阳明的思想文本中，有关知行问题的论述甚多而略显繁复，自中年龙场悟道之后及其临终前居越讲学期间，阳明对知行问题有不断的讨论，并不像有的学者所认为的那样，阳明晚年提出致良知教(1520)以后，便不再措意于知行合一问题的深入探讨①，相反，阳明在晚年的相关论述才更显示出哲学的理论深度。

我们先来梳理一下阳明有关知行合一问题的基本论点，在其众多繁复的论述中②，大致有三条是最为根本的论点：

---

① 滥觞者为贺麟，他在1938年撰写的《知行合一新论》一文中，这样说道：“他(引者按，指阳明)对于知行合一说之发挥，颇得力于与他的第一个得意弟子，他的颜回——徐爱的问题切磋。及徐爱短命死后，他便很少谈知行合一问题。到他晚年他便专提出‘致良知’之教，以代替比较纯理论意味的知行合一说。所以后来阳明各派的门徒所承受于他而有所发挥的，几乎全属于致良知之教及天泉证道的四句宗旨。他的各派门徒对他的知行合一说，不唯没有新的发挥，甚至连提也绝少提到。……”(《贺麟全集》第7卷《五十年来的中国哲学》，上海：上海人民出版社，2012年，第139页)正如下文所见，这里的两个史实判断显然颇成问题。

② 例如根据钱德洪在《传习录》中卷之前所附《序言》所述：“其余指‘知行之本体’，莫详于《答人论学》与答周道通、陆清伯、欧阳崇一四书。”其云“四书”均见《传习录》中卷，所谓《答人论学》即指《答顾东桥书》。这说明在钱德洪看来，《传习录》中卷所收八封书信竟有一半内容是专论知行问题的。

1. 知是行的主意，行是知的功夫；知是行之始，行是知之成。
2. 知之真切笃实处，即是行；行之明觉精察处，即是知。
3. 一念动处便是知亦便是行。

第1条见《传习录》上卷第5条，约记录于1512年底或次年初；第2条见《传习录》中卷《答顾东桥书》，成于1524年；第3条见《阳明先生遗言录》上卷第6条，约成于1521年之后。顺便一提，根据李明辉的归纳，一共有五个关键论点，他认为我们必须完整把握这五项论点，才能确切了解阳明“知行合一”说的真意，这五项论点是：(1)知行本体；(2)未有知而未行，知而未行，只是未知；(3)知是行的主意，行是知的功夫；(4)知是行之始，行是知之成；(5)知之真切笃实处，即是行；行之明觉精察处，即是知。① 这个归纳跟我们的看法有所不同，其中的(3)和(4)似不必分拆，特别是遗漏了这里的第三项这一关键论点，而这一论点将是我们关注的主题。李明辉列举的第一和第二点虽然重要，但是根据论述的“经济原则”，我们暂且略而不提，以便使我们的论述重点更加集中有效。

在这里，我们只须指明“知行本体”作为阳明学的常识性观点，指的是良知良能或者仅用“良知”一词便可概括，这的确是阳明“知行合一”说的立论基础，如果抽离了“知行本体即是良知良能”（第165条）命题，那么，知行合一说便成为不可理喻的胡乱说法而已。与此相关，另一个命题也极其重要：“知行二字即是功夫”（第270条），意谓知行合一是“工夫论”命题，是就工夫立论的。就此而言，从比较哲学的角度看，知行合一的确与赖尔哲学的实践主义倾向相近。

郁振华《论道德—形上学的能力之知》一文便敏锐地发现赖尔与阳

---

① 李明辉：《从康德的实践哲学论王阳明的“知行合一”说》，《中国文哲研究集刊》第4期，1994年3月，第8—9页。

明都具有强烈的实践主义哲学的特质，故而两者的思想具有可比性。赖尔经由质疑“理智主义的传奇”① 而提出“能力之知概念在逻辑上优先于命题性知识概念”的观点，表明其哲学的实践特征，而“能力之知”概念与阳明知论不仅非常相似，而且对于理解阳明知论“具有重要意义”。他经过一番创造性诠释，特意将赖尔的“能力之知”改造成“道德—形上学”的“能力之知”或“道德的能力之知”，认为这样一来，便能成功地将阳明知论、亚里士多德的美德与实践智慧以及赖尔的“能力之知”这三个不同概念“熔于一炉”。无疑，郁振华的这一发现十分重要。

现在我们需要回到上面列举的三项重要论点的讨论。然而我们姑且采取一个论述上的策略，暂且搁置前面两项论点的讨论，而直接从第三项论点说起。因为这涉及本文的主题，所以问题尤为重大。首先有一个文本的问题需要交代，即关于“一念动处便是知亦便是行”的论点，还有另外一个版本的记述与此不同，即大家耳熟能详的《传习录》下卷第226条：

> A 问知行合一。先生曰：“此须识我立言宗旨。今人学问，只因知行分作两件，故有一念发动，虽是不善，然却未曾行，便不去禁止。我今说个知行合一，正要人晓得**一念发动处便即是行了**。发动处有不善，就将这不善的念克倒了。须要彻根彻底，不使那一念不善潜伏在胸中。此是我立言宗旨。”

这条为阳明弟子黄直所录，但是收录于《传习录》下卷之际，显然经过了钱德洪的编辑加工，其实黄直的记录还有另外一个版本，即《阳明先

① 所谓“理智主义的传奇”，这是指近代西方哲学以来的理智主义者固执的一个观点，认为理论必定优先于实践。参见赖尔《心的概念》，第21页。

生遗言录》(今存于闾东《阳明先生文录》本)，该本分上下两卷，其上卷题署为黄直纂辑、曾才汉校辑。该本第6条的记录与上述通行本的记录颇为不同：

> B门人有疑知行合一。黄以方(引者按，即黄直)语之曰：“知行自是合一的。如人能行孝了，方唤做知孝；能行弟了，方唤做知弟。不成只晓得个孝字与个弟字，遽谓之知。”先生曰：“尔说固是。但要晓得**一念动处便是知亦便是行**。如人在床上思量去偷人东西，此念动了，便是做贼。若还去偷，那个人只到半路转来，却也是贼。”①

将A与B略做比较便可发现，A条的文字表述相当顺畅且语义连贯，删去了黄直的一大段话以及“如人在床上思量去偷人东西”以后的一段文字，增加了“此须识我立言宗旨”之后的6句话以及“发动处有不善”之后的5句话。这些变动我们且不追究，重要的是，黄直记录的“一念动处便是知亦便是行”被简略为“一念发动处便即是行了”，却存在重大问题，因为这牵涉如何正确理解阳明“一念发动”与“知行合一”的理论关联。必须指出，B记录的“一念动处便是知亦便是行”才应当是阳明有关“一念”问题的完整论述。这句命题的意义在于指出：一个意识的发动不仅与“行为”有关而且与“良知”有关，也就是说，意识活动同时展现为良知与行动而不仅仅是“行”而已。

---

① 吴光等编校《王阳明全集》(新编本)第五册，卷四十补录二，杭州：浙江古籍出版社，2010年，第1597页。另据束景南《王阳明年谱长编》附录一《续传习录》，收录的是隆庆二年(1568)郜永春《皇明三儒言行要录》本，按束氏解说，此本即嘉靖三十四年(1555)曾才汉编校的《阳明先生遗言录》本，然两本的文字以及条目顺序大为不同，似非《遗言录》原本，未见上述“一念动处便是知亦便是行”这句命题，仅见“如人在床上思量去偷人东西”以后的一段文字。见《王阳明年谱长编》，上海：上海古籍出版社，2017年，第2090页。

上述命题中的“一念”显然是一个非常关键的概念。那么，“一念”究为何指？其在阳明思想系统中又有何理论意义呢？事实上，有关“一念”论述的重要性首先是被阳明弟子王畿所发现的，当有人提出何谓“知行合一之旨”的问题时，王畿首先断然肯定“天下只有个知”，而这个“知”不是泛指一般意义上的经验知识，而是蕴含了孟子意义上的“良知”与“良能”两层含义，若就本体上说，两者原本是“合一”的，如王畿明确指出：“知便能了，更不消说能爱能敬”，换言之，良知便意味着良能。关于这一点，其实阳明也曾多次表示：

> 惟天下之至圣，为能聪明睿智。……圣人只是一能之尔，能处正是良知。(第 283 条)
>
> 知是理之灵处……只是这个灵能不为私欲遮隔，冲拓得尽，便完完是他本体。(第 118 条)
>
> 能戒慎恐惧者，是良知也。(第 159 条)

从伦理学上说，知道应该怎么做便同时意味着能够做到。套用西方伦理学上的著名命题，即“应当涵着能够”的意思。[①] 应当说，王畿明确地用良知良能来点明知行合一之旨意所在，这是符合阳明之本意的。

---

① 李明辉最早注意到了王畿的这个说法，他指出如果说良知是道德的“判断原则”(*principium dijudicationis*)而良能是道德的“践履原则”(*principium executionis*)，那么，良知蕴含良能也就意味着判断原则与实践原则的合一，并且可以跟西方伦理学中“应当涵着能够”(Ought implies can)的观念相比附，而这一观念是一切有意义的“道德”概念之基本预设，因为一切道德上的要求均不得超出道德行动者的能力(譬如孟子在论述“非不能也，不为也”的问题时，所列举的“挟太山以超北海”的例子便是超出了能力范围)，就此而言，在道德上肯定“知”与“行”之间的本质关联，只能说满足了“应当涵着能够”这项基本的伦理学预设(李明辉：《从康德的实践哲学论王阳明的“知行合一”说》，《中国文哲研究集刊》第 4 期，1994 年 3 月，第 417、424 页)。不过，李文却未注意到王畿的下述说法“知非见解之谓，行非践蹈之谓，只从一念上取证”的重要性，只是在文章的末尾稍带提了一下而未展开充分讨论。

然而接着王畿说了一段话则更为重要，值得深入探讨：

> 阳明先师因后儒分知行为两事，不得已说个合一。**知非见解之谓，行非践蹈之谓，只从一念上取证。**①

所谓“见解”是指对事物所构成的一种看法或观点，由此见解组合起来而形成某种知识，此即通常所说的“知识见解”，也就是说，“知”原本与人的见解有关；所谓“践蹈”是指践履或蹈行，从文字上看，也就是指行动、实践。现在，王畿对“知行”概念做了重新解释，指出在此知行合一命题中的“知”不是指“见解”——一般意义上的知识见解；“行”也不是指“践蹈”——一般意义上的行为实践。这就从根本上推翻了人们有关“知行”概念的一般理解，而强调阳明的“知行”概念另有深意。

质言之，在王畿的理解中，“知”即道德之知——良知；“行”即道德实践——良能。而要真正了解知行之真实涵义，只有从自己的“一念上取证”而别无他法。王畿的这个说法，对于我们理解阳明“一念动处便是知亦便是行”的命题有重要意义，我们在后面还会讨论。现在，需要了解该命题中的“知”究竟是什么意思，然后再来讨论什么是“一念”。

二

具体而言，这里的“知”是指心知，即作为心体良知的内在意识活动，其中包含意愿、意向、意念甚至欲望等意识活动，这些都构成

---

① 以上引王畿语，均见吴震编校整理《王畿集》卷七《华阳明伦堂会语》，南京：凤凰出版社，2007年，第159页。

“知”的要素；[①] 另一方面，“行”也不是单纯的知觉行为，而是根源于良知意识，由良知意识直接发动的“行”才是真正的“行”，故而“行”就是对“知”的直接落实和展示。“一念”则是内在意识的展现，因此，由此伴随而至的“行”就是一种内化的意识性行为。也正由此，故在知行合一的命题中，王畿认为，知和行都必须“从一念上取证”。那么，如何理解“从一念上取证”呢？

“念”是一个多义词，属于意识领域的概念，是指人的思维活动或念虑活动，一般说来，常与“意”连用，有“意念”一词，而“意”是心之发或心之用，这是朱子和阳明都经常使用的一个定义性描述，表明意识是人的心灵活动状态，同时又是与外在事物的重要链接，由于受后天环境（包括社会习俗等因素）的影响而表现为有善有恶，故既有“善念”又有“恶念”。[②] 负面义的“恶念”大致相当于“私意”，是指落入私欲或私心的意识转动，也是知行本体之被阻隔而导致分裂的一大原因，阳明叫做“私意隔断”（第 5 条）或“私欲障碍”（第 8 条），属于心体偏离现象，例如“过即是私意”（第 44 条）。不过，私意产生的机制颇为复杂，不仅与私欲有关，在其深层处，更与意识活动的“闲思杂虑”（第 72 条）有关，是一切“好色、好利、好名等心”的根源（同

① 例如顾东桥曾经列举了“知食乃食，知汤乃饮，知衣乃服，知路乃行”等一系列日常行为的案例，以此证明先有“知”然后才有相应的“行”这一朱子学意义上的“知先行后”命题，对此，阳明对“知食乃食”的“知”作了重新诠释，“知”不是有关“食”或“衣”等行为对象的“知识”，而是“欲食之心”的一种欲望和意愿，提出了“欲食之心即是意”的观点（以上参见第 132 条）。可见，在“知行”结构中，“知”不是指经验知识，也不是单纯指道德知识，而是包含道德知识在内的道德意向活动，即“心知”。

② 如：“善念发而知之，而充之；恶念发而知之，而遏之。知与充与遏者，志也，天聪明也。圣人只有此，学者当存此。”（第 71 条）这里的“志”是指良知意志，而良知决定意志的这种能力，阳明形容为“天聪明”。该词在《传习录》仅见一处，但却引起阳明再传弟子王时槐（1522—1605）的极大关注，赞为“彻上彻下语”，其云：“善恶为情识，知者天聪明也，不随善恶之念而迁转者也。此是阳明先生彻上彻下语。”（钱明、程海霞编校《王时槐集·友庆堂合稿》卷四《三益轩会语》，上海：上海古籍出版社，2015 年，第 488 页）

上)，阳明说如果“汝心中决知是无有做劫盗的思虑，何也？以汝元无是心也。汝若于货色名利等心，一切皆如不做劫盗之心一般，都消灭了，光光只是心之本体，看有甚闲思虑？”(同上)

另外，“私意”又与偏离心体而与外在事物“有所染着”有关，“偏倚是有所染着，如着在好色、好利、好名等项上，方见得偏倚”，根据阳明的看法，这种“偏倚”和“染着”，才是“病根”，他说：“虽未相着，然平日好色、好利、好名之心，原未尝无。既未尝无，即谓之有；既谓之有，则亦不可谓无偏倚。”(第76条)这就告诉人们，偏倚和染着总是难以避免，问题在于如何直面去应对，“须是平日好色、好利、好名等项一应私心，扫除荡涤，无复纤毫留滞，而此心全体廓然，纯是天理”(同上)。可见，“闲思杂虑”是私欲私意等产生的根源。因此“私意”成了“去人欲，存天理”的工夫对象，是需要加以“克除”的(第96条)。而“私意”形成的原因也与“去心外别有个见”(第44条)的求知意识有关，这是在心体上已经“着意”而产生的，而在心体上是“着不得一分意”的，因为心体的本来状态是“本无私意作好作恶”(第101条)的，一旦“着意”便意味着“见”的产生，从而导致“私意”，而“私意”就偏离了“诚意”，这种在心体上“着意”的意识活动又被称为“躯壳起念”(同上)。故阳明主张：“只须克去私意便是，又愁甚理欲不明？”(第96条)

至于负面义的“妄念”，更是必须力加克除的。只是心中一旦连“妄念”都彻底消除，却又会觉得心中一片空荡荡的，这种现象的出现，阳明称之为“责效”，即从“效果”上一味地追责意念的妄与不妄，而忘却了在“良知上用功”。有弟子问：“近来用功，亦颇觉妄念不生，但腔子里黑窣窣的，不知如何打得光明？”这里的“黑窣窣”是当时地方俗语，意谓一片漆黑。对此，阳明回答：“汝只要在良知上用功，良知存久，黑窣窣自能光明矣。今便要责效，却是助长，不成功夫。”(第

238 条）在阳明看来，良知本体无所谓“黑窣窣”而是一片光明，因为良知作为一种纯粹的道德意识，其本身乃是“天植灵根”而且是“自生生不息”的，只是由于“著了私累，把此根戕贼蔽塞，不得发生耳”（第 244 条），所以根本问题还是在于“私意”“私欲”等妄念对良知的遮蔽。

须指出的是，阳明在意识问题上，与朱子不同，意不仅仅是心之发，在阳明，意识还有两个根本特征：一是意之所在、意之所向、意之所着“便是物”（第 6 条、第 78 条等），这个观点构成阳明意识哲学的一项重要内容①，意谓所有外物存在都与人的意识指向有关，而意识的指向性便意味着“物”的形成过程开始，所以“物”就不是心外之物，而是将内在的意与外在的物链接起来的一种“意识物”，由于意识活动展现为“行”，因此，这个“物”也就是“行为物”，之所以说“一念动处便是行”，其缘由就在于此；二是阳明又有“知者意之体”（第 137 条）的命题，意思是说，在意识活动过程中，有一个主宰者存在，这就是“知”。作为意之“体”的这个“知”，阳明喜欢用“头脑”或“主人翁”来加以形容描述。如所周知，在阳明学体系中，“意之体”如同

① 在阳明后学中，王时槐对此说的解释和评估很具参考意义：“阳明先生以‘意之所在为物’，此义最精。……故意之所在为物，此物非内非外，是本心之影也。”又说：“惟以意在所在为物，则格物之功非逐物亦非离物也。”（《王时槐集·友庆堂合稿》卷四《三益轩会语》，第 488 页）王时槐对“意”的问题也有独到看法，试举一例：“意者性之用也，性遍满宇宙，意亦遍满宇宙。坎者意之根柢，离者意之发见。学必归根以立天下之大本，故意贵乎潜矣。”（《王时槐集·友庆堂合稿》卷四《潜思札记》，第 524 页）根据易学的说法，坎离两卦分别指“天根”和“月窟”，据此，王时槐似认为“意”属于“天根”的一种根源意识，这应当是对阳明良知意识说的理论推进。唯与阳明不同者，不是本心而是“本性”才是王时槐思想的首出概念，他甚至认定阳明学是“悟性”之学，而由“悟性”则可使源自心体的“情识”实现“转识为智”的转变（《王时槐集·友庆堂合稿》卷四《三益轩会语》，第 511—512 页）。另参拙文《王塘南论》，收入拙著《聂豹·罗洪先评传》附论，南京：南京大学出版社，2001 年，第 256—295 页。

“心之体”，都是意指良知本体。[①] 因此，“知者意之体”这句命题表明，意识活动须由良知来主导，而良知乃是意识活动的内在规范。在这个意义上，一念发动便意味着良知的启动，之所以说“一念动处便是知”，其缘由就在于此。

由上可见，“一念动处便是知亦便是行”应当是阳明知行观的完整表述。知行是否得以“合一”也只有从“一念发动处”始能获得“取证”，因为“一念”已经包含了知与行。重要的是，“一念取证”并不是用一个意识来“取证”另一个意识，而是一念发动便意味着作为意之“体”的良知已经开始了自我“取证”的过程。按照王畿的说法，这个过程展现为“一念自反”[②] 的特征。

这是由于“取证”在形式上就是良知的自我取证，故“一念自反”也就是“一念良知”(第162条、第190条)的自反自证，在内容上是良知对自身意识的取证，而其对象则是一念活动中的知行，因此，从根本

① 如阳明说：“其虚灵明觉之良知应感而动者谓之意，有知而后有意，无知则无意矣。知非意之体乎？”(第137条)“意与良知当分别明白，凡应物起念处，皆谓之意。意则有是有非，能知得意之是与非者，则谓之良知。”(《王阳明全集》卷六《答魏师说》，第217页)王时槐认为在阳明学说中，“‘知者意之体，物者意之用’，此语最精。”(《王时槐集·友庆堂合稿》卷四《潜思札记》，第524页)而且是“最亲切之语”(《王时槐集·友庆堂合稿》卷四《三益轩会语》，第483页)。

② 《王畿集》卷六《致知议辨》，第134页。依王畿，“一念自反，即得本心”既是工夫语，同时又是良知本体的内在动力所使然而容不得后天人为意识的掺杂，他称之为“本领工夫”，故其接着又说：“此原是人人见在具足、不犯做手本领工夫。”(《王畿集》卷六《致知议辨》，第134页)王畿的这个观点与阳明的良知自觉而“觉即蔽去”(第290条)的思想是相通的。这里涉及良知如何在“一念”活动中当下自我呈现的问题，此不赘述。须提及的是，瑞士哲学家耿宁(Iso Kern)基于自己的哲学家身份，坦承他自己所能做的只是试图以自己的“范畴”去“了解”心学，但是由于缺乏儒学家的体验而始终无法理解王畿的“一念自反即得本心”以及“一念入微归根反证”(《王畿集》卷十五《趋庭漫语付应斌儿》，第440页)之类的“修行语式”(praktische Formel)的确切涵义，并感叹对于真正理解阳明及其后学的“‘致良知’伦理实践是多么困难”，因为“一念自反”显然属于“精神经验”领域的概念，意指在精神上与“良知本体”达到完全“合一”或“契合”(《我对阳明心学及其后学的理解困难：两个例子》，参见耿宁《心的现象——耿宁心性现象学研究文集》，倪梁康、张庆雄、王庆节等译，北京：商务印书馆，2012年，第487、480页)。

上说，知行合一是在“一念良知”的意识活动中并在良知主导下的“合一”，正是由心体良知的“一念”而导向知行的“合一”，故“一念良知”便成了“合一”之所以可能的内在机制，这一机制如同“好好色”与“恶恶臭”一般，是良知对“好恶”这一道德动力的直接决定。这不仅是王畿对阳明知行合一说的一个解释，而且应当是阳明提出知行合一说的旨意所在，因为“一念”也正是阳明所强调的一个重要概念，特别是在论述知行合一问题时，阳明强调了“一念为善之志”（第115条），即良知的重要性在于对为善意志的决定力。

三

本来，在阳明，“一念”本属中性词，既有“一念善”又有“一念恶”之可能[①]，如同人的意念、思虑一般，往来流转不息，常常是善念与恶念、正念与妄念等等互相纠缠、片刻不宁。阳明在与门人弟子的对话当中，就经常出现这样的话题：如何通过静坐以“屏息念虑”等方法，从意识深处彻底删除杂念或妄念的产生机制，以达到“无念”的境地。对此，阳明的回答是“实无无念时”（第202条），理由是“念如何可息？只是要正”（同上）。即便在“不睹不闻”这一看似心性活动处于“静止”状态之际，仍有“戒慎恐惧”之“念”，更重要的是，“戒惧之念是活泼地，此是天机不息处。……一息便是死。非本体之念，即是私念。”（同上）此处涉及另一重要问题，即“一念”不论正邪，永远处在“念念不息”的情形当中。所以当有人问：“不论善念恶念，更无虚假，则独知之地更无无念时邪？”阳明断然回答：

---

① 如：“人但一念善，便实实是好。一念恶，便实实是恶。如此才是学。不然，便是作伪。”（第23条）

> 戒惧亦是念，戒惧之念无时可息。若戒惧之心稍有不存，不是昏聩，便已流入恶念。自朝至暮，自少至老，若要无念，即是已不知，此除是昏睡，除是槁木死灰。（第120条）

因此，在阳明学系统中，“念念戒惧”“念念致良知”便是使知行得以合一的关键。例如，他有如下种种说法以及特有概念：

> 不于吾心良知一念之微而察之，亦将何所用其学乎？（第139条）
>
> 一念之良知。（同上）
>
> 只是一念良知，彻头彻尾，无始无终，即是“前念不灭，后念不生”。（第162条）
>
> 一念良知。（第190条）
>
> 一念真诚恻怛。（同上）
>
> 念念致良知。（第222条）

意思都在强调“一念”是作为良知意识的“一念”，而“念念致良知”则要求致良知工夫的不可间断性，必须贯穿整个知行活动过程，并在知行工夫过程中发挥引领和主宰的作用。因此，在一念流转、随物而动的意识过程中，必须发挥良知意识的道德力量：“人但一念善，便实实是好。一念恶，便实实是恶。”（第23条）由此可以看出，知行合一论与阳明良知学有着不可分割的理论关联，也只有置于致良知这一理论视域中，知行合一才能得以证成。也就是说，在阳明学系统中，致良知与知行合一构成了一套环环相扣的涵摄关系，这种关系虽然并不意味着两者的直接同一或互相取代，但是毕竟知行合一不能脱离致良知来讲。无论是“知行本体”还是“知行工夫”，阳明使用这两个特殊概念之际，所指向的其实便是“良知”以及“致良知”，即在良知本体的主宰下，知行合一的命题才能成立。

更为重要的是，意识、意念或意愿等都根源于心体良知，若从本体视域看，心体本来无一物，故不着“一念”才是良知本体本来应有之理想状态，故说“心体上着不得一念留滞”，阳明打了一个比方：“就如眼着不得些子尘沙，些子能得几多，满眼便昏天黑地了。”而且“这一念不但是私念，便好的念头，亦着不得些子。如眼中放些金玉屑，眼亦开不得了”（第335条）。又说：

> 从目所视，妍丑自别，不作一念，谓之明。从耳所听，清浊自别，不作一念，谓之聪。从心所思，是非自别，不作一念，谓之睿。(《传习录拾遗》第16条)

这里强调的“不作一念”以及“不得一念留滞”等说，显然属于境界语而非工夫义。若从知行合一的角度看，念念戒惧或念念致良知则属工夫语，但其工夫指向必是实现“合一”境界。故知行合一就不仅是一念发动之后仍然保持“念念不息”这一“根源意义”上的“合一”，而且还是指向在良知心体上“不作一念”这一“完成意义”上的“合一”。

这里所说的“根源意义”和“完成意义”乃是劳思光用语，他在早年之作《论知行问题》中指出知行合一只能就“发动意义”而言，而不能就“完成意义”上说。[①] 及至撰述《新编中国哲学史》他仍然坚持这一观点。[②] 对此，陈立胜撰文商讨，指出知行合一不仅具“根源意义”同时又具“完成意义”，更具“照察意义”，即以一念良知之明觉能力

---

① 劳思光：《文化问题论集新编》第二篇“论知行问题”，原作于1956年，后收入《思光学术论集新编》七，香港：香港中文大学出版社，2000年，第61—74页。

② 参见劳思光《新编中国哲学史》三卷下，桂林：广西师范大学出版社，2005年，第329页等。

贯穿整个知行工夫之历程。洵为确论。[①] 不过须提及的是，劳思光在完成《新编中国哲学史》之后（第三卷初版于 1981 年），又有《王门功夫问题之争议及儒学精神之特色》之续作，欲为阳明学工夫论三大问题：（1）“良知之始显”，（2）“良知之内在扩充”，（3）“良知之向外扩充”之外更“进一解”。他发现阳明工夫论“自有一条主脉”可以贯穿上述三大工夫领域，这就是“念念不息，永远开拓的工夫原则”，其依据是“戒惧之念，无时可息”（第 120 条）这一阳明语，按劳氏分析，此即“就‘良知’显现说这个不息的原则”，“‘致良知’从源头上说，要念念不息以显主宰性；从扩充上说，要在无穷的世界历程中念念不息地求正。工夫每一个段落，各有特殊要点可讲，但工夫总的主脉通观各段落，则只是‘良知’念念不息的开拓。这即是阳明工夫论的真宗旨所在”[②]。这是一项值得重视的论断。

然而在笔者看来，此处所谓的“工夫主脉”——“念念不息”正与阳明以“一念发动”来论述知行合一的旨意相通，而劳氏该文并没有将“念念不息”这一观念运用到知行合一问题领域，他似乎没有意识到第一层“良知之始显”的工夫阶段所依据的“念念不息”原则，正是阳明用以阐发知行合一论的重要理据，由此上下前后一并贯穿，则知行工夫不仅同具“根源意义”和“完成意义”，而且还具有“良知自证”的意义，因为所谓在“无穷的世界历程中念念不息地求正”，无非是在“一念良知”之主宰下，贯穿整个工夫历程的一念自反、良知自证。故就结论言，“念念致良知”是良知学意义上知行合一命题的本来应有之义，而称不上是为阳明“进一解”的哲学创造。

---

① 陈立胜：《何种“合一”？如何“合一”？——王阳明知行合一说新论》，《贵阳学院学报》2015 年第 3 期，第 2—9 页。

② 原载《新亚学术集刊》第三期，1982 年，收入劳思光《思辨录——思光近作集》，台北：东大图书公司，1996 年，第 93 页。

四

现在，我们根据上述对“一念动处便是知亦便是行”这一命题的分析，将前面所列举的阳明知行合一论的第一和第二两大论点结合起来，看看有没有什么新的发现。首先我们来看一看第一项论点：“知是行的主意，行是知的功夫；知是行之始，行是知之成。”

从文献学上说，这句命题出现得最早，出现在《传习录》上卷第5条。这是针对徐爱的提问“古人说知行做两个，亦是要人见个分晓，一行做知的功夫，一行做行的功夫，即功夫始有下落”，阳明指出：“此却失了古人宗旨也。某尝说知是行的主意，行是知的功夫；知是行之始，行是知之成。”显然，徐爱的观点其实就是朱子“知先行后”的典型观点，认为知识与行为分属两个领域。从认识论的角度看，这个观点本来无可非议，因为一个人的行为总是需要某种知识作为前提条件，犹如欲去北京就必须先知道北京的方位以及需要运用什么交通手段才能到达等知识储备，才有可能实现去北京的目标。然而，阳明认为这种观点违反了古人有关知行问题的宗旨，接着便提出了上述这句命题。

表面看来，“知是行的主意，行是知的功夫”和“知是行之始，行是知之成”这两句命题，是在主张“知”是“行”的主导，“行”是“知”的结果，于是，便与朱子理学“知先行后”之命题的意思相近，其实不然。关于这里的表述，我们必须结合阳明良知心学才能获得善解。事实上，王阳明是在良知学意义上讲“知行”问题的，他所说的“知”是指良知，所说的“行”则是指良知的落实。因此，前一句命题的意思是说，良知是行为的主宰(主意)，良知之行是良知的落实(功夫)；后一句命题的意思是说，良知的道德意识一旦启动，就意味着良知已处在行为的过程中(始)，而道德意识的启动(良知之行)便已经是良知的具体落实(成)。由此可见，这里的“知行”都不是知识论的概念而是良知学的概念。

问题是，从历史上看，阳明提出致良知是在49岁之后，何以在成书于1512年底《传习录》上卷徐爱所录的部分当中，阳明已经具备了良知思想呢？事实上，已有文献记录表明，根据阳明晚年的回忆，“吾良知二字，自龙场以后，便已不出此意，只是点此二字不出”(《传习录拾遗》第10条)，这应当是一条信史而没有理由表示怀疑。即便从《传习录》上卷徐爱所录部分，我们其实也可清楚地看到阳明有关良知问题的重要论述，此即第8条：

> 知是心之本体，心自然会知。见父自然知孝，见兄自然知弟，见孺子入井自然知恻隐，此便是良知，不假外求。若良知之发，更无私意障碍，即所谓“充其恻隐之心，而仁不可胜用矣”。然在常人不能无私意障碍，所以须用致知格物之功。胜私复理，即心之良知更无障碍，得以充塞流行，便是致其知。知致则意诚。

首句中的“知”，根据下文“此便是良知”，已经点明，指的就是良知。良知作为一种根源性的心体意识，具有“自然知孝”“自然知弟”“自然知恻隐”的道德能力，即“良知自知”“良知自觉”的能力，不妨称之为“良知自知”理论。[1] 上面提到的“一念自反”即“良知自证”，亦与“良知自知”理论有关。而且在上述一段引文中，阳明还强调了良知的天赋性，即“不假外求”，而这一术语显然就是孟子良知学意义上的“不学而知”“不虑而能”之意，表明良知是每个人生而具有、不假

① 吴震：《〈传习录〉精读》第6讲第3节“良知自知”，上海：复旦大学出版社，2011年，第111—115页。另参耿宁《从“自知”的概念来理解王阳明的良知说》，《心的现象——耿宁心性现象学研究文集》，第126—133页。耿宁指出：良知自知不是这 (转下页)

外力的道德能力。至此，良知的内在性、实践性以及先天性这三大特征，在上述这段表述中已经充分具备。正是在此意义上，我们有理由说，龙场悟道之际，阳明对“良知”问题已有了根本的生命觉悟，只是将其理论化则尚需一些时日而已。基于此，所以我们使用良知概念来重新解读上述“知是行的主意，行是知的功夫；知是行之始，行是知之成”这一命题，是有充足理由的。

至于上面列举的第二项论点“知之真切笃实处，即是行；行之明觉精察处，即是知”（第 133 条），则是阳明提出致良知之后的成熟见解。其中涉及“真切笃实”和“明觉精察”这对关键概念，本来，“真切笃实”是就“行”而言的，要求人的行为须认真踏实，现在却用来描述“知”；本来，“明觉精察”是就“知”而言的，指的是“知”具有一种明锐的觉察能力，现在却用来描述“行”。这一互为颠倒的用法，有特别的理论意图，即意在表明两者是互相诠释的关系：在行的过程中已有知的参与，因为一个行为不能没有“知”的引领；而在知的过程中已有行的介入，因为一个没有“明觉精察”之能力的“知”不能称作真正的“知”，也不会带来相应的行动。也就是说，行为过程中必有一个“明觉精察”的知在，知识过程中必有一个“真切笃实”的行在。

关于阳明的这两句命题，王畿从本体与工夫的角度，对此有一个重要解释：

> “知之真切笃实处即是行”，**真切是本体，笃实是工夫**，知之外更无行；“行之明觉精察处即是知”，**明觉是本体，精察是工夫**，行

(接上页) 种第二次的、事后的、对象化的反思意识，而是一种直接的、本己的、内在的自知意识，相当于现象学的“内意识”。诚为卓见。然须补充说明的是，阳明曾明确使用“良知自知”概念来解释知行合一，因为良知所具有的“自照自察”这一“触机神应”之本性，贯穿于整个知行过程中。详见后述。

之外更无知。①

应当说，王畿对阳明上述两句命题的领会和解释是贴切的，由此解释更引申出一个命题：本体工夫合一论，即“真切笃实”与“明觉精察”同时蕴含本体工夫的合一。故他强调指出：“知行有本体，有工夫。良知良能是知行本体。”如果“以知为本体，行为工夫，依旧是先后之见，非合一本旨矣”②。意思是说，知行不可分作两截，以为“知”是良知本体，“行”为致良知工夫，而应当看到，“知”中有“行”，“行”中有“知”，即知即行、互为蕴含、一体同在，这才是真正意义上的本体工夫合一同时也是知行合一。须承认，王畿从本体工夫合一的角度对知行合一的上述阐释，不失为一种对阳明知行合一说的创造性诠释。王畿的这一诠释表明，知行是在一个实践过程中的双向互动、彼此涵摄，这一互动过程由良知存在即本体即工夫的特殊品格给予了根本保证。所以，“知—行”结构中的良知不是道德知识(一种以是非善恶等为认识对象的静态的确定性知识)与道德行为的单纯结合，而是超越于“知行”之上而又内在“知行”之中的即本体即工夫的先天性存在。

话题再回到阳明。阳明为阐明上述道理，进一步采用假设的方法，从反面来加以论述：如果“其心不能真切笃实，则其知便不能明觉精察，不是知之时只要明觉精察，更不要真切笃实也”；如果“其心不能明觉精察，则其行便不能真切笃实，不是知之时只要明觉精察，更不要真切笃实也”(第133条)。那么，此说何以成立呢？阳明说道：“知天地之化育，心体原是如此；乾知大始，心体亦可原是如此。”(同上)这就是说，从整个宇宙存在的根源与发展来看，“心体”是永恒普遍的，

① 《王畿集》卷二《滁阳会语》，第34页。

② 《龙溪会语》卷六《书同心册后语》，《王畿集》附录二，第784页。

它统摄一切，包括宇宙万物以及人类社会的所有活动，无不在“心体”主宰之下。因此，正是由于心体良知的存在，所以人的知识和行为就是同一个过程，而心体良知就直接参与其中，因此，“知行合一”就是本体工夫合一的命题。[①] 至此我们终于明白：原来，知行得以合一的理据就在于“心体”，突显出心体良知具有统摄知行活动全过程的主宰性，知行合一便在这个意义上得以成立。

最后须指出，在知行合一问题上，阳明晚年所论非常突出强调“良知自知”这一论述角度，例如有弟子根据《尚书》“非知之艰，行之惟艰”为据来质疑“知行合一”之际，阳明回答得非常明确：

> 良知自知，原是容易的，只是不能致那良知，便是“知之匪艰，行之惟艰”。(第320条)

这是一个很值得注意的论断。历来，《尚书》这句话被视作知行二元的重要依据，认为知道一件事是容易的，而真正实现这件事或使自己的知真正落实在行动上却是困难的。对此，阳明的答案非常简洁明了，只有四个字：**良知自知**。因为良知是自知、自觉、自主、自信的，所以“知”是易简易知的，既然“知”是易知，“行”也是易行，正是在良知的参与下，知与行不仅是容易的而且是合一的。这就是阳明良知学意义上的知行合一观。

---

① 阳明在《答顾东桥书》的次年又有《答友人问》，其中重复了“行之明觉精察处，便是知；知之真切笃实处，便是行”这句命题，只是在末尾加上了一句，颇值得注意，他说：如果行为缺乏良知的明觉精察便是“冥行”，“所以必须说个知”；如果心知活动不能做到真切笃实便是“妄想”，“所以必须说个行”，然而在终极意义上，知行“元来只是一个工夫”(《王阳明全集》卷六，上海：上海古籍出版社，1991年，第208页)，又说：“知行原是两个字说一个工夫，这一个工夫须著此两个字。”(第209页)

五

关于阳明知行合一论，学界的讨论已经很多，值得欣喜的是，知行问题正成为中西方哲学的对话资源，特别是有留学背景以及西哲专业背景的中国学者参与到这项研究工作当中，运用比较哲学的方法深化了阳明学知行合一论的哲学探讨，他们不仅熟悉西哲话语，而且对阳明文本也能运用自如，提出了诸多创见。据说“比较哲学”有三种不同取径：第一是文本比较，第二是哲学创造，第三是提供解决哲学问题的方案。在与郁振华就“能力之知”问题进行论辩的过程中，黄勇提出了上述三种比较研究方法，将郁归类为第二种，即旨在从文本比较中可以得到一些哲学启发，至于文本中有没有因这些哲学启发而得到的哲学概念则是无关紧要的；而将自己归类为第三种，即旨在用中国哲学的资源对西方哲学问题提出不仅是独特的而且是最好的解决方法，这种比较既不是单纯的文本比较研究，也不是在从事哲学创造，原因是他提出的“动力之知”概念在西方哲学家看来似乎很新颖，但其实就是王阳明的良知概念而已。[①] 不过，在我看来，这三种方法既有区别，其关注点虽各有不同，但又有交叉，在比较哲学领域中的哲学创造（即哲学研究）离不开文本比较，而为哲学问题寻找解决方案也离不开哲学研究——例如哲学的创造性诠释。因为，“动力之知”显然是对阳明良知概念的一种创造性诠释——王阳明要说或应说却未说出的一种观念，不过，此一诠释结论是否充分关注到阳明学哲学概念的历史语境及其语意脉络，则可另当别论。

若依笔者的研究经验，如果说将中国儒学与日本儒学等其他东亚地

---

① 黄勇：《再论动力之知：回应郁振华教授》，《学术月刊》2016年第12期，第24—30页。此处引文见第26页注2。

域的儒学传统进行比较考察也可归入“比较哲学”（这里取广义上的哲学）的一种类型，这一类型的比较研究不妨这样表述：从相近的哲学（儒学）文本所产生的差异性诠释当中去发现儒家哲学问题在异域的“他者”文化传统中如何得以转化和发展的可能性，以此作为反思“跨文化”传统中的儒学历史发展及其未来走向的思想资源，并从中国儒学的视域出发，针对东亚儒学的问题提出一些建议（但并不是给出问题的答案），目的在于促进不同区域文化间的对话和互相学习。这种比较研究不妨称之为“跨文化比较研究”，其中涉及儒学的思想史、哲学史、学术史等研究。举例来说，就“知行合一”问题而言，不难发现日本阳明学尤其是近代日本阳明学对此问题存在一些误解甚至是有意的曲解，往往被化约为这样的观点：任何知识都可以或应当直接化作一种力量而可以不计其手段及后果，至于行为动力是否根源于普遍良知或者知识的价值之源究竟何在等本体问题则被直接忽略。这就不免偏离了阳明良知学意义上的“知行合一”命题的理论旨趣。

回到本文的核心论旨，大致有三点可以总结：

第一，知行问题是中国哲学的老问题，不论是“知易行难”“知难行易”，还是“知先行后”“知行相须”等命题，都属于知识论领域中的问题讨论，从这一领域来审视知行问题，一般认为任何一种行为都是由某种知识或意愿来引领，知识决定行为的方向与内容，这种观点有一重要前提，亦即将知行视作二元性的分属不同领域的存在，这里的“知”不论是经验知识还是道德知识抑或实践知识（知道如何去做的一种知识类型），总是在影响（或作用于）行动之前而存在，即这种影响属于知识作用于行为的一种推动机制，由此必然产生所谓的“难易”或“先后”问题。依劳思光的说法，倘若将阳明知行合一之“知”误认作知识论解，便是“界限大乱”。[①]

第二，然而阳明的知行合一命题正是试图根本解决知行难易或知行先后的问题，其理论前提是阳明的良知学。无疑，良知概念来自孟子的良知良能，属于“是非之心”的道德标准或道德知识，用理学用语来说，就是德性之知而非闻见之知，但是阳明学的良知概念远比上述这些内容要丰富得多。在阳明，良知不仅是“是非之心”或“知善知恶”的道德知识，更是“好善恶恶”或“为善去恶”的道德动力，因此，良知内含以自身为目的的意欲、愿望、情感等因素，具体表现为“一念动处便是知”，这意味着良知是一种内在的“心知”，又是具有道德能力的动力之知(在这里笔者愿意赞同黄勇的观点)；然而更为重要的也往往被现代西方哲学中的一些道德心理学或行为主义、实践主义伦理学所忽视的是，阳明的良知更是一种本体性、先验性的实体存在，是“先天先地”“成鬼成帝”“天即良知”“良知即天”的先天性存在，因而是普遍而无所不在的。正是由于良知具有本体性、先天性的维度，故而它遍在于整个人类活动“物—事”的过程之中，当然也贯穿于人的“知—行”活动之中，并具有指引和规范人的行为的主宰性。

第三，然而严格说来，当我们说用良知来指引和规范人的行为，按王畿的判断，这“依旧是先后之见”，即“以知为本体，行为工夫”，从而将知行分作两截的观点。这一判断与阳明“一念动处便即是知亦便

---

① 劳思光：《新编中国哲学史》三卷上，桂林：广西师范大学出版社，2005 年，第 310 页。劳思光列举了容肇祖和张君劢两人为例，指出他们将“知”理解为“事实知识”“经验知识”，完全不搭阳明语调，因在阳明学说，根本没有将有关事物的“知识”纳入或蕴含于“良知”之中的任何意思。此说基本可从。不过若采用更为周延的表述，则应说，从良知体用论的角度看，阳明在肯定德性之知“非萌于见闻”这一理学共识的同时，亦承认“见闻莫非良知之用，故良知不滞于见闻，而亦不离于见闻”（第 168 条）。在这个问题上，杜维明的看法却值得重视：“我提出‘体知’，正是要纠正这种偏见。把闻见之知当作有认识论意义的科学认知固然很勉强，但把德性之知当作毫无认识论意义的价值判断问题更大。德性之知，不离闻见之知也不囿于见闻，是属于体之于身的认知。”（《儒家“体知”传统的现代诠释》，《杜维明全集》第 5 卷，武汉：武汉出版社，2002 年，第 375 页）

是行”的命题在旨意上是吻合的。因为“一念动处”便已内含知行两个方面了，也就是说，本体与工夫已经同时启动，这就意味着知行是即本体即工夫的本体工夫之合一。在王畿，“一念”不是经验性的三心二意一般的意念转动，而是良知心体的自我展现，故而是属于“先天正心之学”意义上的“一念良知”或“念念良知”，它具有自反、自证、自见、自存、自现等基本特质；而所谓“自反”并不是指反思良知意识本身，因为良知当下一念就是一种“反思”而不是被反思的对象，所以就在良知应感之际，“只默默理会当下一念”[①] 即可，所谓“理会”亦即“自反取证”，而不是有关道德知识的任何语言表述，因为“默默理会”只是回归良知根源意识，经由“一念取证”（即“归根反证”）以实现知行合一。王畿有关知行问题、良知问题的上述种种看法，显然是对阳明知行合一论的进一步理论阐发，对于我们深入理解知行合一论具有重要意义。

总之，阳明的知行合一论与其心即理、致良知等学说观点构成一套严密的理论系统，它不是脱离于心学系统的孤立的知行观，认识论意义上的知行“难易”或知行“先后”等问题本就不在阳明知行观的论域之内。至此我们说，知行合一是阳明良知学意义上的命题，是良知伦理学的命题，甚至可以说，“良知”本身必然展现为“知行合一”，反过来说也一样，“知行合一”就是以良知的自我实现为目的。

---

① 《王畿集》卷十五《万履庵漫语》，第 462 页。

知行合一的德行内涵

陈清春*

王阳明早年提出“知行合一”说，其目的是改造朱子学“知行相分”的理论模式并扭转“即物穷理”的道德认识方向，其理论性质是道德实践的要素论而不是工夫论；但在晚年良知说中，他通过把“知行本体”规定为“良知良能”的方式，将“知行合一”从道德实践的要素论发展成为一套成熟的道德实践的工夫论体系①，即儒家的道德培养体系，从而使它成为儒家“为己之学”和“成德之教”的主要内容。

一、从“德性”到“德行”

王阳明对“良知良能”的本体论意义与工夫论意义的区分实际上反映的是人格的“德性”与“德行”的区分。“德性”之“德”即《大学》“在明明德”之“德”，“德性”之“性”即《中庸》“天命之谓性”之“性”，皆指一个人先天而有的精神禀赋。王阳明的“德性”概念与其“良知”或“心之本体”概念一样，在广义上都指全体意识行为(灵明)，在狭义上仅指感受行为(七情)，特别是其中他爱情感的感受行为(仁爱)。而“德行”则是“德性”的直接呈现与实现，在广义上可以

---

* 陈清春，1966年生，山西大学哲学社会学学院教授。

① 参见拙文《王阳明“良能”概念的理论意义》，《中国哲学史》2019年第3期。

指任何一个意识行为的直接呈现与实现，如感知行为的耳聪目明、思维行为的明辨睿智、意志行为的果决勇敢等，在狭义上仅指感受行为的自然流行(即本真的呈现与实现)，特别是其中仁爱情感的真诚恻怛(即本真的呈现与实现)。因此，广义上的“德行”是某种意识功能的卓越性，而狭义的“德行”是感受行为的卓越性，但最狭义的“德行”是仁爱情感的卓越性。就其呈现而言，即“德行”的品质义；就其实现而言，即“德行”的行动义。

不过，每一个意识功能的卓越性都不是单纯的，它们在实践中都从属于道德的卓越性。即是说，聪明、睿智、勇敢、仁爱等“德行”都是从属于道德的实践“德行”，都具有道德实践的价值属性，如孔子说“勇而无礼则乱”(《论语·泰伯》)、“勇而无义为乱”(《论语·阳货》)，即勇敢的行为若是违背礼义的行动，那就不是善的“德行”，而是“恶行”了。这是因为：人在本质上是一个实践的存在者，任何意识行为都是作为一个实践要素从属于这个实践的存在，而任何实践活动都是实现某个价值的活动，并且任何一个价值的实现活动同时也都是一个道德价值的实现活动，所以任何一个意识行为的“德行”同时也都是一个具有道德价值的“德行”，而道德价值的“德行”才是伦理学意义的“德行”，才是我们所要阐明的对象。另一方面，实践的主体是意志，实践活动就是意志的价值选择及其实现的过程，而道德的“德行”就表现在意志行为的实践活动中，如王阳明说“称某人知孝、某人知弟，必是其人已曾行孝、行弟，方可称他知孝、知弟”，即评价一个人是否知孝知悌就看他是否已曾行孝悌，可见孝悌的“德行”在于孝悌的行动。然而，孝悌的道德行动依赖于孝悌的道德品质，孝悌的道德品质即是意志能够实现孝悌的道德能力，而儒家为学的目的就是为了培养人格的道德品质或道德能力。因此，无论是儒家的“为己之学”还是“成德之教”，其目的和内容都是王阳明所谓“惟以成其德行为务”[①]，即培养自己或他人的道德品质。对于儒家心学来说，“德行”的培养方式既不是通过实践技能的训练与习惯，也不是通过理论知识的认识与积累，而是通过“知行合一”的工夫在日常的道德生活中使天赋的“德性”直接呈现出来而成为“德行”。即王阳明说：“圣人之学……惟在复心体之同然，而知识技能非所与论也。”[②] 其中，“心体之同然”就是天赋的“德性”，“复心体之同然”就是培养“德行”，但“德行”的培养与知识学习和技能训练无关。

在实践中，感受、理性和意志是最基本、最重要的三个要素。简而言之，人的实践活动就是意志在理性的指导下根据价值感受原理的价值选择与实现活动：感受的实践功能是提供实践的价值方向和欲求动力，理性的实践功能是判断实践的价值方向和实现方法，意志的实践功能是选择实践的价值方向和实现方法并付诸行动加以实现。就儒家心学而言，为实践提供道德方向和欲求动力的是原初性的感受体验，即七情的自然感受及其原理；为实践提供指导的是理性的道德判断和方法判断，前者即是直接建基于道德明察或道德直观认识之上的应然判断，后者则是从属于前者的经验性判断；为实践提供决定的是意志的选择行为和实施过程，而任何儒家的道德实践过程都是建立在“能够做”（道德品质）之上的“实际做”（道德行动）。其中，七情的自然感受及其原理即是狭义的“德性”，所谓本体义的“良知良能”，而“能够做”是道德能力的意志体验，“实际做”是道德行动的意志体验，它们都属于儒家的“德行”内涵，所谓工夫义的“良知良能”。很明显，在道德本体、道德品质和道德行动之间存在着一个前者为后者奠基的关系，即道德本体的直接呈现是道德品质，道德品质通过言行活动直接表现为道德行

① 《王阳明全集》，上海：上海古籍出版社，1992年，第54页。

② 《王阳明全集》，第55页。

动，而作为中间环节的道德品质既是道德本体的直接呈现也是道德行动的直接前提。

二、“知行合一”与德行品质

西方伦理学侧重于品质意义上的德行（即 virtue，一般也译作德性和美德），对德行的品质和行动有明确的区分。例如亚里士多德说：“人的德性就是既使得一个人好又使得他出色地完成他的活动的品质。”“德性使我们倾向于去做，并且按照逻各斯的要求去做。”[①] 而儒家伦理学却侧重于行动意义上的德行，德行品质一般是蕴含在德行行动中并且是通过德行行动而得到阐明的。例如孟子“能爱其亲、能敬其长”的品质就蕴含在“亲亲、敬长”的行动中，王阳明“能致良知”的品质就蕴含在“致良知”的行动中，即“能知行合一”或“知行能合一”的品质就蕴含在“知行合一”的行动中。因此，在德性、德行品质和德行行动三者之间，首先要研究的是前两者的关系。

儒家的人格理论一般都认为世上存在着一种天生的圣人，他们与其他人的主要区别在于“知”和“行”的天赋能力。如《论语·季氏》说“生而知之者，上也；学而知之者，次也；困而学之，又其次也；困而不学，民斯为下矣”、《孟子·尽心下》说“尧舜，性之也；汤武，身之也”和《中庸》说“或生而知之，或学而知之，或困而知之；及其知之，一也。或安而行之，或利而行之，或勉强而行之；及其成功，一也”。儒家主张，人们的先天能力虽然不同，但只要自己努力就都有可能达到像天生圣人那般的人格品质。而天生的圣人是能够“生知安行”的人，所谓“生知”是自然而然的“知”，所谓“安行”是自然而然的

① 亚里士多德：《尼各马可伦理学》，廖申白译，北京：商务印书馆，2009 年，第 45、76 页。

“行”，这就是说，他们的道德判断力和道德意志力都是自然而然的天赋能力，一切都是自然而然，不费工夫。例如，孟子说“舜之居深山之中，与木石居，与鹿豕游，其所异于深山之野人者几希；及其闻一善言，见一善行，若决江河，沛然莫之能御也”（《孟子·尽心上》），即是如此。但除“生知安行”的圣人外，其他诸如“学知利行”和“困知勉行”的人就不具有这样的天赋能力，因为他们或多或少都是孟子所谓“陷溺其心”或“放其良心”的人（《孟子·告子上》），或者是王阳明所谓“人心自有知识以来，已为习俗所染”[①] 的“不免有习心在，本体受蔽”[②] 的人，这样的人只有通过自己努力做工夫才能达到像圣人那样的道德品质。事实上，天生的圣人只是儒家理想中的人格形象，孔子和孟子都否认自己是这样的圣人，孔子说“我非生而知之者，好古，敏以求之者也”（《论语·述而》），孟子说“予未得为孔子徒也，予私淑诸人也”（《孟子·离娄下》），都强调自己是学而知之的，而且历代儒家学者的共同理想都是通过自身的自觉努力“学以至圣”。但是，在“生知安行”的圣人理念中所意指的道德品质却是儒家为人类的道德生活所树立的一个在现实中有可能达到的理想目标，人们可以通过修身工夫来实现这一理想目标，从而培养出如同天生圣人那般的道德品质。

儒家的修身工夫一方面是“为己之学”的自修，一方面也是“成德之教”的教化，但其目的都是为了“成其德行”，即成就自己或他人的德行。在王阳明看来，诸如《论语》的“博文约礼”“克己复礼”、《孟子》的“明善诚身”“存心养性”、《大学》的“格致诚正”和《中庸》的“戒惧慎独”等工夫最终都可以统合在其“知行合一”的知行工夫中。《传习录下》有这样一段记载：

---

① 《王阳明全集》，第 1307 页。
② 《王阳明全集》，第 117 页。

问："圣人生知安行，是自然的，如何有甚功夫？"先生曰："知行二字即是功夫，但有浅深难易之殊耳。良知原是精精明明的。如欲孝亲，生知安行的，只是依此良知，实落尽孝而已；学知利行者，只是时时省觉，务要依此良知尽孝而已；至于困知勉行者，蔽锢已深，虽要依此良知去孝，又为私欲所阻，是以不能，必须加人一己百、人十己千之功，方能依此良知以尽其孝。圣人虽是生知安行，然其心不敢自是，肯做困知勉行的功夫。困知勉行的，却要思量做生知安行的事，怎生成得！"①

知行工夫就是致良知的体认与扩充（即实行）工夫，良知人人都有，但致良知的工夫却有深浅难易的不同，而工夫的难易程度在于良知受蔽的深浅程度。例如孝亲，"生知安行"的良知没有受蔽，其工夫就是自然而然地依此良知去尽孝；"学知利行"的良知受蔽较浅，就要用时时省察良知并务要依此良知去尽孝的知行工夫，这时的工夫还不太难；"困知勉行"的良知受蔽已深，就要用人一己百、人十己千的艰难工夫才能做到依此良知去尽孝。另一方面，工夫的难易还与人的天赋能力有关。王阳明说：

人之气质清浊粹驳，有中人以上、中人以下，其于道有生知安行、学知利行，其下者必须人一己百、人十己千，及其成功则一。②

气质不美者，渣滓多，障蔽厚，不易开明；质美者，渣滓原少，无多障蔽，略加致知之功，此良知便自莹彻。③

① 《王阳明全集》，第 111 页。
② 《王阳明全集》，第 28 页。
③ 《王阳明全集》，第 68 页。

人的天赋能力指的是先天禀有的气质，气质的清浊粹驳差异一方面决定了本体受蔽的程度，另一方面也决定了天赋能力的高低强弱，高与强者用功易，低与弱者用功难。

天赋能力其实就是先天禀有的意识行为功能。在所有意识功能中，只有七情的价值感受功能是人皆相同的天赋能力，即儒家所谓"心之所同然""天命之性""明德""天理""良知"的"德性"；其他天赋能力则人皆不同，如色盲、智障等，都属于有清浊粹驳的气质，即儒家所谓"气质之性""气禀之性"，而与道德实践相关的主要是良知本体的体认力、理性的判断力、意志的决定力与行动力，它们都是德行品质的构成要素。

德行的品质是道德的意志力，但道德与否在于道德的判断力，道德判断的内容则是建立在良知体认之上的直接判断，即建立在道德明察之上的观念应然；可是任何直接判断都体现不出理性自身的智能水平，只能体现出良知本体的直观体认能力，所以道德的判断力品质实际上是良知本体的体认力品质的反映。一方面，对良知本体的体认就是良知本体的自觉，体认良知就是良知的自知，王阳明说"思之是非邪正，良知无有不自知者"[①]、"良知自知，原是容易的"[②]，而良知本体的"知善知恶"感受直接呈现为理性的"观念应然"就是道德的善恶判断，因而道德的判断力所体现的是良知的自知力。另一方面，良知本体的自知即是良能本体的自能，王阳明说"世之君子惟务致其良知，则自能公是非，同好恶"[③]，而良能本体的"好善恶恶"感受直接呈现为"诚好而诚恶"[④] 的诚意动机就是"为善去恶"的意志，因而道德的意志力所体现的是良能的自能力。就此而言，德行品质归根到底是良知的自知和良

① 《王阳明全集》，第 72 页。
② 《王阳明全集》，第 120 页。
③ 《王阳明全集》，第 79 页。
④ 《王阳明全集》，第 972 页。

能的自能。例如，“知爱其亲”是良知，“能爱其亲”是良能，而既“知爱其亲”又“能爱其亲”的品质统一就是“孝德”。

但是，人们或多或少都是“不免有习心在，本体受蔽”的人，都不可能是“生知安行”的天生圣人，都需要通过做“知行合一”的工夫才能养成像圣人那样的德行品质。“习心”即是“习性”，是与“本心”“本性”相对立的概念；在感受活动中，原本性或体验性的感受内容是“本性”，非原本性或经验性的内容就是“习性”。例如，乍见孺子将入于井时的“怵惕恻隐”是原本感受的“本性”，而“要誉于乡党朋友”就是非原本感受的“习性”。习性是由后天的生活经验和知识所习染积淀而成的惯性模式，它在感受活动中将原本感受的真实内容掩盖在惯性的经验模式中，从而造成原本感受的偏离、扭曲和遮蔽状态，此即“本体受蔽”的欺罔状态。欺罔状态既可以由感受方面说也可以由价值方面说，前者的内容是，将好肯定价值或较高价值而恶否定价值或较低价值的自然感受扭曲成好否定价值或较低价值而恶肯定价值或较高价值的不自然感受；而后者的内容是，将肯定价值或较高价值扭曲成否定价值或较低价值或者反过来将否定价值或较低价值扭曲成肯定价值或较高价值。显然，在实践中建立在价值欺罔上的价值判断不可能是正确的(即不是真知)，由它所指导的实践方向在道德上必定是错误的，错误的道德实践即是恶的实践；而建立在感受欺罔上的价值欲求也不可能是真实的(即自欺的)，由它所提供的实践动力在道德上必定也是虚弱的(即气馁的)，虚弱的道德实践即是意志无力或无能的实践。因此，如果实践的方向是错误的，那么实践活动无论如何都是恶的；如果实践的方向是正确的，但意志却无力量或无能力去行动，那么这种“无力做”或“无能做”的意志力体验就是“恶习”。

“恶习”(vice)是与“德行”相对的概念。正如“德行”是“本性”的直接呈现一样，“恶习”是“习性”的直接呈现，表现为道德的无力感或无能感，即无力做应做之事或者说无能致其良知的能然体验，表现为麻木不仁、贪婪暴虐、愚昧怯懦等否定性的道德品质或者说“恶德”。

三、“知行合一”与德行培养

儒家“为善去恶”的道德实践目的就是为了消除“恶习”并培养“德行”，其根本方法是通过“知行合一”的致良知工夫使被习性遮蔽的本性直接呈现出来而成为持恒不变的德行品质。例如孝亲，首先是用“知”的“时时省觉”工夫，即体认良知而使良知呈现的工夫，其次是用“行”的“务要依此良知尽孝”工夫，即扩充良知而使良知实现的工夫：前者是“知爱其亲”的良知呈现，指明了孝亲的道德方向，后者是“能爱其亲”的良能呈现，提供了孝亲的道德动力；如此既有正确的方向又有充沛的动力，那么在生活中就自然而然地表现为各种“亲亲”的“孝行”，而“孝德”就是在一次次“孝行”中培养成的持恒品质。不过，虽然“孝德”是在“孝行”中培养而成的，但“孝德”的内在根据却是爱亲的本性而不是尽孝的行动，因为“孝德”是既“知爱其亲”又“能爱其亲”的良知良能体验，而不是由行动所形成的经验惯性。也就是说，道德行动在培养德行品质的过程中只是增上助缘，其作用是帮助良知良能的德性本体从习性的遮蔽状态中呈现出来而成为自知自能的德行品质，而不是形成一种习惯性的品质，因为习惯性的品质恰恰是“恶习”。①

---

① 应当严格区分开“恶习”和“习性”：“恶习”是习惯性的能力品质，“习性”是习惯性的价值感受。梁漱溟说：“所以最好始终不失其本然，最怕是成了习惯——不论大家所谓好习惯坏习惯，一有习惯就偏，固所排斥，而尤怕一有习惯就成了定型，直觉全钝了。”（梁漱溟：《东西文化及其哲学》，北京：商务印书馆，2010 年，第 148 页）熊十力说：“习之于性，有顺有违。顺性为净，违性为染。”（熊十力：《新唯识论》，北京：中华书局，1985 年，第 86 页）所谓“定型的习惯”和“染习”就是“恶习”。

可见，王阳明“知行合一”的工夫在培养道德品质的过程中，不仅要做呈现本性的工夫，而且还要做消除习性的工夫，或者说，不仅要做“为善”的工夫，而且还要做“去恶”的工夫，只有两者相辅相成、融会贯通，才是“知行合一”的工夫论整体。

首先，从“知”的方面说，不仅要体认良知，而且还要反对“用智”。良知与知识相对，良知是直观性的感性体验，知识是抽象性的理论观念。人的道德实践都是在理性的主观指导下进行的，理性的主观指导离不开已经拥有的知识理论，正确的理论指导的是正确的实践，错误的理论指导的是错误的实践。在实践目的上，王阳明的良知学理论要求理性的目的判断必须直接建立在良知的直观体认上，也就是建立在良知的自觉、自明、自知的本体呈现上，所以理性的目的判断是“求之于心”的，即以良知的“是非之心”为根据判定实践的善恶目的和价值方向。同时，在目的判断上，良知学理论还要求自觉抵制“用智”的理性方法，主要是抵制以程朱理学为代表的理性主义的经验认识方法。程朱这种方法首先通过“即物穷理”的经验认识过程获得理论知识，然后再将实践的目的判断和方法判断都建立在这些理论知识上。可是，这种方法在实践的方法判断上是合理的，而在目的判断上却是不合理的，这是因为只有人格价值才能做实践的目的，理论知识的价值是实事价值而不是人格价值，只能做实践的方法，不能做实践的目的。① 王阳明一方面说“知识愈广而人欲愈滋，才力愈多而天理愈蔽”②，才力即是用智的智力，知识和才力是滋生人欲、蒙蔽天理的原因；一方面又说“若以私意去安排思索，便是用智自私矣”③，私意即是自私的人欲，出于

① 参见拙著《七情之理——王阳明道德哲学的现象学诠释》，北京：人民出版社，2016年，第24页。

② 《王阳明全集》，第28页。

③ 《王阳明全集》，第58页。

私意的思维活动便是用智。即是说，用智滋生了人欲，人欲决定了用智，两者互为因果，可见反对和抵制“用智”本身就是“去人欲”的“去恶”工夫。

其次，从“行”的方面说，不仅要扩充良知，而且还要克治“自私”。扩充良知就是诸如“依此良知去尽孝”的道德实践活动，即意志的道德选择及其实现活动。意志的活动首先是选择实践的目的和目标，其次是选择实践的方法，最后是将所选择的实践方法付诸行动加以实现。而“行”的工夫主要表现在目的选择上。一方面，意志将目的选择直接建立在“诚好而诚恶”的诚意动机上，即建立在良能的自动、自行、自能的本体能力上；这是因为“诚好而诚恶”的诚意动机是“好善恶恶”的良能本性的直接呈现，而良能的自能就是道德实践的动力和源泉。王阳明说：“人但得好善如好好色，恶恶如恶恶臭，便是圣人。”① 即是说，成圣的根本在于诚意，而诚意的根本在于良能。另一方面，意志在目的选择时还要克治“自私”的动机。如果说“为善”的工夫是在动机上的“诚意”，那么“去恶”的工夫就是在动机上的“克己”，即克治“自私”的动机。王阳明早年说“省察克治之功，则无时而可间，如去盗贼，须有个扫除廓清之意。无事时将好色好货好名等私逐一追究搜寻出来，定要拔去病根，永不复起”②，到晚年仍然说“正要人晓得一念发动处，便即是行了。发动处有不善，就将这不善的念克倒了。须要彻根彻底，不使那一念不善潜伏在胸中”③。可见他始终都强调克己去私的工夫，而克己去私的工夫就是消除习性，因为自私的动机出于恶习，恶习则是习性的直接体现。总而言之，“行”的工夫

① 《王阳明全集》，第 97 页。
② 《王阳明全集》，第 16 页。
③ 《王阳明全集》，第 96 页。

就是“在意念上实落为善去恶”[1]，“为善”的工夫是在呈现本性时消除了习性，“去恶”的工夫是在消除习性时呈现出本性。

再次，从“合一”的方面说，只有两个工夫的“合一并进”才能培养出真正的道德品质。在理论上，“知”的工夫属于儒家的价值认识论，“行”的工夫属于儒家的道德实践论。王阳明将对价值真理的认识建立在直观的感性体验上，继承的是孔孟的感性主义传统；程朱将对价值真理的认识建立在经验的理性认识上，继承的却是荀子的理性主义传统。王阳明认为，程朱理学的认识方式不仅认识不到价值真理，而且还“将知行分作两件去做，以为必先知了，然后能行，我如今且去讲习讨论做知的工夫，待知得真了，方去做行的工夫，故遂终身不行，亦遂终身不知”[2]。而他的“知行合一”理论不仅彻底扭转了程朱理学的价值认识方向，即将“即物穷理”的经验认识方式转变为“求之于心”的直观体认方式，而且还将程朱理学的道德认识与道德实践两个分离的过程统一起来，即将“知先行后”的分离工夫转变成“知行合一”的融贯工夫。他说：

> 知之真切笃实处便是行，行之明觉精察处便是知。若知时，其心不能真切笃实，则其知便不能明觉精察；不是知之时只要明觉精察，更不要真切笃实也。行之时，其心不能明觉精察，则其行便不能真切笃实；不是行之时只要真切笃实，更不要明觉精察也。[3]

在道德实践中，“知”是体认良知或明察天理，体认良知即是体认良能，在“知”时，若不能笃实体认良能的好恶之情，就不可能明察良知的善

① 《王阳明全集》，第117页。
② 《王阳明全集》，第5页。
③ 《王阳明全集》，第210页。

恶之理，而好恶之情即是“行”，这是“知行合一”的“知中有行”的方面；“行”是扩充、实行良知，即依据良知笃实地去行动，在“行”时，若不能明察良知的善恶之理，就不可能依据良知笃实行动，因为这时已经偏离了实践的道德方向，所以在行动中必须时时明察良知的善恶之理，这是“知行合一”的“行中有知”的方面。这两个方面表明：在同一个实践过程，“知”和“行”是两个不可分先后的同时并用工夫；同时也表明：它们都是不可有所间断的持恒性工夫，“知”的持恒性保证了道德方向的不偏离、不迷失，“行”的持恒性保证了道德动力的生生不息、沛然莫御。由于“知”是使良知本体呈现的工夫，“行”是使良能本体呈现的工夫，而良知良能本体的持恒呈现就是道德品质。王阳明指出：“昏暗之士，果能随事物精察此心之天理，以致其本然之良知，则虽愚必明，虽柔必强。”[①] 尽管人们的天赋能力有高有低，本体受蔽的程度有深有浅，但只要用“知行合一”的持恒工夫，认知力虽愚下者也终必高明，意志力虽柔弱者也终必刚强，这并不是因为他们的天赋能力有多大的改变，而是因为他们已经培养出了道德的判断力和意志力相统一的道德品质，也就是良知的自知力和良能的自能力的持恒呈现。所以，只有这样的工夫才能培养出真正的道德品质；而程朱理学的工夫却“将知行分作两件去做”，其结果是“只一‘知’字尚未有下落，若‘致’字工夫，全不曾道着矣”[②]，根本培养不出真正的道德品质。

最后，在道德培养的过程中，“知行合一”不仅是决定性的工夫，而且还是彻上彻下的工夫，即便是圣人也要用这样的工夫。《传习录下》记载：

---

① 《王阳明全集》，第 47 页。
② 《王阳明全集》，第 189 页。

先生曰："圣人亦是学知，众人亦是生知。"

问曰："何如?"

曰："这良知人人皆有，圣人只是保全，无些障蔽，兢兢业业，亹亹翼翼，自然不息，便也是学；只是生的分数多，所以谓之生知安行；众人自孩提之童，莫不完具此知，只是障蔽多，然本体之知自难泯息，虽问学克治也只凭他；只是学的分数多，所以谓之学知利行。"①

世上没有天生的圣人，所谓"生知"指的是人生而皆有的良知。圣人只不过天分较高、障蔽较少，能够用保全的工夫使良知不受障蔽而自然呈现出来，但保全的工夫其实就是"知行合一"的"学知"工夫，所谓"生知安行"只是就用功时良知容易呈现而言；众人只不过天分较低、障蔽较多，必须用学问克治的工夫才能使"生知"本体呈现出来，但只要他们自觉地用"人一己百，人十己千"的艰苦工夫，最终也能达到"生知安行"，最终也能培养出与圣人一样的道德品质。只要培养出这样的道德品质，那么也就自然而然地表现为"发之事父便是孝，发之事君便是忠，发之交友治民便是信与仁"② 的道德行动，也就自然而然地达到了儒家所追求的人生最高境界，即"时时知是知非，时时无是无非"③ 的自由境界。

总之，儒家心学的道德培养过程在本质上就是从"德性"到"德行"的呈现与实现过程，而这个过程也就是"良知自知"和"良能自能"的"知行合一"过程。无论是儒家自修其德的"为己之学"还是教化他人的"成德之教"，都可以通过这个实践的工夫过程得到充分的和合理的说明。

---

① 《王阳明全集》，第 95 页。

② 《王阳明全集》，第 2 页。

③ 《王畿集》，南京：凤凰出版社，2007 年，第 34 页。

“大良知”的承续：走向“调适”的“内在超越性”

——从《良知学的调适——王塘南与中晚明王学》说开去

程海霞*

儒家的心学面向，孟子为源头，象山为开山，阳明为大成。此“大成”在张学智先生那里表之为“大良知”，张先生指出，王阳明“从百死千难中得来”之良知，不仅仅是天赋的道德意识，还包含后天多种精神活动的种种构成因素的协调、整合，是道德意识、理性、意志、情感、直觉等“互相激发、互相依持、互相辅助”所“整合”成的“一个精神活动的总体”①。正因有此“大良知”式“大成”，阳明后学之流变才义理迭出，呈泰州、浙中、江右等一传、再传之纵横交错之势。在此过程中，阳明“大良知”之树花开多枝，以节节推进的多重内在之活动证成相应超越之存有，主宰着良知学从“展开”历“转折”到“调适”之基本走向，可谓姹紫嫣红开遍。

承续“大良知”而来的良知学的走向，可从江右思想家王塘南的孟子观中进行探寻。王塘南（1522—1605），名时槐，字子植，号塘南，

* 程海霞，1975年生，扬州大学社会发展学院教授，硕士生导师。本文为国家社会科学基金项目“阳明学派‘以内在证超越’之路径研究”（19BZX066）的阶段性成果。

① 张学智：《王阳明心学的精神与智慧》，《哲学动态》2019年第11期，第45页。

江西吉安人，为阳明之江右二传弟子。“于王学风起云涌之际，其受教江右，参访浙中，‘多方求质’，默会深契，集诸家之大成，启为学之新境，终成王学之‘光大’者。”① 张学智先生言：“……塘南之学由于形上之识度特精，概念之间的分析与融摄有较高的程度，因而整个理论在论证、体悟的深度和含摄面的广度方面都超过了江右余子，可谓能光大王学的人物。”② 王塘南于王门之所“光大”者，拙著《良知学的调适——王塘南与中晚明王学》已从本体与工夫层面作过论述，重在阐明王塘南本体与工夫历时变迁中的调适性③。与历时变迁在向度上形成互补的是共时展开。此种共时展开在王塘南的孟子观——集中体现在其63岁撰成的《三益轩会语》——中有系统呈现，拙文《中晚明王学“以内在证超越”之取径新探》即在共时向度上对中晚明王学内在超越性的路径作过探讨：孟子观关乎心学之源头，展示出阳明学以心证仁式内在超越性，以别于朱子学的路向；王塘南师承有自，呈现出江右王门以良知而非情识证性式内在超越性；王塘南创发折中，发展出以“外”而非“内”证“内外中道之体”式内在超越性。问题是存在于历时变迁中的调适性是否遍在，其在良知学义理共时展开的王塘南的孟子观中是何种形态，亦即呈现王门内在超越性的三重路向之间是否亦具调适性，具有何种调适性。基于以上追问，笔者对体现于《三益轩会语》中的王塘南的孟子观再作察考，对王门多重“内在超越性”的内在走向进行揭示，进而探索良知学“调适”的具体形态，以便呈现心学阶段性发展之义理架构，从而为促进包括心学在内的儒学的再生发提供启示。

---

① 参见拙文《中晚明王学“以内在证超越”之取径新探——以江右王门王塘南之孟子观为线索》，《现代哲学》2018年第1期，第136页。以下引用，凡未注明者，皆出于此文。

② 张学智：《中国儒学史·明代卷》，北京：北京大学出版社，2012年，第306页。

③ 参见拙著《良知学的调适——王塘南与中晚明王学》，北京：中国社会科学出版社2021年。

一、"以心证仁"与良知学的"展开"

良知学由隐而显之过程，实是阳明心学产生与发展之过程。阳明之心学，因悟自性而生，因反格物外求之弊而立，此是以"自性"证"天理"、以"内在"证"超越"之理路，是心学内在超越性的第一种样态。于此样态，王塘南的孟子观亦有呈现。

> 问："孔子'从心所欲不逾矩'，颜子'其心三月不违仁'，夫矩与仁者理也，而以心不逾不违，是以心合理也，非二而何？"
>
> 曰："孔子曰'仁者人也'，是仁与人一也。孟子曰'仁，人心也'，是心与仁一也。《诗》曰'天生蒸民，有物有则'，则即矩也，若矩在心外，是有物无则也，而可乎？夫不逾不违，盖自得其本心而言，非以此合彼之谓也。"①

朱子学具有"以心合理"之倾向，而《论语》在言及"心"之"不逾矩""不违仁"时，似亦表达此种倾向，那么，以"心外无理"为宗的心学，其合法性何在？"此'以心合理'乃'以超越(理)引证内在(心)'之理路，属重'超越'一脉。"在"超越"一脉中，其第一概念是客观超越之理，主观内在之心须有客观超越之理作帮扶。此是朱子理学的基本特征。而在王塘南对孔孟思想的理解中，仁与人，特别是与人心为一。依据"天生蒸民、有物有则"之原则，人心之则实在于矩，实在于仁。"此即'以内在(心)证超越(理)'之'证成'。"此是阳明心学的基本特征。

---

① 王时槐：《三益轩会语》"甲申"（1584）第44条，见钱明、程海霞编校《王时槐集》，上海：上海古籍出版社，2015年，第489页。

在王塘南看来，仁与人心为一的具体形式即是“自得其本心”。“所谓‘本心’即本有之心，指向本然、应然层面。这一层面表之于朱子，则强调其‘存有’；表之于阳明，则强调其‘活动’。所谓‘自得’，若表之于朱子，重在‘得’，重在本然之呈现、应然之落实；若表之于阳明，重在‘自’，重在本然之自我呈现、应然之自我落实。”在朱子与阳明之间，王塘南以“非以此合彼也”一语作了选择。“以此合彼”即“以心合道”，“以心合理”，王塘南在坚持“道即心，心即道”的心学主张的基础上，反对“以心合道”所造成的本体与工夫的双重偏差。王塘南言：

> 道即心也，心即道也。今人以道为心外之理，必以心合道而后可，则是吾心本有欠缺，必外求以增益之也。圣学之晦甚矣。①

本体之偏差于道而言在于“以道为心外之理”，于心而言在于“吾心本有欠缺”。工夫之偏差基于本体之偏差，指向“外求以增益之(吾心)”。“这可以从两个方面来分析。一方面，此‘外求以增益之’工夫无疑是指程朱格物工夫，因此体现这一工夫偏差的‘以此合彼’即为程朱格物工夫之基本指向；又由于‘以此合彼’乃重‘超越’之一脉，故程朱乃重超越之一脉，而‘以此合彼’之工夫面向，为‘以超越证内在’提供了可能性。另一方面，此工夫以‘吾心本有欠缺’为前提，而‘吾心本有欠缺’表明举‘心’不足以证‘理’，举‘内在’不足以证成‘超越’，故体现这一本体偏差的‘以此合彼’实为‘以理证心’、‘以超越证内在’之途提供必要性。因而，‘以此合彼’的工夫面向与本体面向为程朱‘以超越证内在’提供充足理由。”

---

① 王时槐：《三益轩会语》“甲申”(1584)第43条，《王时槐集》，第489页。

在反对“以此合彼”的层面上，“道即心”“心即道”实同于“自得其本心”，王塘南此种“以心证仁”之形式，标举出“以内在证超越”之一重理路，即心学的产生。

心学的发展，乃是良知学的呈现与展开，此主要体现为“以情证性”。王塘南论性，以程子“人生而静以上不容说”“继之者善”乃“孟子之言性善是也”为“谈性最精当之语”。[1] 程子论性有形上形下之区分，而塘南强调两者之关联。

> 性不可言，故孟子言性善只于情上见之，故曰乃若其情，则可以为善矣。于此见孟子真悟性者。[2]

形上之性本不可言，而孟子以情证性，将形上与形下打通。与程子以继之者善论孟子性善不同，塘南以孟子之情善证性善，从而肯认孟子为真悟形上之性者。“在王塘南看来，孟子所悟乃是‘性’之超越性，正有此悟才有‘于情见性’之思路。‘于情见性’，正是以情证性、以形下证形上、以内在(情属于心)证超越(性属于理)之思路。”心学的发展在于以形下之情证成形上之性。形下与形上的此种贯通，乃是人心与道心之贯通，体现了良知学的呈现与展开。程朱重形上与形下之区分，心学重形下与形上之贯通，贯通得越彻底，良知学“展开”得越充分。“程朱言心，有‘道心’、‘人心’之别，归性为‘道心’，归情为‘人心’，故‘继之者善’仍就‘道心’(应然之现实)而言。而心与理之区分，所表实为‘人心’(实然)与超越之理之区别，两者在善恶之性质上，相去甚远，故言心与理为二。阳明言心，人心道心打并为一实然之情善、一无有‘欠缺’之心，故心与理之区分，实‘情善’(无‘欠缺’之心、‘道心’)与超越之

① 王时槐：《三益轩会语》“甲申”(1584)第45条，《王时槐集》，第490页。
② 王时槐：《三益轩会语》“甲申”(1584)第46条，《王时槐集》，第490页。

理之区别，两者皆属善性，相去不远，故言心与理为一。基于此，故有‘以超越证内在’与‘以内在证超越’分途之可能。”

形上与形下之贯通，呈现为情善。贯通得越彻底，良知学就“展开”得越充分，此情善就越普遍，此情之面向就越复杂。此时的情，即当下即超越。当下之情，可表为“见在良知”，亦可表为“一念之微”，此在阳明一传弟子王龙溪思想中颇多呈现。彭国翔大著《良知学的展开——王龙溪与中晚明的阳明学》①于此有较多论述。以“展开”论良知学发展的具体形态即导源于彭氏此著。

二、“以良知别情识”与良知学的“转折”

以内在证超越，内在与超越越是贯通，内在就越是普遍，因此“内在”在普遍性上，呈现出可比较的特征。以情证性，在情的普遍性的寻求上，体现了良知学的“展开”；而在情的有限性的说明上，体现了良知学的“转折”。

> 问：“情识既非良知，而孟子所言孩提之爱敬，见孺子入井之怵惕，平旦之好恶，呼蹴之不受不屑，皆指情上言之，何也?”
>
> 曰：“性不容言，姑即情以验性，譬之即烟以验火，即苗以验种，此正孟子巧于言性也。后学不达此旨，遂认定爱敬、怵惕、好恶等，以为真性在是，则未免执情而障性矣。”②

以情证性在理路上不强调情的区分，体现了良知学的展开倾向。而对情

① 彭国翔：《良知学的展开——王龙溪与中晚明的阳明学》，北京：生活·读书·新知三联书店，2005年。

② 王时槐：《三益轩会语》“甲申”（1584）第86条，《王时槐集》，第499页。

作情识与良知之区分，以良知证性，而反对以情识证性，反对执情障性之学弊，此体现了良知学的“转折”。“展开”在于情的统一性，“转折”在于对情进行情识与良知的切割。在此切割之视野下，以情证性之“证成”义消失，“即情以验性”之“验证”义得到强化。以情证性在良知学的“展开”向度下，实是对当下见在之情之肯认，而以情验性在良知学的“转折”向度上，实是对形上之性之肯认。此时的情，实不可执。在此立场上，王塘南指出：

> 后儒误以情识为心体，于情识上安排布置，欲求其安定纯净，而竟不能也。假使能之，亦不过守一意见，执一光景，强作主张，以为有所得矣，而终非此心本色，到底不能廓彻疑情而朗然大醒也。亦可谓劳而鲜功矣。①

情识上的“安排布置”，便是执情。执情之效验有两种，一是“欲求其安定纯净”而“竟不能也”，而无所得；二是“以为有所得”而“终非此心本色”。此“有所得”乃是得安定纯净之“意见”与“光景”而“强作主张”。与此情识不同，“此心本色”乃指向“廓彻疑情而朗然大醒”，指向的是彻悟而明觉的状态。因此，笔者曾指出：“在王塘南看来，以情证性只能说明性之不容言，不能说明性情之同质。这是他对王门‘以内在证超越’思路的反思。换言之，王门‘以内在证超越’之思路，有情识良知关系之辨。江右王门强调情识与良知之区分，虽同具内在性，但在对超越的证成上，良知比情识更具优先性。情识不仅不能证成超越之性，反而会‘执情而障性’，即越是证明，越失性之本真。”

良知与情识既在效验上相区分，亦在区分之视野下具有关联性。此

---

① 王时槐：《三益轩会语》“甲申”（1584）第147条，《王时槐集》，第512—513页。

种关联性，可以“平旦之气”为言。王塘南言：

> 平旦之气，非性也，是孟子姑就常人斧斤暂息、浮气稍定之时而言也。如语沙漠之外之人指边城曰此中华也，若遂执边城以为帝都则悮矣。[①]

“平旦之气”即是“平旦之好恶”，即是“即情以验性”之“情”[②]。“平旦之气，为‘时’所限，只是‘常人斧斤’之‘暂息’、‘浮气’之‘稍定’；当有不为‘时’所限之恒常之气，以证成超越之性。”

因此，“平旦之气”本身之暂定状态与“平旦之气”之恒常状态，其间的关联一如“边城”与“帝都”之关系。虽然，在指为“中华”的有效性上，“帝都”优于“边城”，在指为“心性本体”的有效性上，“平旦之气”之恒常状态优于“平旦之气”本身之暂定状态；但是，“帝都”与“边城”具有空间上的由核心导向四周的辐射性，“平旦之气”之恒常与“平旦之气”本身之暂定状态是否也具有此种辐射性关系呢？联系前文所表，“此心本色”乃指向“廓彻疑情而朗然大醒”之“彻悟而明觉”，而执情之“无所得”与“以为有所得”，皆是“疑情”之存在，由此亦可认为前者是核心，后者为四周。此亦如同本与末、源与流之关系。关于源流之关系，王塘南尝言：

> 心譬则水也，知则水之明，意则水之发源，物则水之支流也，性则水之所从生而贯彻于源流之中，不即不离，不可得而名状者也。[③]

---

① 《附录二：逸文与传铭》，《王时槐集》，第 800 页。
② 王时槐：《三益轩会语》“甲申”（1584）第 86 条，《王时槐集》，第 499 页。
③ 《附录二：逸文与传铭》，《王时槐集》，第 800 页。

在王塘南的理解中，心之有性、有源、有流，心之本性贯于源流中，心之本性为知，因而源流则为意与物。在此种关系中，源是核心，而流可及于四周。因此，虽然在证成心之本体的意义上，作为源的意要优于作为流的物，然而意之源与物之流之间乃是一种单向流淌之关系。基于此种关系，良知区别情识如同源区别流一样，而两者之关系，乃是良知向情识之单向流淌。此可视为良知学转折之义理根由。以内在活动之良知而非情识，证成超越存有之性，即是良知学“转折”之基本形态。而其具体关系乃是良知向情识的不断辐射。“由此，以流证水不若以源证水，以物证性不若以意证性。此正是以王塘南为代表的江右王门对王门‘以内在证超越’理路之发展。在此意义上，平旦之气与平旦之气之恒常，乃为流与源之关系，以源证水，故可‘以内在证超越’。同理，良知与情识，亦为源流，以良知证性优于以情识证之。”

良知与情识之差别，体现了良知学的“转折”。以“转折”论良知学的发展形态，导源于林月惠大著《良知学的转折——聂双江与罗念庵思想之研究》①，主要表之为体用观之“转折”。就阳明后学之视野来看，正基于良知与情识之区分，此时的良知虽处形下、虽具形下活动义，然无限接近于形上存有义。而且唯有如此，才有良知与情识之间由源而流的单向辐射关系。关于源流关系，拙文《中晚明王学“以内在证超越”之取径新探》已有分析，在此须补充两点。其一，就内在活动与超越存有之关系来看，源流在形下层，代表着内在活动在证成超越存有层面之差别。其二，从源而流、从良知到情识的同质性，代表着良知学的展开，即情识即良知即性体；从流而溯源，从情识到良知的异质性，代表着良知学的“转折”，即良知即性体，而情识非良知。此时的良知，乃是内在活动与超越存有之统一体。王塘南在 56 岁时尝将之形容为

① 林月惠：《良知学的转折——聂双江与罗念庵思想之研究》，台北：台湾大学出版中心，2005 年。

"先天之发窍"，并指出："谓之发窍，则已属后天矣。虽属后天，而形气不足以干之。故知之一字，内不倚于空寂，外不堕于形气，此孔门之所谓中也。"① 此后，王塘南所言之本体开始具有中道特征。

三、以"外"证"内外中道之体"与良知学的"调适"

良知学的"转折"表明在本具有形下作用性质的源流中，源被上提而无限接近于形上先天，从而使得其"超越存有义"突出而"内在活动义"不显。此亦是良知学的"转折"在一定层面上被理解为接近朱子学的原因，特别是在江右王门一传弟子针对情识已发而强调良知未发时。朱子学对心之活动有未发已发两个时段之分疏，然其重点在于强调各自工夫之不同，而不在于以未发取代已发。江右一传在良知未发与情识已发的区分上，强调主于未发之"立体"工夫，"体立而用自生"。在对"第一义功夫""头脑功夫"的寻求上，江右王门与朱子学截然不同。然而，在主于未发之"立体"工夫中，良知的"超越存有义"被强化，而"内在活动义"有所丧失。在对江右王门一传思想的反省中，良知具有了介于超越之体与内在之用两者之间的中道性质。也就是说，对良知学"转折"的反思导致了对良知"中道"性质的"再寻求"。所谓"再寻求"乃是基于广义的中道观而言。在广义上，中明晚王学各家各派所寻求的良知，皆具中道性质。而"再寻求"是指在肯认良知中道之遍在的基础上，强调良知学在经历于用上"展开"与于用上"转折"两种相反指向之后所形成的体(超越存有)用(内在活动)兼具的中道指向，此在江右王门二传，既是对一传的反思，又是对良知学"展开"方向的某种兼顾，体现了良知学在本体理解上的"调适"。此种"本体调

① 王时槐:《答朱易庵》"丁丑"(1577)，《王时槐集》，第 344 页。

适”，属于本体在体用关系变迁上的一种具体形态，体现了本体从“展开”历“转折”到“调适”的复杂的义理关联。在一定意义上，此“调适”更能彰显本体“变迁”的内在机理。

作为此种“本体调适”之体现，江右王门二传弟子王塘南对本体的“中道”特征的强调，属于以中道证成形上之体之一脉。在对比孟子与告子思想时，王塘南强调孟子得“中道之全”。

> 告子但知本性无善恶，无修证，一切任其自然而已；才涉修为，便目为义外而拒之，大偏见也。故孟子以知言养气救之，在告子则必以孟子为支离，而不知孟子得中道之全，而告子终不免专内之偏也。①

从告子“专内”的立场看，孟子对“知言养气”的强调实属“支离”；从孟子“中道”的立场看，告子之“无修证”实属“专内”。此时王塘南无疑更为推崇儒家中道之立场。当然，王塘南以“中道”论本体亦具有阶段性，此亦意味着王塘南思想中的“本体调适”仍在推进，直至形成“寂运双泯、以道为体”之理解。此在拙著《良知学的调适——王塘南与中晚明王学》中有详细阐释。

以中道证成形上之体，代表着良知学的一重调适，是江右王门在良知学“转折”路向上的一种适可而止。不仅如此，对于良知的活动义，王塘南还通过孟子的“知言养气”来说明。也就是说，继以中道证成性体之后，王塘南还肯认以孟子之“知言养气”证成“中道”之体。此是良知学的又一重调适。正是在此意义上，既超越存有又内在活动之中道本体才可能通过孟子之“知言养气”来证成，此知言养气指向的是

① 王时槐：《三益轩会语》“甲申”（1584）第122条，《王时槐集》，第506—507页。

不同于超越义的内在活动义。因此，主张性无修证之告子派，正代表着良知学的“展开”之倾向，此是即本体即工夫之一脉，强调无处非本体。与之相反的则是良知学的“转折”派，主张即工夫即本体，强调工夫主于未发。而得中道之全的孟子派，代表着良知学的第一重“调适”派，强调本体与工夫之中道。不仅如此，还有通过“知言养气”“于用上一边”“帮补”告子之孟子派，代表着良知学的第二重“调适”倾向，强调工夫于用上做。王塘南言：

> 告子生之谓性，言但任其生，生本无善恶，即是性矣。若更于生生处加以矫揉之功，使合于义，便是于性上添了一层，故曰义外也，非内也。孟子以为若如此，则人与禽兽何别。然告子自是过高，终不肯以孟子之言为然，故置之不答，非不能答也。要之，告子乃分内外为二，落在偏空一边，如佛家所谓二乘断见也。孟子洞悟中道，原无内外，其与告子言，皆就用上一边帮补说，以救告子之所不足，良工心独苦也。①

由此不难看出，在体用所体现的本体与工夫之关系上，存在着四种逻辑面向。告子生之谓性，代表着“内体外用”中“有体无用”之偏空面向，其基于反对“内体外用”中“无体有用”之“支离”面向而产生。另有孟子“原无内外”之“体用中道”面向，以及孟子基于中道而于“用”上作“帮补”之面向。“以偏内、偏空、偏体之‘断见’评告子，并非《孟子》之原义，而是王塘南对阳明后学浙中王门‘空无’一派之评判。”王塘南在强调中道观②的基础上，提出“‘以内在证超越’之

① 王时槐：《三益轩会语》“甲申”（1584）第127条，《王时槐集》，第507—508页。

② 王塘南对中道观之推崇，参见拙文《中晚明思想家王塘南“儒门中道观”详释》，《浙江学刊》2017年第3期，第14—21页。

'帮补'义，实是对此'空无'派之'帮补'"。"比较而言，'自是才高'之偏空派，判'于用处着力'派为'义外'派，体现了浙中王门'空无'派之立场；而'洞悟中道'派对'空无'派'于用处''帮补'，可谓'良工心独苦'。"在"空无派"与"帮补派"之间，"王塘南本人无疑自居于后者，故对前者之理解既具系统又表同情"。当然，以"空无"论龙溪，乃基于即工夫即本体或本体工夫中道之立场，"以龙溪为代表的浙中王门，虽具'本体无善无恶、工夫自然而无修证'之'空无'特征，却自有其体用之圆融，于此'帮补'，并不受用"。

以上王门各派在"内在性"上的逻辑纠缠，呈示着良知学的基本走向。针对无体而有用之"支离"面向而有良知学的产生；不断清算自身的"支离"面向而有重本体之告子派，亦即"空无派"，代表着良知学的"展开"；为反对告子派于本体上的偏空专内而有江右一传之立体派，代表着良知学的"转折"；反思"立体"又兼顾"空无"而有中道之孟子派，代表着良知学的"第一重调适"；为反对"只体不用"而重"发用帮补"之孟子派，代表着良知学的"第二重调适"。以"调适"论良知学发展的具体形态，拙著《良知学的调适——王塘南与中晚明王学》或非初表，然于此以内在超越性之具体调适层次论良知学发展的具体形态，于前人典范成果的系统化而言，当是首发。

综上所述，基于"大良知"的中晚明王门，经由内在超越性之延展而不断走向调适，其具体特征体现在以下三个方面。其一，王门"内在超越性"之具体取径具有义理上的递进性。以内在之活动证成超越之存有实是一个不断递进的过程，以心证仁乃是心学之基本取径，代表着内在性的第一重寻求；以良知而非情识证心体，代表着内在性的第二重寻求；以中道证良知代表着内在性的第三重寻求，以知言养气证中道之体代表着内在性的第四重寻求。其二，王门"内在超越性"具体取径之递进性呈现出良知学从"展开"，历"转折"，到"调适"的三种基本走向。其中，以心证仁、以情证性，作为王门“内在超越性”有别于程朱之基本理路，体现着良知学的呈现与展开；良知与情识相分别、意物之间存有源流之别等，作为江右王门一传“内在超越性”之特色所在，代表着良知学区别于“展开”的“转折”路向；而以“外”“用”证“中道之体”，作为江右二传王塘南当时既基于江右一传又“帮补”浙中之“内在超越性”之创新，体现了良知学基于“转折”、帮补“展开”的“调适”路向。其三，良知学的“调适”意涵丰富，既可指向良知学发展之统体，如在宏观上，包括良知学的“展开”与“转折”在内的良知学的每一步发展，皆可视为良知学的“调适”；亦可指向良知学发展之阶段，如在中观上，良知学的“调适”乃是基于“转折”又兼顾“展开”（内在活动义）的路向；还可指向良知学发展之高峰，如在微观上，良知学在基于“转折”又兼顾“展开”之“第一重调适”的基础上，再次向前推进而有进一步反对“展开”（专内义）之“第二重调适”①。由此可见，王塘南孟子观所呈现的中晚明王学之内在超越性，层层递进地推扩着良知学的多重“调适”，从而推扩着良知学向儒家心学发展的更高形态迈进。

① 此两重“调适”所涉良知学的“展开”，含义实有“内在活动义”与“专内义”之不同，前者在“兼顾”意义上言，后者在“反对”意义上言；前者就本体对工夫之作用而言，后者就其只言本体而不言工夫而言。此种不同，于浙中王门而言，实具有意涵上的一贯性；于王塘南而言，则最终创造出独特的工夫论系统。

王阳明的格物说的演变

钟治国*

阳明早年信从朱子格物致知之学，但屡作屡辍，物理与己心始终判然为二。正德四年(1509)九月①，阳明于龙场驿大悟格物致知之旨，悟得物理不外吾心，吾性自足，从而将格物致知的用功方向转向此心，不再于物上求理。缘此，对格物致知说的重新诠释是阳明之学的起点和要义。由此而始，阳明之释《大学》更重视其中诸概念的内在融通和一体，以心、意、知、物为一件，格、致、诚、正为一事，对其中任一概念的界定的改变，皆会牵及其他概念而使之产生内涵的变化。以正德末年致良知说的提出为分界点，阳明对“物”的界定因其对“知”“意”的诠释的变化而有了变化、更加丰富，格物便不再仅是诚意之功，更成了致良知工夫的具体施发处。

一、训“格”为“正”

龙场之后至致良知宗旨提出之前，阳明论格物致知之说，以正德七年所发之“四句理”最为简明，“身之主宰便是心，心之所发便是意，

---

* 钟治国，1982年生，北京大学哲学博士，西安交通大学人文社会科学学院哲学系副教授。

① 束景南：《王阳明年谱长编》，上海：上海古籍出版社，2017年，第66—67页。下文关于阳明学思发展的时间节点的说法概出此书，不再一一赘注。

意之本体便是知，意之所在便是物”[①]。阳明此处认为身、心、意、知、物相互关联而一贯，本不必引入理的概念，但其“所以某说无心外之理，无心外之物”[②] 一句表明，“理”仍是蕴藏于阳明的《大学》诠释中的基本哲学理念。当然，阳明所言之理较朱子之说已有内涵的侧重点的变迁，在“所以然”之理(物理)与“所当然”之理(伦理、性理)中，阳明更重视的是与自己身心性命密切相关的后者。因此，他才在答徐爱对朱子“事事物物皆有定理”之疑时，将朱子所说的统括了“所以然”与“所当然”两种义涵的理径直归约、收摄于后者——“至善”，孝、忠这些人所当然的理便自然不能去亲、君上求，“于事事物物上求至善，却是义外也”[③]。阳明由此发展出了与朱子“不同”的致思理路：将理摄归于内，以己心本有的伦理、性理为根本来统摄、涵融物理——当然，朱子之说的实际内涵是否就是阳明所理解者是颇可商榷的。笔者认为阳明对朱子的格物穷理之说存在两个误解：第一，他误以为朱子将“所以然”与“所当然”断作两截，将“所以然”之理归于物从而析心与理为二，因此认为朱子之物上穷理无益于人修养伦理以成圣成贤。实际上，事物之理与人伦之理在朱子的思想中原本是本质相关的“一理”，“外而至于人，则人之理不异于己也；远而至于物，则物之理不异于人也”[④]，物理、人伦只是这同一个理在不同领域中的不同称谓。第二，缘此，他误认为朱子的穷理说就是穷格物理以增益此心之理。朱子说：“所谓穷理，亦止是自此推之，不是从外面去寻讨。”[⑤] 可见至物穷理并不是希望通过去物上求得其理来增益此心之理，而是将人人物物皆

---

① 《王阳明全集》卷一，上海：上海古籍出版社，2011 年，第 6 页。

② 《王阳明全集》卷一，第 7 页。

③ 《王阳明全集》卷一，第 2 页。

④ 《大学或问下》，《朱子全书》第 6 册，上海：上海古籍出版社；合肥：安徽教育出版社，2002 年，第 527 页。

⑤ 《朱子语类》卷五十九，《朱子全书》第 16 册，第 1907 页。

同具的“一理”穷尽无余，“以其理之同，故以一人之心，而于天下万物之理无不能知；以其禀之异，故于其理或有所不能穷也”①。人与万物皆具此理，但因所禀之气参差不齐，故需要通过穷理来彻达事物之表里精粗，明了此心之全体大用。也就是说，尽管此心已经包纳了理之全体，但朱子并不认为穷理工夫便可以只在心上做。朱子之穷理的“穷究”义、“至”义，当然是到事物之所在穷究其理，但不是从事物上求得与此心所具之理不同的理来增益之，而是借彼以晓此——确切地说是才明彼即晓此，将同一个理的不同呈现形式穷究“至极”。

心是身之主宰，是气之灵爽，意是心所发的意愿、意念，这是理学之通义，自不待言。阳明之说的特异之处，在于其对知以及与知相关的物的界定。“意之本体便是知”，此处的“本体”“知”显然不是指良知——正德十四年四月阳明才首阐良知之说。“四句理”的义理重心在于厘清心、知、意、物四者的义涵，尤以物为主。物就是意之所在，这是阳明此时着力强调的要点，其目的在于引出心外无物、心外无理。实际上，“体”“本体”在阳明的思想中因时境的不同而有不同的诠释可能性：(1)与“用”(作用、功用)、“末”(即由体所生者)相对的“体”，多是指实体(实际存在者，不以有形无形分)、本源(事物所从来的源头)、本质(事物的呈现方式及其内在依据)。如有杯盘之体才有饮食之用，有深植之本方有繁茂之末。“意之本体便是知”，此处的本体是指本质而言，谓意的本质就是一种认知、知觉能力及其活动。此种认知、知觉必有所朝向、指涉，由是“意之所在便是物”便是指此觉知活动的涉着者就是物。(2)“本体”也可以与“工夫”对言，指人借由具体的实践，主要是伦理实践所能实现的原本的、应有的理想状态、究竟状态，如阳明在论知行合一时曾说：“某今说知行合一，虽亦是就今时补偏救

① 《大学或问下》，《朱子全书》第 6 册，第 527 页。

弊说，然知行体段亦本来如是。吾契但着实就身心上体履，当下便自知得。”[①]同是一“体”，“体段”作名词，指知与行的原本状态就是一体不分的；“体履”作动词，指知行工夫应当身体力行。阳明在论学时多未明言在何种意义上使用体或本体这一范畴，因而即便在提出致良知说之后，其所说的体、本体也未必全就径指良知。

“意之所在”是否仅是阳明前期对物的主要界定？是否仅指“意念之物”“意向对象”？[②]关于前一问题，考其晚年诸作如《答顾东桥书》（作于嘉靖四年九月）、《大学问》（著录成书于嘉靖六年八月）等核心文献可知，阳明在晚年仍以“意之所在”为物之主训。关于后一问题，“在”字提示了一条合理的诠释路径：意具有主动性、自发性，意“在于”“朝向于”事亲、事君，亲、君方成为一物；反言之，物也反向牵引意，“意未有悬空的，必着事物”[③]，意如果不涉着物则无以呈现自身，因此阳明才说“我的灵明离却天地鬼神万物，亦没有我的灵明”[④]。阳明此时特别点出“感应之几”——人之灵明与万物相互感发和回应的几微、深细状态，其要义就在于：此心的灵明在意义世界的生成过程中具有主动性，天地万物在人心虚明灵觉中为人所把握并获得意义；反之，万物也对此心意义的获得具有同样的作用。因此，更准确的说法应当是：二者原本处于一个共生共在的、幽微深细的意义生成境遇中相互感发、回应而获得了各自的意义，因而“万物一体”“与物同体”。“感

① 《王阳明全集》卷六，第 232 页。

② 陈来先生指出，阳明在正德中的格物说的主要意旨是“正念”“格心”，阳明借助对物的意向性定义，把格物的方向从外在的事物转向意向行为本身。因此，这一时期其所谓物是意向对象，区别于居越以后的以物为实际事物之说。详见陈来《有无之境——王阳明哲学的精神》，北京：人民出版社，1991 年，第 133—159 页。陈先生近来对此说又有阐发，认为阳明晚年对物的界定由“意之所在”为主转向了“明觉之感应”为主，从而表明阳明晚年的工夫更加肯定了物的实在性。详见陈来《王阳明晚年思想的感应论》，《深圳社会科学》2020 年第 2 期。

③ 《王阳明全集》卷三，第 103 页。

④ 《王阳明全集》卷三，第 141 页。

应之几”便是此原本的“一体”“同体”的当下、情境化的呈现。在此意义上，“在”与“感应”并不是两种本质不同的对物的界定方式。[①]

在此时尚未提揭致良知宗旨的阳明看来，格物是去其心之不正以复其正：“‘格物’如《孟子》‘大人格君心’之‘格’，是去其心之不正，以全其本体之正。但意念所在，即要去其不正以全其正，即无时无处不是存天理，即是穷理。”[②]此时的格物主要是在心上用功，他以磨镜喻格物[③]，显然是以格物为复其本体之正的去私去蔽工夫。但经由上文对“意之所在”的分析可知，阳明此时的格物说并未遗落实际事物，只不过它们借由“心外无物”之说的浑融性、一体性结构涵纳于其中而隐而不彰了。心所发之意有诚伪、善恶之分，因此欲诚意，则必格物，格物是诚意之功，是去其意之伪、恶者而复其原本之诚的工夫，诚意此时处于《大学》工夫体系的核心地位。[④] 正德八年、十年，阳明在与王应鹏论学时所说的“君子之学以诚身。格物致知者，立诚之功也”，“鄙意但谓君子之学以诚意为主，格物致知者，诚意之功也”，所指也是此义。[⑤] 阳明在这一时期，或将格物、致知合说，或单说格物，足见致知是没有独立的工夫地位的。

---

① 阳明在作于正德十五年的《答罗整庵少宰书》中另有一套以“理”为核心的对心、意、知、物的界定：“理一而已。以其理之凝聚而言，则谓之性；以其凝聚之主宰而言，则谓之心；以其主宰之发动而言，则谓之意；以其发动之明觉而言，则谓之知；以其明觉之感应而言，则谓之物。”（《王阳明全集》卷二，第86—87页）意谓性、心、意、知、物就其本质而言都是此“一理”，知是良知，物是良知之感应物，与其一贯主张的物为“意之所在”不同。阳明又说：“知者，良知也。天然自有，即至善也。物者，良知所知之事也。格者，格其不正以归于正也。”明言物是良知所知者。详见《阳明先生遗言录下》，吴光、钱明、董平、沈延福编校《王阳明全集》（新编本）卷四十，杭州：浙江古籍出版社，2010年，第1606—1607页。回顾上文所论，可知此说是阳明在揭橥致良知之后对物的界定方式的丰富，与“意之所在”之说本质相通，并不能证明他晚年转向了以“良知明觉之感应”为物之主训。

② 《王阳明全集》卷一，第7页。

③ 《王阳明全集》卷一，第23页。

④ 《王阳明全集》卷二十二，第1320页。

⑤ 《王阳明全集》卷八，第302页；卷四，第183页。

二、训“格”为“得其理”

对比改作于正德十六年五月的新《大学古本序》可知，缘于致良知宗旨的提出，阳明不再将格物与致知合说、将致知融摄于格物之中，并进而以格物为诚意之功了。此时致(良)知不仅摆脱了从属性的工夫地位，且取代诚意成为《大学》工夫体系的核心。此时的意是心之本体的发动，而心之本体——此心的原本状态——是至善，此至善借由本体之知即良知呈现出来，故可以说心之本体就是良知。意就是心体良知之发动，物则是心体良知之事为、活动(所涉着者)——物与事缘发、互构，故可以等而视之。至此，可以说，因应“知”由一般意义上的知觉、认知、知识变为良知，“意”也就具有了广、狭二义：广义的意是“心之所发”，是应物而起之念，便有诚有伪、有善有恶，因此须用格物致知工夫以正之，此即“胜私复理”——去私去蔽以复其原本之诚的工夫义涵；狭义的意是此心的虚灵明觉即良知之发动，“心者身之主也，而心之虚灵明觉，即所谓本然之良知也。其虚灵明觉之良知，应感而动者谓之意。有知而后有意，无知则无意矣。知非意之体乎?”① 在致良知这一“头脑”工夫的统摄下，格物便是为善去恶，以己心本有的良知、天理(良知即天理)去“正”物：将此心之良知、天理推致于事事物物，从而在心与物的相互关联之一体之中纠正、导正事事物物，使其皆能获得理则、秩序，此即“以己正物”的工夫义涵——当然，“胜私复理”的义涵也并未被遗落，只不过这一工夫义涵的地位已经变为次要的了。

阳明在《答顾东桥书》中对此义发之甚详：致知是推致我心之良知、天理于事事物物，而不是朱子所说的得到对事物之理的完全认知；格物

① 《王阳明全集》卷二，第 53 页。

是使事事物物都能得其应有的理则、秩序，而非朱子所说的“即”“至”物而穷其理。[①] 但正如前文所述，朱子之格物有二义：至事物之所在而穷究其理；穷理要穷究至极、竭尽无余，“若有一毫不尽，便是穷格不至也”[②]。朱子又说：“格物，是物物上穷其至理；致知，是吾心无所不知。”[③] 格物为穷尽物理，致知是使得此心之知无不尽。除“达至”“得到”义外，朱子所说的“致知”之“致”又有“推出”“推送”义，“致之为义，如以手推送去之义”，“致其知者，自里面看出，推到无穷尽处；自外面看入来，推到无去处”[④]。所以格物、致知本来就是合内外而言的，阳明认为朱子分心与理为二、以格物属外(于外物上穷理)而致知属内(扩充内心之知)的看法是不准确的。由上可知，朱子对格物与致知是并重的，而阳明后期的格物致知说则更重致知的“推”良知天理“至”于事事物物的义涵——如果承认“致”字有充拓、扩充良知自身之义的话，该义涵显然也没有得到与前者相等程度的重视——因此格物仅有从属性的工夫地位。[⑤]

① 阳明认为，知道如何为温凊之节、奉养之宜，只是“知”，而非“致知”，“必致其知如何为温凊之节者之知，而实以之温凊，致其知如何为奉养之宜者之知，而实以之奉养，然后谓之‘致知’。”他在《大学问》中也说：“致者，至也，如云‘丧致乎哀’之‘致’……‘致知’云者，非若后儒所谓充广其知识之谓也，致吾心之良知焉耳。”《王阳明全集》卷二，第55、1070页。可见，他认为朱子的致知只是通过格物而得到、扩充对理的知识。

② 《朱子语类》卷十五，《朱子全书》第14册，第463页。

③ 《朱子语类》卷十五，《朱子全书》第14册，第471页。

④ 《朱子语类》卷十五，《朱子全书》第14册，第472、483页。

⑤ 张学智先生指出，阳明的致良知之“致”字除有推致实行之义外，又有充拓至极义，前者重在向外推致，后者重在良知自身的扩充，致良知统合了道德理性与实践智慧，二者密合无间，达到了最高的统一。详见张学智《明代哲学史》，北京：北京大学出版社，2000年，第117—118页。又见张学智《心学论集》，北京：中国社会科学出版社，2019年，第153、161页。阳明说：“我辈致知，只是各随分限所及。今日良知见在如此，只随今日所知扩充到底；明日良知又有开悟，便从明日所知扩充到底。”见《王阳明全集》卷三，第109页。此处其所云之“致”诚然有“扩充”之义，但其所扩充者却并非良知本体——良知既然人人完具且人人皆同，则其本身是不可也不必被充拓的——而是个体在各 (转下页)

我们注意到，阳明的这封书信似乎在训“格”为“正”之外，又提出了一个训“得其理”的“新说”。但细绎文义便可知，此“新说”实质上仍不离训“正”说的笼罩。实际上，阳明在这封信中阐发了事事物物皆得其理为格物之后，随即回到了训“正”说。①可见阳明始终以训“正”为“格”之主训，朱子所主之“至”义可以被统摄于“正”义之下。所谓训“得其理”只是阳明在具体语境中为阐发致良知说而使用的权变之说，似不可以之为一种新说、别说。另外，阳明在《大学问》中也明确地指出，致良知必实有其事，因而必须格物以致知。格物就是为善去恶，格不正以归于正。② 此时的为善去恶既见之于意念上，也见之于事物上，而意念与事物原本就相互牵引而互构、互现，故格物就不会局限于正念上，正念、正物本是同一个“正”。总之，阳明训“格”并无前后二说，这也可反证阳明对物的界定并无本质不同的前后二说。

三、“意”的广、狭二义与“四句教”再诠

正是在“意”有广、狭二义这一理解的支持下，才能消解对“四句教”首句“无善无恶是心之体”的歧解，以及由此引发的“四无”说和“四有”说蕴涵的“悟本体即是工夫”和“用工夫以悟本体”两种工夫论理路的对立。

(接上页)个不同的具体致知活动中对见在的良知(即良知本体的当下呈现方式)的丰富、对人人完满具备的良知本体的解蔽。阳明所云“然知得善，却不依这个良知便做去，知得不善，却不依这个良知便不去做，则这个良知便遮蔽了，是不能致知也。吾心良知既不能扩充到底，则善虽知好，不能着实好了；恶虽知恶，不能着实恶了，如何得意诚?”(《王阳明全集》卷三，第135—136页)说的就是此意。不能依照知善知恶的良知为善去恶便是不能致知，其良知便被遮蔽了，便不能充分地呈现自身(扩充到底)。

① 《王阳明全集》卷二，第54页。

② 《王阳明全集》卷二十六，第1071页。

王龙溪认为“无善无恶”是说作为心之体的天命之性本身的至善不能以具体的善恶来界定，天命之性、良知之至善超越具体的善恶、是非的对待，“天命之性，粹然至善，神感神应，其机自不容已，无善可名，恶固本无，善亦不可得而有也，是谓无善无恶”，因此上根之人的致良知工夫便是保任良知之流行；[①] 钱绪山说：“心体是天命之性，原是无善无恶的”[②]，但常人因习心染着而有意念上的善恶之分，故须用致知格物工夫克去私意之障碍而复其良知天理之本然流行。绪山在与“天泉证道”相关的记述中并未明言“无善无恶”到底何指，但考之其《语录》，可知他对“无善无恶”的理解是同于龙溪的，如其曰：“良知是天命之性，性体流行，通彻无间，机不容已……本来至善，故无善可有；本来无恶，故无恶可除。”“须知至善者，指吾心之本体也，即所谓良知也。”[③] 也是以良知、心之本体为天命之性。心之本体是至善的，超越于具体意念上的善恶，故是无善无恶的。由此可见，二人的分歧不在于对“心之体”的“无善无恶”的解释，而在于因对“意”理解不同而导致工夫路向上的差异：龙溪的“四无”说显然是以意为良知之发，良知本体无善无恶，则意、物也无善无恶，“悟得无善无恶心体，便从无处立根基，意与知、物，皆从无生，一了百当，即本体便是工

---

① 《王畿集》卷一，南京：凤凰出版社，2007 年，第 1—2 页。此类的论说在其集中多有，详见《与阳和张子问答》《自讼问答》《惺台说》《东游问答》(《王畿集》卷一，第 123、433、503、721 页)等文。此外，需要补充的是，龙溪所云之“无”除了良知之至善超越具体的善恶对待的义涵之外，也有人心原本无善念恶念的义涵，如其云：“人心无一物，原是空空之体。……吾人护心如护眼，好念头、不好念头俱着不得，譬之泥沙与金玉之屑皆足以障眼。”(《王畿集》卷一，第 57 页)这两种义涵在龙溪的思想中并不矛盾，前者是就本体上指示良知的超越境界，后者是就工夫上指示工夫路径和所应达至的本体状态，本体、工夫本来不二。体、本体、心之体的双重内涵——本质和状态在龙溪处并没有被清晰地区分开来，这一处置方式引发了蕺山、梨洲的批评。作为心之本质的性、良知是不能以无善无恶言的，故梨洲以“无善无恶心是之体”的“心之体”为此心的原本状态而非性、良知。

② 《王阳明全集》卷三，第 133 页。

③ 钱明编校、整理《徐爱 钱德洪 董沄集》，南京：凤凰出版社，2007 年，第 125、127 页。

夫，易简直截，更无剩欠，顿悟之学也”[①]。至善的良知保证了意、物的至善——对具体的善恶的超越，工夫便易简直截；绪山所说的意则是广义的心之所发，故而有善有恶，便须做为善去恶的渐进工夫以恢复、推致良知本体的至善。[②]

事实上，除对“意”的理解分歧之外，龙溪、绪山二人对“心之体”的诠解也是有问题的，正如梨洲所指出的：“善一也，而有有善之善，有无善之善，无乃断灭性种乎?”[③]钱、王二人的解释的根本问题在于他们都径直以此处的“心之体”为良知本体。如前文所论，阳明所说的体、本体、心之体具有不同论说语境下的不同含义，有时确实是指性、良知，如阳明在《答陆原静书》中说“良知者，心之本体”[④]；有时则仅指此心的原本状态——“人必要说心有内外，原不曾实见心体”[⑤]，此心的原本状态就是无内外之别的。笔者认为，此处的“心之体”应是指心的原本状态，而非良知本体。“无善无恶”不是说良知(即二人所认为的“心之体”)本身没有善恶的性质——良知、天理本身是至善的，这一点阳明屡屡言之，不容置疑——而是说此时的心处于未发的状态，故其此时是无善念也无恶念，亦不可以有善有恶称之的。当然，将“无善无恶”理解为形上至善的心体对形下具体的善恶的超越也说得通，但

---

① 《王畿集》卷一，第 2 页。龙溪在为绪山所撰的《行状》(《王畿集》卷一，第 586 页)中述及“天泉证道”一事时并无上述言语，可见这种对顿悟工夫的强调是龙溪弟子据其理念所作的发挥，含有很强的护卫师说的意味。

② 梨洲引蕺山之说，认为阳明在《大学》的“意”字上看不清楚，所以在正心、诚意、致知、格物四条目的阐释上叠床架屋，以致其后学聚讼纷纭，益失原旨。详见黄宗羲著，沈芝盈点校《明儒学案》卷十，北京：中华书局，2008 年，第 218 页。笔者认为，阳明不是不明“意”的含义，蕺山师弟二人所主张的“意”是心之存、主，而阳明所说的“意”包纳广、狭二义，狭义者与蕺山、梨洲所谓者并无本质不同。再者，阳明所言之“意”的释义有不同语境下的具体表达，而其门人对此往往不加详辨而杂以己说，所以才导致其后的争论。

③ 《明儒学案》卷十，第 179 页。

④ 《王阳明全集》卷二，第 69 页。

⑤ 《王阳明全集》卷三十二，第 1293 页。

形上与形下如何贯通的问题便不可避免地要被引入，这对于“四句教”义理疏通来说就过于迂绕了。换言之，“无善无恶是心之体”一句的语意重心不在钱、王二人所以为的“良知”二字上，而在此“心”字上。此亦正如梨洲所说：“阳明‘无善无恶心之体’，以之言心，不以之言性也。”① “其实无善无恶者，无善念恶念耳，非谓性无善无恶也。”②

梨洲又说：“夫无善无恶心之体，原与性无善无不善之意不同，性以理言，理无不善，安得云无？心以气言，气之动有善有不善，而当其藏体于寂之时，独知湛然而已，安得谓之有善有恶乎？”③ 认为心以气言，气有动有静，当其动时有善念恶念的产生，当其静时则其寂然之体自然是无善念也无恶念的。因此“有善有恶是意之动”只是在说此心发动时有善念恶念的呈现，而非指“意”本身有善有恶。“所谓知善知恶者，非意动于善恶，从而分别之为知，知亦只是诚意中之好恶，好必于善，恶必于恶，孰是孰非而不容已者，虚灵不昧之性体也。”④ “有善有恶之意，以念为意也。知善知恶，非意动于善恶，从而分别之为知。好善恶恶，天命自然，炯然不昧者，知也，即性也。阳明于此加一良字，正言性善也。”⑤ 由此可知，梨洲所说的意的内涵同于蕺山，是

① 《明儒学案》卷十四，第 289 页。

② 《明儒学案》卷十，第 178 页。张学智先生认可梨洲的说法，认为“无善无恶”是说心中本无善念恶念，善念恶念是后天生起的。阳明关于“心之体”“心体”的说法可分为四类，第一类是指至善无恶的形上本体——性、天理；第二类是指心的无善无恶的形下状态、本来面目；第三类意谓心的诸种性质，如乐是心之本体；第四类意谓心无体，以与天地万物感应之是非为体。其中第一类和第二类说法适用于对“四句教”首句的解释：从形下状态上说，此心未发，便无善念恶念；从形上性体上说，至善之性只有在无善念无恶念的状态下，才能发露。详见张学智《明代哲学史》，第 120—122 页。这种诠释可以总结为“有的本体，无的工夫”，形上之善性是有、是目的，形下之无善无恶是无、是手段。据前文所论，笔者认为，“四句教”首句的“心之体”只训作此心的原本状态即可，这样对于“四句教”的义理诠释来说更为径捷。

③ 《明儒学案》卷六十，第 1474 页。

④ 《明儒学案》卷十，第 178 页。

⑤ 《明儒学案》卷五十八，第 1379 页。

“诚意”之“意”，是直指已诚的、本体之“意根”而非待诚的、工夫所指向的“意念”，是有善而无恶的。如果把“有善有恶意之动”释为意自身有善有恶，实际上是把念当作意了。由此，“知善知恶”之“知”便不是“意”被善恶所扰动之后从而加以分别的“知”，而是人原本已具的性、良知。阳明于此“知”前加上一个“良”字，正是为说明此“知”即“性”，是有善无恶的。此“知”不是“分别之知”，也意谓良知不是仅将善恶区别开来的认知，而是“诚意中之好恶”，是“诚意”“意根”中原本具有的对善恶的好恶，善必好、恶必恶。梨洲指出，如果以知觉为良知，推行、推致为致知，那就是在念虑已发之后去察验其何者为善、何者为恶，进而达善塞恶，如此“则方寸之间已不胜其憧憧往来矣”①。由此可见，梨洲对阳明“四句教”的诠释思路是摄“知”归“意”，挽合师说与阳明之说，“余谓先师之意，即阳明之良知；先师之诚意，即阳明之致良知”②，以为“意”中本有好恶，进而赋予“为善去恶”的道德实践以内在的驱动力，从而解决实际生活中存在的伦理困境：知善而不为，知恶而不去。

四、结　语

总之，阳明所说的物主要是“意之所在”，不论阳明“经说”——将物视为意之所牵涉者，还是“权说”——将物视为应良知之感而起者，都未曾遗落实际事物。阳明始终以训“格”作“正”为主训，训“得其理”只是晚年偶尔提及的权变之说。在致良知宗旨提出之前，阳明所说的意是广义的心之所发，善恶夹杂，故格物主要是正意念，是诚

---

① 《答董吴仲论学书》，《黄宗羲全集》第 10 册，杭州：浙江古籍出版，2005 年，第 148 页。

② 《董吴仲墓志铭》，《黄宗羲全集》第 10 册，第 467 页。

意之功；致良知宗旨提出之后，无论是广义的意还是狭义的作为良知之发的意，无论其是善恶夹杂还是有善无恶，都被阳明打并为一了。故从工夫论而言，无论已发之意是善是恶，是心之发还是知之动，如果不能即其事(物)而格之，则不能致其知(致良知天理于事事物物)而诚其意(复其原本之善)。因此，格物是致知的实地，而诚意也要以致知为本——知是意之本体，没有本体良知的规范、引导，则意无法复其原本之诚。在致良知工夫的统摄下，格物兼包了“胜私复理”和“以已正物”双重工夫义涵而以后者为主，其工夫地位便有了自诚意之功至致良知之实地、实事的变迁。

(本文原载于《哲学与文化》2021 年第 10 期，收入本书时略有改动)

欧阳德良知本体论和致良知工夫论研究

宣炳三*

一、绪 言

欧阳德(1496—1554)，字崇一，号南野，江西泰和人。正德十一年(1516)，中乡举，之赣州，师从王阳明，不赴春试两次。阳明称他小秀才，器重莫甚。嘉靖二年(1523)举进士，授知六安州，迁刑部员外郎。嘉靖六年，诏简选有学行者为翰林，改翰林院编修。嘉靖十一年，迁南京国子司业，继迁太仆少卿、南京鸿胪卿。嘉靖十八年，丁父忧，服阕留养老母，乃与邹东廓、聂双江、罗念庵等从事讲学，相与求未发之真知。嘉靖二十五年，以荐起复。嘉靖二十六年，晋南太常卿，寻召入掌国子祭酒，遂擢礼部左侍郎。嘉靖二十八年，改吏部，兼翰学，掌詹事府，复命教庶吉士于翰林。嘉靖二十九年，主会试，黜浮崇雅，最号得人。是夏，母卒庐墓，服未阕，拜为礼部尚书，毕丧就职，命直无逸殿，当是时，南野与徐少湖、聂双江、程松溪并以宿学都显位，集四方之士于灵济宫，论良知之学，赴者五千人。嘉靖三十三年，卒于官，享年59岁。赠太子少保，谥文庄。享

---

* 宣炳三，韩国崇实大学哲学系教授。本文基于笔者的博士论文(《欧阳德哲学研究》，北京大学，2011年)修改补充而成。

南野门人半天下之誉。[1]

就宦途之显、教学之功而言，他无愧于王阳明的首弟子之称，而且迄今研究阳明的学者几乎把他推崇为阳明嫡统的地位，如牟宗三把他作为江右的嫡传，冈田武彦也将其评为阳明学的正统。那么，研究阳明学最有权威、影响力最大的《明儒学案》的编著者黄宗羲的评价如何？我读的印象是黄宗羲对欧阳德的评价虽不低，却不是全面肯定的。[2]若我的理解准确的话，我们绕不过去的一个问题是：在政治事功上，教学事业上，赫赫显出的欧阳德，为何在黄宗羲那里得不到全面肯定的评价？这个问题是本文着重探讨的问题之一，而循着本文的展开可以猜测到其中一些理由。尤其是这个问题可以帮助寻找欧阳德思想的线索。

研究欧阳德思想的困难在于如何掌握他思想的独特性，因为他的良知学很平实。这是欧阳德哲学研究者的最大难关。就阳明学的基本理论框架而言，心即理、知行合一、致良知、四句教四个不可废一。本文着重于欧阳德的致良知，即良知本体论和致良知工夫论。本来，本体和工夫的问题大致涵盖阳明学的核心，再加上研究阳明后学时，对他们良知本体论和致良知工夫论的具体分析，可以突出阳明后学个人的思想特征，帮助评定阳明后学个人在阳明学之内的位置。这个途径算是一般性模式。

欧阳德的良知本体论和致良知工夫论，与王龙溪的良知本体论和致良知工夫论颇有相似处，他基本上尊重佩服王龙溪讲学的真诚。可是后来欧阳德被推崇为正统，而王龙溪得不到很高的评价。对此问题必须讲

---

① 此简历是录自《聂豹集》，南京：凤凰出版社，2007 年，《欧阳公墓志铭》，第 155—158 页；《明史》，北京：中华书局，2003 年，《欧阳德传》，第 7276—7278 页；吴震：《阳明后学研究》，上海：上海人民出版社，2003 年，《欧阳南野论》，第 281—304 页。

② 这种情况同样适用于钱绪山，即现研究者评钱绪山为嫡传，而黄宗羲在《明儒学案》中的评价确是不高。

清楚，而后才能接近于欧阳德思想的本来面貌。这个途径算是特殊性模式，而我采取“庄敬本体”和“悦乐本体”的图式来分析两者之间的不同点。在结语里，我将简单整理“庄敬本体”和“悦乐本体”图式的含义，以助理解。

二、良知本体论

在研究欧阳德良知论时，研究者几乎都论及与罗钦顺的论学书。我也沿着这个途径，先讨论与罗钦顺的论学书，而后考察与聂双江的论学书。两人均与欧阳德观点不同，以致反复辩论。由此可猜测到两者论调的相似点，值得注意的是，罗钦顺站于尊崇朱子学的立场，以反对欧阳德的良知本体论，而聂双江站在推崇阳明学的立场上，以提倡虚寂良知论和归寂致良知工夫论，引起与同门的争论。故细察欧阳德如何应对一位尊崇朱子学者的良知辩难，如何应对一位推崇阳明学者的良知辩论，由此可寻找到欧阳德良知本体论的特征。

先谈与罗钦顺的论学书。在通行本《欧阳德集》[①]卷一，《答罗整庵先生寄〈困知记〉》里，有三篇书信，第一、二篇涉及阳明学的一些基本问题，第三篇不谈论学。第一通书信是欧阳德读《困知记》后，反驳罗钦顺对于阳明学的批评。他说：

> 窃观《记》中反复用于心性之辨，谓：“佛氏有见于心，无见于性，故以知觉为性。”又举《传习录》中云：“吾心之良知，即所谓天理也。”谓此言亦以知觉为性者。某尝闻知觉与良知，名同而实异。凡知视、知听、知言、知动，皆知觉也，而未必其皆善。良知

---

① 本文的底本是《欧阳德集》，南京：凤凰出版社，2007 年。

者，知恻隐、知羞恶、知恭敬、知是非，所谓本然之善也。本然之善，以知为体，不能离知而别有体。盖天性之真，明觉自然，随感而通，自有条理者也。是以谓之良知，亦谓之天理。天理者，良知之条理，良知者天理之灵明。知觉不足以言之也。[①]

欧阳德认为，罗钦顺批判阳明学所讲“良知是天理”等于佛教的“知觉是性”，这缘于心和性的差异。朱子学说“性即理”，而阳明学说“心即理”。就朱子学而言，心是气之精爽，而以思虑云为为主的知觉，不等于天理。故以知觉的良知为天理的阳明学无异于佛教的“作用为性”，即以知觉为性。

对此，欧阳德采取两种途径。第一，发明阳明提倡“心即理”的本意所在，这是一种价值论的辩护，即阳明要除去“源远末离，枝盛本披”之弊端，如“汩于论说，荡其知识，依拟形似，矜持功能”之态，故主张“使之无为其所不为，无欲其所不欲，各循其本心而已”的真切笃实之工夫。[②] 第二，良知和知觉之别，这是一种理论性的辩护，即视听言动是知觉而未必皆善，而良知是知恻隐、羞恶、恭敬、是非的本然之善。一个是未必皆善的知觉，一个是本然之善的良知，两者不能混为一谈。

那么，本然之善（按性）和良知（按明觉）关系如何呢？欧阳德说“本然之善，以知为体，不能离知而别有体”。就是说，本然之善的性通过良知发动，显为本来体段，故没有良知没法寻找本体。这是阳明尝说的“性无不善，知无不良”的意思。

下面看罗钦顺的回应。现行本《困知记》[③]里论学书信中有《答欧阳

---

① 《答罗整庵先生寄〈困知记〉》，《欧阳德集》卷一，第 12 页。
② 《答罗整庵先生寄〈困知记〉》，《欧阳德集》卷一，第 12—15 页。
③ 罗钦顺：《困知记》，北京：中华书局，2013 年。

少司成崇一》两通。看附记，一通是甲午秋(嘉靖十三年，1534)，一通是乙未春(嘉靖十四年，1535)。在甲午秋的书信中，罗钦顺如此回应：

> “天性之真，明觉自然，随感而通，自有条理，是以谓之良知，亦谓之天理。”仆虽耄，固知贤契所得，在此数语，然其误处亦在此数语。此正是讲学切要处，不得无言。……盖天性之真乃其本体，明觉自然乃其妙用。明觉发于既生之后。有体必有用，而用不可以为体也。[①]

在此，罗钦顺明确地反对欧阳德所谓“本然之善，以知为体，不能离知而别有体”的观点，他提出所谓“天性之真乃其本体，明觉自然乃其妙用。明觉发于既生之后。有体必有用，而用不可以为体”的立场。就是说，欧阳德是根据“由用见体”“即体即用”的体用论，故主张离开良知，没有别的本体，相反，罗钦顺是根据“立体生用”“由体达用”的体用论，故提倡明觉(按良知)发用不能当作本体。

体用论是宋明儒者最爱用的一种梳理范畴的思维工具，而且它本身是范畴形式而不是内容，故若谈体用论，必须就具体概念内容而具体分析，而后谈体用达到圆境。大端说，罗钦顺担忧光讲良知本心说，则或流落于情识安排自恣，放弃着实工夫之病[②]，而欧阳德却认为发明良知本心，才能救其荡其知识，依拟形似，非真切笃实工夫之弊。[③] 就这样，两者具体论难如枘凿不入，而为学宗旨不谋而同，无怪两者均属于宋明理学者。当然，罗钦顺是固守朱子学，以致反复辩难。[④]

---

① 罗钦顺：《困知记》，第 118 页。

② 罗钦顺：《困知记》，第 117—121 页。

③ 《答罗整庵先生寄〈困知记〉》，《欧阳德集》卷一，第 12—15 页。

④ “仆之所守不过先儒(按朱子)成说，其不合也固宜。”(罗钦顺：《困知记》，第 121 页)

次谈与聂双江的论学书。在《欧阳德集》卷五《答聂双江》里，有二篇书信，就是《聂豹集》卷八《欧阳南野太史三首》的第二、第三通的回信。看附记，本书信是在嘉靖三十年(1551)到嘉靖三十三年之间写的。聂双江在第二书信里这样说：

> 夫以知觉为良知，是以已发为未发，以推行为致知，是以助长为养苗。王霸、集袭之分，舍此无复有毫厘之辩也。夫动，已发者也，发斯妄矣。[1]

他把知觉和良知的关系连接到已发和未发的关系。依他的见解，知是知非的良知，是已发的知觉，而且已发之际难免有不善的动，就是"发斯妄"的混杂。故以推行已发之知觉为致良知，则不得不流于如宋人的助长、扶西边而东边倒的枝叶末端的工夫，这是"今不致感应变化所从出之知，而即感应变化之知而致之，是求日月于容光必照之处，而遗其悬象著明之大也"[2]。对此，欧阳德的论辩是这样的：

> 知觉固是发，然非别有未发，固未必皆良，然良知亦不外于知觉。知觉之无欲者，良知也。未发之中也。……犹聪明者视听之未发，而非视听有未发之时。[3]

欧阳德回答聂双江反问是如此：知觉是未发还是已发？当然是已发！已发有没有不善的混杂？当然有！故知觉未必皆良。但良知是不离于知觉而不杂于知觉的，如"聪明者视听之未发，而非视听有未发之时"，尤

① 《答欧阳南野太史三首》(第二书)，《聂豹集》卷八，第239页。
② 《答欧阳南野太史三首》(第三书)，《聂豹集》卷八，第242页。
③ 《答聂双江》(第一书)，《欧阳德集》卷五，第187页。

其良知是所谓“动而后有不善，而本体之知未尝不知”[①]的存在。粗略说，聂双江的思维构造是“先体后用”“先静后动”“先未发后已发”“先内后外”，而欧阳德的思维构造是“即体即用”“动静合一”“未发已发合一”“无分内外”。[②]

其实，欧阳德和聂双江之间关于良知和知觉的这一辩论主题，在聂双江和王龙溪之间的辩论中，更鲜明地突出。聂双江以为所谓“见在良知(即是现成良知)”是“以知觉为良知”的，他自然地对王龙溪的见在良知说采取严厉反对的态度，甚至提倡归寂说纠正见在良知说的弊端。[③]他在寄给王龙溪的书信里这样说：

> 如以其见在者言之，则气拘物蔽之后，吾非故吾也。譬之昏蚀之镜，虚明之体未尝不在，然磨荡之功未加，而迭以昏蚀之照为精明之体之所发，世固有认贼为子者，此类是也。[④]

此书信有助于我们理解上面援用的聂双江与欧阳德书信里所说的“以知觉为良知，是以已发为未发”，即见在就是已发，已发则未免气拘物蔽，故不是本然的虚寂良知之本体。若仅依见在良知而致良知，这是推行而不是真致良知，而难免认贼为子之病。由此可以确认聂双江的立场是

---

① 《答聂双江》(第一书)，《欧阳德集》卷五，第186页。

② 当然，这种概括是一种方便说法。故以仅用这种图式来判断谁赢谁输不免有武断之嫌，而且对理解他们思想的本来面目没有积极的作用。因此，为了这个问题，需再进一步探讨他们宗旨后面潜在的根本的动因。具体而讲，宋明儒者的共同目标是达到圣人之境，因此设定一个问题：于自己，如何达到圣人之境；于他人，如何教育圣人之学。后来这种工夫的精华结晶为各自的宗旨。故须探讨形成宗旨的根本性动因，才会明确理解他们思想的本来面目。

③ 林月惠谈聂双江归寂说的缘起，提示四种原因。其中一个是反对龙溪见在良知说，值得一览。见林月惠《良知学的转折——聂双江与罗念庵思想之研究》，台北：台湾大学出版中心，2005年，第175—203页。

④ 《寄王龙溪》(第二书)，《聂豹集》卷八，第267页。

“立体生用”“由体达用”的体用一源论。

聂双江还在别处说：“今讲良知之学者，其说有二。一曰良知者，知觉而已，除却知觉，别无良知。学者因其知之所及而致之，则知致矣。是谓无寂感、无内外、无先后而浑然一体者也。一曰良知者，虚灵之寂体，感于物而后有知，知其发也。致知者，惟归寂以感通，执体以应用。”① 二说之后者是聂双江所主张的归寂说，前者很可能指王龙溪的见在良知。

那么，欧阳德呢？我认为欧阳德该属于前者之列。就良知的活泼性而言，欧阳德和王龙溪站在同一个立场，于是就见在良知而言，欧阳德和王龙溪亦均有共同的立场。如果这样的话，马上可提出一个疑问，就良知本体论而言，两者的不同点在何？后来对两者的评价不同原因在何？这是了解欧阳德良知论的时候，必须穿过的大门。

王龙溪的良知论由两方面构成：无是无非、无善无恶的虚寂良知本体，及知是知非、知善知恶的良知明觉作用，而且本体和作用的关系是“即体即用”的体用一源论。② 所以就动静、寂感、内外、先后等采取混融合一的立场，喜论其统体。尤其是他特别强调“信良知”的工夫。只有依这种先行理解，才能圆满地理解王龙溪所主张的“先天正心之学”和“后天诚意之学”的本意所在，在此不赘述。③

---

① 《赠王学正之宿迁序》,《聂豹集》卷四，第94—95页。

② 这种记述很可能有两个问题：第一，与聂双江虚寂良知的区别。我认为聂双江主张归寂说是针对王龙溪的见在良知论，同理，王龙溪的虚寂良知是针对聂双江的虚寂良知。第二，王龙溪常说的“有无”之解。有人以工夫之“有”和境界之“无”来解释“有无”。但是我谓本体有“有无”，工夫也有“有无”，境界也有“有无”。

③ 参看彭国翔所写的有关章节，见彭国翔《良知学的展开：王龙溪与中晚明的阳明学》，北京：生活·读书·新知三联书店，2005年。笔者也谈过这个问题，见《王龙溪哲学研究》，韩国成均馆大学博士论文，2007年。

大端而言，欧阳德的良知本体论与王龙溪的本体论一般。[①] 可是欧阳德的良知论还有一些特征。

> 人心本自宽裕温柔，本自发强刚毅，斋庄中正，文理密察，而后为得心的本体。然非底理洞彻，而徒以意见附会，则或失于矜持，或流于缓弛，归失其本体而已矣。[②]
>
> 知之本体，本自文理密察，本自斋庄中正，本自发强刚毅。警醒戒惧者，密察庄毅之本心也。[③]

人心（良知）本有两面。一是本自宽裕温柔的层面[④]，一是本自斋庄中正的层面。前者是悦乐心体（良知），后者是庄敬心体（良知）。悦乐状态是《论语》所谓“风咏舞雩”的和悦快乐的心态，庄敬状态是《诗经》所谓“昭事上帝”的庄敬严肃的心态。本来，就工夫完成者而言，两者是统一不分的，可是就工夫过程者而言，过于重视其中任何一面颇有所谓过或不及的片面性。从强调悦乐本体的人而看，庄敬本体会有把变动不居的本体当成典要，固执形式而不灵活，从而有成为伪道德君子等的嫌疑。相反，从强调庄敬本体的人而看，悦乐本体会有把告子的“生之谓性”乃禅家的“作用之性”当成本体，放弃工夫而躐等，猖狂放恣而无纪律，从而又成为无忌惮的小人等的嫌疑。这就是欧阳德所谓“失于

① 欧阳德赞成王龙溪讲学的态度，见《欧阳德集》中的书信里，不一而足。欧阳德所以赞成王龙溪讲学，我以为他对良知本体的理解，略与王龙溪一致，算是最根本的原因。欧阳德很佩服王龙溪良知学透澈、勇猛、直下承当的精神。见《答张卿理》，《欧阳德集》卷二，第47—48页；《寄何善山、黄洛村》，第62—63页；卷三，《答横溪》，第87页；卷五，《寄王龙溪》，第165页，等等。

② 《答沈思畏》（第一书），《欧阳德集》卷四，第155页。

③ 《答郭平川》，《欧阳德集》卷三，第119页。

④ “宽裕温柔”可以解释为“乐”，所谓“虽思虑不作，闲静虚融，俗语谓之自在，则亦乐之发也”。见《答聂双江》（第二书），《欧阳德集》卷五，第193页。

矜持”和“流于缓弛”的评价。

当然，欧阳德未尝批评龙溪的讲学“流于缓弛”而王龙溪也未尝批评欧阳德的讲学“失于矜持”。在欧阳德而言，他肯定良知本体自然流行的悦乐性，同时觉察良知本体本身具有的庄敬性。可是具体而谈，他还是主要讲庄敬本体自然流行的集义之乐①。故他几乎未谈所谓“心体之乐”“满街圣人”而多讲“真心”“真诚恻怛”“敬”等。

总之，欧阳德主张循从良知活泼，肯定见在良知。同时，他重视良知的庄敬性，强调真诚良知。我认为，黄宗羲委婉地不把欧阳德放在第一线的理由，及后来研究者不犹豫地把欧阳德放在正统派位置的原因，都在此。

三、致良知工夫论

嘉靖十四年(1535)到十六年之间的书信里有一封《答陈明水》。在此，欧阳德谈致良知工夫论的问题。为叙述之方便，分两段录出：

> 读我兄与绪山别纸，谓“今时学者往往言良知本体流行，无所用力，遂至有认气习为本性者”。诚然诚然。我兄谓须有以救之，不若说致知功夫不生弊端。
>
> 鄙意则谓，今之认气习为本性者，正由不知良知之本体。不知良知之本体，则致知之功未有靠实可据者。故欲救其弊，须是直指良知本体自然流行，而无所用力者。使人知所以循之，然后为能实

① “集义之乐”是笔者为了说明欧阳德的良知特征，从《孟子》里采用的造语：“其为气(按，浩然之气)也，配义与道。无是，馁也。是集义所生者，非义袭而取之也。”(《公孙丑上》)“反身而诚，乐莫大焉。”(《尽心上》)“义理之悦我心。”(《告子上》)见《答王堣斋》，《欧阳德集》卷四，第124—128页；《答陆主政子翼》，《欧阳德集》卷四，第139—140页。

用其力，实致其知。不然，恐却其以良知为所至之域，以致知为所入之途，未免歧而二之，不得入门内也。①

当时提倡良知学者中往往有主张良知本体是自然流行的，无所用工夫，从而流于认气习为本性者，为此，陈明水提倡致良知工夫纠正这种流弊。这个方案看起来很合理没有问题。可是，若仔细琢磨，马上出现一个问题，即如何进行致知工夫。就欧阳德而言，不知良知之本体，则致知之功未有“靠实可据者”。因此，解决的方案还是在于良知。必须直指良知本体自然流行无所用力者，使人知所以循之，然后为能实用其力，实致其良知。这是欧阳德所谓“近日朋侪中无不知致良知之学，然须识取良知着落，则致知功夫始更精切。不然，未免掺和兼搭，只到门外，不到门内也”② 的意思。这种致良知工夫论可谓“循从良知而致之”的“依良知”论。③ 也可以说“慎独”论。④

如果我们同意把欧阳德的致良知工夫论看作“依良知”，可以按这种顺序而探讨欧阳德致良知工夫论：首先探讨当时对“依良知”工夫论的批评，然后将它与王龙溪的“依良知”工夫论区别开，以说明欧阳德“依良知”工夫论的本意。最后谈欧阳德工夫论的具体大纲。

首先谈反对“依良知”者的论辩。为此提出两个人，一位是非阳明学者，一位是阳明学者，前者是湛甘泉，后者是罗念庵。

今游先生(按王阳明)门者，乃云“只依良知，无非至道”。而

① 《答陈明水》，《欧阳德集》卷二，第 42 页。

② 《答友人》，《欧阳德集》卷二，第 70 页。

③ 有些地方欧阳德更分明地说明良知本体透彻的重要性，所谓“向时以为功夫未熟所致，自今观之，根种不真，纵粪多为勤，终为荑稗，直须洗骨涤髓，庶复天元一气耳”。见《寄刘晴川》，《欧阳德集》卷二，第 67 页。

④ 依欧阳德而言，独(知)是良知，而慎独(知)是致良知。故“依良知”论可以说“慎独”论。见《答聂双江》(第二书)，《欧阳德集》卷五，第 191—195 页。

致知之功，全不言及。至有纵情恣肆，尚自信为良知者。立教本旨，果如是乎？①

今却尽以知觉发用处为良知，至又易“致”字为“依”字。则是只有发用，无生聚矣。②

前段是湛甘泉的话，后段是罗念庵的话。两者的学术宗旨不同，可是对“依良知”的反对却不谋而合。两者均提示“依良知”会出现“纵情恣肆”“只有发用，无生聚”的弊病。湛甘泉的具体想法仅从这段内容没法确定，可按他的整个思想，可有这样的理解：天理不仅在于本心，且在于事物，尤其是本心未免习气之杂，故只依良知而不下致知之功，有纵情恣肆之病。罗念庵的具体想法与聂双江的观点一致。知觉发用的良知不是良知本体，故仅“依良知”而进行致良知工夫，则没有收敛凝聚，只是猖狂发散。

欧阳德也对他们所担心的病状有共识：

承谕，本性自然，合下便是，不容人力，直指真际。启我多矣。故人所以兢兢业业，终日对越在天，文理密察，丝毫不肯放过，正是此体。③

欧阳德首先肯定“本性自然，合下便是，不容人力”，然后再说明本性自然就是“兢兢业业，终日对越在天，文理密察，丝毫不肯放过”。不然，总是虚见虚谈，无益于学，“未免认贼作子，渐流入于纵恣怠缓

① 引自《绪山会语》，《明儒学案》卷十一，第230页。
② 《与尹道舆》，《罗洪先集》卷七，南京：凤凰出版社，2007年，第251页。
③ 《寄林子仁》，《欧阳德集》卷三，第84页。

去"[①]。依欧阳德的观点，良知就是戒慎恐惧、临深履薄、小心翼翼的本体，以是本性自然也当然戒慎恐惧、临深履薄、小心翼翼，这是顺理成章的。故纵情恣肆的弊端不是只"依良知"的后果，而是不真"依良知"的结果。

次谈与王龙溪"依良知"的区别。众所周知，王龙溪是"依良知"的典型。那么，欧阳德"依良知"的特征是何者？与王龙溪"依良知"工夫论有没有不同点？这是了解欧阳德致良知论的时候，必须要穿越的墙。

对于王龙溪工夫论，现在研究者着重讨论"先天正心之学"和"后天诚意之学"。王龙溪的这种工夫论引起后来研究者注意的原因比较容易理解。[②] 阳明学内所谓"诚意是《大学》之要"的诚意是师门之定本，可王龙溪却不满诚意工夫之后天习心之杂，而主张先天正心之学。这是第一个问题。而且就先天正心而言，王阳明当年分明地说：正心不能下工夫，诚意是工夫之下手处。若正心下工夫，已是诚意上的已发工夫，尤其是仅寻求正心恐流落于正心之蔽，所谓理障之病。这是第二个问题。

那么，王龙溪真的不知这个问题吗？当然知道，但是他肯冒这种危险而主张"先天正心之学"的本意是他推崇良知学的时候，发现当时说良知者往往说是听从本心良知的命令，而其实有习心私欲的粉饰，若用欧阳德的话，就是"世情上调停无病痛，世调上补凑无缺漏"[③] 的势

---

① 《答王士官》(第二书)，《欧阳德集》卷二，第49页。

② 参《王畿集》，南京：凤凰出版社，2007年。王龙溪的工夫论中"先天正心之学"不是关键性的工夫论。就王龙溪工夫论而言，"先天正心之学"是一种纲领的标语，实际的工夫是根据"一念之微"而进行"一念入微"的工夫，就是他常说的"几"上用功，以贯通动静、寂感之功。参看彭国翔所写的有关章节，见彭国翔《良知学的展开：王龙溪与中晚明的阳明学》，北京：生活·读书·新知三联书店，2005年。笔者也谈过这个问题，见《王龙溪哲学研究》，韩国成均馆大学博士论文，2007年。

③ 《答曾双溪》，《欧阳德集》卷三，第91页。

态。故王龙溪使他们自己再反思其所想的、其所说的、其所做的是不是真的听从本心良知的命令，催促恢复本然的良知学。这是王龙溪爱说“悬崖撒手”“直下承当”的本意，这也是欧阳德佩服的王龙溪的勇猛精神。王龙溪主要强调“信良知”“全体放下”“顿悟”等，“依良知”的工夫的绝对性，他爱讲所谓“一念自反，即得本心”的一了百了的简易工夫，原因也在此。

在这个方面来说，欧阳德的致良知工夫论与王龙溪的工夫论略一致。可是欧阳德的致良知论还有一些另外的特征。欧阳德的工夫论，乃根据王龙溪所讲的“依良知”工夫的绝对性，而补充王龙溪讲学的不足点。故欧阳德多讲“依良知”工夫的积累性而少讲简易性，毕竟王龙溪的个人风格具有狂者之貌，而欧阳德是很有和气的人。最后再提一个关键处，就是欧阳德良知本体的特征。他主要讲庄敬本体自然流行的集义之乐。他重视良知的庄敬性，强调真诚良知，故“依良知”的严密性，与王龙溪“依良知”的自在性形成鲜明的对比。下面要引用一个段落，供本论之证：

> 曾点之狂，盖其心无私利累，不为利害、毁誉所局，不为信、果、适、莫所系，庶乎得其本心矣。然无圣人战兢惕厉之功，故未免少失之肆，所谓罔念作狂。①

阳明师徒们极高评论曾点是孔门弟子中狂者精神的代表。王龙溪每次大大夸奖他的气象，可欧阳德则采取夸奖却又勉励的态度。从此大概可知欧阳德精神之趋向。

终论欧阳德工夫论的具体大纲。欧阳德“依良知”的致良知工夫

① 《答确斋兄轼》,《欧阳德集》卷二，第 57 页。

论，其具体内容一言而蔽之，即“毋自欺求自慊”的工夫论。这么简单的公案确实贯穿他整个讲学生涯，而标识他的学术宗旨。他说：

《大学》《中庸》必以慎其独知为言，盖必毋自欺求自慊，然后为能极至。此外，则无以见其所谓德性者，而无所施其学问之功矣。①

致知之学，本自简易明切，但吾党未能毋自欺，未能恒自慊耳。事事慊于知之谓格，是谓知本。念念不欺其知之谓诚，即是无念。人己、本末、主宰流行，本非二事。②

欧阳德的致良知工夫论是“依良知”。“依良知”的工夫论就是慎独工夫，而慎独工夫就是必毋自欺求自慊的工夫。此外，没有德性之学所施之地。再者，致良知工夫本来是听从吾人本心良知的简易明切的工夫，就是毋自欺求自慊的工夫。这个工夫贯通人己、本末、主宰流行的工夫。“毋自欺求自慊”的工夫是根据吾人先天道德情感而进行的工夫，欧阳德说：“好善恶恶亦是彻上彻下言。循其本体之谓善，背其本体之谓恶。故好善恶恶亦只是本体工夫，本体流行亦只好善恶恶耳。”③

那么，到这个地步，再遇到一个问题，如有人虽肯定良知活泼，可他很可能对“依良知”工夫还有疑问：良知知是知非而未尝不知，如镜子虽有尘埃遮盖而未尝不照，而具体而讲，事情不是如此。我们平时生活当中，良知发现这种行为不对，可还是做这种不对的行为，尤其是这种情况发生频率颇多。那么，只讲良知明觉未尝不照明，在实际的道德

---

① 《答徐少湖》(第一书)，《欧阳德集》卷一，第 22 页。
② 《寄贡玄略》，《欧阳德集》卷三，第 118—119 页。
③ 《答陈明水》，《欧阳德集》卷二，第 42 页。

行为当中有何作用呢？[①]当然，这个疑问涉及知行合一，又提出对良知活泼的诠释，对这个方面暂置不谈，聊以此谈欧阳德工夫论的一个重要因素，即“志”的工夫。依欧阳德的观点，这个问题源于志之不切。他说：

近与友朋讲习，始觉吾侪大患在未有真志。独知耿耿，诚不可欺，然志不立，则亦因鲁莽，言行背驰也，亦势所必至者。[②]

欧阳德认为，“独知耿耿，诚不可欺”，可是现实当中，不免“鲁莽，言行背驰”的原因是志不立。那么，有志为何能免鲁莽、言行背驰等私欲之杂呢？

苟有朝闻道夕死可矣之志，则所欲有甚于生，所恶有甚于死者。死生大矣。欲恶不存而况毁誉、荣辱、得丧、祸福之小者。[③]

向道之志士超越生死之念，故克服毁誉、荣辱、得丧、祸福等世情之私欲，是顺理成章的。而且这种志是“明明德于天下”之志。他说：“吾党为学，须要明明德于天下之志真切笃实，而日就身心应感处，物物格致，惩忿窒欲，改过迁善，以不欺其自知之明，而求至于至善。”[④] 在另外处，欧阳德说“立诚论”[⑤] 而补充说明“立志论”。

---

① 我以为，刘宗周的“主意说”和这个问题有关。他的“主意说”就是“心本体的意志主宰说”。他谓，良知是优于道德判断而逊于道德意志，而王龙溪的良知论带来了“情识”和“玄妙”之病。因此刘氏不得已代替良知，而基于心之所存的意，提倡“主意说”。

② 《答友人》，《欧阳德集》卷三，第98页。

③ 《答曾思极》（第一书），《欧阳德集》卷三，第101页。

④ 《答周以介》，《欧阳德集》卷四，第144—145页。

⑤ 《答方三河》（第三书），《欧阳德集》卷二，第59—60页；《答陈履贤》，《欧阳德集》卷三，第89页。

欧阳德强调“志”是提示道德意志之良知。本来，上面的问题源于肯定道德判断之良知，而怀疑道德意志之良知。欧阳德说：“立志之说，虽浅近语，却是吾人札(按扎)定脚跟实着。志即良知精明坚确之体，立志即致知精明坚确之功。”①故欧阳德强调的“志”“真志”“诚”，算是对所疑问题的回答。

总之，欧阳德主张循从良知活泼而进行工夫，而发扬光大“依良知”的工夫论。他的“依良知”工夫论是根据好善恶的道德情感而进行的，即毋自欺而求自慊的工夫论，同时他强调真志、真诚的工夫，故欧阳德的工夫论有简易明切而精密平实的特色。这是与王龙溪“依良知”工夫论同而有异的地方。

四、结　语

宋明理学成立于“人皆可以为尧舜”，即对“我们工夫是为圣之学”的宣布。这是宋明理学的关键处。可在具体教法上却有异，即二分为“性即理”和“心即理”的教法。朱子的“性即理”侧重于普遍道德的建立，而王阳明的“心即理”侧重于道德主体的建立。现在研究宋明理学者几乎基于这个图式，而根据自己的理解，发挥自己的独见。这是目前为止最一般的研究途径。笔者也赞成这个图式具有普遍性和稳定性，可是笔者研究阳明后学的时候，遇到一个困境，即阳明学派之内，有一些人不反对“心即理”的宗旨而倾向于朱子学，对此该如何处理呢？在这种情况下，仅靠“性即理”和“心即理”的图式，是行不通的。故笔者试图用“庄敬本体”和“悦乐本体”的图式来补充“性即

① 《答曾思极》(第二书)，《欧阳德集》卷三，第101页。

理”和“心即理”的图式①，打破这个难关。

我认为，心体(性体)体现的境界保有两种侧面，即庄敬状态和悦乐状态。这两种特性并不是两码事，但仍有不同。心体(性体)体现的两种状态，如同人们有内向的性格和外向的性格，以此可说明他们之间的行动差异。庄敬状态是《诗经》所谓“昭事上帝”的庄敬严肃的心态，这种心态很像宗教性的敬虔，引起人的敬畏心而有崇高美。悦乐状态是《论语》所谓“风咏舞雩”的和悦快乐的心态，这种心态很像宗教性的自在，引起人的潇洒心而有洒脱美。其实，心体由两种侧面而发见，两个侧面虽在分析时分得开，而就体现心体者来说，则是统一无分的状态，如孔子的“从心所欲不逾矩”是“从心所欲”的自在性和“不逾矩”的敬虔性心态的统一。再进一步说，强调悦乐本体的人看来，庄敬本体会有把变动不居的本体当成典要，固执形式而不灵活，从而有成为伪道德君子等的嫌疑。相反，强调庄敬本体的人看来，悦乐本体会有把告子的“生之谓性”及禅家的“作用之性”当成本体，放弃工夫而躐等，猖狂放恣而无纪律，从而有成为无忌惮的小人等的嫌疑。本来，就工夫完成者而言，两者是统一不分的，可是就工夫过程者而言，过于重视一面颇有上面所说的所谓过犹不及的片面性。

先从王阳明工夫论“诚意到(致)良知”的变迁说谈起。现在的阳明研究者几乎肯定王阳明“致良知代替诚意”的观点。当然，这个“代替”不是放弃诚意工夫的意思，自不待言。这个研究模式的优点是这样的：若谈宋儒的特征，就想起严肃性，就是庄敬状态，那么，反对朱子学的王阳明呢？于是找出活泼性，就是悦乐状态，便顺理成章。因此阳明晚年提倡(致)良知是化境的悦乐状态，与宋儒的严肃主义有天

① “庄敬”是朱子所谓“庄敬严肃”的造语；“悦乐”是阳明所谓“乐是心之本体”的造语。

渊之别，而已经避开猖狂放恣之弊。我则认为，宋儒兼有庄敬状态和悦乐状态，而阳明也兼有庄敬状态和悦乐状态。当然，两相对比的话，宋儒的严肃性更浓而明儒的活泼性更强。

转过来，若我们承认阳明有庄敬状态和悦乐状态，则会提供理解欧阳德的一个线索。欧阳德和王龙溪两者均体贴良知活泼，可就欧阳德而言，他认同良知学的悦乐状态而侧重于庄敬状态，相反，就王龙溪而言，认同良知的庄敬状态而侧重悦乐状态。在此，提示一段，供所论之证：

> 夫良知至虚至灵，是是非非本无方体，本自洒然者也。……物莫能夺，故是是非非圆神不滞，无往而不洒然者，精一之极也。故曰斋戒以神明其德，戒惧慎独之外，别无巧法矣。然非真有志于大人之学，欲明明德于天下者，不足以语此，故莫先于辨志。志精斯精，志一斯一。夫用志精一，而气习意见消融不尽，力不逮志者有矣，未有志不精一，而能精义入神者也。①

欧阳德不失阳明真情恳切的任世精神，而立论则是平实而精密。就他的良知论而言，肯定良知本体自然流行的悦乐性，而觉察良知本体本身具有的庄敬性，主要讲庄敬本体自然流行的集义之乐。就他的致良知论而言，循其良知活泼而进行工夫，而发扬光大“依良知”的工夫论。“依良知”工夫是根据好善恶的道德情感而进行的，即毋自欺而求自慊的工夫论，同时强调真志、真诚的工夫。

---

① 《答王堣斋》(第一书)，《欧阳德集》卷四，第124—125页。

良知精微之体的喻指与表达

——王阳明与王龙溪对《中庸》要义的诠释

张昭炜*

传统观点认为，阳明学建构以《孟子》与《大学》为主，王阳明创造性地融合了《孟子》的“良知”与《大学》的“致知”，发展出“致良知”：从道体论而言，“良知”表现为个体的道德判断与道德情感；从功夫论而言，朱子学认为“致知”是知识的积累长进，“致，推极也。知，犹识也。推极吾之知识，欲其所知无不尽也”①。阳明将“知识”的积累扩充转用于道德良知的蓄积推致，使得以《大学》与《孟子》为思想资源的阳明学带有知识论特征；从境界论来看，“与天地万物而为一也”②，可谓“致广大”。在此之外，阳明学亦向“尽精微”发展，这有赖于《中庸》的思想资源，“良知”是“独知”，“无声无臭独知时，此是乾坤万有基。抛却自家无尽藏，沿门持钵效贫儿”③。这是阳明学在无声无臭的缄默(隐性)维度展开，要点有三：其一，独知的特征为“无声无臭”，源自《中庸》第三十三章“‘上天之载，无声无臭’，至矣!”显示出良知不同于知识论的“表诠(正向言说)”面向，而更倾向于以

* 张昭炜，1977年生，教育部人文社会科学重点研究基地武汉大学中国传统文化研究中心教授、博士生导师。

① 朱熹：《四书章句集注》，北京：中华书局，2016年，第4页。

② 《王阳明全集》，上海：上海古籍出版社，2011年，第1066页。

③ 《王阳明全集》，第870页。

“遮诠(缄渊不言)”表现其精微。其二，致良知方式不是“沿门持钵”式的积累考索，而是返回自身，向内挖掘。其三，“万有基”与“无尽藏”指向良知的本与源，是缄默维度的重要特征。[①] 与《中庸》“君子慎其独也”对接，“致良知”便是“慎独”，由此可发展出阳明学的密教，如龙溪学与蕺山学。相对于《大学》《孟子》与阳明学的深度关联研究，《中庸》的关联研究较弱，实有必要强化，在此基础上，综合显性与缄默维度，以良知学打通《大学》《孟子》与《中庸》，丰富儒学的精神人文世界。

阳明的良知学道体论包括显性之“有”与隐性之“无”两个方面，天泉证道，王龙溪主“无”，钱绪山主“有”[②]，阳明平衡之，良知的“有”“无”之辩由此肇端。学界有关龙溪学定位以及“无”的发展主要有两个研究方向：第一，龙溪推进并展开“无”之密体，以“四无”说为代表，相应的功夫便是“悟”[③]，由此形成以“无”“悟”为特色的先天正心学；第二，龙溪重“无”，亦不废“有”，贯通“有”“无”，相当于龙溪化解“有”“无”之辩，亦相当于继承阳明平衡之论，此方向的研究成果较少。下文以阳明与龙溪诠释《中庸》为主，引入未发三喻诠释良知的精微之体，简述《中庸》展现的良知三面以及与知识的关系。

---

① 中国儒学缄默维度有三个基本特征：第一，缄默维度关联的儒学道体需要功夫才能呈现；换言之，它并非现成，而是有待功夫揭示。第二，即功夫即是道体，随着功夫的深入，道体呈现出不同的形态，从动静而言，依次是：动而趋静、静极而真动、真动而生生。第三，缄默维度表达在显性维度，即是生生春意。以上三个基本特征是中国儒学缄默维度的“三法印”，可作为判教标准。(张昭炜：《中国儒学缄默维度》，北京：中国社会科学出版社，2020 年，第 6 页)按照王阳明所咏良知，“万有基”的体证与“无尽藏”的开掘均依赖慎独的功夫，基于“独知”的道体。

② 《王阳明全集》，第 133 页。

③ 彭国翔：《良知学的展开：王龙溪与中晚明的阳明学》，北京：生活 · 读书 · 新知三联书店，2015 年，第 166—224 页。

一、未发之中三喻

龙溪认为："至于《大学》致知、《中庸》未发之中，此古今学术尤有关系。"① 如同《大学》"致知"，《中庸》"未发之中"在良知学中亦占有重要地位，《中庸》的思想资源不仅有助于阳明学向深隐开拓，而且从根本上解决良知发用必定正确、道德动力的来源、道德判断的指向无误等重要问题，下文以病根喻、钟声喻与北辰喻来说明。

阳明以病根喻与钟声喻阐释未发之中，以揭示良知的缄默维度特征。病根喻指出良知发用的潜在风险，并说明要向"未发"做功夫的原因："譬之病疟之人，虽有时不发，而病根原不曾除，则亦不得谓之无病之人矣。须是平日好色、好利、好名等项一应私心，扫除荡涤，无复纤毫留滞，而此心全体廓然，纯是天理，方可谓之喜怒哀乐'未发之中'，方是天下之'大本'。"② 病疟之人不发病时，良知的显性表达与常人无异，如果不彻底去病根，则良知在显性维度的发用始终潜藏着风险。对于医生而言，病人在疾病发作时易施救，病未发时难诊断；与此类似，在道德领域，显过易去，隐恶难除。病根现象普遍存在于大众，且深植于人性中，即使大理学家亦难免，以程颢为例："又曰：吾年十六七时，好田猎。既见茂叔，则自谓已无此好矣。茂叔曰：'何言之易也！但此心潜隐未发。一日萌动，复如初矣。'后十二年，复见猎者，不觉有喜心，乃知果未也。"据案语："方未见时，不知闪在何处了。知此，可知未发之中。"③ 田猎如病根，周敦颐从"未发"指出拔除病根的困难性。程颢从学周敦颐后，自信病根已除，但在十二年后发现病根

① 《王畿集》，南京：凤凰出版社，2007 年，第 39 页。

② 《王阳明全集》，第 27 页。

③ 黄宗羲、全祖望：《宋元学案》，北京：中华书局，1986 年，第 520 页。

犹在，由此可见未发之恶的隐蔽，以及实际操作的艰巨。从中西道德哲学比较视野来看，病根喻关乎人性固有的“根本恶”：“人意识到了道德法则，但又把偶尔对这一原则的背离纳入自己的准则。”“人的本性中的一种根本的、生而具有的(但尽管如此却是由我们自己给自己招致的)恶。”① 病虐之人在大多数情况下表现为“无病之人”，即能够遵循良知，按照道德准则去行动。但是，由于病根的存在，他随时可能背离良知，违反道德准则。病根喻可发展出张灏所言的“幽暗意识”：龙溪对潜藏的罪咎有深刻体认，“是千百年习染”；江右王门的罗念庵在致良知功夫中，亦感觉到“用力已深，益巧于藏伏”，“吾辈一个性命，千疮百孔，医治不暇”；蕺山认为“通身都是罪过”。“宋明儒学发展到这一步，对幽暗意识，已不只是间接的映衬和侧面的影射，而已变成正面的彰显和直接的透视了。”② 但是，阳明学总体上是以良知之善为主，即使有病根在，通过扫除涤荡的功夫，仍能达到无纤毫留滞的境地。尽管龙溪对于病根习染有悲观的一面，但主要是乐观的，对去除病根充满自信，实现途径主要有两点：一是通过后天为善去恶的功夫，能够恢复纯善之体：“吾人本来真性，久被世情嗜欲封闭埋没，不得出头。譬如金之在矿，质性混杂，同于顽石，若不从烈火中急烹猛炼，令其销镕超脱，断未有出矿时也。”③ 二是自信良知包含内在冲力：“不知本来灵觉生机，封闭愈密，不得出头。若信得良知及时，意即是良知之流行，见即是良知之照察，彻内彻外，原无壅滞，原无帮补，所谓‘丹府一粒，点铁成金’。”④ 这种自信基于先天正心，通过先天化后天，可以实现点铁成金，消除病根与幽暗意识。另外，外在功夫的锤炼与良知内在冲力

① 李秋零主编：《康德著作全集》第 6 卷，北京：中国人民大学出版社，2013 年，第 32 页。

② 张灏：《幽暗意识与民主传统》，北京：新星出版社，2006 年，第 39 页。

③ 《王畿集》，第 448 页。

④ 《王畿集》，第 682 页。

相互作用[①]，外内相合，打开启动“真性”。

通过去除病根，保证良知的发用无误，借用《孟子·万章下》射箭的力巧之喻，病根喻是为了解决“巧”的问题，保证未发前道德指向正确；钟声喻则是为了解决“力”的问题，保证道德动力充足。如同独知的“万有基”之体，钟声喻以“未发之中”阐发良知之体：“未扣时原是惊天动地，既扣时也只是寂天寞地。”[②] 从常识而言，叩钟时，钟声为听者所闻，此时惊天动地；未叩时，钟声为听者所不闻，是寂天寞地。以此喻良知：良知表达在显性维度时，为人所知见，才能显示出良知的力量；良知尚未表达在显性维度时，不为他人所知见，良知表现为缄默的沉寂。阳明反转常识，在反转中显赫良知隐微之体的重要性。如同《庄子·在宥》“渊默而雷声”，尽管良知处于未发状态，尚未表达在显性维度，貌似寂天寞地，但实际是惊天动地，爆发的动能蓄积充满，显示出良知在缄默维度的力量。在已发后，如同钟鸣而息，良知表达已经结束，动能衰竭殆尽，反而是真正的“寂天寞地”。从良知的“有”“无”来看，“未扣”与“既扣”可分别对应“无”与“有”，钟声喻指向“无”蕴含的“无尽藏”。

天泉证道时，阳明重申未发之中的要义：“人心本体原是明莹无滞的，原是个未发之中。”[③] “明莹”表明良知之体的纯粹廓然，如明镜，无病根，反指病根喻；“无滞”相当于病根喻的“无复纤毫留滞”，良知流行顺适，这可衍生出泰州学派王心斋、罗近溪的良知学宗旨；“原

① 这基于中国儒学缄默维度第七个基本特征，“即功夫即是道体，随着功夫的深入，道体呈现出不同的形态，从欲与善而言，依次是：无欲而趋静、静极而元善启动、元善动而生生。”（张昭炜：《中国儒学缄默维度》，第 110 页）无欲的功夫是消解世情嗜欲的封闭埋没，是从外向内用功；“元善启动”属于“本来灵觉生机”，是从内向外流行；“元善动而生生”相当于“丹府一粒，点铁成金”。

② 《王阳明全集》，第 130 页。

③ 《王畿集》，第 133 页。

是个未发之中”，虽然未发，依然惊天动地，可通钟声喻。在天泉证道三十年后(1557)，龙溪与同道相与订绎阳明遗教，继续探索良知的隐秘，“夫良知即是未发之中，譬如北辰之奠垣，七政由之以效灵，四时由之以成岁，运乎周天，无一息之停，而实未尝一息离乎本垣，故谓之未发也。千圣舍此更无脉路可循”[①]。此处涉及良知的五个特点：第一，处于未发，承接天泉证道时阳明所言“原是个未发之中”，这是良知的隐微之体，亦应受到王阳明咏良知的启发：“人人自有定盘针，万化根源总在心。”[②] 龙溪进一步说明：“人人自有良知，如定盘针，针针相对，谓之至善。”[③] 在指向确定方面，“定盘针”可等同于北辰。第二，指向确定，如北辰始终位居北方。此未发之定体决定了已发的方向，保证了良知判断正确无误，犹如北辰指向始终不变，以此可发展出蕺山的“归显于密”，如“北辰”必指向北，意密“正如司盘针必指向南”，确保所发必为纯良之善。[④] 北辰奠垣，奠为定，垣为环绕，如《论语·为政》“为政以德，譬如北辰，居其所而众星共之”，所发之显“用”始终围绕未发之定“体”，北辰与诸星相当于体用关系。第三，承接体用关系，未发之“体”能够自由转化为已发之“用”，已发相当于显化的感通，未发已发联动，“神感神应”[⑤]，这是良知在显性维度的表达。从本末来看，七政、四时相当于用，亦相当于末，之所以七政效灵、四时成岁，其根源在于北辰之本，即良知的隐微之体。第四，再向隐秘处窥探，引申阳明在天泉证道时所言的“无滞”，未发之体“无一息之停”；如文王之“於穆不已”，在隐秘的幽深中生生不息；又如扬雄之太玄，

---

① 《王畿集》，第 39 页。

② 《王阳明全集》，第 870 页。

③ 《王畿集》，第 143 页。

④ 张昭炜：《中国儒学缄默维度》，第 266 页。

⑤ 《王畿集》，第 1 页。

深层运动不息。“其机自不容已，无善可名。”[1]“不息”“不容已”正是良知学的道德动力之源，亦暗合钟声喻，贯通儒学道统的文王、扬雄、阳明，还可以关联尧舜十六字心传的“道心惟微”之“微”，“此是传心秘藏，颜子、明道所不敢言者”。“不如此，不足以超凡入圣。”[2]或者说“千圣舍此更无脉路可循”，这涉及孔颜之学，将在第三节论述。第五，“无”具有“无尽藏”的特征。“无”不是剥夺所有后的贫乏，而是富有的流溢，是“无尽藏”。由此反观天泉证道的“有”“无”之辩，龙溪所主之“无”是在极有之后达到的一种“无”，是极富有，当然能融摄“有”，甚至比钱绪山更重视“有”，在这个意义上，可以说龙溪思想中并没有“有”“无”的撕裂，而是在更深层次统合“有”“无”之辩。

综合力与巧：北辰喻重在巧，即保证良知发用的正确方向，这是病根喻的重心，就此而言，北辰喻可以说是病根喻的解决方案。北辰喻深入到意根处，北辰的定向保证了良知发用无误，可消除病根的风险。如果良知为病根沾染，其道德动力愈强劲，病根发作愈剧烈，其导致的破坏力愈大，因此，解决病根喻的问题自然成为龙溪学的重心。当然，北辰不仅指向正确，而且亦是深层的“不息”“不容已”，这又可涵盖钟声喻。

从正负考量：钟声喻揭示良知隐秘之体的正面价值，钟声未叩时，良知动力充满；病根喻警惕隐秘良知之体潜藏的风险（负面价值）；北辰喻趋向于综合正负。从道德境界目标来看，由独体可以打开“无尽藏”，而“无尽藏”的打开与否，可作为成圣的关键。龙溪在继承阳明之教时，亦表现出超越，甚至是激进：“千圣舍此更无脉路可循”，在密

① 《王畿集》，第1页。
② 《王畿集》，第2页。

教与显学的选择中，龙溪完全倒向了密教，并将此作为儒家圣学的唯一法门，这相当于将以显学为宗的阳明后学排除师门正宗，显然有违阳明平衡之教。

二、良知三面

“未发之中”三喻可直通王龙溪的先天之学，并涉及未发与已发的体用关系与相互表达。

（一）“无”之密体

据《中庸》“中也者，天下之大本也；和也者，天下之达道也”，朱子注释：“大本者”，“道之体也”；“达道者”，“道之用也”[①]。未发之中是大本之体，已发之和是达道之用。朱子综合道南一系重视未发与湖湘学派偏重已发两个传统，形成己丑之悟，“但是，在朱子的心性哲学中，仍然有把未发已发作为体用范畴的地方”，这也影响到阳明认为未发与已发“是本体与现象的关系”[②]。据《中庸》首章“莫见乎隐，莫显乎微，故君子慎其独也。喜怒哀乐之未发，谓之中；发而皆中节，谓之和”，隐微与显见分别对应未发之中之体与已发之和之用，形成良知的体用两面，如阳明所论：“未发在已发之中，而已发之中未尝别有未发者在；已发在未发之中，而未发之中未尝别有已发者存。”[③]“未发在已发中”，以集合符号⊃“包含”表示为“已发⊃未发”；“已发在未发中”，表示为“已发⊂未发”：综合两者，集合运算结果为“未发=已

① 朱熹：《四书章句集注》，北京：中华书局，2016 年，第 18 页。

② 陈来：《有无之境：王阳明哲学的精神》，北京：北京大学出版社，2013 年，第 61—63 页。

③ 《王阳明全集》，第 72 页。

发”，即未发之中与已发之和对等一致，这可呼应钟声喻的“未扣时原是惊天动地”。在继承阳明的基础上，龙溪将重心转移至“未发”（“无”之密体），主要包括三个方面：

第一，超越的预设。“未发之中，先天之学也。”“先天是心，后天是意。至善是心之本体，心体本正，才正心便有正心之病，才要正心，便已属于意。”① 龙溪预设了存在一个超越的“先天之心”，心体至善（“本无不善”），恶起源于后天之意。承接阳明四句教的“无善无恶心之体”，龙溪提出“无心之心则藏密”：“天命之性，粹然至善，神感神应，其机自不容已，无善可名。恶固本无，善亦不可得而有也。是谓无善无恶。若有善有恶，则意动于物，非自然之流行，著于有也。”② “先天”源于《中庸》的“天命之谓性”，超越的心体具有“不容已”的特征，道德动力充足。以此返看未发三喻：“无”之密体既是粹然至善（“无善”之无是“富有”，相当于至善、“无尽藏”，亦是在超越义上讲“无善可名”），又是彻底的“无恶”（“无恶”之无是“贫乏”，彻底否定），无病根（“恶固本无”），消除了根本恶。“无”之密体“不容已”，生生不息，道德动力充足，可合钟声喻。北辰“无一息之停”即是“不容已”，始终不变的指向充当道德选择的依据；“未尝一息离乎本垣”即是一直保持先天超越的状态，以此先天之心正后天之意，若反此而行，将会“意动于物”，相当于北辰离开本垣，堕落到后天“有善有恶”。

第二，先天之学基于儒学的道统，源于往圣的实证心传，“道在心传，是谓先天之学”③。“吾儒未尝不说寂，不说微，不说密，此是千圣相传之秘藏。”④ “无”之密的含义丰富：“寂”是表象的沉静；“微”

---

① 《王畿集》，第133页。
② 《王畿集》，第1页。
③ 《王畿集》，第16页。
④ 《王畿集》，第15页。

显示出“无”的深度与富有；“密”是秘密藏，是富有之极。“未发之中，性之体也。虞廷谓之‘道心之微’，周文谓之‘不显之德’，孔门谓之‘默’，《易》谓之‘密’、谓之‘虚’、谓之‘寂’，千古圣学惟此一路。”① 主流儒学史主要展现儒家之道的言说与显性教化，而龙溪揭示出儒学的不言与隐微，实证缄默维度的密体。更进一步，“千古圣学惟此一路”，尧、舜、周、文、孔均是此路的重要传心者，儒学精微深密的根本精神便隐身在缄默维度。道统心传亦涉及经典的贯通，包括《尚书》“道心惟微”、《诗经》“不显之德”、《周易》“密”“虚”“寂”、《论语》“默而识之”等，以《尚书》与《中庸》为例：

> 密为秘密之义，虞廷谓之“道心之微”，乃千圣之密机，道之体也。自天地言之，则为无声无臭；自鬼神言之，则为不见不闻。天地尸其穆，鬼神守其幽，圣人纯其不显之德，故能建天地、质鬼神，不悖而不疑。是道也，天地不能使之著，鬼神不能使之著，圣人亦不能使之著，所谓未发之中也。②

此处以《中庸》之“微”对接《尚书》之“微”，据龙溪引阳明之言：“良知至微而显，故知微可与入德。唐虞受授，只是指点得一微字。《中庸》‘不睹不闻’以至‘无声无臭’，中间只是发明得一微字。”③ “不睹不闻”出自《中庸》首章“戒慎乎其所不睹，恐惧乎其所不闻”；“无声无臭”出自末章“‘上天之载，无声无臭’，至矣!”借助季本之论：“故不睹不闻，即是无声无臭”，“首章与末章意同”④。“微”亦出现在首章

① 《王畿集》，第 802 页。
② 《王畿集》，第 496 页。
③ 《王畿集》，第 585 页。
④ 季本：《四书私存》，台北：“中研院”中国文哲所，2013 年，第 56 页。

（“莫显乎微”）与末章（“知微之显”），两者亦意同。“道心惟微”指出缄默维度的幽深与富有，“知微之显”，“微”不是封闭在缄默维度，而是要表达在显性维度，且只有表达在显性维度，才能展现其体之用。相对于良知在显性维度的表达，微之体更为内在；相对于显性维度良知的公共性，微之体更倾斜在个性知识。钟声喻与北辰喻亦是揭示良知之微：“知微之显”，钟声喻显赫出微之体的强大，含有“无尽藏”；北辰喻在于强调微的定向性与统摄性，定向性如北辰指向明确，统摄性如诸星环绕北辰。

第三，从事物类比推出“微”之主。“知微可与入德”，“入”表现为融入性与具身性，“微”的获得需要个体实证功夫。自家本有无尽藏，“微”向每个人敞开，且可通过类比天地、鬼神推出。天地为显，但以不显的“於穆”为隐微本体，如同“无声无臭”是“乾坤万有基”；鬼神亦以“幽”为持守，以“不见不闻”为秘密藏。据《中庸》第二十九章：“故君子之道：本诸身，征诸庶民，考诸三王而不谬，建诸天地而不悖，质诸鬼神而无疑，百世以俟圣人而不惑。”由天地、鬼神之所持守类比，可推出圣人以“微”为主宰，在“本诸身”的实证基础上，可以将“微”推致到庶民、往圣、天地、鬼神，从而无限打开“微”的场域。经此一番诠释，可知“微”不是“不显”，而是“大显”。

以上是从超越的预设、往圣的实证与心传、事物类比三个方面诠释先天之学的“未发”之“密”。经过往圣的实证，超越的预设不再仅作为预设，而是转化为先天正心的经验，因此预设不是独断的、臆想的，而是向每个人敞开的、实证的。这种经验不限于人道的个体，天道、鬼神亦是如此，这又可视作功夫论视域下的天人合一。

（二）通一无二

龙溪立主良知第一面之微之密，“至微而显”，这涉及两面互通：

> 良知即所谓未发之中，原是不睹不闻，原是莫见莫显。明物察伦，性体之觉，由仁义行，觉之自然也。显微隐见，通一无二，在舜所谓玄德。自然之觉，即是虚、即是寂、即是无形无声、即是虚明不动之体、即为《易》之蕴。致者致此而已。①

此论以《中庸》为据，分解良知两面：第一面，良知之无，是未发之中、不睹不闻、莫见之隐、莫显之微，此是良知之体。第二面，良知之有，是已发之和，可睹可闻，可显可见，此是良知之用，表现在两个层次：其一，明物察伦，性体之觉。性体之觉相当于人类道德意识的觉解，由此觉解推致，觉他觉物：由他者展开，至孝悌慈等伦理；由物展开，便是万物一体。正是道德觉解的扩充与推致，使得良知笼括范围由个体扩充到他者与万物，从而实现良知在察伦明物的表达。其二，由仁义行，觉之自然。这可追溯至孟子的四端之心，推致恻隐之心，便是由仁；推致羞恶之心，便是行义。"觉之自然"，"自然"是先天具足、流行无滞，仁义均是良知自然而然的表达。以上两个层次均属于良知的显性表达，即第二面。

根据王阳明所论的未发与已发对等一致，良知两面的关系是"通一无二"："二"相当于两面，由"一"贯通。这种观点普遍存在于阳明后学中，如季本所论："用在体中，体在用中，通一无二者也。"② 抓住了"通一"，便可以统摄、驾驭、打通"有(已发)"与"无(未发)"之"二"："发而中节处，即是未发之中。"③"自然之觉，即是虚，即是寂"，第二面是第一面，也可以说"用即是体"；自然之觉是"无形无声"，如阳明咏良知的"无声无臭"，相当于"有即是无"，当

---

① 《王畿集》，第136页。
② 《邵雍集》，北京：中华书局，2010年，第297页。
③ 《王畿集》，第242页。

然，“无”不是贫乏的纯无，而是如同钟声喻惊天动地的未发之中；自然之觉是“虚明不动之体”，“明”即是“明莹”，反指病根喻，“不动”可对接北辰喻，此体具有定向性与统摄性；自然之觉是“《易》之蕴”，相当于《易传・系辞上》的“寂然不动，感而遂通”。即道体即是功夫，道体的肯认决定了功夫的方向，“致者致此而已”，“致良知”为寻致隐微的未发之中，开掘“无尽藏”，这与显性的致良知风格迥异：显性的侧重用，隐微的侧重体，两种致良知可由体用一原（显微无间）互通。

（三）一即是三

拓展“通一无二”，将“通一”独立，与“二”共同组成良知三面。从体用来看，“虚寂原是良知之体，明觉原是良知之用，体用一原”①。虚寂与明觉是二，体用一原是通一；由此推广，无与有是二，有无之间是通一。② 龙溪学的重心在于第一面，“万有生于无”③。无是体，有是用，用源于体。在功夫论上，“孔门括《大学》一书为《中庸》首章”，“未发之中与发而中节之和，是正心修身之事”④。心主宰身，即道体即是功夫，正心主导修身，体现出第一面在功夫论的主宰性。综上，列《良知三面表》：

---

① 《王畿集》，第35页。

② 肯认寂、未发为良知者，即道体即是功夫，从而实施归寂、求未发之中的功夫，亦以“体用一原”为预设，如聂双江所言：“师曰：‘良知是未发之中，寂然大公的本体，便自能发而中节，便自能感而遂通。’感生于寂，和蕴于中，体用一原也。”（《王畿集》，第139页）龙溪对此批评：“自然之知，即是未发之中，后儒认才知即是已发，而别求未发之时，故谓之茫昧支离，非以寂感为支离也。”（《王畿集》，第140页）在道体论上，双江以寂（中）统感（和），由寂然之体而归寂；龙溪则认为道体无分寂感，感即是寂，因此，当试图由寂体独进时，已经在起点处导致了体用隔裂。总体来看，较之于双江，龙溪的道体功夫论更彻底贯彻了“体用一原”。

③ 《王畿集》，第186页。

④ 《王畿集》，第39页。

序号	第一面	第二面	第三面	备注
一	无	有	有无之间	有无之辩
二	体	用	体用一原	体用之辩
三	微	显	莫显乎微	《中庸》
四	隐	见(费)	莫见乎隐(费而隐)	《中庸》
五	未发	已发	中和	《中庸》
六	寂(虚寂)	感(明觉)	几	《易传》
七	正心	修身	慎独	《大学》 释《中庸》

据《中庸》第十六章“夫微之显，诚之不可掩如此夫”，由微至显，相当于第一面表达在第二面；第十二章“君子之道费而隐”，由费至隐，相当于第二面隐身到第一面，良知第三面通过转折连词“而”呈现，据朱子注释《中庸》“莫见乎隐，莫显乎微”：“隐，暗处也。微，细事也。”“言幽暗之中，细微之事，迹虽未形而几则已动，人虽不知而已独知之。”① “而”的名词形式是“几”与“独知”：“迹虽未形”，还未表现在显性维度，“则已动”，已经从缄默维度表达出来；“人虽不知”，是在显性维度隐退，“已独知之”，可由此向缄默维度推进。“几”相当于从第一面表达到第二面，“独知”相当于由第二面深入第一面，两者形成对冲之势。朱子以“几”联系两面：两面既是递进关系，由隐至显递进；亦是转折关系，由隐至显转折：两者均是“几”之作用。“有无之间者，几也。”“有无之间是人心真体用，当下具足，更无先后。”②“几”既可以担当“体用一原”的媒介，凝聚体用，又可以展现前两面的相互作用。由自然之觉之“用”追溯至隐微之“体”（第二面至第一面），此为“逆觉体证”；从北辰之体渗透影响到后天之用(第一面到第

① 朱熹：《四书章句集注》，第18页。
② 《王畿集》，第705页。

二面)，此为“先天正心”。统合两者，形成先天与后天相辅相成的道体与功夫。三面之雏形还可追溯至《尚书·舜典》的“玄德升闻”。“在舜所谓玄德”：“玄德”是第一面的隐微幽深之体，“升闻”是第二面的德行之用，“玄德升闻”合称，相当于第三面。龙溪学向后发展，良知三面可分别对接方以智的三冒(密冒、显冒、统冒)、三均(隐均、费均、公均)，由此发展出“一分为三”与“三即是一”的思想。[①]

阳明以成圣为人生第一等事，龙溪继承师说：“阳明先生云‘心之良知是谓圣’，揭出致良知三字示人，真是千古之秘传、入圣之捷径。”[②]“圣”根源于“心之良知”，由良知三面可分解出圣之三面，三面皆具，方能成圣，龙溪从第一面入手：“良知即是未发之中，只此二字，足以尽天下之道。”[③]“尽天下之道”，即是由第一面贯通三面。“所谓《中庸》未发之旨，乃千古入圣玄机，虚以适变，寂以通感。”[④]“人心本来虚寂，原是入圣真路头。”[⑤]“千古入圣玄机”“入圣真路头”均落在第一面的“未发”(与之关联的虚、寂、体)，以此统摄“已发”(与之关联的变、通、用)，表现为“虚以适变，寂以通感”，相当于“体以适用，体以通用”，由体以达用(第一面会通第二面)，从而实现体用一原。反向来看，“感生于寂，寂不离感。舍寂而缘感谓之逐物，离感而守寂谓之泥虚”[⑥]。寂感不能分开，若单面突进，将导致逐物与泥虚之弊，由此可反向印证寂体不是废体，而是能够感而遂通，转化为诸用；用亦非盲用，而是时时返回到体。

在“一即是三”基础上，还应注意以下三点：第一，从三面的

---

① 张昭炜：《阳明学发展的困境及出路》，北京：中国社会科学出版社，2017年，第471—484页。

② 《王畿集》，第220页。

③ 《王畿集》，第251页。

④ 《王畿集》，第221页。

⑤ 《王畿集》，第153页。

⑥ 《王畿集》，第133页。

“分别”看“无分别”，这亦是阳明思想的一贯理路：“‘未发之中’即良知也”，“良知无分于寂然感通也”[①]。“良知无分于寂然感通”，相当于三面打通，肯定良知的任何一面；直接以“未发之中”定义良知，显示出偏重第一面。第二，龙溪更强化了第一面，并且打破“未发”与“已发”的对等性：从显性层次来看，“思虑未起不与已起相对”[②]。从词义理解，未发与已发是从时间上断开（未发在前，已发在后），龙溪对此予以否定：“未发不以时言，心无体，故无时无方”，“吾人思虑自朝至暮，未尝有一息之停，譬如日月自然往来，亦未尝有一息之停”，“若思虑出于自然，如日月之往来，则虽终日思虑，常感常寂，不失贞明之体，起而未尝起也。《中庸》喜怒哀乐观于未发之前，可以默识矣”。[③]由此强化“未发之中”的缄默义，“起而未尝起”，可一直保持缄默状态，弱化了显性表达的面向。“出于自然”，强化了未发的先天性；从道德动力而言，生生不已，“无一息之停”；从“贞明之体”来看，相通于北辰喻，突出未发的定向性，如北辰奠垣，偏重于体。“未发之中”须通过“默识”体认，由此亦可通“微”：“孔子有云‘默而识之’，此是千古学脉。虞廷谓之‘道心之微’。学而非默，则涉于声臭；诲人而非默，则堕于言诠。”“若于此参得透，始可与语圣学。”[④] 按此而言，惟有通过默识未发之中，才能见道之全体，实现与千圣学脉相接。第三，良知三面内部概念内涵与指向有差异，尤其体现在《中庸》与《易传》，牟宗三对此有敏锐察觉：“《中庸》云：‘莫见乎隐，莫显乎微’，此是形容独体之森然”，与寂感之“几”不同，“此种隐微显见之相对并不能落实而为可以平铺得下的体用或寂感”。[⑤] “平铺得下”即能够

① 《王阳明全集》，第 72 页。
② 《王畿集》，第 216 页。
③ 《王畿集》，第 216—217 页。
④ 《王畿集》，第 701—702 页。
⑤ 牟宗三：《从陆象山到刘蕺山》，台北：台湾学生书局，1979 年，第 364—365 页。

"对应得上"，据阳明之论："良知即是未发之中，即是廓然大公，寂然不动之本体。"① 未发与寂然可以对应。牟宗三之所以会察觉到对应的问题，主要在于两个维度的切换。一般而言，《易传》的寂、感、几均属于显性维度，是后天、形下层次；龙溪以先天后天区分寂感，"先天寂然之体，后天感通之用"，"体用一原"②。"寂"向先天的超越，"夫寂者"，"先天之学也"③。龙溪将"几"作为先天与后天的"通道"，并使之成为先天正心的枢机与把柄："千古圣贤只在几上用功。""几前求寂便是沉空，几后求感便是逐物。""圣人则知几"，"是谓无寂无感，是谓常寂常感，是谓寂感一体"④。"沉空"与"逐物"对应前文所论的"泥虚"与"逐物"之弊。"几"是凝聚寂感的合力，并且容易成为功夫的着力点，乃至成为功夫核心，王时槐便是重要代表："寂其体，感其用，几者，体用不二之端倪也。当知几前无别体，几后无别用，只几之一定尽之。""研几者，克己入微之功，古之君子所以没齿而不敢懈也。"⑤ 在这个意义上，"几"是进入缄默维度之"微"的通道，"几"相当于"独知"，如龙溪所言"夫独知者，非念动而后知也，乃是先天灵窍"⑥。"独知"相当于"独体"，是先天之发窍，是从后天进入先天的通道。从缄默维度的第十六个基本特征来看，"几"便是透关入"微"的通道，如方以智所言的把至日关之"狭小门"⑦。由此，隐微显见之相对能落实而为可以平铺得下的体用或寂感。

---

① 《王阳明全集》，第 71 页。
② 《王畿集》，第 420 页。
③ 《王畿集》，第 133 页。
④ 《王畿集》，第 705 页。
⑤ 《王时槐集》，上海：上海古籍出版社，2020 年，第 586 页。
⑥ 《王畿集》，第 264 页。
⑦ 张昭炜：《中国儒学缄默维度》，第 290—291 页。

三、转识成知

据《中庸》首章“君子戒慎乎其所不睹，恐惧乎其所不闻”，类似于良知第一面与第二面的相互表达，不睹不闻对应缄默维度，与之相对者便是睹闻的显性维度，也可称作识知（知识）。由《中庸》引出的知识仅指见闻之知，如宋儒邵雍所言：“目见之谓识，耳闻之谓知。”[①] 见闻知识在外向性、积累性等方面可对接现代知识论意义上的知识；缄默维度则重在默识不睹不闻，屏蔽消解知识，这亦是儒学的古老传统，如龙溪后学所言：“昔《大雅》之称文王无歆羡、无畔援、泯识知”[②]，文王“泯识知”当指“不识不知，顺帝之则”（《诗经·大雅·皇矣》），关闭睹闻知识是手段，顺帝则是目的；换言之，帝则是天命之显，为集中精力默识帝则，需要暂时关闭后天的知识（坎陷知识）。由文王之学发展出孔颜默会，龙溪正是承接了这一谱系。

在现代知识论语境中，波兰尼的“默会知识（缄默维度）”广为流传，此处须注意良知学语境下的特殊性：第一，良知是德性之知，属于道德伦理领域，如龙溪记述阳明之言：“知乃德性之知，是为良知，而非知识也。”[③] 阳明区分良知与知识，是为显赫良知，亦是绍承文王的“不识不知”。第二，缄默维度“无声无臭”，含有“无尽藏”，可通过道德修养功夫打开，以默识体证。第三，独知以缄默维度之“体”为支撑，以显性维度之“用”为表达：“良知即是独知”，“独知之体，本是无声无息，本无所知识，本是无所粘带拣择”，“独知便是本体，慎独便

---

① 《邵雍集》，北京：中华书局，2010 年，第 137 页。

② 《王畿集》，第 677 页。

③ 《王畿集》，第 585 页。

是功夫”，“只此便是未发先天之学”。[1] 结合阳明咏良知，从遮诠义来看，“无所知识”相当于“不识不知”，与后天知识之“用”划清了界限；“无所粘带拣择”，使得独知之“体”摆脱知识，向上超越至“无声无臭”。从表诠义而言，知识是后天之学，而惊天动地的缄默维度直通“未发先天之学”，是万有基，如北辰奠垣。作为良知第三面的“独知”（几、先天灵窍）可突破明物察伦、仁义之觉的伦理学领域：独知向显性维度之“用”下行，积累扩充，便是知识；独知向缄默维度之“体”上达，便是“无声无臭”，由此开启先天灵窍，发现无尽藏，奠定万有基，实现惊天动地。如同龙溪在重视良知第一面基础上的“通一无二”，他重视良知缄默维度，并兼顾会通知识：

> 良知与知识，所争只一字，皆不能外于知也。良知无知而无不知，是学问大头脑。良知如明镜之照物，妍媸黑白，自然能分别，未尝有纤毫影子留于镜体之中。识则未免在影子上起分别之心，有所凝滞拣择，失却明镜自然之照。子贡、子张多学多见而识，良知亦未尝不行于其间，但是信心不及，未免在多学多见上讨帮补，失却学问头脑。颜子便识所谓德性之知，识即是良知之用，非有二也。识之根虽从知出，内外真假毫厘，却当有辨。苟不明根因之故，遂以知识为良知，其谬奚啻千里已哉?[2]

以上从多方面区分良知与知识：良知明莹，无病根，属于内在的“真”体，是头脑主宰，功夫向“无知之知”（不识不知）发展，上行至先天之体，这是文王、孔颜之学的传统，指向缄默维度；知识重在分别，凝

---

① 《王畿集》，第262页。

② 《王畿集》，第255页。

滞拣择，可以不具备道德性，属于外在之用，其功夫方向是知识的积累，多学多见，重在后天之用，甚至为“假”用，这是子贡、子张之学的传统，指向显性维度。颜子之学向内用功，挖掘自家无尽藏；而子贡、子张之学是求诸外，“抛却自家无尽藏，沿门持钵效贫儿”。从里外来看：“颜子从里面无处做出来，子贡、子张从外面有处做进去。”[①] 颜子立本(里)以达末(外)，以无驭有，以先天统后天；子贡、子张用功于外而失本、逐物，迷失在后天，效贫儿。此处引入镜喻，与之相应者有谷喻：“良知不学不虑，寂照含虚，无二无杂，如空谷之答响、明镜之鉴形。”[②] 两喻均强调缄默维度的明莹与屡空，只有这样，才更有利于良知分别是非善恶；反之，知识会对良知的明莹与屡空造成负面影响，如同影子干扰明镜，实物填塞山谷，导致照物的失真与回声的凝滞。更通俗而言，缄默维度如同电脑的处理器，重在运算能力，在新机时效率最高；知识如同不断安装的程序、积聚的残留进程、增加的存储量，这都将降低处理器的运算能力。因此，缄默维度更注重能，知识更重于知，如缄默维度的第十八个基本特征：“能比知重要。”[③] 镜喻强调良知未发的明莹，谷喻侧重良知无知的“屡空”，均是为了保持与提升“能”。

良知与知识均含有“知”，以此为基础，龙溪试图打通两者，实现手段有五：第一，良知与知识为体用关系，以“体用一原”打通。“识即是良知之用”，后天可为先天所用，通过后天之识来锤炼先天良知之体。第二，“同一知也，良知者，不由学虑而得，德性之知，求诸己也；知识者，由学虑而得，闻见之知，资诸外也。未发之中是千古圣学之

---

① 《王畿集》，第93页。
② 《王畿集》，第273页。
③ 张昭炜：《中国儒学缄默维度》，第293页。

的。"[①] 承接上文所论颜子与子张之学的内(里)外之别，良知是向里求诸己，不学不虑，是先天之学；知识是求诸外，须学虑闻见，学虑的知识是后天之学。如同独知"先天灵窍"贯通先天与后天，"知识"与"良知"均含有"知"，以"知"打通内外。第三，"未发之中"之学的通向先天之学，以此确立道德本体："根于良，则为德性之知；因于识，则为多学之助。""子贡之亿中因于识，颜子之默识根于良，回、赐之所由分也。苟能察于根因之故，转识成知"[②]。如同龙溪主"无"，亦不废"有"，他重视先天的"无知之知"，但并未否定后天的识知，通过"转识成知"，转后天为先天，实现两者的统合，其深层依据在于体用一原，"变识为知，识乃知之用"[③]，"转识成知"即是"变用为体"，关键在于默识"体"："若能深求密究，讨个变识为知路径"，"其机只在一念入微取证"。[④] 从微入德，从深密处体证良知第一面，以此来转化显性知识。"知"可表述道德理性，"识"为知识理性，阳明致良知"皆贯彻道德理性知识理性的结合这一精义。他处处强调道德理性对知识理性的统领、带动，知识理性对道德理性的辅翼、促进"[⑤]。阳明提倡道德理性与知识理性并重，龙溪在继承阳明之学基础上，偏向道德理性，并转化知识理性为道德理性。"在阳明学的视域中，圣人则成为摆脱了知性向度的纯粹德性人格。"[⑥] 道德理性的转向将导致阳明学退守到德性之学，阻碍了知识论进路的发展，亦可说违背了王阳明的初衷。第四，从根源处追溯，两种知的发动者不同。良知属于先天之学，"文

① 《王畿集》，第39页。
② 《王畿集》，第464—465页。
③ 《王畿集》，第65页。
④ 《王畿集》，第319页。
⑤ 张学智：《明代哲学史》，北京：中国人民大学出版社，2012年，第741页。
⑥ 彭国翔：《良知学的展开：王龙溪与中晚明的阳明学》，第374页。

王不识不知，故能顺帝之则，才有知识，即涉于意，即非於穆之体矣”[①]。颜子继承文王之学，先天良知源于暗流涌动的“於穆”之体，随顺先天“帝则”；知识源于后天所起之意：两者在根源处不同。“识根于知，知为之主，则识为默识，非识神之恍惚矣。”[②]“识神”相当于后天意识，是用，其体在于知，通过以良知(默识)统摄知识(意识)，从而将意识超越到先天，实现两者的统一。第五，按照慎独进路，龙溪打通的努力可分两步：一是“良知无知，然后能知是非，圣学之宗也”[③]。即道体即是功夫，由慎独向“无知”用功，以达先天，“慎之云者”，“还他本来清净而已”[④]。“无知”不是愚钝不知，而是指向本来清净处，如明镜空谷，是先天的超越状态。二是由先天“无知”统摄后天“识知”，从而实现“无知而无不知”：“无知”指先天之学，“无不知”指后天之学由先天所统摄。两步不可或缺：如果没有第一步，儒学则缺乏超越精神；如果没有第二步，则将导致否定知识，亦不符合儒学的实学精神。在良知学语境中，两种知识的互通有赖于功夫，尤其是慎独功夫，惟有在功夫的带动下，独知才能贯通体用：由体，开启缄默维度的“无尽藏”；由用，实现“转识成知”，将显性维度的知识转化到缄默维度。

龙溪以“独知”统合朱子学与阳明学：“晦翁既分存养省察，故以不睹不闻为己所不知，独为人所不知”，“先师则以不睹不闻为道体，戒慎恐惧为修道之功。不睹不闻即是隐微，即所谓独。存省一事，中和一道”，“晦翁随处分而为二，先师随处合而为一，此其大较也”[⑤]。即功

① 《王畿集》，第 114 页。
② 《王畿集》，第 192 页。
③ 《王畿集》，第 184 页。
④ 《王畿集》，第 264 页。
⑤ 《王畿集》，第 39 页。

夫即是道体，存养与省察二分的功夫论导致“不知”与“知”分裂。朱子封闭“不睹不闻”，将“独”拉向显性维度（相当于以良知第二面涵盖第三面）；阳明将“不睹不闻”打开，将“独”拉向缄默维度（以良知第一面涵盖第三面），两者分别从第二、第一面消解了第三面。龙溪区分颜子默会与子贡识知，亦有对抗朱子学之意：“子贡从事于多学而识，以言语观圣人”，“颜子没而圣学亡，后世所传，乃子贡一派学术”，“文公为学，则专以读书为穷理之要，以循序致精、居敬持志为读书之法”，“迨其晚年，自信未发之旨为日用本领工夫，深悔所学之支离”。[①] 阳明学传承颜子默识之学，指向缄默维度之体；而重视读书、穷理的朱子学属于子贡学脉，重言语与积累，指向显性维度之用。朱子学之弊“支离”，即迷失在用，朱子晚年返回未发之旨，重回体，这亦反向证明了阳明学重视“未发”、默识进路的正确性与根本性。据龙溪弟子周海门为师作传：“我先师首倡良知之旨，一洗支离之习，以会归于一，千圣学脉赖以复续。”[②] 正是在转化朱子学为代表的子贡学脉基础上，阳明、龙溪接续孔颜之学，复活孔门的大本精一之学，并将两个传统合为一传。

当前良知学研究有两种新命名的知识：其一是能力之知，其二是动力之知。两者均是为了与显性维度相区别，由此指向缄默维度。能力之知与命题性知识相对，可分别对应缄默维度与显性维度，这源于赖尔的知识论，陈来将两种知识的特性及区分引入良知学[③]，郁振华进一步拓展[④]，为解决类比中出现的问题，黄勇提出“动力之知”：“动力之知和能力之知的关系就像树根（根本）和枝条（条件）的关系。枝条（能力之

① 《王畿集》，第 248—249 页。

② 《王畿集》，第 836 页。

③ 陈来：《有无之境：王阳明哲学的精神》，第 105—108 页。

④ 郁振华：《论道德—形上学的能力之知——基于赖尔与王阳明的讨论》，《中国社会科学》2014 年第 12 期，第 22—41 页。

知）会自然地从树根（动力之知）中生长出来。”[1] 从深浅来判断，动力之知比能力之知更深，更接近于体，如缄默维度的渊与根喻[2]，龙溪亦有根喻：“譬之种树，只养其根，根得其养，枝叶自然畅茂。”[3] 结合钟声喻，钟未叩，便有惊天动地的动力；结合北辰喻，北辰具有定向与统摄诸星的能力，表现为能力之知，虽然未发，但确保指向之正“中”，亦有“无一息之停”的深层动力。在“转识成知”基础上，亦可发展出“转命题性知识为能力之知”，从而统合新知识与传统知识。

较之于理性化的知识论，龙溪诠释的“未发之中”洋溢着神秘性，“未发之中不可谓常人俱有，须用戒慎不睹、恐惧不闻工夫，始有未发之中”[4]。“戒慎恐惧乃是孔门真火候，不睹不闻乃是先天真药物。”[5] 结合中国儒学缄默维度的第一个基本特征来看，未发之中密体的打开有赖于功夫；换言之，它不是现成的，而是有待揭示的，药物（缄默维度的道体）与火候（功夫）并用，方能成就“丹府一粒，点铁成金”，化掉幽暗意识与根本恶，将病根转为天地灵根，开启先天之门。“‘未发之中，由戒惧而得，不可谓常人俱有’，先师尝有病疟之喻矣。常人亦有未发之时，乃其气机偶定，非大本达道也。”[6] 龙溪在此反向使用阳明的病根喻，如同患疟之人偶然发病，虽然常人先天具备未发之中的潜质，但由于未经功夫开掘，处于隐默状态，偶尔呈现，亦是电光火石，转瞬即逝。功夫的意义在于掌握正确方法与足够的积累，随着持控力的加强，可以将瞬时转为持续，将偶发转为常态，实现缄默维度的“暂时性”向

---

① 黄勇：《当代美德伦理：古代儒家的贡献》，上海：东方出版中心，2019 年，第 316—324 页。

② 张昭炜：《中国儒学缄默维度》，第 87—91 页。

③ 《王畿集》，第 98 页。

④ 《王畿集》，第 802 页。

⑤ 《王畿集》，第 510 页。

⑥ 《王畿集》，第 180 页。

“持久性”转化。[1] 转化成功的典型实例便是阳明：“先师龙场一悟，万死一生中磨炼出来，矗矗地一根真生意，千枝万叶皆从此中发用，乃是千圣学脉。”[2] 由此可见未发之中储藏蓄积的“无尽藏”与“惊天动地”的潜能。尽管病根喻指出清除深层之恶的复杂性与艰巨性，但由于功夫敞开的缄默维度，使得阳明、龙溪自信良知，对于心体的“明莹”廓然、先天的定向保持乐观，在先天正心中高扬人性的光辉，在内向默识中开掘自家无尽藏。功夫论不仅是阳明学的特质，而且也表现出中西哲学的显著差异。从实际影响来看，龙溪的乐观导致了阳明学向超洁方向发展，蕺山批评龙溪，亦是对此而发。蕺山慎独诚意，致力于消除隐恶，他更像是一个悲观主义者，意识到清除深层之恶的艰巨性，类似于康德的道德宗教哲学。

综上，良知学诠释的《中庸》“未发之中”之“尽精微”与《大学》“致知”之“致广大”方向不同，若能相互补正，将有利于儒学经典的内部融通与集成创新。从负面看，缄默维度局限在个体良知内省，不利于中国哲学向知识论发展；从正面看，显性维度侧重知性与知识积累，不利于个体灵性与能力培养，而缄默维度更侧重灵性与能力培养，显示出阳明与龙溪之学的现代价值。通过“转识成知”，可以将这两种知识融会贯通，以知识锻炼能力，以能力促进知识，在此方面，阳明与龙溪之学具有开拓性。从儒学传统来看，阳明与龙溪从“未发之中”、超越之“无”寻求善的终极依据，在先天处建构善的本体，这是儒学性善论的新发展。从中西哲学的比较视野考量，基督教影响下的道德哲学更重视根本恶与原罪，将善的根源与动力归于上帝。阳明学在以病根喻警示根本恶时，主要是从先天超越层次展现善的根源与动力，这相当于将上

① 张昭炜：《中国儒学缄默维度》，第 180 页。
② 《王畿集》，第 260 页。

帝的属性归于人的先天，通过先天正心，展现并运用超越之“无”，这一传统并可以追溯至文王的“不识不知，顺帝之则”与孔颜默会，显示出中国哲学的深厚底蕴以及对于人性光辉的彰显，并洋溢着人文精神。当然，这种人文神圣性的实证依赖道德修养功夫，这亦是中国哲学对于世界哲学的重要贡献。

明宗与辨异：李材对何为儒学的思考

李璐楠*

在晚明三教高度融合的思想与社会背景下，不少学者"援释入儒""推儒附释"①，三教混杂的现象使得晚明的学术思想与社会意识发生严重的迷离和衰颓。在这种情况下，"何为儒学"这一根本问题成为晚明儒者的共同关注。李材(字孟诚，号见罗，1529—1607)在晚明儒学和三教融合的思想脉络中提出"止修之学"，从根源上厘清三教之间的分界，重塑儒家的精神价值。就此而言，明宗和辨异是李材思想的一体两面。因此，本文拟从辨异、明宗这两条线索入手，力求更为全面地呈现李材对于时代问题的思考，及其接续儒家价值精神的努力。

一、异端之辨

自北宋理学兴起以来，儒学与佛道两家之间的正学与异端之辨，可以说是贯穿理学思想发展的基本线索之一。但是在李材看来，当时思想

---

* 李璐楠，1989年生，北京大学哲学博士，现为厦门大学哲学系助理教授。

① 李材：《与陈子观书》，《见罗李先生经正录》卷六(下文简称《经正录》)，美国国会图书馆藏明万历三十一年刊本，第1—3页。

界最需要面对的异端不是佛老，而是儒释道三教混杂的现象①：

> 熄邪说，放淫辞，岂真在于披缁削发之伦？切有病于似是而非之辈，此孔子之所以恶乡愿有甚于老氏也。灼然与儒异趣，虽甚怪迂，为蠹尚浅；吕嬴共族，牛马一家，同儒之门，不同其脉者为害乃大。②

李材所谓“似是而非之辈”，指的是表面维持着儒者的身份，实际上却不愿奉行儒家的价值规范，对于二氏的种种清规戒律，他们也不能严格遵守，最终造成“从儒儒不纳，事佛佛不收”③ 的局面。因此，李材指出：“果其能显然背君臣、弃父子，削发披缁以趋从于出世，则吾犹有取焉。何者？谓其能不乱乎儒也。则吾老孔子门中岂少此一人耶？此所谓不必辟者也。……儒自儒，佛自佛，岂独无妨于儒，尚亦有裨于佛。惟其口尧舜、心佛老，冒之以洙泗簪绅，主之以葱岭血脉，则真所谓可辟者也，辟之诚是也。”④ 可见，在李材这里，正学与异端之辨更多地体现在儒学内部的真(纯)与伪(杂)之间，“理不容二，二则支，学不可杂，杂则晦，古所称异端真只在于杪忽毫分而岐以千里者也”⑤。

三教“兼搭掺和”何以能乱乎儒？李材认为儒释道三教自成其学，由于在价值取向上侧重不同，故不可混杂，“每谓经世之人不可以二出世之宗。世之守株套例、妄肆雌黄者，予亦往往嗤之，谓彼皆以神圣之

① 事实上，自阳明学兴起以来，传统的正统与异端之辨已经发生重点的变化，开始由儒学与佛老之间转换到儒学内部。参见彭国翔《良知学的展开——王龙溪与中晚明的阳明学》，北京：生活·读书·新知三联书店，2015 年，第 484—495 页。

② 李材：《答徐鲁源书》，《经正录》卷一，第 8 页。

③ 李材：《答景东陈镇书》，《经正录》卷三，第 2 页。

④ 李材：《答舒梦滩书》，《经正录》卷二，第 17 页。

⑤ 李材：《答杨振甫书》，《经正录》卷五，第 11 页。

资就性地入测，而据所见以立宗，故其持之不为无故，言之足以成理。……然其毫忽之讹乃有千里之舛，又截然不容以僭差紊越者，故各固守其宗”[①]。所以李材对二氏的态度是“高其品，不学其学”[②]。“高其品”是对二氏的创始人释迦牟尼和老子笃实求道的肯定，“不学其学”并非出于门户之见，而是基于对儒家价值的肯认，甚至在李材看来，儒家价值高于佛老，因而无需“兼采”[③]。关于儒家与佛老之间价值差异问题，后文会有专门讨论。这里需要指出的是，在李材看来，学问端绪的差殊必须在毫厘之处辨明，倘若“将三千六百滚作一门，淄绳合流不复辨味”[④]，最终非但无法“兼采”，势必对学问本身造成损害，“异端两字谨在毫分，胆睇少乖，距将千里。岂独兼玄与释者不可以定宗，即兼任与和者亦有乖于中谛。芒针径寸，取定庙堂；泛彼重滨，诞登觉岸，则不杂之明效也”[⑤]，“少涉淆讹，便乖宗趣，往谓之甘辛酸苦一味入口中，即杂五谷之正，不但杂之，就能夺之也”[⑥]。

既然儒释道三教在价值取向上侧重不同，这就使得修行方法各有殊异。李材指出，一个真诚的行道者惟有认同其所持守的价值理念，依凭自家特定的教法悟道，才可能达致最高境界，否则“空系两头，而卒无裨于成事也”：“今既为经世之人矣，乃日相从讲于出世之学，欲以证涅槃而不能舍王宫眷属，欲以求飞升蜕化而不免于耽恋资财，吾又未见夫口谈仙佛而可以成佛作祖者也。推原其故，则以本路里看得不明之

---

① 李材：《与陈子观书》，《经正录》卷六，第1—3页。

② 李材：《枫亭大会录》，《经正录》卷六，第15—16页。

③ “兼采”之说指当时不少学者认为儒学仅局限于人伦日用、辞章训诂，谈心说性反不如佛老，故应取善无方，吸收三教之长。李材：《枫亭大会录》，《经正录》卷六，第15—16页。

④ 李材：《答余元卿书》，《经正录》卷七，第13页。

⑤ 李材：《答余伯明书》，《经正录》卷五，第8页。

⑥ 李材：《答杨振甫书》，《经正录》卷五，第11页。

故。"[①] 所以李材认为，尽管李卓吾裂冠毁冕以从释、余伯明浪荡天涯以学仙，但就其能真诚求道而言，"予独甚壮之……谓审如是而以学仙学佛，乃真可云出世的汉子，则吾老孔子门中岂少此一人耶"[②]。

相反，李材对"外冒儒绅，中含异趣"[③] 之辈深恶痛绝。在他看来，这些人假托儒者之名而行苟且之事，以致世人难以分辨真伪，纵使有识之士想要辟邪卫正亦无从下手：

> 居之似忠信，行之似廉洁，非之无可非，刺之无可刺。宛然一圣人之成德也，而实则顺非饰泽，藏垢匿瑕，混俗和光，阉媚取悦。使世中其毒而莫测其方，且颂其德以为此真原人也，则其为斯道之蠹害，乃真不可救解者也。此孔子之所以恶乡愿甚于老氏也。……求之无其端而罪之无可按也，则虽以圣君贤相有卫道之勤心而莫为之救挽也。……此其比于削发披缁，显然背父子、离亲戚以自畔于名教者，其为害果孰轻而孰重耶？此予之所谓深可恶者也。[④]

尽管李材将异端所指的重点转向儒学内部"混杂三教"的现象，并在一定程度上对佛老求道之真切表示肯定，但他并未放弃儒家传统以佛老为异端的基本立场，这是由李材的儒家身份和自我认同所决定的。在他看来，佛老与异化的儒学显然都是异端，只不过在当时的情况下，异化的儒学对圣人之道的危害要超过佛老，因此需要首先加以对治：

---

① 李材：《枫亭大会录》，《经正录》卷六，第 15—16 页。
② 李材：《与陈子观书》，《经正录》卷六，第 1—3 页。
③ 李材：《与李卓吾书》，《经正录》卷八，第 12 页。
④ 李材：《答舒梦滩书》，《经正录》卷四，第 15—17 页。

辟邪卫正，圣贤同心，似是而非，特所深患。盖一则病在于皮毛，一则为疚于心腹，同一乱正而浅深之分数异致如此。……故以释害儒，害尚浅，以儒冒释，害乃大。[①]

事实上，针对当时学者“兼采三教”的说法，李材不以为然。在他看来，性命、天道向来是儒家思想的核心问题，空无虚寂的心灵境界也并非佛道两家的专属。[②] 儒学传统本身便有丰富的思想资源，只因世人不见圣学之全，以为“家本无醯”，才“倚门傍户”“沿门持钵”，反觉得二氏之论高明亲切。[③] 因此，李材认为要解决混杂三教的问题，必须重新阐明“何为儒学”这一根本问题，才能在根源上将儒学与佛老区别开来，“自愧其原本之微不足以障滔天之势，恐适足以激纵风之燎、扬汤之沸，谓不若反而明孔曾之学，修知本之教，庶几哉。‘经正，则庶民兴；庶民兴，斯无邪慝’者，犹可望救于万分之一也”[④]。

二、儒之为儒：“性命经纶打并为一”

李材指出，儒者之学具有“性命经纶打成一片”[⑤] 的特点。一方面，儒学以天命之性德为出发点，这是个人修养与社会伦常秩序之所以

① 李材：《答舒梦滩书》，《经正录》卷四，第 15—17 页。

② “吾学未尝不贵虚、未尝不贵寂，只以修身为本，一切皆为实体。未尝不致知、未尝不格物，只以修身为本，一切皆为实功。……虚寂是性之本色，格致是修之用神，虚寂、格致何病？则学不知本者病之也。……大率儒者之学久湮，故使修身为本之旨不著。说寂谈空者定求之人伦事物之外，而狥生执有者又不免錮于形骸度数之中。然则知修身为本而不知修身为本即是止于至善，犹为见之次也。”（李材：《答谢子实书》，《经正录》卷一，第 9—10 页）

③ “微生之乞醯自缘非直，然亦以家本无醯，故从外觅。孔子则夫岂无醯之家？真所谓归求有余，怀万宝而燕息，取之左右逢其源矣。而又何他羡乎？”（李材：《答蒋德夫书》，《经正录》卷七，第 15 页）

④ 李材：《答舒梦滩书》，《经正录》卷四，第 17 页。

⑤ 李材：《答蒋德夫书》，《经正录》卷二，第 1—2 页。

可能的先天根据；另一方面，儒者之道并非“空寂之谈”，人伦日用中的应事接物同样是性命天道的展开方式，也是工夫的可致力之处，“孔子虽彻底至命之宗，却落实就经事宰物中取讨归宿，真复然与禅家别样”[1]。“《中庸》曰‘修身以道，修道以仁’，却又曰‘亲亲之杀，尊贤之等，礼所生也’。岂是仁外又别有礼？正合此意。故就归宿上提挈，必以求仁为宗；而就应务上着功，必以复礼为要。复得礼恰好全得仁，而彻内彻外、巨细精粗无一不管归于天则矣，此其所以为经世之学而有异于空寂之谈。”[2] 可见，儒学并非限于尘世，而是带有即凡而圣的特征，既可以安身立命，又能够开物成务。事实上，随着唐宋之际禅佛教和新道教的兴起和发展，那种完全舍弃社会伦理、断灭种性的主张和做法，在佛道两家内部也是受到批评和否定的。[3] 既然如此，儒学与佛道两家的根本区别何在？

程颐曾以“圣人本天，释氏本心”作为区别儒释的标准，李材认为这一区分可谓“千古辨学底案”：“‘释氏本心，圣人本天’盖伊川先生理到之语，僭每揭出谓可为千古辨学底案。后之学者惟不达此也，故使儒佛老庄混为一途，至观其谈心说性之滉漾缪悠，翻诧以为其见之有出吾儒上也，则不明于心天之辨故也。”[4] 在李材看来，“天”是理的体现，在事物意味着某种自然而然、不由人为安排，却又具有某种必然性的运作规律或秩序；在人自身，则意味着人受之以为人性的“性理”，

---

① 李材：《答陆以建书》，《经正录》卷八，第 4 页。

② 李材：《论语大意》，《见罗先生书》卷六，第 68 页。

③ 参见彭国翔《良知学的展开：王龙溪与中晚明的阳明学》，第 259—260 页。李材也指出：“《坛经》所云‘慧能没伎俩，不断百思想。对境心数起，菩提作么长’者，虽云有为而发，其实就彼空寂宗亦毕竟是要破顽空且遮断灭也。”（李材：《答聂念初书》，《经正录》卷六，第 5—6 页）

④ 李材：《枫亭大会录》，《经正录》卷三，第 5—7 页。

“天上归宗，予每言之矣，总是一个理。在天则谓之命，在人则谓之性”[①]。舍理而言天，便有落入主观意识领域的危险，“象山所谓天之一字，自皋陶说起者，其言殊有味。不然，将典礼命讨，一切自我作之，自我而提衡之，此最学之深患”[②]。所以“本天”意味着儒者之学必须遵循事物固有的理则。与之相较，释氏所本的“心”不过是因缘和合的“虚体”，并不包含实质的内容，“极其底里，止是道得个妙明真心、妙觉明性”[③]。因此，李材指出“心天之辨”实质上即有(实)、无(空)之辨：

> 儒者之论学毕竟事事归实，释氏之论学毕竟事事归空。事事归实不是勉强说，盖直从立教开宗，合下见性处便实也。……从性率由，从本流出，盖实实落落一个至善也。[④]
>
> 有家之人，行遍万水千山，止处昭昭，与彼不斋。只如“本来无一物，何处惹尘埃”，正是直认作无，与儒家所云至善实在是有者，判然不相侔。[⑤]

在李材看来，儒佛两家对心性内涵的不同定义，根源于双方对世界实在性的不同理解。[⑥]“空之一字，宁独佛言？‘屡空’‘空空’，圣人不讳。

---

① 李材：《答庄君秀书》，《正学堂稿》卷四十，《儒藏》精华编第262册集部，北京：北京大学出版社，第499—500页。

② 李材：《答曾惇吾书》，《正学堂稿》卷二十九，第360页。

③ 李材：《枫亭大会录》，《经正录》卷三，第5—7页。

④ 李材：《答涂清甫书》，《见罗李先生观我堂稿》(下文简称《观我堂稿》)卷八，台北：“中研院”傅斯年图书馆影印日本内阁文库藏明万历见爱成堂刊本，第15页。

⑤ 李材：《答熊念甫书》，《经正录》卷四，第7—8页。

⑥ 学界对此已有系统研究，参见杨国荣《理学的衍化——从张载到王阳明》，《心学之思——王阳明哲学的阐释》，北京：中国人民大学出版社，2009年，第250—281页；陈赟《儒佛之辨：理学的一个向度》，《儒家思想与中国之道》，杭州：浙江大学出版社，2016年，第194—220页；彭国翔《良知学的展开：王龙溪与中晚明的阳明学》，第317页。

要为空其所本无者，而非空其所本有者，此儒者之学所以异于释氏也。”[①] 由于佛教否认了万事万物各有其理，因而秩序和原则便失去意义。既然万物存在本身便是因缘和合而成，不具有真实不虚的独立价值，那么众生之间所应承担的伦常与道德责任也就不存在，所谓“披缁削发，自绝人群，背君弃亲，断情世外”[②]。而儒学之实在于对天地万物之诚有深切的体会，故其归宿在人伦有序，“‘鸢飞戾天，鱼跃于渊，言其上下察也’，信口一句道来，形上形下两俱到矣，会得时真是活泼泼地”[③]。所以李材说：“一则与万物为体，故挈其身与万物共一锻炉；一则以万物为累，故出其身避万物以求度脱。其差毫厘，其别千里，此经世之学与出世之学所以夐不同为途辙也。”[④] 由此可见，儒释的根本区别在于是否承认世界的实在性，儒道之间亦是如此。正因为儒学肯定了天理及万事万物的真实存在，因而能够不局限于个体内在意识的调节，而具体落实为对现实伦常秩序的关切与践行。

基于这种关切，李材对人应承担的社会责任非常重视。在他看来，明学淑人是儒者义不容辞的责任，也是修身的题中应有之义，“任重道远，士之定责，故明学淑人，士之定分”[⑤]，“身不为私，修非自了，此学所以谓之大也”[⑥]。可见，即便儒学与佛道两家均同时具有入世和出世两个向度，但就双方的价值旨趣上看，仍显示出经世和出世的不同侧重，“孔子以经世为宗，而渠主出世；孔子以厚伦为教，而渠主悖伦；孔子以克扩善端体天之生德，而渠务为灭息俾入无生；孔子以扶植纲常培两间之正气，而彼务为忍辱方行。等慈不择淫贱，此其大纲大纪之夐

---

① 李材：《答刘在田书》，《经正录》卷五，第 18 页。
② 李材：《枫亭大会录》，《经正录》卷六，第 17 页。
③ 李材：《斅学录》卷九，第 89—90 页。
④ 李材：《正学堂续稿 · 答傅镇南书》，《经正录》卷七，第 2 页。
⑤ 李材：《答徐时举书》，《正学堂稿》卷五，第 60 页。
⑥ 李材：《与张甑山书》，《观我堂稿》卷十五，第 17 页。

然与儒异趣者也”[①]。

因此，在程颐“心天之辨”的基础上，李材提出以《大学》的“知止”作为判教标准：

> 归止即是止至善，非止空，非止寂。……归止于善已不同禅，又就在经事宰物间讨出善之入门、止之诀窍，与禅寂真不啻霄壤。[②]

首先，就知止的内容而言，儒家之“止”立足于道德的至善，一切道德实践所当为的原则由此而出；而佛禅之“止”指清净的空寂性本身，并没有道德的性理作为其本质内容，“非止空，非止寂，盖止于善也，此吾所以谓直说到无声无臭处亦无往而非实也，此所以迥异禅宗也”[③]。其次，就知止的工夫取径而言，由于佛教不承认万事万物各有其理，因而只能将工夫转向内在意识的调控，造成内外世界的脱节；而儒学之“止”依循事物之理，故工夫入手处在人伦日用之间，“孔曾之学，经世之学也。其入路也，直从轇轕纷纭中，而不亢栖岑寂；其致用也，直将均平齐治，而不只托空言”[④]。正因为心有主宰，所以儒者的自我修为能够不为外界所动，不必局限于主观的虚静状态，做到动静一如，“《大学》劈头教人知止，初不责人断虑，但要令止有归宿，渐入静安境界，以至能虑，则全是用照矣。有主矣，不复为物所牵引矣”[⑤]。对此，李材十分欣赏孔子燕居“申申如也，夭夭如也”的状态，认为“此不但画出夫子一个太和体段，而又照出夫子一个入静端倪，真浑然一团和

---

① 李材：《经正录》卷三，第 8 页。
② 李材：《答罗惟信书》，《经正录》卷六，第 18 页。
③ 李材：《福堂稿 · 答陆以建书》，《经正录》卷八，第 4 页。
④ 李材：《答袁伯益书》，《正学堂稿》卷二十一，第 251 页。
⑤ 李材：《答聂念初书》，《经正录》卷六，第 5—6 页。

气，融然一座春风”①。

总之，依李材之见，性命天道向来是儒家思想的核心问题，儒之为儒的根本在于对天理和世界的客观实在性持肯定态度，因而能将性命之学落脚于现实伦常秩序的建构，面向全境的生活世界。在这个意义上，李材认为儒家持守的价值高于佛老：“以孔子自有学，直从经事宰物间透宗入性命关膈也。彼其学高者，不能出吾圣人底里；其卑者，乃一切恣肆，越出于吾圣人准绳规矩之外，以就彼出世之局则可，而不可以经世也。”②

三、重建儒学宗传：“修身为本”之学

李材反对“兼采”三教而重新诠释“儒之为儒”的特质，目的在于重建儒学宗传。在他看来，《大学》一书较为集中地保存和体现了儒学的宗旨和精神，足以成为儒家经典的理论基础，“棋有谱，善奕者必由之；学亦有谱，善学者必由之。《大学》者，儒之谱也”③，“明得此经，则《语》《孟》六经皆其注脚”④。其中，“知止”和“修身”是《大学》最核心的两个概念：

> 《大学》者，盖孔子所以定宗也。犁然鼎立三纲，约归知止；秩然井分八目，本归修身。既为之开启其扃钥，俾寻绎者不患于无门，又为之把握其枢机，使操修者不患于无据。其教天下万世之意

① 李材：《正学堂稿·答黄君正书》，《经正录》卷七，第10—12页。
② 李材：《枫亭大会录》，《经正录》卷六，第15—16页。
③ 李材：《答李远希书》，《经正录》卷一，第14—15页。
④ 李材：《答朱申峰书》，《经正录》卷一，第11页。

般矣，合性命经纶而为之括综提撕至矣。[①]

为何“知止”和“修身”那么重要？李材首先对“知止”的含义予以界定：“止者何？止于善也，善即性也。……大率一到发灵后，终日终夜只是向外驰走，闻声随声，见色随色。……故就性一步，则无非善者，无非正者，离性一步反是。此止之法门，所以为《大学》第一义也。”[②] 在李材看来，人心在现实世界中往往会受到种种刺激和诱惑，失去原初的平静和方向。要让心发挥其应有的功能，呈现其内在价值，就必须首先回到作为人心的道德本质的性体。所以《大学》的“知止”是教人充分认识并体悟自身的道德本性，并按其要求行动，只有这样人心的灵明才具有确定的方向性，指向道德上的善，不至于荡而无归。因此，李材强调“知止”的对象必须是纯粹至善的性体，而心、意、知、物只能归属于经验层面的发用，不是先验的本体：“心意知物，四者条分，总属用边说。”[③] 站在这个立场，李材批评阳明以良知为本体是从念起念灭上作功，其结果只会使真正的道德本体湮没不明，“以致知为主脑者，是知有流行而不知有归宿者也”[④]。

尽管从阳明学的角度来看，李材对阳明良知观的批评并不相应。但李材之所以提出“摄知归止”“以止事心”，一方面是要以天命之性的客观绝对性来警觉道德主体（心）的责任感，以此修正阳明后学讲良知过于现成、活泛的弊端，重新确立修身体道的尊严和秩序，“有生以后，人即发灵。知不可离，何待契说？但恐其荡而无归，故斩关立此一

---

① 李材：《题徐献和莆阳答问》，《经正录》卷六，第3—5页。
② 李材：《答李汝潜书》，《观我堂稿》卷四，第3—4页。
③ 李材：《答吴有恒书》，《正学堂稿》卷二十二，第263页。
④ 李材：《答董蓉山丈书》，《观我堂稿》卷五，第8页。

步。……古人之所以事心者，以止事心；以止事心，故本常立”①。所以在解释《大学》“三纲领”时，李材指出止至善应为“始事”而非“末后事”：“至善两字，昭然学之命脉也。习传循诵者直以为明德、新民之极致而已；又不然，则以为事物当然之极则也。以此而言学，此主造极者固至断弃止法，不复以之入门，而主极则者亦只随事求讨，不复知以止为归宿。”② 在李材看来，至善是明德的主宰，明德是至善之性在经验中的分殊性表现。③ 明明德不仅仅是要追求心体的灵明，更要认识其中包含的至善天理，如此明觉的发用才不会脱离道德规范的约束，“明德、亲民落实要在至善上归宿，故止于至善者所以辨宗也。未有止不知而可以言明德、亲民者也”④。就此而言，李材强调三纲领应以“止至善”为中心，不可以“明德”为本，“古之欲明明德于天下，以为是学之大纲也，似也，然不省要归在于何处，所以言近似而卒无有下手从入处也。《大学》之旨意亦既明白矣，曰‘大学之道，在明明德，在亲民，在止于至善’，必先知止矣，而后能定能静能安能虑以能有得也”⑤。

另一方面，李材指出，过于强调心体的知觉，则可能导致天理在人心的隐退，使得个体走向主观的价值设定或情感认同，进而使修养工夫局限于自我意识领域，难以与佛道两家划清界限。就此而言，李材对“知止”的强调，还包含儒释之辨的因素，其本身也是儒学在晚明三教混杂的时代情境下，自我归正的要求，“今既于《大学》知以至善归宗，于《易》能以太极立命，则心意知物自然属在用神，而两仪四象一切咸

---

① 李材：《答洪伯舒书》，《正学堂稿》卷三十九，第 493 页。

② 李材：《答李诚庵书》，《观我堂稿》卷三，第 8 页。

③ “至善其归宿，而明、亲其流行也。明德者，则至善之光昭发越也。”（李材：《答邦和宗叔书》，《正学堂稿》卷七，第 85 页）

④ 李材：《答董蓉山丈书》，《观我堂稿》卷十一，第 4 页。

⑤ 李材：《知本义》，《观我堂稿》卷一，第 1—2 页。

归指使，岂繄其倚就灵明上作活计者，可得而仿佛其涯涘耶？……故明宗要矣，知性急焉。儒衣儒冠，人存卫道之忠，乃不能于此讨明，而直沿流而拯之，其有不沦胥以底陷溺，适扬波而助之澜者几希矣”①。

除了回应晚明儒学和三教融合的问题之外，李材对“知止”的思考又超越于时代课题本身，而指向关于“人之为人”这一普遍而根源性的问题。在他看来，人心在现实世界中极易受到声色物欲的牵引而有所陷溺。圣人施教的目的在于“导民之善”“防民之欲”，引导人充分认识到自己的道德本性，从而负起人的道德责任，勇于实践人之为人的当然之则，“圣人之所施教、所为功德者真只在导民之善，防民之欲，唤醒人之沉迷，使各反其本而已矣。……役役老死堕落于沉昏而不复知性命之为何物也，憧憧往来听其驱役而莫知所至止归宿也。圣人有忧之曰：‘此与马牛何异？与禽虫何异？’谆谆恻恻多为之方而劝诱之，善为之法而提防之，使人知恣情徇欲之罔有涯涘底止也，殉事役物之罔有归依也。受中以生，天命之欛柄其在乎我也；成位其中，造化之枢纽于我归宗也。修之则为圣为贤，而所以主张乎造化者由是也；不修之则为愚为不肖，而沉昏堕落与草木同其腐朽者由是也”②。在这个意义上，李材对“知止”的重视，正是为了让人察见内心深处的道德本性，从而行不过其则，只有这样才能体现出人的生命异于草木禽兽的独特性。

尽管李材强调道德实践应首先立足于对至善本体的体认，却又并非离却伦常事物而局限于自我意识的领域，而是将性命之学落脚于由自我而家、国、天下的整个社会关系网络之中。这一过程即通过对于《大学》“修身”观念的诠释而展开。在李材这里，“身”不仅指一己之躯，还将“家国天下”融摄在内：“格、致、诚、正为修之之功，齐、治、均平为修之之事，家、国、天下为所处之方，真合心、意、知、物、国、

① 李材：《枫亭大会录》，《经正录》卷三，第5—7页。

② 李材：《答庐贞甫书》，《经正录》卷八，第18—20页。

家、天下通为一身也。”① 在李材看来，自我不是一个孤绝的个体，个人的道德实践只有在现实的政治社会生活中不断充拓与外化，才能充分实现自身，“格致诚正一毫有不备，则身固无自而能修，均平齐治一毫有不至，则身亦不可以言修。何者？身之所处不于家则于国，不于国则于天下，未有遗人物而独立者，故言身则家国天下皆举之矣”②。

李材之所以强调道德实践不能限于主体自身，还必须落实到人伦日用的各种实事上去，一方面是要纠正阳明后学脱离人伦日用而识认本体，以致知行分离的弊病，“今学者所以卒岁穷年无所至止，正为学不知本之故。所以凭其意见卜度揣摩，将身所体备切实之事、彝伦日用之常尽数看作粗迹，架漏空疏，而日以寻索本体为事，靡费岁月，眩瞀精神”③。事实上，阳明当初提出“致良知”就是为了纠正朱子学外向“格物穷理”的弊病，强调道德的内在性。但是承认天理内在于人心的自觉，难免导致修养工夫的内倾和满街圣贤的不可收拾。王门后学，尤其是浙中、泰州一派，秉承了阳明晚年致良知教的某些说法，过分强调良知的明觉现成，缺乏深切的致良知工夫，如此则高明之士致力于体悟良知虚灵一面，流为“玄虚而荡”，与佛教合流；卑下之士对于心中的情感欲望当下肯定，流为“情识而肆”。李材重提“修身”就是为了解决这一问题：

> 今天下之士已无不知学之必求诸其心也，而其所缺者正惟在于不知身之为本也。此其所以高持意见流为空疏，甚至恣情徇欲亦弊之所容或有者。则此修身者，岂惟学圣之常法，固即所以为今日学

① 李材：《答夏台卿书》，《正学堂稿》卷十八，第 211 页。

② 李材：《知本义下》，《见罗先生书》卷一，《四库全书存目丛书》子部第 11 册影印明万历刻本，第 9 页。

③ 李材：《知本义下》，《见罗先生书》卷一，第 9—10 页。

者对治之良剂也。[①]

另一方面，由于朱子学与科举制结合，许多士人对儒学的研习主要不是出于对圣人之道的体认和践行，而是为了通过科举考试以谋求功名富贵，或者将儒学研究仅仅作为一种知识性活动，而非安身立命的学问，这在李材看来都是对儒家"为己之学"的异化："经世之学，舍修身为本不事，高之虚无，卑之功利，支离之训诂词章，胶固之狥生执有，知必居一于此矣。"[②] 因此，在解释《大学》"八条目"时，李材提出将"修身"作为八条目之本："均平齐治，但一事而不本诸身者，即是五伯功利之学；格致诚正，但一念而不本诸身者，即是佛老玄虚之学。故身即本也，即始也，即所当先者也。知修身为本，即知本也，知止也，知所当先者也。"[③] 在李材看来，无论学问还是自我修为都必须有其根基，只有"实体于己"，才能抵御外部世俗世界的诱惑，进而由自身不断外化，遍及自我之外的他人和万事万物，"学问要知本，譬如水必有源，树必有根。……《大学》说明明德，说亲民，必要止归至善；说平治修齐，诚正格致，必要本归修身，意亦如此"[④]，"孔子观象于天地之间而得所为本者，挈出以定学者之命，以立经世之枢。使人握之以自修，则家国天下之柄在我；运之以应物，则均平齐治之用咸宜"[⑤]。

当然，在个体的道德实践不断扩充的过程中，知止始终对修身起到一种引领和规约的作用："《大学》一经专为此作，若将维巨浪之扁舟而端其舵柄把握，防峻阪之奔马而谨其衔勒操持。故吃紧教知止一步，谓

① 李材：《知本义》，《见罗先生书》卷一，第 10 页。
② 李材：《与郭文蔚书》，《观我堂稿》卷六，第 18 页。
③ 李材：《知本义》，《观我堂稿》卷一，第 4 页。
④ 李材：《门人记述》，《见罗先生书》卷十九，第 232 页。
⑤ 李材：《门人记述》，《见罗先生书》卷十九，第 238 页。

必有此一步，而后身命可以安立，灵魂不至散越。”[①] 同样，性体也必然要表现在行为者的视听言动中，“畅于四肢”“发于事业”乃至“不言而躬化”[②]，只有在具体的道德生活中去体会、实践，才能对本体获得亲切的体认，这一过程也意味着天命之性德的彰显与实现，“缉熙敬止，止法也，却在身之所交接处下手；仁敬孝慈信者，善则也，却在修之作用处显现”[③]。在李材看来，“修身”并不是以外在的规范来约束自然的生命，而主要表现为内在德性自我推动之下由个体到社会的充拓与外化的过程。所以，在解释《大学》“知止”与“修身”的关系时，李材指出知止和修身作为同一道德实践过程的两个方面，必定是身心呼应、心性与经世内外共建的一体关系：“明明德，悬空明不得，修其身以正诚致格而德明；亲民，悬空亲不得，修其身于家于国于天下，以均平齐治而民亲；止至善，悬空止不得，知修身为本而本之而修之，以明德、亲民而善止，真天德之统会，王道之渊源，尽性至命一以贯之者也。”[④] 就李材而言，儒家的理想人格之所以能以“浩然一身通乎天地万物，直与上下同流而通体浑然一至善”[⑤]，正是能将心性、经世两方面贯通为一的结果。

因此，较之道家对“养生”的重视，李材认为儒家的“修身”更强调直趋本源的修德工夫以及天理、道德、责任的一体贯通：“养德即养身。制事制心，惩忿窒欲，果专志自不必分情于玄养，而至命尽性有一以贯之者矣。外儒宗说养生，生则养矣，恐非所以该性命之全，缺经

---

① 李材：《答徐时举书》，《正学堂稿》卷十九，第235—236页。

② “视灵明觉知与九窍百骸，固通为一体；视家国天下与灵明觉知、九窍百骸，亦通为一体。如是而定命，如是而表仪、正位、居体，美在其中而畅于四肢，发于事业，此所以不言而躬化也。”（李材：《答舒梦滩书》，《正学堂稿》卷三，第31—32页）

③ 李材：《答李汝潜书》，《观我堂稿》卷九，第12页。

④ 李材：《答董蓉山丈书》，《观我堂稿》卷五，第15—16页。

⑤ 李材：《知本义上》，《见罗先生书》卷一，第9页。

世之用。”[①] 在李材看来，儒家的道德修养工夫本身便具有养生的功能，儒家与道家之所以显示出“养德”与“养生”的不同侧重，是由二者在存有论上的根本差异以及价值论上的不同取向造成的，“予早岁亦尝博涉二氏之书，兼访禅伯方士之辈。自悟彻知本之宗，断以经世实学只有此途，至命造玄斯为极则。回观佛学，顿见空疏；下视仙宗，仅同蜗角。……所以志念稍专，趋操不二，牵扯既少，漏泄无多，或者神气稍强就得于此”[②]。

综上，在李材这里，无论“知止”还是“修身”，都不是限于主体自身的道德行为，而是展开于自我与外界事物的互动过程中，并在本体论意义上肯认天理、道德、责任的真实性。面对晚明三教混杂的现象，李材立足于《大学》的“知止”和“修身”观念，重建儒家心性、经世合一之学，并以此作为区分三教的标准。因此，李材提出的“止修之学”具有三重意义：回应心学流弊、严明儒释之辨以及重思心性与秩序的关系，由此可见其接续儒家价值精神的努力。

① 李材：《答顾桂岩书》，《观我堂稿》卷十五，第 11—12 页。

② 李材：《斅学录》，《经正录》卷三，第 4 页。

晚明关学融通阳明心学的理念

常　新*

晚明清初关学出现尊朱辟王与折中程朱理学与阳明心学的同时，还出现了反归张载，还原“儒学”的曲折路径①，这一路径通过明末清初关学出现总结与终结体现出来，其原因有二：其一为学术领域对程朱理学与阳明心学的整体批判与反思，其二是地域文化勃兴引发士人地域意识的增强，这两方面的因素促使冯从吾与李二曲对关学进行了一次学术总结，使关学趋向心学的发展方向。本文通过对冯从吾编撰《关学编》的过程及结果考察，研究晚明关学融摄阳明心学的途径和方法，揭橥晚明清初关学出现心学化之大势。

一、关中理学思想的积淀

对学术思想的总结前提条件之一是该学术思想须具备两个条件：其一，该学术思想需有学脉的传承；其二，该学术要有思想内部的纷争与统合。晚明关学在经历了三原学派的复兴、明中期经吕柟等人不遗余力的发掘与创新而达到其全盛时期，在学理方面地域特色更为鲜明，逐渐为明代理学内部所认同。晚明冯从吾融合程朱与陆王，通过对被视为异端佛教的批判，使得对关学进行学术的总结成为可能。

---

* 常新，1971 年生，甘肃靖远人，历史学博士，西安交通大学人文学院教授、博士生导师，从事宋明理学研究。

① 陈俊民：《张载哲学思想及关学学派》，北京：人民出版社，1986 年，第 17 页。

明代前期的河东之学与三原学派相继勃兴，黄宗羲在《明儒学案》中谈到二者的关系曾言“关学大概宗薛氏，三原又其别派”[①]，《四库全书总目提要》也言“关中之学，大抵源出河东、三原，无矜奇吊诡之习”[②]，两个文献对明代关学发展轨迹的描述大致成立，但其间也存在一些需要厘定的问题。

首先，黄宗羲“关学宗薛氏，三原又其别派”的“关学宗薛氏”过于笼统，“三原又其别派”有明显判断失误。将薛瑄视为明代关学的宗师是不正确的，因为明代关学发展有着自己的发展逻辑：初期主要以程朱理学为主，中间继承和发展张载思想，后期又融合了阳明心学。假如将薛瑄理学思想视为关中重要学术资源，黄宗羲的判断是成立的，但在冯从吾所著《关学编》中明代关中理学家 15 人中有 9 人为河东学派的传人[③]，可见河东学派对明代关中学人影响之深远。其次，将三原学派视为河东学派的“别派”则与三原学派的学缘不符。三原学派具有相对的独立性，创立者王恕与薛瑄基本属于同代学者，虽有交集，但在王恕相关资料中未见二人在学术方面存在师承或学承关系，三原学派中的中坚大都以经学作为为学的根柢。

吕柟的学术可视为对程朱理学与张载之学的集成与融合，黄宗羲《明儒学案》中视其为关学的集大成者[④]被理学家所认可。吕柟对张载之学在关中的延续倾注了很大的精力，曾在解梁书院编著《张子抄释》。吕柟清晰地表达了他搜集与整理张载遗著的目的，他将自己从苏州举人黄省曾处获得的张载《易说》推荐给太学生刘椿与程爵，二人校订刊刻张载《易说》，吕柟为此书作序，在序中将刊刻此书的目的视为传播张

① 黄宗羲：《三原学案》，《明儒学案》，北京：中华书局，1985 年，第 158 页。
② 永瑢等：《愿学编》提要，《四库全书总目》，北京：中华书局，1965 年，第 810 页。
③ 常裕：《河汾道统——河东学派考论》，北京：人民出版社，2009 年，第 5 页。
④ 黄宗羲：《师说》，《明儒学案》，第 11 页。

载易学的主要途径，并使张载易学思想“固与程《传》、朱《义》并行于世不泯也”[①]。吕柟在融合程朱理学与张载学术思想的基础上构建了新仁学体系，成为明代关学发展的一个顶峰，对晚明冯从吾与张舜典产生深刻影响，为晚明的冯从吾对关学进行总结提供了学理方面的条件。

吕柟卒于嘉靖二十一年(1542)，嘉靖三十四年关学学者韩邦奇、马理、王维桢等人遇难于大地震，至此明代关学发展的黄金时期已逝，在其后的一段时间关学处境维艰，到万历时“寥落孤弱极矣”[②]，直至冯从吾、张舜典、王秦关等人重振关学宗风。

晚明和清初的关中学者对冯从吾非常尊崇，许多人将冯从吾视为主要思想渊泉，李二曲对冯从吾的著作推崇有加，“近代理学书，《读书》《居业》二录外，惟《冯少墟集》为最醇”[③]，认为冯从吾同周敦颐、二程、张载、朱熹一样，为“学脉正而学术醇者”[④]。“关中三李”之一的李因笃7岁受学时，其母即以冯从吾小像示之，以勉其向学[⑤]。冯从吾在晚明理学内部程朱理学与阳明心学相互攻讦之时保持理性态度，一方面是程朱理学的忠实继承者，但同时“所守虽严，而秉心渊虚，初不执吝成心以湮大道之公”，“又未尝同世儒门庭之见，妄筑垣堑”。[⑥] 由于不固执于一端，冯从吾具有调和程朱理学与阳明心学的学术思想争端的能力，并能对其进行融摄与吸收，成为关学自张载与吕柟之后的另一高峰。

---

① 吕柟：《刻横渠先生易说序》，《吕柟集·泾野先生文集》卷十一，西安：西北大学出版社，2015年，第416页。

② 马自强：《与孙御史》，《马文庄公文集》，清乾隆刻本。

③ 李颙：《答吴濬长》三，《二曲集》卷十六，北京：中华书局，1986年，第156页。

④ 李颙：《授受纪要》，《二曲集》卷十五，第135页。

⑤ 吴怀清：《天生先生年谱》，《关中三李年谱》卷六，西安：陕西师范大学出版社，1992年，第274页。

⑥ 冯从吾：《少墟冯先生》，《关学续编》卷一，《关学编(附续编)》，北京：中华书局，1987年，第73—74页。

在冯从吾的时代，理学与关学都面临窘境，理学除内部程朱理学与阳明心学的争执之外，明代三教合流背景下佛教对理学的影响使理学在诸如心性、工夫等方面发生嬗变，学者“病支离者什一，病猖狂者什九”①，引起理学家的忧虑。冯从吾认为佛道“发端处与吾儒异”②，对异端思想排斥不遗余力，即使对其尊崇的阳明“四无”之旨，“吹毛求疵，不少假借”③。《辨学录》用对举的方法对儒家与佛教中诸如心性、善恶、理欲、体用、有无等问题逐一进行辨别，期待“可以俟后圣于不惑”④。

《辨学录》是冯从吾与张舜典论学的集结，共八十一章，在第一章就将儒家心性追溯至“虞庭十六字”，于《易》《礼》《学》《庸》等儒家立学文本中核心范畴与佛家分歧辩订甚详，虽为辨别儒释学术思想之差异，但学术总结的意味也甚为明显。

以上诸种机缘为冯从吾进行关学学术的总结提供了条件，其本人也有强烈的学术总结的意愿，在《疑思录》中有“道脉”与“道运”的定义，将讲学视为“延道脉而维道运”，并认为张载“横渠四句”是“衍道脉而维道运”的典范。⑤ 以此为基础，冯从吾对关中的理学进行了学统的构建与学术的总结。

二、关学学统的构建

儒学的发展过程既经历了时间中的历史展开，也涉及空间中的地域

---

① 冯从吾:《答杨原忠运长》五，《冯少墟集》卷十五，《冯从吾集》，西安：西北大学出版社，2015年，第290页。

② 冯从吾:《辨学录》，《冯少墟集》卷一，《冯从吾集》，第50页。

③ 冯从吾:《少墟冯先生》，《关学续编》卷一，《关学编(附续编)》，第73页。

④ 冯从吾:《辨学录自序》，《冯少墟集》卷一，《冯从吾集》，第32页。

⑤ 冯从吾:《疑思录》卷五，《冯少墟集》卷三，《冯从吾集》，第104页。

分化[1]。明代文化地域意识勃兴促进了地域文化的发展，胡应麟《诗薮》续编卷一就提到明初五个地域性诗派，这一地域意识的勃兴，强化了士人构建自身地域文化的主观意愿与动力。就关中而言，自王承裕始就已萌发振兴乡邦的意愿。王承裕认为张载之学自有统绪，义理昭著，但随着张载去世，其弟子投奔二程门下，出现“张氏之门人知尊程朱，程朱门人不知尊张”的局面，据此可以看出王承裕已经具有“尊张”的自觉意识，为张载之学在关中的复兴奠定了基础。吕柟在关学意识的构建过程中属于承上启下的人物，他虽没有像冯从吾那样构建一个关学的统绪，但已经有较为明显的“关中意识”，在其《陕西乡试录后序》中将关中作为一个单独的地域，对当时关中士子身上体现的言行不一的弊端提出批评[2]。吕柟虽然将张载视为同周敦颐、二程、邵雍、司马光一样的理学的开创者，并著《周子演》《横渠张子抄释》《二程抄释》，但对张载及其遗著的搜集与刊刻显示其已有意凸显张载的理学地位，认为张载的著述“出于精思力行之后，至论仁孝、神化、政教、礼乐，自孔孟后未能有如是切者也”[3]，《横渠张子抄释》也被视为是吕柟对张载思想遗产的继承[4]。吕柟直接继承横渠之传的内容主要是其“礼学”，他还认为“不特张子也，曾子亦然，虽孔子‘克己复礼’，‘为国以礼’，亦何尝外是”[5]，显然吕柟认为“崇礼”既是张载之学的特质，也是经典儒家学说的精髓，且有意将张载开创的关学学派与系列特定学派联系起来。吕柟同时代及后来的关学学者都有这种明显的地域文化的意识，并且都自觉传承这一文化传统。

① 杨国荣：《儒学的地域化与江南儒学》，《船山学刊》2019 年第 6 期，第 1 页。
② 《陕西乡试后录序》，《吕柟集 · 泾野先生文集》卷十三，第 459 页。
③ 《横渠张子抄释序》，《吕柟集 · 泾野先生文集》卷十三，第 131 页。
④ 《张子抄释序》，《吕柟集 · 泾野先生文集》附录，第 1322 页。
⑤ 吕柟：《鹫峰东所语第十二》，《泾野子内篇》卷七，北京：中华书局，1992 年，第 58 页。

除过吕柟，韩邦奇对张载同样倾注大量精力。吕柟同韩邦奇均生于明宪宗成化十五年（1479），二人互为挚友。韩邦奇对张载《正蒙》用功甚多，著有《正蒙解结》与《正蒙拾遗》，由于对前者不甚满意将其焚烧，只留《正蒙拾遗》。《正蒙拾遗》是韩邦奇 64 岁时完成，从其涉足《正蒙》至完成《正蒙拾遗》，历时近五十年。韩邦奇对《正蒙》的重视基于对张载的敬仰，在其《正蒙拾遗・太和篇》中言“自孔子而下，知‘道’者，惟横渠一人”①。

1519 年，凤翔府地方官建立岐阳书院，在书院中供奉周公、太望公和召公，张载也被供奉。根据彭泽所撰《岐阳书院记》记载，在这之前，周代三公和张载已在关中地区受到供奉。这显示出关中士人地域意识逐渐觉醒背景下对关中先贤的尊崇，他们努力构建一个独特的关中士人身份，强化了关中士人对关中文化认同与传承的自觉意识，这一意识在当时和后来的关中士人中多有彰显，如在关中传播阳明学的南大吉有“归来三秦地，坠绪何茫茫。前访周公迹，后窃横渠芳”②，南大吉虽在关中传播阳明心学，但从此首诗可以看出南大吉已经有明显的关中自周公至张载的儒学的道统，而这一意识到冯从吾时达到高潮。

冯从吾撰《关学编》所形成的关学道统是关中学术发展的必然结果，其构成因素大致有三：其一，关学的道统意识逐渐明晰，从上述论述中可以看出自王承裕至南大吉，关中士人对张载的认识大致轨迹：由理学的开创者渐渐成为理学中关学的开创者，这一认识经历了辩证认识过程。其二，作为冯从吾前辈的吕柟在明代中期确立了其在理学中的尊崇地位，得到程朱理学与阳明心学的后学的肯定，被学者认为是关中自张

① 《理性三解・正蒙拾遗》，《韩邦奇集》，西安：西北大学出版社，2015 年，第 144—145 页。

② 《瑞泉南伯子集》卷四，《南大吉集》，西安：西北大学出版社，2015 年，第 11 页。

载之后理学的继承者[①]，激发了以冯从吾为代表的关中士人自豪感，诸如“我关中自古称理学之邦”[②]、“吾乡居天下之西北，脊坤灵淑粹之气自吾乡发”[③]，明代“关中之学益大显明于天下。若夫集诸儒之大成而直接横渠之传，则宗伯尤为独步者也”[④]；其三，阳明心学的发展与传播具有地域性的特点，成为江浙乃至全国的学术主流。冯从吾由于幼年时即受阳明学影响，后师从许孚远，对程朱理学与陆王学心学具有融摄会通的能力，他从学术殊途同归方面认为程朱理学与陆王心学“虽由入门户各异，造诣深浅或殊”，但“其不诡于吾孔氏之道则一”，因此萌发整理关学学术史的文化自觉，且明言其编《关学编》目的在于“识吾关中理学之大略”[⑤]，完成了关中自张载以来的理学家共享的思想遗产，成为后来理解关中学术的传统范式。

三、关学与阳明心学融会的理念

冯从吾与张舜典是晚明关学的中坚人物，“同为远近学者所宗，横渠、泾野而后关学为之一振”[⑥]，一时关中有“东冯西张”之称[⑦]。二人从学术方面来讲折中程朱理学与阳明心学，冯从吾“盖统程、朱、陆、王而一之，集关学之大成者”[⑧] 具有宏阔的学术视野与兼容并蓄的学术心胸，具有对关学进行学术总结的意愿与能力。以冯从吾为主的关中士

---

① 《泾野先生传》，《吕柟集·泾野先生文集》附录，第 1332 页。

② 冯从吾：《关学编自序》，《关学编(附续编)》，第 1 页。

③ 冯从吾：《关学编后序》，《关学编(附续编)》，第 62 页。

④ 冯从吾：《关学编自序》，《关学编(附续编)》，第 1 页。

⑤ 冯从吾：《关学编自序》，《关学编(附续编)》，第 2 页。

⑥ 薛敬之、张舜典：《鸡山语要·引》，《薛敬之张舜典集》，西安：西北大学出版社，2015 年，第 110 页。

⑦ 冯从吾：《鸡山张先生》，《关学续编》卷一，《关学编(附续编)》，第 76 页。

⑧ 冯从吾：《柏景伟小识》，《关学编(附续编)》，第 69 页。

人对关中学术的总结基于儒家的道统意识，他们通过对关中学术的源头的追溯，构造了一个一以贯之的关中儒学道统谱系，并对关中理学的特质进行总结和概括，使关学的发展达到明代的一个新高度，并开启清代关学发展的新局面。

冯从吾撰写《关学编》的动力来自乡邦意识及对关学思想自张载开创以来由于时间久远而可能产生断层的忧虑。冯从吾在《关学编》的自序中追溯了关中自文王至王秦关以来的一以贯之的儒学学脉，其间充满赞誉之词，但同时也指出学脉曾有断绝之虞，如“横渠遗风将绝复续，天之未丧斯文也”①。冯从吾认为之所以具有撰写《关学编》的另一可能在于关中儒学对儒家开创者孔子之道的遵行，认为尽管关中“学者俯仰古今，必折衷于孔氏”，“一脉相承，千古若契”②，因此在选取自先秦孔门关中弟子秦子始直至晚明王秦关皆为“理学诸先生”，“学洙、泗，祖羲、文者”③。冯从吾将阳明在关中的传人南大吉与尚班爵同样视为关学传人，“元善（南大吉）笃信文成，而毁誉得失，屹不能夺，其真能‘致良知’可知”④，在南大吉致仕回到渭南后与阳明有书信往来，探讨良知之学，称南大吉“饬躬励行，惇伦叙理，非世儒矜解悟而略检柙者可比”⑤。冯从吾《关学编》这一人物选取意谓其所构建的关学在学术渊源方面融通了周敦颐、张载、二程、朱子、阳明五系，形成明代关学的规模。同时冯从吾在撰写《关学编》过程中对入选的理学人物躬行礼教、维系乡邦风俗也着墨较多，凸显关学的一个特点。据此可以看出冯从吾通过撰写《关学编》进行关学学派的构建具有明显学术取向：融摄程朱理学与阳明心学，构建一个学术相对宽容的关中理学，此举可谓意旨宏

① 冯从吾：《关学编自序》，《关学编（附续编）》，第1页。
② 冯从吾：《关学编自序》，《关学编（附续编）》，第2页。
③ 冯从吾：《关学编后序》，《关学编（附续编）》，第62页。
④ 冯从吾：《关学编自序》，《关学编（附续编）》，第2页。
⑤ 冯从吾：《瑞泉南先生》，《关学编（附续编）》卷四，第52页。

远。冯从吾《关学编》的完成，实现了其“为关中理学而辑，表前修，风后进”[①]的撰写目的，“书成，人无不乐传之”[②]。

冯从吾通过《关学编》构建关学学派无疑是成功的，晚清为《关学编》补传的李元春赞扬了冯从吾的这一学术行为，“《关学编》，冯少墟先生所辑，以章吾关学，即以振吾关学者也”[③]。自冯从吾以后，关学始终处于一种学派与学脉自觉传承与融合的过程中，弦歌不辍、薪火相传。

冯从吾所构建的关学谱系在时间上包含了宋、金、元、明，关学在这段时期发展呈现出较为复杂的格局。宋代主要是张载之学，金元以来朱子学北渐，逐渐成为主导性关学思想。明代关学进入了河东后学、三原学派、甘泉学派、阳明学派等融合的新阶段，河东学派与三原学派大致宗程朱，甘泉学派与阳明学派大致尊阳明，在关学内部形成程朱理学与阳明心学的融合与汇通，这一时期张载之学成为关中学者着意继承的对象，如吕柟著《横渠张子抄释》、韩邦奇著《正蒙解结》等，而冯从吾的《关学编》使明代关学与宋代张载关学在学承上保持了连续性，同时也使明代关学顺应了理学内部以程朱理学为主，阳明心学日益升隆的发展大势。冯从吾基于本身对阳明心学的汲取，在构建关学学派时排除程朱理学与阳明心学的门派之争，完成了一个具有相当包容性的关学谱系。

关学作为一种独特的、具有地域特色的理学学派自冯从吾之后逐渐为学界所认同，冯从吾在编撰内容中所展示的关学特质同样被学界所接受，并成为清代关学学者所着意遵循的学术路径与学术取向。张舜典在《关学编》的后序中指出冯从吾编撰《关学编》入选者的选取标准：“不载

---

① 冯从吾：《明余懋衡序》，《关学编(附续编)》附录二，第121页。
② 冯从吾：《关学编后序》，《关学编(附续编)》，第62页。
③ 冯从吾：《李元春关学续编序》，《关学编(附续编)》附录，第66页。

独行，不载文词、不载气节、不载隐逸，而独载理学诸先生。”[①] 从人物选取标准可以看出冯从吾所构建的关学保持了纯儒的形象，保持了关中理学学术的纯粹性。“独行”“气节”在儒家属于“狂狷气象”，孔子认为“不得中行而与之，必也狂狷乎”[②]，在“中行”与“狂狷”之间，更认同前者；孔子虽有“天下有道则见，无道则隐”[③] 的主张，但面对长沮、桀溺的嘲笑，孔子提出“鸟兽不可与同群，吾非斯人之徒与而谁与”[④] 的指责。即此可以看出关学具有遵行儒家中行之道与兼济天下的担当意识，关学学人皆为笃实君子。

冯从吾编撰《关学编》的主要目的是对关中理学思想的梳理与总结，因此对于张载以前的儒学着墨不多，在前序中基本一笔带过，在人物的排列方面将孔门四子置于卷首列出，且学术介绍由于资料的缺乏而极为简洁，卷一从张载开始。学界对张载这一排列关注不多，其实其间暗含冯从吾总结关学特点的深意，即强调关学对理学的开创性贡献与关学勇于造道的思想创新精神，冯从吾认为张载之学“以《易》为宗，以《中庸》为体，以《礼》为的，以孔孟为法，穷神化，一天人，立大本，斥异学，自孟子以来未之有也”[⑤]，其中《易》《中庸》《礼》、孔孟为儒家的公共资源，张载之学之所以为“自孟子以来所未有”的关键在于其“穷神化，一天人”，这是张载有异于“北宋五子”其他四人之处，他开辟了理学天道观、天人观的新境界，故程颐称赞“自是关中人刚劲敢为”[⑥]，《西铭》“须得子厚如此笔力，他人无缘做得”[⑦]，“《订顽》之言

① 冯从吾：《关学编后序》，《关学编(附续编)》，第 62 页。

② 朱熹：《论语集注 · 子路》卷七，《四书章句集注》，北京：中华书局，1983 年，第 147 页。

③ 朱熹：《论语集注 · 泰伯》卷四，《四书章句集注》，第 106 页。

④ 朱熹：《论语集注 · 微子》卷九，《四书章句集注》，第 184 页。

⑤ 冯从吾：《横渠张先生》，《关学编(附续编)》卷一，第 3 页。

⑥ 《张子语录》，《张载集》，北京：中华书局，1978 年，第 337 页。

⑦ 《张子语录》，《张载集》，第 336 页。

极纯无杂，秦汉以来学者所未到”[1]。关学这种造道与创新精神在吕柟“仁学”思想的发挥、王徵对西方科学知识的接受中都有所体现，这种创新的精神使关学从思想的活水源头处不断获得新知，保持了绵延不绝的学术生命力。

张载的学术源头中有《礼》，“子厚以礼教学者最善，使学者先有所据守”[2]，自此“关中学者用礼渐成俗”[3]，关中自张载以来躬行礼教的传统被很好地继承下来，吕大钧对张载礼教“信之不疑”，“为《乡约》以敦俗”[4]。冯从吾《关学编》所载人物基本都有躬行礼教、重振纲常的记载，关学这一传统在《明儒学案》中被总结为“关学世有渊源，皆以躬行礼教为本”[5]，极有见地。

冯从吾通过《关学编》对关中学人及关学学派学术特质的总结为晚明以来的理学内部所认同，诸多关中学术评述的资料大致不出其外，这彰显了冯从吾通过《关学编》对关学进行总结的成功之处。

四、小　结

冯从吾通过儒佛之辨与《关学编》的撰写对关中学术的总结奠定了后世学统的规模，《关学编》也成为关学研究的典范性著作。《关学编》成书之时，张舜典撰有《关学编》后序，对该书的体例与学人的选取标准予以说明，并认为冯从吾撰写《关学编》“用心亦可谓宏且远矣，不然，自张、吕诸大儒而外，如不列于史册，则堙没而无闻，后死者恶得

---

① 《张子语录》，《张载集》，第 336 页。
② 《张子语录》，《张载集》，第 336 页。
③ 《张子语录》，《张载集》，第 337 页。
④ 冯从吾：《和叔吕先生》，《关学编(附续编)》卷一，第 9 页。
⑤ 黄宗羲：《师说》，《明儒学案》，第 11 页。

辞其责也"[1]，显示出冯从吾对关中学术传承的担当。其后的关中学者王心敬、李元春、贺瑞麟等人按照《关学编》的体例与人物选取标准对其不断进行续补，使关学道脉与学脉绵延不绝。明末清初刘宗周、黄宗羲采用冯从吾对关学的界定，黄宗羲在撰写《明儒学案》《宋元学案》过程中参照《关学编》，《明儒学案》对关学"世有渊源，皆以躬行礼教为本"的归纳成为理学广泛接受的关学特质，使关学成为一个学统清晰、特色鲜明的地域性理学流派，时至今日，关学仍是宋明理学研究中的一个显题，显示出强大的学术生命力。

① 冯从吾：《关学编后序》，《关学编(附续编)》，第62页。

《孙子参同》与《孙子谚义》比较研究

张　捷*

一、引　言

李贽(1527—1602)，字宏甫，号卓吾，又号温陵居士，回族，明代杰出思想家、文学家、史学家。历任南京、北京国子监博士。嘉靖四十五年(1566)，于北京任礼部司务，专念于阳明学后思想发生巨变。五年后任南京刑部员外郎，期间颇受泰州学派王畿(1498—1583)、罗汝芳(1515—1588)等人影响，并倾心于禅学，提出儒释道三教合一，主张“童心说”。万历五年(1577)任云南姚安知府。李贽一生为官清正廉明，励精图治，体恤民情，后因不满朝政而辞去官职，至大理潜心研究佛学，从此告别仕途。万历十二年，李贽移居麻城，潜心于著书讲学，著有《初潭集》《焚书》等作，揭露假道学的伪善面目，反对以孔子为是非标准，批判理学，抨击时政，针砭时弊。因此被封建卫道士视为“异端邪说”，屡遭迫害。万历二十五年，李贽应好友大同巡抚梅国桢(1542—1605)之请，于山西大同著《孙子参同》。作为李贽在兵学研究领域唯一的专著，此书集中体现了其军事思想。万历二十七年，《李氏藏书》六十八卷于金陵付梓。万历三十年，李贽被冠以“敢倡乱道，惑世诬民”的

* 张捷，日本北海道大学文学博士，中国社会科学院哲学研究所博士后，现为中国社会科学院哲学研究所副研究员。研究方向为东亚儒学。

罪名逮捕入狱，受迫害致死，其著作亦被焚毁。李贽一生所学甚广，著作颇丰，不但是晚明极具个性的思想家，亦是影响甚广的文学家，著有批点《水浒传》《西厢记》《琵琶记》等。史学方面还有编年体史评《史纲评要》《续藏书》《续焚书》等。李贽对历史人物的评价往往与正史相违背，不受传统观念束缚。其思想不仅在中国产生巨大影响，还远播至日本、新加坡、印尼、马来西亚等地。《孙子参同》之影响亦见于日本兵学家山鹿素行的孙子注释中。

山鹿素行(1622—1685)是江户时代初期的儒学者、兵学者，古学派的先驱，山鹿派兵法的创始人。九岁拜幕府大学头林罗山(1583—1657)门下开始学习朱子学，十五岁起师从甲州派兵法大家小幡景宪(1572—1663)以及北条派兵法祖师北条氏长(1609—1670)学习兵法战略，直至二十一岁《兵法神武雄备集》五十卷付梓。十八岁起开始学习忌部神道，此外更兼涉和歌、国学等，诗文亦有很高造诣。三十五岁已出版文武两方面的著作多种，不仅有《修教要录》《治教要录》等修身治国平天下内容的书籍，更有《武教小学》《武教全书》《武教本论》等兵学书籍。至此，筑城、武器、战法、韬略均成完备体系，从而创立“山鹿派兵法”闻名于世。四十四岁时弟子将其语录汇集成册，刊行《山鹿语类》四十五卷。山鹿认为，只有不依据后儒的注释而直接由孔孟原典入手，才能获得真正的学问，反对遵从孔孟之后一切儒家的诠释方法，这种主张复古的学问被称为古学。同时代主张古学的思想家还包括伊藤仁斋(1627—1705)、荻生徂徕(1666—1728)等人。山鹿提倡古学，批判被尊为官学的朱子学，故而被幕府视为“异端”，自四十五岁至五十四岁，流放至浅野氏领地赤穗达十年之久。在此期间，山鹿依然受到浅野城主极高的礼遇，一面继续著述儒学书籍如《四书句读大全》，兵学书籍如《七书谚义》，日本史书如《中朝事实》等，一面教授赤穗藩士战法兵学，提倡以儒家思想为伦理规范而与旧式武士阶级伦理相结合的新型“士道”。四十八岁时著有《中朝事实》，以中朝指代日本而非中国，明确表示脱离中华文化，大力宣扬称日本作“中华”的民族主义。五十四岁获得赦免回到江户，开设私塾继续讲授兵学，六十四岁去世。

山鹿素行在其晚年兵学著作《七书谚义》之一的《孙子谚义》十三篇中，均有对《孙子参同》的引用，达三十余处。这对于研究文人论兵与兵学家思维之不同，以及李贽兵学思想在日本之流播无疑是个崭新视角。本文试图以《孙子参同》与《孙子谚义》为研究对象，从时代背景、写作特点以及军事思想三个方面对两本著作加以比较，进行初步探讨。

二、时代背景之比较

李贽所处的明末，国家内忧外患，战乱频仍，社会动荡，国势危急。军事方面，万历二十年之后(1592—1600)在西北、东北、西南边疆展开了三次大规模军事行动，分别为平定蒙古人哱拜叛变的宁夏之役，抗击日本丰臣政权入侵的朝鲜之役，及平定苗疆土司杨应龙叛变的播州之役。明朝虽然三役皆胜，但国力严重受损，“三大征踵接，国用大匮”①。政治方面，军权高度集中，文官制度日渐成熟，亦更趋保守。朝廷以文驭武，文武分权失当，种种军制弊病导致文盛武衰，军人地位低下，文官集团对其十分不屑，军事日益衰败。对于武将自身的不作为，黄宗羲(1610—1695)在《明夷待访录》中有一段评论：“万历以来之将，掩败饰功，所以欺其君父者何所不至，亦可谓之倾危矣。乃止能施之君父，不能施之寇敌。”② 李贽对于朝廷在军事领域的腐败无能则充满了愤懑之情，进行了激烈批判，讽道：“平居无事，只解打恭作揖，

---

① 张廷玉：《明史》第26册，北京：中华书局，1974年，第7805页。

② 黄宗羲：《明夷待访录》，《黄宗羲全集》第1册，杭州：浙江古籍出版社，2005年，第35页。

终日匡坐，同于泥塑，以为杂念不起，便是真实大圣大贤人矣。其稍学奸诈者，又搀入良知讲席，以阴博高官，一旦有警，则面面相觑，绝无人色，甚至互相推诿，以为能明哲。盖因国家专用此等辈，故临时无人可用。”① 李贽则主张文人儒生应有危机意识，以兼顾文韬武略为分内事，应该“以《七书》与《六经》合而为一”②，将儒学经典与兵学书籍一并读之。

在外有夷狄之扰、内则民变四起的情势影响下，明代文人学者热衷于关注军事问题，探讨军事理论，寻求富国强兵之道。如赵本学《孙子书校解引类》和《韬钤内外篇》，茅元仪《武备志》，尹宾商《兵垒》，郑若曾《日本图纂》和《筹海图编》，李腾芳《新编孙武子十三篇说印》等纷纷付梓。特别是宰辅张居正刊正《孙子兵法》，增订《武经直解》，辑著《武经直解开宗合参》，着力推广普及兵学研究。在如上时政、思潮等社会条件的影响下，加之“时有倭警”③，都促成了李贽完成《孙子参同》。

山鹿素行身处江户时代初期，当时幕府统治趋向于稳定，除了与中国、荷兰保持通商之外，闭关锁国基本完成。军事方面，在开幕之初有大坂之阵（1614）、岛原之乱（1637）、庆安之变（1651）、承应之变（1652）等内乱，被平定之后直至幕末几无战事。政治方面，幕府第一代将军德川家康（1543—1616）至第三代将军德川家光（1604—1651）实行“武断”政治，即在政权确立初期，为巩固基盘以武力进行的强权专制统治。第四代将军德川家纲（1641—1680）至第七代将军德川家继（1709—1716）实行“文治”政治，即幕政进入安定期后以儒教德治主义进行的统治。山鹿所处的时期正是由“武断”到“文治”的过渡转换期。幕府严格执行身份等级制度，在士、农、工、商四个阶层中，士

① 《焚书》，《李贽全集注》第2册，北京：社会科学文献出版社，2010年，第52—53页。
② 《孙子参同》，《李贽全集注》第14册，第340页。
③ 《焚书》，《李贽全集注》第2册，第275页。

即武士，为专职统治者，身份世袭，天生即可管辖三民。幕府奉朱子学为官学，将其作为必修课在武士阶层中推广普及。在一定程度的经济繁荣、城市发展后，幕府因为承平日久而趋向废弛武备。山鹿评论时政道："窃惟武乃柳营(指幕府)今日之当务也。不勤而守武则必生懈怠。况承平日久，人皆习惯文治而易致疏于武业。……武德世盛，柳营频频升进大官大职，群臣皆设冠带而正行列。自此饰礼容，以优美为事，遂忘其职分。凡此乃人之常弊也。"① 他在《孙子谚义》自序中也说道："唯使儿童知武教之实耳。"②，为了不致丢失武本，以作为武士教养的基础，山鹿主张应从幼年开始推行武学教育，特别是中国兵法理论的习得。

文化方面，随着德川家康开版印刷事业的推进，大量经史书籍得以翻刻，尤其是一直在上流贵族阶层间秘传不宣的《孙子》得以在民间推广普及。除山鹿所著《孙子谚义》及其兵学导师北条氏长的《孙子外传》之外，文人儒生中也逐渐兴起注《孙子》的热潮，如林罗山《七书谚解》，新井白石(1657—1725)《孙武兵法择》，荻生徂徕《孙子国字解》等纷纷问世。山鹿素行为推广武教而著《七书谚义》，作为其晚年唯一的兵学著作，是其毕生兵学的集大成之作。较之于中年时期侧重兵法、实战的作品，其学问成熟期的兵学思想更加注重战略、理论，也是其政治思想的体现。

三、写作特点之比较

所谓"参同"，即分门别类列举同类论述与相关事例，相互作参考对照，比较其异同。《孙子参同》内容由四部分组成，依次先是《孙子》原文，其次是疑难语句的他人注解引用，其中独尊曹注，将其集中全文

① 《治平要录》，《山鹿素行全集》第14卷，东京：岩波书店，1942年，第562—563页。
② 《孙子谚义》，《山鹿素行全集》第14卷，第28页。

列出。再次是李贽对各篇的总结评论，最后辅以《武经七书》相关条目论述，辑成“参考”，用以补说孙子本意。明代与“参同”相同体例的还有《武经直解开宗合参》等，将张居正《增订武经直解》与黄献臣《武经开宗》合辑刊行，用以合并参考对照。在《孙子参同》主要文献引用方面，凡例指出：“旧注凡一十二家梓行于世者，止魏武杜牧张预及近时刘寅数家而已。今复旁集诸书广采事实，以补前人之未备。”[①] 李贽在他人注解部分中，主要引用了曹操、杜牧、张预、刘寅等人的观点，内容以史实战例为主，兼叙解说、训诂等，弥补了文人缺乏实际战争经验的不足。其中“以魏武之注为精当”[②]，“若魏武者，吾以谓千载而一见者也”[③]，对曹注给予了较高评价。在“参考”部分，附以《武经》其他六书，按照《孙子》论述的军事项目要点进行归纳。六书中关于如“得贤之道”“爱民之道”“奇正”“刑罚”等相关论述一并列举之，论证了“古今兵法尽于《七经》，而《七经》尽于《孙子》”[④]。

《孙子参同》以比较、对照的形式，纵向上整体把握各篇主旨，加以总评，前后篇呼应，思维连贯。如李贽在论述《始计》篇与《作战》篇前后关系时说道：“始计之后，便言作战者，言欲行师，须知日费之广，馈粮之难，必先振作士气，速图取胜，不宜持久也。”[⑤] 横向上针对各门类问题从多方视角衡量，突出不同作者对同一条目看法的内在联系，并加以补充。如关于“文武”，《孙子·行军》篇论述说道：“故令之以文，齐之以武，是谓必取。”李贽援引《尉缭子》相关论述，补充说明了文武关系：“兵以武为植，以文为种；武为表，文为里。能审此二者，

① 李贽：《孙子参同》，《中国兵书集成》第 12 册，北京：解放军出版社、沈阳：辽沈书社，1990 年，第 533 页。

② 《孙子参同》，《李贽全集注》第 14 册，第 340 页。

③ 《孙子参同》，《李贽全集注》第 14 册，第 346—347 页。

④ 《孙子参同》，《李贽全集注》第 14 册，第 488 页。

⑤ 《孙子参同》，《李贽全集注》第 14 册，第 374 页。

知胜败矣。文所以视利害，辩安危；武所以犯强敌，力攻守也。专一则胜，离散则败。”[1] 对于难解词句、重要概念，李贽附上史实战例加以说明。虽然弥补了文人议兵拘泥于文字之弊病，但是仍有缺漏，如对“兵者诡道也”这一争议较大的语句未能完备释义，只解说为：“兵无定势，所谓诡道奇谋，此则临时因利而后制，不可以先传也。”[2]《孙子参同》注重军事理论、战略研究，而兵法只是军事活动的一部分，对于实际操作中诸多军事问题，如征兵练兵、军制军法、号令阵法等方面并无涉及。综合来说《孙子参同》理论性、系统性、精练性高，适合于有一定兵学知识的学者。

山鹿素行使用随文释义训诂解经的方法，着重研究每一字词的内容与意涵。于篇头、段末、篇末皆附上总评及引用，易于理解。山鹿以通俗简单易懂的口语体作解，极其详尽，最适于初学者、入门者作学习讲义之用。对历来有争论或歧义的词句，山鹿提示为“两说”“两义”“此说亦通”等附于己见之后，供读者参考。关于训诂，山鹿提倡不采用他人见解、直接追求字句原意的原典复古主义。他在《圣教要录·读书》篇中说道：“详味训诂，本圣人之言，可直解。后儒之意见无所取材。”[3] 山鹿提倡的古学，不仅是训诂记诵之学，而且主张将古人知识与现实日用相结合，否则不能称之为学问：“学文者，知古是为致于今用也。知古而必云古事者，唯彼之训诂记诵之学而非人之学也。”[4] 山鹿认为只有将训诂古典应用于日常生活才为圣学，二者缺一不可。《孙子谚义》作为江户时代的著作具有代表性，同时代的《孙子》注释均采用训诂的形式，与把握文章全体大意相比，日本学者更注重文字语句的具

① 《孙子参同》，《李贽全集注》第 14 册，第 452 页。
② 《孙子参同》，《李贽全集注》第 14 册，第 346 页。
③ 《圣教要录》，《山鹿素行全集》第 11 卷，第 14 页。
④ 《山鹿语类》，《山鹿素行全集》第 8 卷，第 434 页。

体释义。

山鹿素行在《孙子谚义》中引用了相当数量和种类的书籍。不仅有以文人作者为主的《宋本十一家注孙子》和以武人作者为主的《武经七书》，还有《左传》《史记》《论语》《国语》等史料经典，段末附上刘寅《武经七书直解》、黄献臣《武经开宗》、施子美《武经七书讲义》、郑友贤《孙子十注遗说》、张居正《武经直解开宗合参》等相关论说作为辅助参考。对于曹注，山鹿认为："魏武之用兵，少足窥其藩篱。故其所注解虽甚疏，而数有当者。惜哉！武之性奸雄而粗暴，其所言皆陷其独断，不为万世之规范也。"① 因此对曹注引用甚少。关于军事活动中的各类实际操作问题，《孙子谚义》中虽未涉及，但山鹿素行在《武教全书》中已有诸多详尽描述，可以说兼顾战略与战术、理论与实践，兵学体系完备。

《孙子谚义》中还有值得注意的部分是对《孙子参同》的引用。关于引用文人注解的缘由，山鹿在《孙子谚义》自序中说道："窃谓，文武之用异且其情不同，文士之注解武书，唯在文字之间，而不超文字之外。兵法之变，军战之机，活泼泼地……是诸家之说所以蜂起，或添足，或北辙，文士遂以武将入己之屋内，悉牵于偏见，恐未得孙武之本意也。但其间数家之说，未尝不为后览之助，故今并载之。"② 山鹿作为兵学者，对于文人议兵存有偏见，认为文人只知字面意思，缺乏实际对战经验与随机应变的急智，因此文士多数未解《孙子》本意，只是一并录入以供参考。其中引用较多的即为《孙子参同》。

《孙子参同》传入日本后，目前传世的版本有以下几种。

(1)《李卓吾丛书》本，十种二十三卷 5 册，明刊，现存东京国会，为第四、五册。

---

① 《孙子谚义》，《山鹿素行全集》第 14 卷，第 25—26 页。
② 《孙子谚义》，《山鹿素行全集》第 14 卷，第 25—26 页。

(2)《李氏丛书》本，十一种二十三卷12册，明本，现存前田育德会(尊经阁)，为卷八至卷十。

(3)明刻三卷本3册，现存前田育德会。

(4)《孙子参同》五卷，明王世贞批点、明吴兴松筠馆主人编，万历四十八年本，朱墨套印6册，现存蓬左文库、前田育德会、东京大学综合图书馆、公文书馆内阁文库(红叶山文库本)、京都大学人文科学研究所。

《孙子谚义》每篇均有对《孙子参同》的引用，达三十余处。从其引用的内容来看，可以划分为三种，其一为《孙子参同》眉批，如《地形》篇"广注(指《孙子参同》)云，得地之利，尤必得人之用，故述兵形"①。其二为《孙子参同》对杜牧、张预、刘寅等人的引用，如《军争》篇"广注云，敌据高而陈，则人马之驰逐、矢石之施发，彼顺我逆，不可仰而攻之。敌依丘山、下来求战，不可迎而与战。诸葛亮云，山陵之战，不仰其高，从高而来不可迎之，势不顺也。引至平地，然后合战"②。这一段与张预注解大体相似，张预注曰："敌处高为陈，不可仰攻，人马之驰逐，弧矢之施发，皆不便也。故诸葛亮曰：'山陵之战，不仰其高。敌从高而来，不可迎之，势不顺也；引至平地，然后合战。'"③ 前两类非李贽本人所作，且实为辅助补充说明。由此可以推断山鹿使用版本(4)的可能性最大。其三为李贽对各篇的总评。山鹿引用篇幅与数量最多的是李贽关于五事(道、天、地、将、法)之道与文武辩证关系两项，现将引用部分列举如下。

一曰道，孙子已自注得明白矣，曰"道者，令民与上同意，可

① 《孙子谚义》，《山鹿素行全集》第14卷，第309页。

② 《孙子谚义》，《山鹿素行全集》第14卷，第248—249页。

③ 《十一家注孙子校理》，北京：中华书局，1999年，第153页。

与之死，可与之生，而不畏危”是也。夫民而可与之同死生也，则手足捍头目，子弟卫父兄，不啻过矣，孔子所谓“民信”、孟子所谓“得民心”是也。此始计之本谋，用兵之第一义，而魏武乃以“导之以政令”解之，失其本矣。缘魏武平生好以权诈笼络一时之豪杰，而以道德仁义为迂腐，故只以自家心事作注解，是岂至极之论、万世共由之说哉？且夫“道之以政令”，只解得“法令孰行”一句经耳。噫！此孙武子所以为至圣至神，天下万世无以复加焉者也。惜乎！儒者不以取士，以故弃置不读，遂判为两途，别为武经，右文而左武。至于今日，则左而又左，盖左之甚矣。如是而望其折冲与樽俎之间，不出户庭，不下堂阶，而制变万里之外，可得耶？①

然则刑罚者，武也；必先使吾士卒亲附者，文也。此非行军篇中要语乎？若尉缭子所云，是或一道耳。后世唯杨素，专用尉缭子取胜，恐非万世通行之道。王者之师，必须参之司马法、李卫公并吴起告魏武侯之语，乃是孙子正法也。吴语集在始计篇后，学者尤宜参考之无忽。②

由此可知山鹿素行对《孙子参同》较为认同的部分是其关于五事之道及文武合一的解释。二者皆认为战争的正义性属于得道的一方，而得道者必胜。取胜制敌的关键即在于亦文亦武的政治基础。

四、军事思想之比较

（一）五事之道

关于兵学与道德之间关系的争论由来已久，一般有两种意见。一种

① 《孙子参同》，《李贽全集注》第 14 册，第 346 页。
② 《孙子参同》，《李贽全集注》第 14 册，第 452 页。

以杜牧为代表，认为兵学是仁义与权谋的统一，如《樊川文集·注孙子序》说道："（孙）武之所论，大约用仁义，使机权也。"① 一种以高似孙为典型，认为兵以诈立，好使阴谋诡计，是仁义道德的对立面，如《子略》认为："兵流于毒，始于孙武乎？武称雄于言兵，往往舍正而凿奇，背义而依诈。凡其言反覆，其变无常，智术相高，气驱力夺。"② 之所以会对《孙子》产生推崇和批判这两种截然不同的分歧，可能是缘于《始计》篇中的"五事之道"与"兵者诡道也"中出现了相同的"道"字，从而产生了歧义。

李贽认为五事之道是兵法的基础、制胜的关键，与孔子的"民信"、孟子的"得民心"相通，与政治息息相关。关于如何修道，他认为："《始计》五事，一曰道，夫道莫先于得贤，莫要于爱民；得贤则明，爱民则亲，所谓未战而庙算胜者，此矣。然非平日修德爱民以致贤人，则贤者亦安能致之哉？故唯德修而后贤人至，唯贤人至而后德益修，道益明，民益亲也。"③ 战争能否取胜的决定性因素是君主以及为政者能否修德而爱民。这种读解也代表了诸家孙子注释的观点。

山鹿素行认为兵法的重点并不在修道，他在《孙子谚义》自序中说道："凡仁义之道，圣人之德，岂假言于孙武哉。古今此书之所贵在于兵法。兵法在于奇正之变至于无形。此书言言句句之妙要，为后世兵家者流标的之所也。吴子之书尚礼义明教训，而其之不尽机变者，是不及孙子之术也。礼义之说，教训之明，往古之圣贤举而尽之。何待起之言哉？"④ 在山鹿看来，教导仁义并非兵法主旨，道德教化是由圣贤完成的，兵法的本意在于用法，如何将权变之术、奇正之法发挥至极致。山

① 杜牧：《樊川文集》，上海：上海古籍出版社，1978 年，第 151 页。
② 马端临：《文献通考》，北京：中华书局，1986 年，第 1788 页。
③ 《孙子参同》，《李贽全集注》第 14 册，第 350 页。
④ 《孙子谚义》，《山鹿素行全集》第 14 卷，第 26—27 页。

鹿认为“军者武之一事也”[①]，武包含甚广，兵事只是其一。解释五事之道时说：“道者民能思虑上也，死生一大事亦与上共为之，至于危急亦重上之命令，与主将共为事，是谓道也。即使有文、学，有才、德之美称之人，不明此处时，亦不足谓之有道之人也。民指全体人民，不限于士卒也。此关乎国政之言也。……道者为人民之道也，除民人外别无道。我虽思虑合于道，而众心背我之时，非道也。”[②] 山鹿亦认同五事之道与政治相关，将战争的制胜因素归结为民心向背。另一方面，山鹿也并未否定道含有道义的一面，战争必须合乎道义，他认为：“第一非云天，而以道为第一者，古今之兵法以孙子为本，军旅之用、法皆所以合于道义也。无道则虽谓以天、地，亦不可得事之实。以义诛不义，以有道伐无道谓之上兵，故此第一云道。”[③] 在这里，山鹿也认可道义在战争中的地位高于天时地利等外部环境因素，是具有决定性的关键条件。

二者相比较之下，侧重点有所不同。在李贽看来，为政者个体修德即为有道明君，有道即可得民心，这也符合传统儒家修身齐家治国平天下的规范次序。而且为政者修德可以招揽贤人，从而进入良性循环，共同修德，推广教化。山鹿素行却认为为政者个人修德并不一定能推导出得民心的结果。即使个人认为合乎道义，但不符合民众意愿，也非道，强调民心是衡量道的标准，即道有公共性的特征。关于何者为道，山鹿具体举例说“汉祖之将将者道也”“汉祖之宽仁大度者道也”[④]。在山鹿看来，是个人修德，加之治国方略，且经过民心的检验后，方可称之为有道。李贽理解的五事之道是基于个体的、感性的，主要指个人道德，并不含有行动义，是以儒学思维理解兵法之道，这是他文人身份所决定

① 《谪居童问》，《山鹿素行全集》第 12 卷，第 464 页。
② 《孙子谚义》，《山鹿素行全集》第 14 卷，第 40—41 页。
③ 《孙子谚义》，《山鹿素行全集》第 14 卷，第 39 页。
④ 《孙子谚义》，《山鹿素行全集》第 14 卷，第 54 页。

的。山鹿理解的五事之道更为宽泛，具有基于整体的、理性的、经验的特点，含有方式、手段等意涵，但同时又含有个人道义的成分，这是他兼修儒兵、并顾文武的结果。

(二)文武合一

李贽有感于文人腐儒文武分途的弊病而奋起述作《孙子参同》，表达了文武合一的思想主张与政治观点。李贽强调的文武合一，除了有学问论的意涵外，还指治国方面的应用与对策。他说道："此言固知武事之为重矣，然犹不免与文士为两也，犹以治世尚文，而乱世用武，分治乱时世为二也；犹以太公似未可以继斯文之统，而孔子似未可以谋军旅之事也。"① 李贽认为不应该将治世与乱世的政治形式、方略分开，专文或专武都会导致失衡。他还说道："独阳不生，独阴不成，谓文专指阳而武专指阴，则不但不成武，而亦不成文矣。故予尝譬之人身然。夫人身有手有足，盖皆所以奉卫此身者也，故凡目之所欲视，耳之所欲听，舌之所欲尝，身之所欲安，非手足则无从而致也。"② 李贽认为文武是用而非体，治国方略应该根据具体情势做出相应的反应。文治是指王道，通过道德教化治国，武治是指霸道，基于武威功利治国。文武并非处于道德光谱的两端，而是在行动义层面有所不同。

李贽所主张的文武合一、文事武备不可偏废，还体现在他的王霸合一论上。李贽批判孟子的王霸之辨"舛谬不通甚矣"，并赞赏五霸的功绩。他说道："言其能任伯兄之事，率诸兄弟以宗周，无敢相攻伐也。此其借之之力，固所以修方伯之职，非分外举也。何以得罪于三王乎？吾以为正有功于三王者矣。故为三王易，为五伯难。"③ 李贽认为做道

① 《孙子参同》，《李贽全集注》第 14 册，第 339 页。

② 《孙子参同》，《李贽全集注》第 14 册，第 339—340 页。

③ 《藏书》，《李贽全集注》第 6 册，第 467 页。

德教化的三王易，做富国强兵的五霸难，其原因正在于世人对霸道的误解与偏见。在封建卫道士的曲解下，霸道在价值判断中位于劣势，五霸的功绩、实效并不值得世人颂扬。李贽的王霸论体现了其功利主义、实用主义。

山鹿素行认为文武互相根植，密不可分："武对于文，文武互相根植，无异于阴阳五行之相待相生也。文而不放武，武而不忘文，古之圣人皆然。专文专武皆不可行之道也。文亦有仁义、权谋，武亦有仁义、权谋，仁义、权谋者文武之用也。"① 在此文武关系的理论释义基础上，山鹿主张治国方面应该文教、武备并行："乃武乃文者赞尧之德也。以圣武称汤王，以武功歌文王，以神武不杀赞周易，礼乐、征伐并言者孔夫子之圣戒也。国家常以武备文教并行。"② 山鹿的文武合一论代表了江户时代的思维模式，"文武两道"为大多数日本学者所提倡。

同时山鹿也主张王霸合一，认为王道、霸道分别指的是纲纪政令与武备军制，以防突发事件、叛乱反抗等的发生："王道者文物盛而纲纪立，以无为之化为要。方伯受之而布其政，立刑政赏罚，劝善惩恶，以武服而讨不庭。"③ 山鹿的基本观点是提倡文武、王霸合一，但他同时也认为文武有先后，孰先孰后的判断标准是时宜与时势，应该"因时代而变其先后之所"④。在山鹿看来，日本自古尚武，以武德为本立国。而德川幕府习惯于太平盛世、文治礼仪，无形中懈怠于武备，忽视了武治。长此以往天下必危。山鹿虽然提倡文武合一，但认为在当时的社会状况下，更应该施行武治，从衣食住行等生活各方面遵从武礼，推广武教，培养武德。这体现了山鹿素行对其所属的武士阶层怀有强烈的责

① 《谪居童问》，《山鹿素行全集》第 12 卷，第 260 页。
② 《中朝事实》，《山鹿素行全集》第 13 卷，第 192—193 页。
③ 《山鹿随笔》，《山鹿素行全集》第 11 卷，第 578—579 页。
④ 《谪居童问》，《山鹿素行全集》第 12 卷，第 260 页。

任感。

李贽与山鹿素行皆主张文武合一、王霸双行，但二者相比，李贽将治国平天下的责任放在君主及士人阶层身上，主张人治、德治。山鹿素行根据时势判断德川幕府当时的情况文有余而武不足，加之日本尚武的历史传统，主张实行武治，认为比文治更能达到长治久安，而且更侧重于纲纪法令，提倡法治。

五、结　论

本文通过对比李贽《孙子参同》与山鹿素行《孙子谚义》的时代背景、写作特点及军事思想等方面，试从文士论兵与武士论兵的视角分析二者思维方式之不同。

从时代背景来看，二人均处于社会历史变革时期，对各自所在阶层怀有强烈的危机意识。李贽身处动荡乱世，战乱不断，身为儒生对国家社稷怀有强烈的责任感，而对于腐儒在军事领域的不作为充满了愤懑之情。在社会的军事需求及文人议兵思潮的影响下，述作《孙子参同》，以懂文事、治武备为己任，期冀培养文武双全的士人子弟。山鹿素行身处武力专制向文德教化转型的和平时期，幕府颁发锁国令后几无外患。山鹿的危机意识源于对武士阶级丢失尚武传统、忘记武人本分的担忧，以及武士阶层在和平时代作为统治者、为政者的合理性解释。山鹿认为虽然承平日久，懈怠武备乃人之常情，但是正因如此，在和平时期更应该安不忘危，提倡武家传统，守武礼、重武治、施武教，令从战场的执剑者转型而来的武士提升自我认知，明确和平时期武士的存在意义以及目标。作为武士教养的基础，山鹿述作《孙子谚义》，旨在面向武士阶层及平民普及推广兵学知识。

从写作特点来看，李贽以横向对比参照为主，纵向具体释义为辅，突出了军事领域中各条目的特点及共通性，提示了《孙子》各篇主旨要点，除全文引用曹操注解外，大量引用《武经七书直解》《宋本十一家注孙子》中的战例，以弥补文人无实际战斗经验的不足。全文基于《武经七书》等古兵法，提供了新型读解方式，但在理论上难有新的发挥与创造。山鹿素行以随文释义为主，行文通俗易懂，注解充分全面，适用于普通武士和平民教育。引用多为明代军事著作及《左传》《论语》等儒家经典，而且每篇对《孙子参同》均有引用，体现了山鹿在教育方面主张文武合一的特点。

从军事思想来看，二人均认为军事与政治相关、以道义为基础，皆认同得民心是制胜的关键。李贽理解的兵法之道，偏重于为政者个人的道德修养，这种注重个体层面的思维模式来源于他的儒生身份。山鹿素行理解的兵法之道，偏重于强调民心对于道的衡量作用，且道含有方式方法、道德道义两方面的含义，可以说是他兼修兵儒的结果。关于文武论，二人均基于功利主义提倡文武合一、王霸并用。李贽的治国论基于君主及士人阶层，强调兼修儒家和兵家经典，将文韬武略应用于经世治国，主张人治、德治。山鹿素行根据时势判断幕府应该更重视武治、法治，且他理解的王道霸道基于纲纪法令，并非基于道德判断，与君主个人修德并不存在必然的联系，只是具有相关性。这是二人所处的不同阶层决定的。

明末清初

从民本走向民主的开端

——兼评所谓“民本的极限”

李存山*

黄宗羲的《明夷待访录》是中国政治思想史上的一部重要文献，虽然研究者大多对其给予很高的评价，但毋庸讳言，评价的分歧也一直存在。我在以前的几篇文章中①都把黄宗羲的政治思想视为从民本走向民主的开端，但论述不详。本文对此将略作展开，并对近年来出现的所谓黄宗羲的政治思想是“民本的极限”② 之说略作评论。

一

民本思想是儒家一以贯之的价值观和政治理念。从《尚书》所谓“天听自我民听，天视自我民视”“民之所欲，天必从之”“民惟邦本，本固邦宁”，孔子说“以道事君，不可则止”“勿欺也，而犯之”“因民

---

* 李存山，1951 年生，中国社会科学院哲学研究所研究员、博士生导师，《中国哲学史》主编，中华孔子学会副会长，国际儒联副会长，长期从事中国传统哲学和儒家文化的研究。

① 参见拙文《中国的民本与民主》，《孔子研究》1997 年第 4 期；《明代的两大儒与五四时期的德赛二先生》，《传统文化与现代化》1997 年第 5 期；《儒家的民本与人权》，《孔子研究》2001 年第 6 期。

② 张师伟：《民本的极限——黄宗羲政治思想新论》，北京：中国人民大学出版社，2004 年。

之所利而利之”，孟子说“民为贵，社稷次之，君为轻”“惟大人为能格君心之非”，荀子说“天之生民，非为君也；天之立君，以为民也”，到汉代的董仲舒说“天之生民，非为王也；而天立王，以为民也”，王符说“夫民者，国之基也……将致太平者……必先安其民”，再到宋代的范仲淹说“固邦本者，在乎举县令，择郡守，以救民之弊也”，二程说“固本之道在于安民，安民之道在于足衣食”，朱熹说“盖国以民为本，社稷亦为民而立，而君之尊又系于二者之存亡，故其轻重如此”，这些思想都包含着人民是国家和社会的价值主体、民本主义高于王权主义的价值观。① 虽然在中国历史上民本思想与君主制结合在一起（所谓“惟以一人治天下，岂将天下奉一人”），使民本思想没有得到真正的贯彻②，但不能否认，民本的价值观在真正的大儒（而非“曲学阿世”之儒）的思想中是真实存在的。

黄宗羲在《明夷待访录》中说：“古者以天下为主，君为客，凡君之所毕世而经营者，为天下也。”（《原君》）这当然仍是继承了传统的民本思想，但他又说：“今也以君为主，天下为客，凡天下之无地而得安宁者，为君也。……然则为天下之大害者，君而已矣。”（同上）这就与传统的民本思想有别，因为他所说的“今”，包含着对秦汉以来君主专制政治制度的激烈批判，凝结着对中国一千八百多年沉痛历史教训的深刻反思，其中特别是总结了宋亡于元、明亡于清的历史教训，所谓“宋、明之亡，古今一大厄会也”。③《明夷待访录》正是“怅亡宋之哭声……

---

① 李存山：《“人本”与“民本”》，《哲学动态》2005 年第 6 期。

② 孙中山把美国林肯所谓的“the government of the people, by the people and for the people”译作“民有、民治、民享”。梁启超说：“美林肯之言政治也，标三介词以概括之曰：of the people, by the people and for the people ………我国学说于 of, for 之义，盖详哉言之，独于 by 义则概乎未之有闻。”见梁启超《先秦政治思想史》，北京：东方出版社，1996 年，第 5 页。孙中山说：“要必能治才能享，不能治焉不能享，所谓民有总是假的。”（《孙中山选集》，北京：人民出版社，1981 年，第 493—494 页）

③ 《黄宗羲全集》第 10 册，杭州：浙江古籍出版社，2005 年，第 289 页。

悲天运之复丁”[1]，而且其中包含着他作为东林党人的后代，作为“身遭国变”的遗民，在其家其身经历了“丧乱孔多”“濒于十死”[2] 之后，对于如何避免再发生东林惨案、“朋党之祸，至于亡国”[3] 的痛切历史反思。试想，在黄宗羲之前，哪个儒者曾如此激烈地抨击君主专制之祸害？又有哪个儒者曾有过如此惨烈悲壮的经历？正是因为黄宗羲历览了秦以后一千八百多年的治乱兴亡，身处一个“天崩地解”的时代，他自己又有着家父死难[4]、继遭国变、复明失败[5]的特殊经历，所以在《明夷待访录》中，传统的民本思想不仅充其极，而且超过传统的极限，不再把君主制看得那么神圣，那么天经地义、理所当然，也不再像董仲舒那样“屈君而伸天”，企图以“阴阳灾异”来把揽人君，也不再像程朱那样寄希望于皇帝的“正心诚意”，或靠“大人”来“格君心之非”[6]，黄宗羲开始考虑如何从政治制度上以权力来制约权力的问题。也正因为此，我认为黄宗羲的政治思想是从民本走向民主的开端。所谓“从民本走向民主”，确切地说，就是从民本与君主制的结合走向民本与民主制的结合。黄宗羲的政治思想虽然距离现代的民主制度相差甚远，但其可

---

① 《黄宗羲全集》第 10 册，第 631 页。

② 黄宗羲在“伏念先母太夫人”的《青词》中说：“二十年党锢之祸，风波无已；四十载流离于道路，丧乱孔多。……皇天后土，鉴此青灯敝帷之心；枯柏寒松，兀然天崩地裂之日。”（《黄宗羲全集》第 10 册，第 658 页）他在《时禋谢君墓志铭》中记述：“乙酉（1645）之乱……浙河不守……家家有僵尸之痛，室室有号泣之哀。”见同上书，第 439 页。他又在《怪说》中慨叹“自北兵南下”以后自身的艰险经历：“悬书购余者二，名捕者一，守围城者一，以谋反告讦者二三，绝气沙潭者一昼夜，其他连染逻哨之所及，无岁无之，可谓濒于十死者矣。”（《黄宗羲全集》第 11 册，第 70 页）

③ 《黄宗羲全集》第 10 册，第 253 页。

④ 黄宗羲的父亲黄尊素为著名东林党人，天启初年任御史，参劾魏忠贤阉党不遗余力，天启六年（1626）被阉党所害，惨死于狱中。《明儒学案・东林学案》谓“一堂师友，冷风热血，洗涤乾坤”。

⑤ 明亡之后，黄宗羲曾在家乡组织抗清武装“世忠营”，其参加多种抗清活动达十年之久。

⑥ 参见拙文《程朱的“格君心之非”思想》，《中国社会科学院研究生院学报》2006 年第 1 期。

谓走向民主的开端。

有研究者认为，黄宗羲的民本思想不过是孟子思想的重复。[①] 果真如此吗？请看《原君》篇：

> 有生之初，人各自私也，人各自利也，天下有公利而莫或兴之，有公害而莫或除之。有人者出，不以一己之利为利，而使天下受其利，不以一己之害为害，而使天下释其害。……今也以君为主，天下为客，凡天下之无地而得安宁者，为君也。……然则为天下之大害者，君而已矣。向使无君，人各得自私也，人各得自利也。呜呼，岂设君之道固如是乎？

这段话有自然人性论的意味，已非孟子的性善论思想。关键是黄宗羲已经不把“自私”“自利”看得那么“不是人”，不再像孟子那样认为“饱食暖衣，逸居而无教，则近于禽兽”（《孟子·滕文公上》）。更关键的是，在历数了君主专制的祸害之后，黄宗羲说“向使无君，人各得自私也，人各得自利也”，“向使”也就是“假使”，意谓如果设君之道不是为民兴利除害，而是“为天下之大害”的话，那么还不如“无君”，人各得自私自利。这就是说，黄宗羲宁可回到有生之初的“无君”状态，也不愿再继续自秦汉以来“为天下之大害”的君主制。试想，孟子能说出这样的话吗？孟子说：“杨氏为我，是无君也……无君，是禽兽也。”（《孟子·滕文公下》）在孟子那里，“无君”是根本不可想象的；而在黄宗羲的思想中，宁可“无君”，也不愿再继续为害天下的君主制。在这里，君主制并非天经地义，理所当然，它的“合法性”只在于为民兴利除害，如果它为害天下的话，那么“无君”也并非绝对不可能的一

① 张师伟：《民本的极限——黄宗羲政治思想新论》，第178页。

个选项。在孟子的思想中没有的一个选项，而在黄宗羲的思想中有了。这在儒家的思想中，难道不是一个突破“极限”的变化吗？试想，除了道家的庄子、道教文献(《抱朴子》)中的“鲍敬言”，历史上又有哪个儒家曾说出过“向使无君”这样的话？当然，黄宗羲的政治主张还没有真的发展到“无君”那一步，他也不是真的主张人各得自私自利；倘若真如此，他就不是明清之际的儒者，而是19—20世纪的自由主义者了。

黄宗羲又说：

> 古者天下之人爱戴其君，比之如父，拟之如天，诚不为过也。今也天下之人怨恶其君，视之如寇仇，名之为独夫，固其所也。而小儒规规焉以君臣之义无所逃于天地之间，至桀、纣之暴，犹谓汤、武不当诛之，而妄传伯夷、叔齐无稽之事。……后世之君，欲以如父如天之空名禁人之窥伺者，皆不便于其言，至废孟子而不立，非导源于小儒乎？(《原君》)

这段话虽然说古代的理想君主还可以“比之如父，拟之如天”，但语势之下，痛斥秦以后的现实中的君主，否认其“比之如父”的天然合法性，剥去其“拟之如天”的绝对神圣性，他们不过是“欲以如父如天之空名禁人之窥伺”罢了。所谓“君臣之义无所逃于天地之间”，这是《庄子·人间世》中的“仲尼”所说，而二程亦谓“父子、君臣，天下之定理，无所逃于天地之间”(《程氏遗书》卷五)。倘若真如此，那么君臣关系、君主制度就是无法逃避、不可变更的。而黄宗羲认为，这不过是见识狭小的“小儒”所言。如果君臣之义不是“无所逃于天地之间”，那么在天地之间就可以有一个“无君”或视君为“路人”的世界。在黄宗羲看来，“为天下之大害者，君而已矣”，秦以后的君主都是孟子所说的民之“寇仇”、世之“独夫”，这就如同与黄宗羲同时代的唐甄所说“自秦以来，凡为帝王者皆贼也”（《潜书·室语》）。

黄宗羲在《原臣》篇说：

> 或曰：臣不与子并称乎？曰：非也。父子一气，子分父之身而为身。故孝子虽异身，而能日近其气，久之无不通矣。……君臣之名，从天下而有之者也。吾无天下之责，则吾在君为路人。出而仕于君也，不以天下为事，则君之仆妾也；以天下为事，则君之师友也。夫然谓之臣，其名累变；夫父子固不可变者也。

臣与子并称（所谓“臣子”），君与父并称（所谓“君父”），“无君”就等于“无父”，这是自孟子以来，特别是自《孝经》以来就有的“口头禅”。君主制的天然合法性和绝对神圣性就在于包括“君为臣纲”在内的“王道之三纲，可求于天”（《春秋繁露·基义》），“父子、君臣，天下之定理”，“为君尽君道，为臣尽臣道，过此则无理”（《程氏遗书》卷五）。然而黄宗羲一反儒家之“常道”“定理”，否认臣与子并称。他认为，父子关系是固不可变的一气相通的血缘关系，而君臣之名则是“从天下而有”，即从士人承负“天下之责”而有。如果士人无天下之责，那么士人与君主不过为“路人”之互不相识、互不相属；如果士人做了官，不为天下人负责，那就是令人鄙视的“君人仆妾”；如果做官者为天下人负责，那他就是“君之师友”。自孔子周游列国以来，儒家就认为“君臣之义”不可废，批评那些“欲洁其身而乱大伦”的隐者（《论语·微子》），但黄宗羲已经不把这个“大伦”看得那么天经地义，那么绝对不可废、不可乱了。凡无天下之责者，皆可视君为平等的“路人”；凡为天下负责者，就是“君之师友”，或者说是与君“名异而实同”的、平等的“共曳木之人”（《原臣》）。

儒家经典强调要“资于事父以事君”（《礼记·丧服四制》），为君死难就是“无私之极则”。黄宗羲对此予以否定，他指出真正的“臣道”应该是：

> 缘天下之大，非一人之所能治，而分治之以群工。故我之出而仕也，为天下，非为君也；为万民，非为一姓也。吾以天下万民起见，非其道，即君以形声强我，未之敢从也，况于无形无声乎！非其道，即立身于朝，未之敢许也，况于杀其身乎！(《原臣》)

黄宗羲所标立的“臣道”，显然已不同于传统意义的臣道。它不像传统的臣道那样把“为万民”和“为一姓”“为社稷”或“忠君”结合在一起，而是只“为万民”，不“为一姓”。他更批判那种“视天下人民为人君橐中之私物”，不顾“四方之劳扰、民生之憔悴”，只关注“(一姓)社稷之存亡”的仆妾之臣。从而，黄宗羲提出：“天下之治乱，不在一姓之兴亡，而在万民之忧乐。……为臣者轻视斯民之水火，即能辅君而兴，从君而亡，其于臣道固未尝不背也。”这就是黄宗羲提出的“臣(与)不臣之辨”(《原臣》)。他把传统意义的“臣”称为“不臣”，而他所标立的“臣道”就是只“为万民”，不“为一姓”，换言之，“臣”只是忠于人民，而没有忠于君、忠于一姓之社稷的道德义务。黄宗羲说：“彼鳃鳃然唯恐后之有天下者不出于其子孙，是乃流俗富翁之见。”(《奄宦下》)试想，历史上哪个儒臣对于计虑“一姓之兴亡”如此鄙视？黄宗羲可谓“彻底”的民本主义者，而民本主义一旦“彻底”，君臣关系就可能起变化。

在黄宗羲看来，“君与臣，共曳木之人也”，“臣之与君，名异而实同”(《原臣》)。所谓“名异”，就是君与臣“共治天下”的分工有不同；所谓“实同”，就是君与臣没有尊卑之分。这里虽然仍有“君臣”之名，但“君臣”之名的内涵已经起了变化。这里没有了“臣事君以忠”，没有了“君尊臣卑”“君为臣纲”，而是表达了一种“君臣”平等的思想。

黄宗羲批判：“后世骄君自恣，不以天下万民为事，其所求乎草野者，不过欲得奔走服役之人。”(《原臣》)他所要改变的就是这种役使与服役的君臣关系。试对比韩愈在《原道》中所说：

> 君者出令者也，臣者行君之令而致之民者也，民者出粟米麻丝、作器皿、通货财以事其上者也。君不出令，则失其所以为君；臣不行君之令而致之民，民不出粟米麻丝、作器皿、通货财以事其上，则诛！

韩愈亦大儒，但他把君臣关系就看得如同役使与服役的关系，而君民关系就如同“视天下人民为人君橐中之私物”。从唐代的韩愈到明清之际的黄宗羲，儒家的“君道”“臣道”思想为什么发生了如此巨大的变化？此中原因要从宋明之兴亡，“士大夫政治文化”之失败的历史教训中求[1]。

在中国近代史上，启蒙思想家严复曾作有《辟韩》一文，指出韩愈的君、臣、民之说违背民本思想的“通义”，“知有一人而不知有亿兆也”，“夫自秦以来，为中国之君者，皆其尤强梗者也，最能欺夺者也”。[2] 黄宗羲虽然未作《辟韩》，但《明夷待访录》实已早发《辟韩》之先声。

---

① 参见拙文《宋学与〈宋论〉——兼评余英时〈朱熹的历史世界〉》，《儒林》第一辑，济南：山东大学出版社，2005 年。

② 《严复文选》，上海：上海远东出版社，1996 年，第 37 页。

二

《明夷待访录》写成于清康熙二年(1663)，此书比严复的《辟韩》早二百三十二年。若与西方相比，则此书早于英国洛克的《政府论》近三十年，早于法国卢梭的《社会契约论》一百年。当我们评价黄宗羲的政治思想时，不要忘记《明夷待访录》是在毫无民主政治的思想资源的背景下写成的。因此，黄宗羲的政治思想只能从中国传统的民本思想出发，在对秦汉以来，特别是宋明两代的历史教训进行批判反思之后，黄宗羲不仅把传统的民本思想充其极，而且从传统的民本思想迈出了新的一步。这一步在一些习惯于以今衡古或以西度中的研究者看来，可能是微不足道，甚至是原地踏步。但我认为，这一步正是从民本走向民主的开端。

传统的民本思想与君主制结合在一起，而君主制被历史上的儒家赋予了“如父如天”的天然合法性和绝对神圣性。而在黄宗羲的政治思想中，这样的天然合法性和绝对神圣性已经被消解了。传统的民本思想在儒家学说中一以贯之，甚至民本主义高于王权主义的价值观在一些大儒的思想中也是真实存在的，但是他们毕竟受到“君臣之义”“君为臣纲”“忠孝两全”的束缚。这个束缚在黄宗羲的政治思想中已经不是不可逾越的“极限”了。当君主制的天然合法性和绝对神圣性已被消解，当士人与君主的关系可以或为“路人”或为“师友”的时候，甚至儒家也可以设想“向使无君”的时候，黄宗羲就可以从对历史教训的反思中提出一些限制君主制的弊病，在制度上以权力来制约权力的政治设计。这些设计还没有发展到“无君”那一步，但却是从民本走向民主的开端。试想，在二百多年以后严复所作的《辟韩》中还在说“君臣之伦，盖出于不得已也”，“民之弗能自治者，才未逮、力未长、德未和也”[①]，我们又怎能要求黄宗羲一步就从民本跨越到“无君”呢？

黄宗羲在《原法》篇中说：

> 三代以上有法，三代以下无法。……后之人主，既得天下，唯恐其祚命之不长也，子孙之不能保有也，思患于未然以为之法。然则其所谓法者，一家之法，而非天下之法也。是故秦变封建而为郡县，以郡县得私于我也；汉建庶孽，以其可以藩屏于我也；宋解方镇之兵，以方镇之不利于我也。此其法何曾有一毫为天下之心哉！而亦可谓之法乎？

这里所说的“法”，既非中国古代所特指的刑法，亦非现代人所谓法律，而是指法度或制度。黄宗羲说“三代以下无法”，这是对秦汉以来的“一家之法”即君主专制制度的否定。“三代以上有法”，他所理想的“三代之法”是：“藏天下于天下者也，山泽之利不必其尽取，刑赏之权不疑其旁落，贵不在朝廷也，贱不在草莽也。”（《原法》）儒家“祖述尧舜，宪章文武”，“三代之法”一直是儒家的“理想国”，故黄宗羲也用“三代之法”来表达他所理想的政治制度。然而，历史上的“三代之法”是以“亲亲”“尊尊”为原则的，而黄宗羲设想的“三代之法”已经是“贵不在朝廷，贱不在草莽”，这里没有了“尊尊”的原则，而有了平等的思想。可见黄宗羲的政治思想，其实质不是复古，而是创新，或者如梁启超所说是“以复古为解放”[②]。

黄宗羲说：

> 后世之法，藏天下于筐椟者也。天下之人共知其筐椟之所在，

---

① 《严复文选》，第38页。

② 梁启超：《清代学术概论》，上海：东方出版社，1996年，第7页。

吾亦鳃鳃然日唯筘椑之是虞，故其法不得不密。法愈密而天下之乱即生于法之中，所谓非法之法也。……自非法之法桎梏天下人之手足，即有能治之人，终不胜其牵挽嫌疑之盼；有所设施，亦就其分之所得，安于苟简，而不能有度外之功名。使先王之法而在，莫不有法外之意存乎其间。其人是也，则可以无不行之意；其人非也，亦不至深刻罗网，反害天下。故曰有治法而后有治人。(《原法》)

黄宗羲在这里所说的是，秦汉以来的种种政治弊病和社会危乱是“生于法之中”，即由“非法之法”这种政治制度造成的。因此，他一反儒家传统的重人治而轻法治的思想，提出“有治法而后有治人”，即先要有合理的政治制度，而后才有这种政治制度下的“治人”。中国传统文化重视“三事”，即“正德、利用、厚生”，而“文化所有之要素凡五……一曰正德，二曰利用，三曰厚生，四曰致知，五曰立制”①。相比于“三事”之说，儒家对于“致知”(科学认知)和“立制”(建立合理的政治制度)一直不够重视。黄宗羲提出“有治法而后有治人”，这是儒家首次在治道上把“立制”置于“正德”之先。也就是说，黄宗羲的《明夷待访录》不是像传统儒家那样以“正德”来解决政治问题，而是首先从“立制”的角度来解决政治问题。黄宗羲对于提高“宰相”的权力和把“学校”作为议政机构的设想，就是他要在“立制”方面用“宰相”和“学校”的权力来制约君主的权力。

黄宗羲在《置相》篇总结明代君主专权的历史教训，指出：“有明之无善治，自高皇帝罢丞相始也。”关于君主与官制，黄宗羲说：

原夫作君之意，所以治天下也。天下不能一人而治，则设官以

---

① 《张岱年全集》第1卷，石家庄：河北人民出版杜，1996年，第341页。

> 治之；是官者，分身之君也。……盖自外而言之，天子之去公，犹公、侯、伯、子、男之递相去；自内而言之，君之去卿，犹卿、大夫、士之递相去。非独至于天子遂截然无等级也。(《置相》)

这里所谓“分身之君”，意谓百官和君主一样，都是“治天下”所需要的一部分。所谓“自外而言之”，即从君主的中央权力和公、侯、伯、子、男的地方权力而言之；所谓“自内而言之”，即从中央权力内部君主和卿、大夫、士的职务等级而言之。黄宗羲认为，君主与公、卿的差别，就如同公、侯、伯、子、男之间以及卿、大夫、士之间的差别，“非独至于天子遂截然无等级也”，即君主并非至尊无比，凌驾于百官之上。这样，君之与臣就“名异而实同”，君主与宰相的关系就如同臣僚之间的关系。黄宗羲说：“古者不传子而传贤，其视天子之位，去留犹夫宰相也。其后天子传子，宰相不传子。天子之子不皆贤，尚赖宰相传贤足相补救，则天子亦不失传贤之意。宰相既罢，天子之子一不贤，更无与为贤者矣，不亦并传子之意而失者乎?”(《置相》)如果天子之“传贤”，不像孟子所说必须“天与之”才能施行“禅让”(《孟子·万章上》)，而是就像换个宰相一样平常，那就近于“无君”了。黄宗羲并没有走到这一步，他仍然肯定了“天子传子”的世袭君主制，但他指出“天子之子不皆贤，尚赖宰相传贤足相补救”。这样，提高宰相的权力，使宰相能够“摩切其主，其主亦有所畏而不敢不从”(《置相》)就是十分必要和应该的了。

黄宗羲对宰相权力的设计是：“宰相一人，参知政事无常员。每日便殿议政，天子南面，宰相、六卿、谏官东西面以次坐。……凡章奏进呈……宰相以白天子，同议可否。天子批红，天子不能尽，则宰相批之，下六部施行。……宰相设政事堂……列五房于政事堂之后：一曰吏房，二曰枢机房，三曰兵房，四曰户房，五曰刑礼房，分曹以主众务……四方上书言利弊者及待诏之人皆集焉，凡事无不得达。”(《置相》)这样，宰相及其下属副宰相(参知政事)等等形成一套权力机制，每日便殿议政，宰相与君主“同议可否”。凡君主“批红”未尽者，宰相即可批之而施行。宰相所设的“政事堂”则成为日常政务的办事机构。无论这种权力机制的设计在今天看来是否合理，其中蕴含了分权的原则，试图以宰相的权力来制约君主的权力，是可以肯定的。

黄宗羲的政治思想中最有特色的是把“学校”设计成教育兼议政的机构，提出“必使治天下之具皆出于学校，而后设学校之意始备”(《学校》)。这一思想是黄宗羲从反思秦汉以来的历史教训，特别是宋明两代“士大夫政治文化”失败的历史教训中所得。他说：“三代以下，天下之是非一出于朝廷。天子荣之，则群趋以为是；天子辱之，则群擿以为非。……而其所谓学校者，科举嚣争，富贵熏心，亦遂以朝廷之势力一变其本领。……于是学校变而为书院，有所非也，则朝廷必以为是而荣之；有所是也，则朝廷必以为非而辱之。伪学之禁，书院之毁，必欲以朝廷之权与之争胜。……其始也，学校与朝廷无与；其继也，朝廷与学校相反。不特不能养士，且至于害士，犹然循其名而立之何与?”(《学校》)这就是说，秦汉以来天下之“是非”皆决定于朝廷，而学校成为获取功名利禄的地方，亦遂以朝廷之是非为是非。至宋代，学校变而为书院①，士人有了与君主“共治天下”的意识②，但朝廷与书院的“是非”却总是相反，“(书院)有所非也，则朝廷必以为是而荣之；(书院)有所是也，则朝廷必以为非而辱之”。于是朝廷有“伪学之禁，书院之毁”，必欲以朝廷之权力与书院争胜。这样，学校不但不能

---

① 钱穆说：“宋学精神，厥有两端：一曰革新政令，二曰创通经义，而精神之所寄则在书院。革新政令，其事至荆公而止；创通经义，其业至晦庵而遂。而书院讲学，则其风至明末之东林而始竭。”(见钱穆《中国近三百年学术史》，北京：商务印书馆，1997 年，第 7 页)

② 余英时说：“宋代的‘士’不但以文化主体自居，而且也发展了高度的政治主体的意识”，士大夫与君主“共治天下”的主张是士大夫“政治主体意识的显现”。(见余英时《朱熹的历史世界》，北京：生活 · 读书 · 新知三联书店，2004 年，第 3、210 页)

“养士”，却成为“害士”之所。黄宗羲在此所说的“伪学之禁，书院之毁”，正是指宋代的元祐党禁和庆元党禁，更是指他在青少年时期所亲历的东林党案。东林党领袖顾宪成曾经说，“是非者，天下之是非，自当听之天下”，而当时的“异事”却是“外人所是，庙堂必以为非；外人所非，庙堂必以为是”（《顾端文公年谱》）。因为决定“是非”的权力在于“庙堂”（朝廷），所以东林党人与“庙堂”争是非，其失败是必然的，争之愈烈，祸之愈惨。

“天下之是非，自当听之天下”，但天下需要有一个议论、表达和决定“是非”的机构，这个机构在当时黄宗羲的政治设计中别无他择，只能是“学校”①。他要把决定“是非”的权力从“庙堂”转移到“学校”，从而限制君主的权力，“天子亦遂不敢自为非是”。

黄宗羲设计了中央和地方两级的“学校”议政机构。此机构在中央就是“太学”：“太学祭酒，推择当世大儒，其重与宰相等，或宰相退处为之。每朔日，天子临幸太学，宰相、六卿、谏议皆从之。祭酒南面讲学，天子亦就弟子之列。政有缺失，祭酒直言不讳。”（《学校》）在这里，太学的祭酒就相当于议会的议长，他不是由君主任命，而是“推择”选出，其权力与宰相相等。每月的初一，君主要率领宰相的执政班子到“学校”来听取审议。“祭酒南面讲学，天子亦就弟子之列”，在这里“议长”是最有权威的。“政有缺失，祭酒直言不讳”，君主和宰相的执政权力要受到“学校”的议政权力的审察和评议，从而受到监督和制约。

关于地方的议政机构，黄宗羲说：

> 郡县学官，毋得出自选除。郡县公议，请名儒主之。自布衣以

① 这是被中国传统社会“士农工商”四民的社会结构决定的，士阶层虽无“恒产”但有“恒心”，他们代表了四民的整体利益。

至宰相之谢事者，皆可当其任，不拘已仕未仕也。其人稍有干于清议，则诸生得共起而易之，曰："是不可以为吾师也。"……郡县朔望，大会一邑之缙绅士子。学官讲学，郡县官就弟子列，北面再拜。师弟子各以疑义相质难。其以簿书期会，不至者罚之。郡县官政事缺失，小则纠绳，大则伐鼓号于众。(《学校》)

在这里，郡县学官就相当于地方议会的议长，他不是出自朝廷的"选除"（任命），而是由"公议"产生。担任学官者必须是有学识和政见的"名儒"，而无论其出身是"布衣"（庶民）还是退休的官员。学官受到"清议"（舆论）的监督，一旦其行为有污点，诸生可罢免学官。每月的初一和十五，学官在学校主持召开大会，郡县官必须出席，就弟子之列，接受师弟子的质询。郡县官的政事缺失，小则受到批评和纠正，严重的则被声讨而公之于众。

显然，在黄宗羲的"必使治天下之具皆出于学校"的政治设计中，"学校"的议政权和君主、宰相、郡县官的执政权是分立的，执政权必须接受议政权的监督和制约，政治的"是非"最终要由"学校"来决定。而中央和地方的"议长"则是由"公议""推择"选出。这种政治设计已非君主专制体制的"事在四方，要在中央，圣人执要，四方来效"（《韩非子·扬权》），它突破了"惟以一人治天下，岂将天下奉一人"这一民本思想与君主制的结合，而是从君主制走向民主制的第一步。

三

对于《明夷待访录》的评价，不仅是一个学术研究的问题，而且是一个历史事实的问题，即这部书在中国近代的民主进程中起了重要的推动作用。戊戌变法无疑是中国近代政治制度转型中的重要阶段，当时思想最激进的谭嗣同说："孔教亡而三代下无可读之书矣……以冀万一有当于孔教者，则黄梨洲《明夷待访录》其庶几乎！"[①] 梁启超说："(《明夷待访录》)在二百六七十年前，则真极大胆之创论也。……梁启超、谭嗣同辈倡民权共和之说，则将其书节钞印数万本，秘密散布，于晚清思想之骤变，极有力焉。"[②] 又说："(《明夷待访录》)的确含有民主主义的精神——虽然很幼稚——对于三千年专制政治思想为极大胆的反抗，在三十年前——我们当学生时代，实为刺激青年最有力之兴奋剂。我自己的政治运动，可以说是受这部书的影响最早而最深。"[③] 另据北京大学孙宝山博士的研究，同"维新变法"运动一样，"共和革命"运动也受到了黄宗羲政治思想的很大影响。孙中山曾把《明夷待访录》中的《原君》《原臣》制成小册子，作为兴中会的革命宣传品随身携带散发，并赠给日本友人南方雄楠。"时兴中会之宣传品仅有二种：一为《扬州十日记》……二为黄梨洲《明夷待访录》选本之《原君》、《原臣》篇。"[④]

黄宗羲的政治思想未曾受到西方近代民主思想的洗礼，因而带有浓厚的中国特色。该特色在中国近代的民主进程中实也一直延续，而且留给了中国式民主需要解决的问题，如我在《中国的民本与民主》一文中所说："鸦片战争之后，中国人民学习和接受西方文化中的民主思想，主要是出于救亡图存、民族自强的考虑，而不是出于对个人权利和不同社会集团利益的追求，因此中国近现代的民主思想虽然否定了与民本思想结合在一起的君主制，但在价值观上仍然是以集体主义的民本思想为

---

① 参见《仁学》三十一，《谭嗣同全集》，北京：中华书局，1998 年，第 338 页。

② 梁启超：《清代学术概论》，第 18 页。

③ 梁启超：《中国近三百年学术史》，北京：中华书局，1936 年，第 47 页。

④ 参见陈锡祺主编《孙中山年谱长编》上册，北京：中华书局，1991 年，第 109、133 页；冯自由《革命逸史》初集《自序》，北京：中华书局，1981 年，第 3 页。本文转引自孙宝山博士学位论文《黄宗羲的政治思想研究》，北京大学，2006 年。

基础。在西方，民主是以个人自由和资本主义的多元利益的‘市民社会’为基础的。在中国，在集体主义的主导价值观下，如何达成社会整体利益与个人自由的和谐，中国的社会主义的‘市民社会’如何既有一定程度的利益分化又能保持社会的共同富裕，这将是中国的民主需要解决的关键性的问题。”①

我认为，中国传统的民本思想因与君主制结合在一起，所以并非作为一种政治体制的民主，划清传统民本思想与民主的界限仍是重要的。但是，君主制并非民本思想不可逾越的“极限”。在儒家的政治理念中，民本的价值观实高于王权主义。在1993年出土的郭店楚墓竹简中有《唐虞之道》篇，其云：“唐虞之道，禅而不传。尧舜之王，利天下而弗(自)利也。禅而不传，圣之盛也。利天下而弗(自)利也，仁之至也。”又云：“不禅而能化民者，自生民以来未之有也。”这就是说，如果要“化民”，只能实行禅让制，而不能实行夏代以来的传子制、家天下。《唐虞之道》篇反映了儒家在“孔孟之间”的一种政治主张，但是在战国中期政治的环境有所变化时，孟子则把“禅而不传”的思想调整为“禅”与“传”两可，“其义一也”②。这说明儒家对于政治体制的主张并非绝对不可改变的，而是可以随着社会环境的变化而作调整，因为“利天下而弗(自)利”是儒家更为根本的价值观。黄宗羲的《明夷待访录》就是从“利天下而弗(自)利”这一价值观出发，在明清之际的特殊历史环境中，对于政治体制作出的一个新的思想调整。

在近年对于黄宗羲政治思想的“新论”中出现了“民本的极限”之说。我本来深知评价黄宗羲政治思想的复杂性，但读了张师伟《民本的极限——黄宗羲政治思想新论》之后，却不禁冒昧而言之：此说实在难以成立。

---

① 李存山：《中国的民本与民主》，《孔子研究》1997年第4期。

② 参见拙文《反思经史关系：从“启攻益”说起》，《中国社会科学》2003年第3期。

首先，张师伟认为在黄宗羲的政治思想中“君主权力是人间一切权力的起点”。“从理论逻辑上看，黄宗羲的理论体系必然会孕育出专制权力。……黄宗羲的世界图式体系又铸造了专制权力的逻辑起点，即所谓‘昊天上帝’。天子在本体论上乃是‘昊天上帝’在人间的代理，他‘受命于天’，拥有‘天’‘托付’的‘教养’‘斯民’的全权。”①

然而以上论说完全是从一个虚构的“理论逻辑”推论出来的。在黄宗羲的理论体系中，虽然像传统的儒家那样，并不完全否认有一个“昊天上帝”，但“民之所欲，天必从之”，“皇天无亲，惟德是辅”，民本主义和“天民一致”的思想才构成“人间一切权力的起点”，因此，它并不“必然会孕育出专制权力”。况且，在《明夷待访录》中，黄宗羲根本就无涉“昊天上帝”等宗教观念，他批判“后世之君欲以如父如天之空名禁人之窥伺”，“为天下之大害者，君而已矣”，君主在本体论上如何成为“昊天上帝在人间的代理”，“拥有教养斯民的全权”？若无视《明夷待访录》所针对和所要解决的问题，亦不顾史料的根据，只是从一个虚构的“理论逻辑”来作推论，实际上是主观地为民本思想设置了一个“极限”。

其次，张师伟说：“黄宗羲的‘主权者’仍然是天子，而不是人民。黄宗羲的分权则没有分割政治权力的合法性，即政治权力的合法性只能掌握在天子手中。黄宗羲理想中的圣王独自接受了天托付的‘教养’全权，圣王以外的一切人都不能不是圣王的‘教养’对象。”“他设计的政治体制仍然是君权不可分割的绝对专制主义政权。”“黄宗羲政治理想国的权力形式是什么？一言以蔽之，就是无所不在、无所不能、无所不管的君权。”“君主是政治权力的唯一的行为主体，臣僚是这一行为主体的代理或延伸”，“宰相仅仅是君主的辅弼和幕僚”。②

① 张师伟：《民本的极限——黄宗羲政治思想新论》，第 173 页。

② 张师伟：《民本的极限——黄宗羲政治思想新论》，第 178—183、192—193 页。

上述观点无视黄宗羲从“天下为主，君为客”出发，批判“岂天地之大，于兆人万姓之中，独私其一人一姓乎”，由此要把“主权者”从君主的垄断转变为“分治之以群工”。黄宗羲强调，“君与臣，共曳木之人也”，“臣之与君，名异而实同”，因此，政治权力的合法性并非“只能掌握在天子手中”。在《明夷待访录》中，黄宗羲何处承认君主“独自接受了天托付的‘教养’全权”，又何处把一切人都作为君主的“教养对象”？我们所看到的是，“吾无天下之责，则吾在君为路人……以天下为事，则君之师友也。”可见，这绝非“绝对专制主义政权”，而君权亦非“无所不在、无所不能、无所不管”；一切人并非君主的“教养对象”，相反，君主与臣僚是相互“教养”的“师友”关系，而在太学，他还要“就弟子之列”。黄宗羲特别批判君主把臣僚当作“奔走服役之人”，强调“君之去卿，犹卿、大夫、士之递相去，非独至于天子遂截然无等级也”，“是官者，分身之君也”，即臣僚与君主同样担负治理天下之责，“名异而实同”，或者说，君主与宰相、公卿的差别亦犹如臣僚之间的差别。因此，君主并非“政治权力的唯一的行为主体”，臣僚也并非只是君主的“代理或延伸”。如果“宰相仅仅是君主的辅弼和幕僚”，那么君主对于其辅弼和幕僚又何必“有所畏而不敢不从”呢？

张师伟还认为《明夷待访录》中，“学校的功能完全是经验的”。“天子的‘是非’在经验上一定不如太学祭酒吗？……实际上，比较天子与太学之间的对错是非，根本就是一个无法解决的麻烦问题。……学校对君权的制约能否实现，关键是学校的所谓‘是非’是否一定优于君主的‘是非’。……天子到底有没有达到自己的‘纯粹至善’？这是圣王以外的任何角色都不能回答的麻烦问题。天子仍然是回答这个问题的最终权威……黄宗羲的世界图式没有为学校提供从本体论上沟通‘天’、‘天道’等的可能性。”“学校的职能是教化，一切与此无关的职能都不应该随便归纳或添加到学校身上。”“黄宗羲的学校没有固定的议论范围，立法、行政、司法等凡涉及所谓‘是非’的问题，学校都可以讨论，这与议会具有固定的议论范围明显不同。”“黄宗羲学校的议论‘是非’实在与近代议会相去甚远。”①

以上论述在逻辑上有些混乱，这里只能大致评论其可能的观点。所谓“经验的”，是指“缺乏理论必然性的客观事实”（原注）。张师伟一直认为，在黄宗羲的政治思想中，只有君主是“受命于天”的，因此，也只有君主的“是非”才具有“理论必然性”。然而，这完全是他的一个虚构。在《明夷待访录》中，黄宗羲所要消解的就是君主具有“如父如天”的天然合法性和绝对神圣性。东林党领袖顾宪成已经明言“是非者，天下之是非，自当听之天下”，因此，在东林党人和黄宗羲的思想中，君主根本就没有决定“天下之是非”的“最终权威”或“理论必然性”。黄宗羲不认为“比较天子与太学之间的对错是非……是一个无法解决的麻烦问题”，相反，他明确指出“天子之所是未必是，天子之所非未必非，天子亦遂不敢自为非是，而公其非是于学校”。在这里，黄宗羲根本就用不着“为学校提供从本体论上沟通‘天’、‘天道’等的可能性”。黄宗羲明言“必使治天下之具皆出于学校，而后设学校之意始备”，而张师伟认为一切与“教化”无关的职能“都不应该随便归纳或添加到学校身上”，真不知是谁在“随便”？至于“立法、行政、司法等凡涉及所谓‘是非’的问题，学校都可以讨论”，但这又“与议会具有固定的议论范围明显不同”，或“相去甚远”，张师伟似乎在以西方的完整议会形态来衡量黄宗羲在明清之际刚刚迈出的作为开端的一步。然而，倘若真的承认了这一步，那就不是“民本的极限”了。张师伟的真正意图是要指出：“议会这样的斗争场所不仅不会出现在中国历史的经验中，而且也绝不会出现在理论家的议题中。”“黄宗羲的学校

① 张师伟：《民本的极限——黄宗羲政治思想新论》，第201、205、216、222、221页。

一定没有理由具有议会的功能或属性。……议会在成为一个非常成功的制度以前不太可能会成为一个普遍的历史现象。”① 这就是说，议会以及议会思想只能出自西方，只有议会在西方“成为一个非常成功的制度”以后，中国才会有议会的现象。由此推论，黄宗羲的学校“一定没有理由具有议会的功能或属性”。然而，这个“理由”却是虚构的，所谓“民本的极限”便是张师伟从这个虚构的“理由”主观设置的。

① 张师伟:《民本的极限——黄宗羲政治思想新论》，第224页。

“继善成性”的诠释与明清之际的人性论

廖璨璨*

“善”与“性”的关系自先秦就是人性论中的重要话题，而宋明以降的儒者通过对经典的诠释则有新的发明，具代表性的就是对《易·系辞传》中“一阴一阳之谓道，继之者善也，成之者性也”一句的解释。宋明儒者多将“继善成性”与《孟子》的“性善”相联系来讨论“性”与“善”以及性之善恶等问题，特别是“四书”经典系统的建构使得《中庸》的首句“天命之谓性”成为讨论性善的重要材料。由此，先秦时期原本各自独立的经典通过宋代以来学者的阐释和发明而具有了新的义理内涵。

不过，宋明清时期的思想家对“继善成性”的理解并不相同，而其间的差异正体现出明末清初的学术相较于宋代以至明中期的思想所呈现出的转型特点。关于明清之际与宋明时期人性论思想的不同特点，此前学者已有许多研究，如张岱年、吴根友、许苏民等学者以二元论和一元论、复性论和日生论的对比来讨论这种转变。[①] 现代新儒家如唐君毅先

---

* 廖璨璨，1987年生，武汉大学哲学学院副教授。

① 张岱年：《中国哲学大纲》，南京：江苏教育出版社，2005年，第216—218页；吴根友：《明清之际三种人性论与中国伦理学的现代转向》，《学术月刊》2004年第5期，第50—57页；许苏民：《中西哲学比较研究史》下卷，南京：南京大学出版社，2014年，第617页。

生亦力呈宋明与明清学者以天人分合言人性的异同。① 本文所期进一步梳理和讨论的，乃在于这种转变具体是如何通过对经典的重新诠释而实现的。

笔者以宋明清儒者对《系辞传》中“一阴一阳之谓道，继之者善也，成之者性也”一句的诠释为切入点来探讨人性论思想及其转型，原因有二：其一，自程子将首句“一阴一阳之谓道”解释为“所以阴阳者，道也”，程朱理学便特重以此区分形上形下之理气，进而以理气论为心性论奠基，此正与《系辞传》三句相呼应；明末思想家的人性论之所以与宋明呈现出差异，根本即在于理气论上的转变。其二，“继之者善也，成之者性也”所涉及的“性”与“善”的关系问题，也与人性论的基本问题性之善恶相关。因此，通过对比宋代学者与明末学者关于“继善成性”的不同诠释，有助于把握人性论在明清之际的转变。

一、程颢与朱熹对“继善成性”的诠释之区别

在分析明清之际思想家对“继善成性”的诠释之前，有必要先对宋儒如何诠释此句做一简要梳理，以便更清晰地探讨明末清初的人性论与宋儒所言有何继承与不同。

首先，程颐和朱熹对“继善成性”的诠释建立在对“一阴一阳之谓道”的重新解读之上；换言之，程朱以形上形下区分理气的理论架构，直接决定了对“性”的理解以及对性善问题的回答。因此，朱熹在诠释“继善成性”时更突出以理善言性善：

问：“继之者善，成之者性，何以分继善成性为四截？”曰：

① 唐君毅：《中国哲学原论 · 原性篇》，台北：台湾学生书局，1984 年，第 484—488 页。

“继、成属气，善、性属理。性已兼理气，善则专指理。”又曰：“理受于太极，气受于二气五行。”①

“继之者善，成之者性”，性便是善。②

朱熹对“性”和“善”关系的讨论是在理气框架下进行的：以性兼理气，而善则是理。那么，之所以“性善”是由于理是善，这是从天道人道相贯通的角度解释，即“一阴一阳之谓道”所体现的理，其继为善，其成为性。可以看到，朱熹已经在思想诠释上努力沟通“继善成性”和“性善”。不过，虽然朱熹侧重以天道流行讲“继善成性”，但实际上脱离现实的人来谈性是不可能的，“成性”是气化以后事：

问：“性固是理，然性之得名是就人生禀得言之否？”曰：“‘继之者善，成之者性’，这个理在天地间时只是善，无有不善者，生物得来方始名曰‘性’。只是这理，在天则曰‘命’，在人则曰‘性’。”③

学生的问题正是对朱熹以“继善成性”“不是说人性上事”的困惑，而朱熹也不得不承认“性”之名必须就现实人性而言才有意义，故而“继善成性”乃是理落入气的过程，也就是纯善之理落入现实气禀中而成性。

那么，朱熹的这种诠释出现了理气论架构上的人性论思想所需要面对的一个重要问题，也是明代中后期以来气学一派的思想家所主要挑战的问题：如果是认理、气为二物的形上形下架构，那么在后天气禀的作

① 《朱子语类》第6册，北京：中华书局，1988年，第2391页。

② 《朱子语类》第5册，第1898页。

③ 《朱子语类》第1册，第83页。

用下，以理善言性善是如何得以保证的？因此，此种诠释下的“性善”面临着言说“性”的困境，性之善在于理之善，而性本身又是兼理气而言。这种困境看似与明道在“生之谓性”段中“才说性时便已不是性也”的困境类似：

> 善固性也，然恶亦不可不谓之性也。盖“生之谓性”，“人生而静”以上不容说，才说性时便已不是性也。凡人说性，只是说“继之者善”也，《孟子》言人性善是也。[1]

此段历来颇为难解，就连朱熹也多次提到明道“‘生之谓性’一段难看”[2]。究其原因，在于明道论性与朱熹以理气之架构论性并不相同，其是“以气论性”；换言之，明道是以未生、已生来论，朱熹是以形上、形下来论，两人虽然都面对言说“性”的困境，但其实质并不同。这两种言说方式的不同，朱熹在与学生的讨论中也注意到了：

> 先生答书云：“《易大传》言‘继善’是指未生之前，《孟子》言‘性善’是指已生之后。”是夕，复语文蔚曰：“**今日答书，觉得未是。**”文蔚曰：“莫是《易》言‘继善’是说天道流行处，孟子言‘性善’是说人性流出处，《易》与孟子就天人分上各以流出处言，明道则假彼以明此耳，非如先生‘未生’、‘已生’之云？”曰：“然。”[3]

明道以“继之者善”就是《孟子》所言的“性善”，此便与朱熹不同。朱

① 《二程集》，北京：中华书局，1981 年，第 10 页。
② 《朱子语类》第 6 册，第 2426 页。
③ 《朱子语类》第 6 册，第 2433 页。

熹先以未生、已生区别“继善”和“性善”，后觉未妥，又以天人之分上言，也就是以理气之分合言。通过朱熹的前后两种解释，可以看到对“继善成性”的两种不同诠释进路。明道言“性”恰恰是就气而言，也就是“生之谓性”（此与告子本义有别），因为“性”是在人已生之后才获得意义，从而“继之者善”“性善”皆是指人生已后的现实之人性，此处“继之者善”关键在“继”而不在“善”。而朱熹由于有个理、气的形上形下架构先入，故而对此段的理解与明道本人有出入，才会认为此段“难看”，才会说“‘继之者善也’，周子是说生生之善，程子说作人性之善，用处各自不同。若以此观彼，心有窒碍。”① 不过也正是如此，可以看到明道和朱熹对“继善成性”的诠释不同。

总言之，明道和朱熹对“继善成性”的不同诠释体现了二人论性之差异。明道以气论性，认为善恶皆是性，故而“继善成性”是未生到已生的过程；朱熹则在理气的架构下以理善言性善，故而“继善成性”成为形上之天理下贯到形下之现实人性的过程。更进一步说，明道和朱熹对“继善成性”的分别，一在于未生、已生（此为时间之不同），一在于形上、形下（此为层次之不同）。明道当然也强调“天理”，但是其未如程颐、朱熹那样对形上形下之理气、道器有决然之分别（由其言“器亦道，道亦器”可见），故而明道论性自然不以理气之分别言，而是直从气上言，如其以清水浊水的比喻论人性的澄治之功。明代中后期气学一派复兴，其中代表性学者如罗钦顺、王船山等人对程颐、朱熹多有批评，但对明道皆颇为赞许，原因盖出于此。

二、方以智的“三性”与船山的“善大性小”

方以智（1611—1671）和王船山（1619—1692）是明末清初的重要思想

---

① 《朱子语类》第6册，第2433页。

家，且均是当时的易学大家，故本文以此二人作为梳理明清之际人性论思想的切入点。方、王二人在解释“一阴一阳之谓道，继之者善也，成之者性也”一句时，都特别注重“道—善—性”的三个层次。简言之，方以智以公性、独性、习性区分人性在理气架构中的三层，而船山则强调“道大善小，善大性小”，以天人之际言“继善”。方、王二人以气为本的思想与程朱的理气架构殊别，从而在人性论上亦呈现差异。

首先来看方以智。在其所著《东西均·公符》和《易余·继善》两篇中对“性”与“善”的关系问题有集中论述，这两篇的相似文段颇多。所谓“公符”，是讨论善恶之上是否有纯粹至善，这一至善非现实中与恶相对之善，而是天命流行的体现。《东西均·公符》篇中说：

> 《易》以无是非示人，即以公是非告人，故弥缝而翼之曰：“一阴一阳之谓道，继之者善，成之者性。”直褺领无上三一、一三之一阳，以阳即善、即性也。继者，续也。形下之阴阳中，即无形无上下之道也。言交轮之几于初续见之，天而人，人而天，继续之初，微乎危乎，成之皆阴承阳，而性在情习中。下地之时，善在恶中，理在欲中。①

方以智强调“道—善—性”三者的三而一、一而三的关系，以形下之阴阳和道相区分。值得注意的是方以智与朱熹的区别：朱熹以阴阳为形下、道为形上；方以智虽然也以阴阳为形下，但是以道为无形无上下者，即道是统贯形上和形下者。那么，“一阴一阳之谓道”非是程颐、朱熹所言的形上者，而是统贯形上形下者；“继之者善”是形上之善，“成之者性”则是善落入形下之阴阳二气中所成之性。因此，方以智虽

① 方以智著，庞朴注释：《东西均注释》，北京：中华书局，2001年，第102页。

然继承了程朱以形上形下诠释“继善成性”的进路，但却将二分的架构转成三分的架构，并在此三分的架构中通过无形无上下的道作为形上之理和形下之气的贯通，从而将其转为一元的架构。这正是方以智解释此章时强调“必三句乃圆耳”的原因。[①]

同时，方以智以独性、公性、习性“三性”并举来诠释“继善成性”。“三性”的说法是有家学所本，明确提出在方孔炤。[②] 方以智对“三性”的具体解释：

> 问：“性何以三？”曰：“混沌分阴阳则为二种性，分五行则为五种性。从此析之，乌附热，芩连寒，而寒热甘苦又各异也，又况灵蠢资质之殊乎？故目之为独性。”“何谓公性？”曰：“所以为性者一也。”“何谓习性？”曰：“移花接木，重台实大，学问变化，礼乐熏陶，右手秉箸笔，水居能浮汙。僚之丸，昌之射，习伏众神，习即性也。”[③]

天地已分后的二气五行其性不同，此万物各具之性即为独性；天地未分前则万物只有一理，此所以为独性者，即公性。可见，对公性与独性的理解是用“所以”进行规定，即二者并非时间先后之不同，而是层次之

① 方以智在《周易时论合编》中注释“一阴一阳之谓道，继之者善也，成之者性也”句时说：“必三句乃圆耳。……先祖曰：同时、同体、同处，则可名之善即不可名之善，明矣。”（《周易时论合编·系辞上》）引方大镇所言指出“道—善—性”如太极与两仪、道与物的关系一样，是同时、同体、同处的，道与物无先后即理与气无先后，那么后天现实人性中寓有先天之善，而道贯其中，所谓“可名之善即不可名之善”。按：本文中所引用方孔炤、方以智《周易时论合编》皆据《续修四库全书》本整理，并与郑万耕教授整理本和蔡振丰教授校注本进行了校对，所引文本皆以文中夹注形式标出，经传部分以《周易时论合编》和具体的卦名、传名标出。以下同此体例。

② 《仁树楼别录》中引方孔炤所著《知言鉴》中的说法：“曰公性、独性、习性，曰质测，曰通几，姑离合而陈之，乃可决耳。”（方以智编，张永义校注《青原志略》，北京：华夏出版社，2012 年，第 86 页）

③ 方以智编，张永义校注《青原志略》，第 86 页。

不同。同时，方以智还强调“性在情习中”“习即性也”，指出公性即在独性中、公性与独性皆在习性中。那么，并非只有先天纯善方可谓之“性”，后天习得也是“性”的题中之义。如此，则明道所言“才说性时便已不是性”的困境在这里通过“习性”而化解。进一步看，“三性”说与“一阴一阳之谓道，继之者善也，成之者性也”可相对应：“一阴一阳之谓道”为公性，是所以为独性者；“继之者善也”是就人所承继的先天之性而言，也就是本然至善的独性；“成之者性也”是就人生以后而言，也就是性在情习中之习性，习性必须通过学的过程而使之“成”。既然“继善成性”是“必三句乃圆耳”，公性、独性、习性三者也是三而一、一而三的，即“离习无性”。从这个角度讲，名为“三性”而实则为性一元论。

再来看船山。他与方以智为同时代人，二人有交游和书信往来，重要著述的成书时期也十分接近。船山言“道大而善小，善大而性小”，以“继之者善也”为天人之际诠释“性善”，这与方以智“三性”思想有相似之处：

> 故成之者，人也；继之者，天人之际也；天则道而已矣。道大而善小，善大而性小。道生善，善生性。道无时不有，无动无静之不然，无可无否之不任受。善则天人相续之际，有其时矣。①

前文引方以智言“继善”是“言交轮之几于初续见之，天而人，人而天”，方氏的“独性”对于人而言，就是所禀的先天之性还没有现实地在后天人之生成上实现，此与船山以“天人之际”言“继善”相似，都是将天、天人相继、人三者对应于道、继善、成性三个层次。

---

① 王夫之：《船山全书》第1册，长沙：岳麓书社，2011年，第1006页。

同时，对“继善成性”的诠释直接关系到对性之善恶问题的回答，这一点方以智和船山也都有讨论。如方以智将《孟子》的“良知良能”和“性善”与“继善成性”相发明，认为此“不虑而知”“不学而能”即是先天之至善，是“继之者善”：

> 谓之良知能者，其未生前之至善，生时与来，相继不失也。故圣人于有生后，惟叮咛教之曰不失其初而已，“初”即先天之至善。①

而船山亦以“道—善—性”三者的关系对“性善”论给予了颇具新意的论证：

> 故专言性，则“三品”“性恶”之说兴；溯言善，则天人合一之理得；概言道，则无善无恶、无性之妄又熺矣。②

道—善—性三者虽相贯通，然天人之际不可不分别。仅看到“成之者性”的层面，以后天之现实人性而论性，便会如荀子、扬雄认为性有善恶；而若一概以道而统言之，则又易陷入王畿无善无恶、佛老空性无性之说。而方以智与船山对“继善成性”的诠释有着同样的问题关切，方氏在《公符》篇言“龙溪专主四无，学单提耳”③，“荀子言性恶，原非无谓，但不能举大防细网、先后交轮之几相因相泯……而榜曰‘性恶’，则误世耳”④。可以说，明清之际思想家在讨论性善问题时，除了针对

① 方以智著，庞朴注释《东西均注释》，第105页。

② 王夫之：《船山全书》第1册，第1008页。

③ 方以智著，庞朴注释《东西均注释》，第99页。

④ 方以智著，庞朴注释《东西均注释》，第104页。

荀子的性恶论，也旨在批驳佛老(主要是禅宗)和阳明后学。

此外，以“继善成性”解释“性善”时，方、王二人与朱熹以理善言性善的进路也不同，这一点又与明道以气论性有相通处。如明道认为“恶亦不可不谓之性”“事有善有恶，皆天理也”，即是对“恶”从成之的角度上予以肯认；方以智以人之习性则必动而有恶，船山将气本论贯彻在人性论上，故而基于“理者气之理”的思想认为“恶”(失理)亦是理：“若推其胥为太极之所生以效用于两间，则就气言之，其得理者理也，其失理者亦何莫非理也?”① 总言之，明道以及方、王二人与朱熹论“继善成性”以及性之善恶问题的区别，盖“即气论性”与“以理论性”的进路之区别。

三、方以智的“性在习中”与船山的“习与性成”

明清之际思想家在讨论人性问题时对“习”的强调尤为突出，如方以智言“性在习中”，船山言“习与性成”，均突出后天生成之性的重要，与“成之者性也”一句相呼应，体现了明清之际人性论与宋明复性说的不同进路。“习”与“性”二者的关联较早出现在《尚书》与《论语》:《尚书》中有“兹乃不义，习与性成”，孔子言“性相近，习相远”。但是在性善论的传统中“习”并没有获得肯定性的意义。方以智和船山在“即气论性”的进路下，充分肯认了后天之“习”在人性生成中的积极作用。此外，二人在经典诠释上体现出“坐集千古之智”(方以智语)和“六经责我开生面”(王船山语)的新视野，也使得对“习”的解读更为丰富。如方以智将《坤》卦六二爻辞“不习无不利”中的“习”与“学而时习之”“性相近，习相远”相发明，以“习得”

---

① 王夫之:《船山全书》第6册，第861页。

和“习气”两层涵义来解释“习”；船山则特别阐释出“天命之谓性”中人日受命于天这一动态的生成过程而与“习与性成”相发明，颇具新意。

1. 方以智：性在习中

本文第二部分已简要论述了方以智的公性、独性、习性，此三性是三而一、一而三的；换言之，三性实则仅呈现为一性，即后天之习性。方氏对“习性”有更深入的讨论，认为习性是在后天中通过不断习得而成的性，人有习性是其与动物的区别所在：

> 鸟兽之生也，游者狎于水而不溺，走者驰于野而不蹶，然终于此而已矣。人之生也，自赤子不能求其母，自是而进，皆学焉而后能之，无所不学则无所不能。此无所不学则无所不能者，即“不虑而知”“不学而能”者也，是人之性也，是独性也。[①]

鸟兽只能尽其先天本有之性而不能在后天的习得中发展其独性，即“终于此而已矣”；人则不同，初生之赤子不能游、不能走，但是通过后天的学习却能游、能走，这种学则能、“无所不学则无所不能”的性就是习性。当然，孟子所说的良知、良能是不虑而知、不学而能，在方以智的理解中这是独性，也就是“继善之性”；而方以智强调“无所不学则无所不能者，即‘不虑而知’‘不学而能’者”，意在说明通过习得而具有的习性也就是良知良能之独性。因此，鸟兽仅能尽“继之者善”之独性，而人却能在后天的习得中有“成之者性”之习性。事实上，独性和习性的关系与方以智对易学中先天、后天二者的理解是一致的[②]：

---

① 方以智著，庞朴注释《东西均注释》，第167页。

② 方以智关于先天和后天的理解可参看笔者拙文《易学哲学视野下的方以智圆∴思想探析》，《中国哲学史》2016年第4期，第30—36页。

一部《易》皆为善动前用，止有后天，并无先天。知止其所不知，即不习之先天矣，则知之中皆不知者也，习之中皆不习者也，何容赘计一先天乎？（《周易时论合编·坤》）

这是方以智对《坤》卦“六二之动直以方也，不习无不利”句的注释，以习得为后天，则“不习”为先天。由于先天即在后天中，因此独性即在习性中，凡人之性皆由习而成，后天之习性中同时必然禀有先天不习之独性；换言之，后天之习性中必有先天至善之性，所谓“习之中皆不习者也”。其实，方以智对“不习无不利”的解释并非是按照经典的原意做一训诂式注释，而是试图将其与“性相近，习相远”一句在经典诠释上进行贯通，这种创造性的解读对性善问题给予了一个新角度的回答。

进言之，方以智讲的“习”包含了两层涵义，一是“习得”，二是“习气”，不过这两层涵义是统一的，如其言“虚高者以学为习气，不知人生以后，一切皆有而无在其中，性在习中”①。在指出“性在习中”的同时，方以智还进一步强调“离习无性”，认为只有习性并无独性：

性起即习，离习无性。逆习复性成圣，顺习放情成凡。知不习之习，则无凡圣矣。然此乃圣不自圣之无圣凡，非纵情灭理之无圣凡也。②

后天之人性即已是习性，“习”既意味着有习气的遮蔽，又意味着人有习得而成性。圣人能逆此习气而复其本然之独性，常人则放任习气而由情欲做主。虽圣、凡不同，然无论圣人所复之独性还是凡人所任之习性

① 方以智著，庞朴注释《东西均注释》，第 186 页。
② 方以智：《象环寤记·易余·一贯问答》，北京：九州出版社，2015 年，第 473 页。

皆本于公性，明此则无圣、凡之分。当然，所谓“无圣凡”是指“圣不自圣”而不是说圣、凡是等同的，圣人与凡人一样也具此习性，只不过圣人是复其独性之本然的习性，而不是凡人纵情失去独性之本然的习性。可以看到，虽然方以智也讲“复性”，但此与程朱之复性说已经不同：方氏强调即习性而体认至善之独性，此与明道“生之谓性”篇中的即清水、浊水本身而为澄治之功之义更切近。

2. 船山：习与性成

船山从“成之者性也”发明“性日生日成”说，强调“习”与“性”的关系，与方以智的“性在习中”可谓有异曲同工之妙。

首先，船山发挥对“继善”与“成性”关系的解释而言“相继者善，善而后习知其善；以善而言道，不可也”[①]，便已点出“习”在“继善成性”中的作用。在《读四书大全说》中，他更进一步论述了“习”作为“成性”的关键：

> 乃所以养其气而使为功者何恃乎？此人之能也，则习是也。是故气随习易，而习且与性成也。[②]

可见，船山对“习”的解释主要从“习得”的涵义上而言，而方以智所讨论的“习性”既包含“习气”之义而强调后天，又有“习得”之义而强调性的生成。故而船山的“习与性成”乃是着重在言后天的现实人性通过“习”而不断臻于完善，方以智的“性在习中”则既言后天的现实人性由于习气而为有善有恶，又言人性由于习得而成。此外，船山对“成之者性”的“向善”之义更多地体现在“性日生日成”论中：

---

① 王夫之：《船山全书》第 1 册，第 1006 页。
② 王夫之：《船山全书》第 6 册，第 861 页。

> 夫性者，生理也，日生则日成也。……故天日命于人，而人日受命于天。故曰：性者生也，日生而日成之也。[1]

此处似乎也引了告子“生之谓性”的说法(即气论性者如明道、方以智都将告子“生之谓性”一句纳入对“性”的讨论，但又皆与告子本义不同)，只不过船山的“性者生也”是将告子“生之谓性”的“生”从“生来”义转向了“生成”义理解。而船山之所以认为“人日受命于天”，是在以《中庸》的“天命之谓性”来诠释“继善成性”与《孟子》的“性善”：

> 《孟子》之言性，近于命矣。性之善者，命之善也，命无不善也。命善故性善，则因命之善以言性之善，可也。……《易》曰“继之者善也”，言命也。命者，天人相继者也。“成之者性也”，言质也，既成乎质，而性斯凝也。质中之命谓之性，此句紧切。亦不容以言命者言性也。[2]

三种不同经典之所以在义理的诠释上能够贯通，在于船山认为“天命之谓性”的“命”是以天命于人，也就是天人相继(此与船山以“天人相继”解释“继之者善”一致)，而“继善成性”又是船山论证“性善”的重要文本。

可见，船山与朱熹同样通过“继善成性”和“天命之谓性”来论证“性善”，但是进路并不一样。在“天命之谓性”中，朱熹理解的“命”是天之理善命于人之性善，是“以理定气”；而船山理解的“命”则是气之日生而人日受命于天，是“即气认理”。正因如此，船山在解

---

① 王夫之:《船山全书》第 2 册，第 299 页。
② 王夫之:《船山全书》第 2 册，第 862 页。

释“继善成性”时特别强调(引文此处有小字注“此句紧切”)“质中之命谓之性，亦不容以言命者言性也”，可知其与朱熹在诠释“继善成性”上的区别。

四、余　论

通过对方以智和船山诠释“继善成性”的梳理，可总结明清之际人性论思想的两个特点。其一，将程颐、朱熹等人以理善言性善的进路转换为即气论性的进路，通过“道—善—性”三者在天人层次上的分合来讨论性善问题。其二，通过对“成之者性”的发挥，强调后天现实人性的生成之义，对“习”和“成”的突出肯定了人性具有的不断开放的生成过程。

本文分析宋明清学者对“继善成性”的诠释，一方面在于呈现理学家如何通过对不同经典的融贯来解决性之善恶的问题，另一方面也试图通过思想家不同诠释的对比梳理明清之际相较于宋明在人性论思考上的转变。宋儒的代表为朱熹，明末清初最重要的哲学家为船山，两人对“继善成性”诠释的差异以及由此而呈现出的人性论思想之不同进路，唐君毅先生已有论及：“按《易传》言‘一阴一阳之谓道，继之者善也，成之者性也’，此虽似分三层次说，然义亦可相贯……程朱于此可言理先而气后，则船山自可言道大而气小也。”[①] 他认为船山重在本客观之观点，而程朱(以及陆王)则强调人主观的向内反省。若究其原因，则在于朱熹以理先而气后，船山以即气而认理。对于一个自洽的哲学理论体系而言，心性论的探讨是建立在理气论架构基础上的。那么，具体到对“一阴一阳之谓道，继之者善也，成之者性也”的诠释来看，宋儒程颐、

---

① 唐君毅：《中国哲学原论·原性篇》，第486页。

朱熹与明末学者方以智、船山之区别，实则是自首句便有分歧：程、朱以形上形下的理气架构解读“一阴一阳之谓道”，方、王则将对“道”的讨论拉回到“气”的层面上，二者呈现出以理善言性善和以气之习得言性善的不同进路。“即气认理”，可以说是明清之际大多数思想家的共识，由此作为“人之生理”的“性”便不只是人受命之初的一既定现成之物，而是随着气的日新之化而生生不已的生成之物；也正因如此，以方、王二人为代表的明清之际人性论多强调后天之“习”，并以此解释“成之者性”。

当然，同样是以气论性，船山在思想上更加彻底。方以智虽然认为“离习无性”，但依然强调“逆习复性”，所复之善性是先天之独性，这容易重新走向宋儒的复性说；而船山秉持“性日生日成”的观点，所成之善性是在后天日生日成中完成的。究其原因，在于方以智继承曾祖方学渐以理学为宗的家学传统，对朱熹的思想特别是理气二分的架构并未完全否定，只是以三分的框架进行了改造，即在形上和形下之间添一无形无上下者作为统贯，从而将其转为一元的架构。从这种三分而一元的结构中，可以看到对“以理论性”和“即气论性”的调和，也可以看到明清之际的思想形态相对于宋明时期逐渐转型的过程。

从“知言”到“知道”：王船山论本体之知

周广友*

王船山反思其时代学风之弊和人道丧失之因，注重“以言明道”，反对老庄禅对语言功用的消解以及佛道对人伦之道的偏离，颇得孟子“不得已而辩”和荀子“君子必辩”之意；同时他对语言在表达道体上的局限性亦有深切体认，故重视“默”与“觉”，在言默关系上持有中庸之道。在反思言道关系时，他又具有深切的历史传统和文明教化意识，体现在对意与念、知与识的区分之中。在其磅礴深远的道体之思中，船山本着“由用知体”的方法对“言”之象、用进行分析，反对王弼言象意之论把语言工具化的主张，提出“道抑因言而生”等论点，这与孔孟均重视旨在“知道”的“知言”之术具有异曲同工之妙。可以说，重视语言、经典和知识之价值以彰显人道，是船山因心学和时代之弊而提出的应对之策。

一、“以知知性，性发知道”

“知”由心物相接而产生。船山继承了前人“心有征知”和“知，接也”等论点，更细致地理解为形、神、物之三相遇，由此而来的“知

* 周广友，1980年生于山东曹县，2010年毕业于北京大学哲学系，现为中国社会科学院哲学所副研究员，硕士生导师，主要研究方向为宋明理学。

觉”是一切知识产生的条件。船山“知”论的重点在于其“由性生知”说。张载认为：“合虚与气，有性之名；合性与知觉，有心之名。”[1] 船山在晚年《张子正蒙注》中释曰：

> 秉太虚和气健顺相涵之实，而合五行之秀以成乎人之秉彝，此人之所以有性也。原于天而顺乎道，凝于形气，而五常百行之理无不可知，无不可能，于此言之则谓之性。人之有性，函之于心而感物以通，象著而数陈，名立而义起，习其故而心喻之。形也，神也，物也，三相遇而知觉乃发。故由性生知，以知知性，交涵于聚而有间于中，统于一心，由此言之则谓之心。顺而言之，则惟天有道，以道成性，性发知道；逆而推之，则以心尽性，以性合道，以道事天。[2]

此处所论之意涵丰富而精微：其一，论述“性”的功能——“由性生知”和“性发知道”。其二，论述“心”的含蕴：“心”是“性”与“知”相互涵摄之地，所谓“交涵于聚”；涵摄之中亦有间断和区别，所谓“有间于中”。其三，论述“知”的来源与功能——“形神物三相遇”和“以知知性”。形作为人之身是性的承托之地，神作为人之心是性的密藏之所。心虚灵不昧，可与物相遇，感物而通，具有神的特征，于此呈现了心、性、形之结构关系，人是三者的混合体。心是承载性的寓所，性函于心，但性不仅为心之原，而且亦是知之根源。性先于心，直承天命流行而来并统合天的健顺之实性与五行之秀气，实为人之秉彝。这里的性具有体之内涵，即船山所谓的“其自为体”和“秉彝”，所以“性”可以理解为是人的全副存在、人的各种性质的统合体，是人

---

① 《张载集》，北京：中华书局，1978 年，第 9 页。

② 王夫之：《张子正蒙注》，《船山全书》第 12 册，长沙：岳麓书社，2011 年，第 33 页。

的肉体、精神的全部功能、全部获得，可以伸展、拓殖出人的精神生活的各个方面。性可以绎出知、推论出知，也即性涵摄知，把知作为自身的生成物和对象。[①] 在作于中年时期的《读四书大全说》中，船山已说：

> 盖曰“心统性情”者，自其所含之原而言之也，乃性之凝也。其形见则身也，其密藏则心也。是心虽统性，而其自为体也。则性之所生，与五官百骸并生而为之君主，常在人胸臆之中，而有为者则据之以为志。[②]

此与上文《张子正蒙注》中的观点一致，即以“性”为“体”。虽与身俱生，但性可以主宰“身”之“五官百骸”，这区别于以“心”为身之主宰。“心”从本源上讲是天道流行中气之凝结而来的，可称为“性”之凝聚活动。人已生成之后，性隐藏于或显发于心，可以说“心统性”。心又统情，体现为对意(情)呈现为主宰和制约作用：“心之原，固统乎性而为性之所凝，乃此心所取正之则。而此心既立，则一触即知，效用无穷……当其发为意而恒为之主，则以其正者为诚之则。”[③] 心能主乎视听言动，唯其有志；志则源于性而显发于心中。由“性发知道”可知，性亦有发与未发之分，此亦不同于前儒以发与未发论情。心统情之统主要为主宰义，而心统性之统主要为包涵义。船山着眼于心与性在人之生活中的作用来区分之，强调“性”作为“心”的主宰为“此心所取正之则”。船山意在强调人应该挺立性体、以性做主，使性显发、畅达于心，让性去统御和范导灵明驰骛之心。可以说性实心虚，心是性的

---

① 参见张学智《王夫之的格物知性与由性生知》，《北京大学学报(哲学社会科学版)》2003 年第 3 期。

② 《读四书大全说》，《船山全书》第 6 册，第 400—401 页。

③ 《读四书大全说》，《船山全书》第 6 册，第 401 页。

灵处，而“心”驰骛不定、应感不息、逐物而动、思虑营为。“心者，万感之主，贞淫判于一念之应。”① 他说：“心原是不恒底，有恒性而后有恒心。”② 这里的性是一价值目标和意义结构，可以占据心、规范心、带动心趋赴价值目标。

知作为人之明觉具有能动性，故可把性作为知觉对象进而涵摄性。知的类型从来源上说主要分为后天的经验之知和先天的本体之知；从方法说主要分为理智之知和直觉之知；体现在认识对象上可分为“知物”与“知性”。对作为价值追求者的人类而言，心最主要的功能是知性而不是知物。船山把理智知物作为直观知性的中介和手段，而目的则能动地寻求手段并把它作为自身的一个环节。故船山此处只说“以知知性”而未言“知物”。心固然是性情相互交涉之地，也是性与知相互作用之所。从本质上言，“由性生知”的根据乃在于道生万物，知作为一种人类现象是万象之一种。天道变化、天命流行、性命一体，其“凝于形气”者谓之性，因为一气相通，万物一体，所以可知“百行之理”。

如果说“本体之知”涵括二义：(一)由“本体”先天地赋予每个个体的知识；(二)作为个体的人去认识本体而来的知识形态，那么，“由性生知”属于前者，而“以知知性”属于后者。这也对应于船山通过顺逆两个序列的模画而开显的天人关系。从天到人之“顺”序为：天—道—性—知(心)；从人到天之“逆”序为：心—性—道—天。天生人，乃自然之事，故顺；人事天，需要人的逆觉体证和配合，故逆。此“顺逆”之序的展开是同时进行的同一个整体行为的两个方面，是天人相互作用和道体展开的方式。“性”不是一个静态的实体，它虽敛于一人、一物之中，然而有“命”作为根底。性不是一受成型而不易，而是日受、日生、日成。“性”在现实层面虽“实有”，但从逻辑上说

① 《周易内传》，《船山全书》第1册，第280页。

② 《读四书大全说》，《船山全书》第6册，第1106页。

这种“实有”是被动的、隐藏的，未被“心”发觉，也不能对治和范导因受物欲牵引和熏染而带来的“心”之昏昧、放纵与偏佞。性体的开显恰恰需要心灵的道德修养及格物实践，故船山提出“以知知性”并“以心尽性”，要旨在挺立性体，发挥其帅气正心的引领作用。相比于圣人之性，每个普通人所具之“性”只是一种形而上的抽象的潜存，只有实做功夫才能把它从理想变成实存、从抽象变成现实。功夫做一分，性便实现一分。由此可以言“心生性”或“性日生日成”。这里的“性”主要不是天人“顺序”中秉承于天的被动的、客观的性，而是“逆序”中带有人的心意、能动性和目的性的性。

上述“性”之二义是相互作用的整体，在天人关系中展开、生成。性的被动性、客观性呈现了天生成人的事实层面；性的能动性和目的性体现了以人合天的价值层面。这正是“本体之知”的两个维度。本体之知并非只具有狭义道德层面上的价值论内涵。从“知”的本质出发，它首先面对的是事实世界和本体的真的维度，其目标在于从“实际”走向“真际”。而且认识论与本体论一样既求真也求善或意义。问题在于：本体是什么以及它是否可以作为认识客体而存在？作为认识主体的人所具备的认识能力何在？究竟在何种意义上理解主体与客体的关系，这是本体之知得以成立的前提。循此理论认识可以说船山认为本体是可知的，又是不可尽知的。此或有以下解释维度，笔者此处结合其论述略论之：

（一）人可以“知性”并不意味着人可以“知天”。性、天固然为一动态的整体，但天为性之源，广义之天作为一切事物产生的根源方为本体。船山区别出“天之天”和“人之天”，虽然人道之中有天道，或言人道即天道，但天人有分：“人以天之理为理，而天非以人之理为理也。”① 船山又区分生知和学知，后天之学是通达性知的途径。“生知”

① 《周易外传》，《船山全书》第1册，第1096页。

只是在天资上优于学知，圣凡只在知的先后、难易、速迟和内容上有差别。“以人知天”从本质上说只是人的测度、量化行为，具有“如人饮水冷暖自知”“仁者乐山智者乐水”的特点。(二)人在理论上可以知天道并不意味着在现实上可以知天道。船山认为“圣非不可学而至”，人可以知性，而“德性者，天道也”，在天人一体这种意义上可说人能知天道，但这种“知”只是反思性的后知和理论之知，它代表着完满性的理想。现实中的道体具有无限性和变易性，而“耳目之限为幽明之隔，岂足以知大化之神乎？”① 神无方无体，“无先后者，天也。先后者，人之识力所据也……东西南北者，人识之以为向背也；今昔初终者，人循之以次见闻也”②。时空是人认识事物的理据，又是对人类认识的限制，而“天”在时空之中又非时空所能限。(三)对道体的认识是理知而非感知。知天道仅存于理性认识而非感性认识层面。“夫言道者而不穷以理，非知道者矣；言道者而用其耳目思虑以穷理于所穷，吾不敢以为知道者也。”③ 人心具有思维功能，故分类、归纳、演绎、辨析，以一御万。故本体之知是一种带有寓意、比喻和象征的理智活动，把本体比拟成一个动态的连续整体，进而运用语言进行思维、分析和言说。虽然道之无穷而知能有限，但人之认识可以“由浅向深、由偏向全、由生向熟”④。朱熹在格物说中指出的“一旦豁然贯通”似有顿悟之意。船山也说：“天下之物无涯，吾之格之也有涯；吾之所知者有量，而及其致之也不复拘于量。”⑤ 由此来看，关于本体的认知不是“量”的积累而是“质”的突破。

---

① 《周易外传》,《船山全书》第 1 册，第 1081 页。
② 《周易外传》,《船山全书》第 1 册，第 1078 页。
③ 《周易外传》,《船山全书》第 1 册，第 1074 页。
④ 《读四书大全说》,《船山全书》第 6 册，第 628 页。
⑤ 《读四书大全说》,《船山全书》第 6 册，第 405 页。

二、道因言生

离开语言的“知”难以想象。船山主要接续并通过传统的名实、言意之辩来分析语言的本质和功能，而其中的“实”与“意”虽不专指本体但也不外于并可指向本体。从存有形态看，“语言”存在于听、说、读、写之中，具有音、形、意三方面。从其起源和本质看，语言是在社会发展到一定阶段之后人类为了劳动和心意交流的需要而发明的符号系统，故具有社会性和公共性，因而可以“名”、文书、辞令、话语等形式存在。“名”（概念或称谓）是人对外界客观事物和人类精神活动（俱谓之“实”）的命名，是对心、物（事）等两类现象的反映和摹写。“名，自命者也。……名必有所受。子生三月，而父名之。父名子，人名万物虽曰自命，有名之者矣。”① 名是由人命名的，但指向“实”。实是被反映者，名是对实的反映。没有被反映者，也就无所谓名。故船山认为“名从实起”，“非天所有，名因人立。名非天造，必从其实”②。名是人的主观活动的“谓之”行为：“谓之云者，天、地、人亦皆人为之名，而无实不能有名。”③ 因此，名实相符、名实不爽是本然和应然的状态，故船山言“知其物乃知其名，知其名乃知其义”。他于此处强调了“实”的基础性，是知识的来源。知识就是人的认识能力与客观事物打交道的过程中产生的：“识知者，五常之性所与天下相通而起用者也。”④ 然而，“八佾舞于庭”“君不君”等名实乖离或不相称之现象不在少数，其因有自，故船山极力批判“知实而不知名”和“知名而不

① 《说文广义》，《船山全书》第 9 册，第 295 页。
② 《思问录》，《船山全书》第 12 册，第 448 页。
③ 《张子正蒙注》，《船山全书》第 12 册，第 274 页。
④ 《张子正蒙注》，《船山全书》第 12 册，第 18 页。

知实”两种倾向。

名言在一定程度上可以通乎道。名之“实”可为具体事物亦可为本体。在对本体的认识和言说中，存在一体多名、异名同谓的现象。“道”“天”等也可谓是一“物”，亦有一“名”。张载解释了天、道、性、心之“名”的内涵，船山对此说：“名者，言道者分析而名；言之各有所指，故一理而多为之名，其实一也。”① 因为人类不能见“本体”之全体，而是各有所见，各有侧重，故存在同实而异名的现象。虽然异名同谓，但“名”“各有所指”，故也不能混用。理学家已经指出这些概念之间的异同关系，如程明道言天：“其体则谓之易，其理则谓之道，其用则谓之神，其命于人则谓之性。”②

从船山“盈天地之间皆象”的观点看，语言的字形、声音都是一种特殊的象，而天下“无象外之道”。天下亦“无道外之物”，“物”有形有象、有文有质，形者质、象者文，“形则必成象”，而“象者象其形”。名因物起，故得物之象方可知其名。“见闻所得者象也，知其器、知其数，知其名尔。”③ 此“见闻”并非指具体可感的经验之物，也可指可以被观察的事迹和形象。张载认为“形而上者，得意斯得名，得名斯得象”④，此处强调“意”和“名”的重要性要大于“形和象”。“名”因圣人而起，因共同约定而成，故有独立的地位、价值、内涵和意义，不仅可以识别草木禽兽，更重要者在于彰显人道，特别是“仁义中正”之名。船山释之曰：“形之所从生与其所用，皆有理焉，仁义中正之化裁所生也。仁义中正，可心喻而为之名者也。得恻隐之意，则可自名为仁。”⑤ 仁义中正实为人间事为赖以生成的理据，此人道也。仁、

① 《张子正蒙注》，《船山全书》第 12 册，第 32 页。
② 《张栻集》下，长沙：岳麓书社，2017 年，第 767 页。
③ 《张子正蒙注》，《船山全书》第 12 册，第 145 页。
④ 《张载集》，第 15 页。
⑤ 《张子正蒙注》，《船山全书》第 12 册，第 74 页。

义虽是人类自命自名，但源于人有此意；而人有此意，则可以以之行事，进而成乎象。仁义之名一旦产生，会对人类行为产生巨大的反作用。“名之与实，形之与象，声之与响也。”[①] “名待实以彰，而实亦由名而义。”[②] “名”一旦确立或被授予，就会鼓励人按照“名”的标准和要求去“修其实以得其名”。“夫名者，在彼在此之无定者也。”[③] 他举例说，五代的王潮、王建等在做“君”之后能够实行“保民”之道，虽在为君之前无懿德，但应“存其美，略其慝”[④]。在名实统一、名可致实的意义上，船山又鼓励人们争名：“名者，天之经也，人之纪也，义夫志士所生死争焉者也。”[⑤] 与此相应，人们亦可以“以言起意”“以言行事”，所以船山强调名言的重要性：

> 若夫言以明象，相得以彰，以拟筌蹄，有相似者。而象所由得，言固未可忘已。……故言未可忘，而奚况于象？况乎言所自出，因体因气，因动因心，因物因理，道抑因言而生，则言、象、意、道固合而无畛。[⑥]

王弼认为象生于意，故象可以出(存)意，意以象尽，故尽意莫若象，可寻象以观意；言生于象，故言以明象，象以言著，故尽象莫若言，可寻言以观象。船山认为筌蹄与鱼兔在发生关联时与言、象、意之关系相似，未关联时二者各自为一物，但言、象、意却永远不可分离。“天下无象外之道”，因为“道”与“象”相与为一，二者“若耳目之于聪明

---

① 《尚书引义》，《船山全书》第 2 册，第 332 页。
② 《尚书引义》，《船山全书》第 2 册，第 405 页。
③ 《尚书引义》，《船山全书》第 2 册，第 332 页。
④ 《读通鉴论》，《船山全书》第 10 册，第 1050 页。
⑤ 《周易外传》，《船山全书》第 1 册，第 872 页。
⑥ 《周易外传》，《船山全书》第 1 册，第 1039—1040 页。

也”。船山掠过象、意，直言“言”“道”关系，认为“言”之生成就是“道”之表现，气化之“道”为“言”之本源。语言——其字形符号为一类“象”，且有其“意”，而其声音话语乃“气轧形”所为[①]——是人类用来开显道体的方式。“言以起意”表明人可以并能够为天地立心、参赞化育。船山曾说：“圣人之意，莫与绎之，将谁纪以别于异端?”[②] 他的“**道抑因言而生**”论强调的正是语言之大用：开显人道以辅相、成就并生成天道。

三、默识与直觉

“默识”主要通过觉解、会悟的方式来实现认知，在形式上并不通过语言来表达。“默”中也有认识的发生和知识的形态，其中的识、觉、悟都与知识发生紧密关联。近人有“默会知识”之说，又有“技艺之知”“能力之知”等难以言传的默会知识的分述。日常使用中的知与识之别或在于：知是更全面、彻底、系统、成熟的识，知是识的完成，识是知的初始。但在船山看来，“识”是一种更稳定、更恒久的“知”。知因物而起，物不在身边，心不在物，则知隐矣，故知是短暂的。识则是带有记忆的知，是在事物来临时回忆出来的存于心中的知。在释《诗经》之“不识不知，顺帝之则”时，船山说：“识者，恒也；知者，察也。恒者，道之纲纪；察者，道之昭著也。”[③] 物有物则，物则是物之则。天予人以识知之能而立则于识知之外，但“舍识知”帝则“蔑以顺”也，那么《诗经》又为何言不识不知呢？“曰为伐崇言也”，“为吉凶

① “声者，形气相轧而成。两气者，谷响雷声之类；两形者，桴鼓叩击之类；形轧气，羽扇敲矢之类；气轧形，人声笙簧之类。”(《张载集》，第 20 页)船山释曰：“触而相迫曰轧。”(《张子正蒙注》，第 109 页)

② 《周易外传》，《船山全书》第 1 册，第 1050 页。

③ 《诗广传》，《船山全书》第 3 册，第 449 页。

兴丧言也”。可见船山意识到语言的局限性并重视识知之能和默识道体。在释《尚书》之“克念作圣”时，船山说：“识也者，克念之实也。识之量，无多受而溢出之患，故日益以所亡，以充善之用而无不足；识之力，无经久而或渝之忧，故相守而不失。”他认为“相续之为念，能持之谓克，遽忘之谓罔，此圣狂之大界”。念可以把过去、未来汇聚于当下：“念者，反求而系于心，寻绎而不忘其故者也。”[①] 念能持存，能“存天地古今于我”与“存我于君民亲友”，故不同于意：“意者，心所偶发，执之则为成心矣。……意则因感而生，因见闻而执，同异攻取，不可恒。”[②] 知与识、意与念，二者之关系具有类似的理论结构。他视“念”与“识”为心灵的高级功能，可以“互明性体之大用”：“孟子说此一‘思’字，是千古未发之藏……念与识则是圣之事，思则是智之事。”[③]

知与觉同为心之大用，故船山常直接说“知觉者，人心也”。知与觉之意亦相近：“知者，仁所发见之觉也。”[④] 他常言知觉运动之心，以知觉为人心之显著特征，不可离开知觉去求心，此可于“见孺子入井之人”上发现：“其怵惕、恻隐之慄然动者，心之寓于觉者也。或寓于知，或寓于觉，或寓于运动，则亦相依为体而不能离。”[⑤] 他又区分了二者：“随见别白曰知，触心警悟曰觉。随见别白，则当然者可以名言矣。触心警悟，则所以然者微喻于己，即不能名言而已自了矣。知者，本末具鉴也。觉者，如痛痒之自省也。知或疏而觉则必亲，觉者隐而知则能显。”[⑥] 这里以能否名言、显与隐、亲与疏区分知与觉，“觉”是难以言

---

① 以上三则材料见《尚书引义》，《船山全书》第 2 册，第 388—391 页。
② 《张子正蒙注》，《船山全书》第 12 册，第 150 页。
③ 《读四书大全说》，《船山全书》第 6 册，第 1091 页。
④ 《张子正蒙注》，《船山全书》第 12 册，第 203 页。
⑤ 《读四书大全说》，《船山全书》第 6 册，第 1094 页。
⑥ 《读四书大全说》，《船山全书》第 6 册，第 449 页。

传的体知，亦可指“警悟”。但“警”与“隐”似是二义，无论是隐晦、模糊还是幡然醒悟皆称作“觉”。船山的“温凉，体之觉”“介然有知，欻然有觉”等显示了其特点。“觉”更具现代学者所言的“体知”“亲知”意味，这种知往往难以言传。如，厨师觉知火候大小之知，饮水知其冷暖之知，亦或本体之知。这种知不排斥理性却又异于理性。“觉”是一种复杂的人类认识活动，既可以与物相混——感官之能摄取外物而得的心象，如视觉、味觉等感觉；也可以在不凭借现实物的情况之下资借想象力和记忆来进行，这主要由心的功能而来，如觉悟、觉解一种事理等。“觉”之常被称为“直觉”乃在于它的直接性和快捷性。“觉”既可指感觉，觉具体事物；又可指直觉，觉德性和事理。牟宗三曾区分出感触的直觉和智的直觉，认为前者是认知的呈现原则，而后者是存有论的实现原则。①

“默”不仅是识知本体，而且可以通过行动彰显本体。船山指出，圣人未出，天理或本体自然流行，不待言而著；圣人出，见道之切、道之大，又见世人之乱道悖德，故知而言之。船山认为体认天德不当以言，天不言而成，无言而化；而圣人裁成辅相万物，笃恭而天下平。天行不言之教，故人需要法天而行。“天”周流六虚，如大德之川流，不舍昼夜；圣人生而知之，自强不息，如小德之敦化，敦厚天之化成，故能致中和以位天地、育万物。早期儒家已具有“不言之教”的特点。孔孟都指出天不言的特质，效法天道意味着通过行动而行教化之事。“天不言，以行与事示之而已矣。”（《孟子·万章上》）天以行动作为而存在。《中庸》末章要义在于提揭君子追求“不赏而民劝、不怒而民威于铁钺”和“笃恭而天下平”，达至此效果就须修无言之德，使其“暗然而日章”。换言之，君子能够做到“不动而敬、不言而信”主要在于以自身之德去感化

① 牟宗三：《智的直觉与中国哲学》，台北：台湾商务印书馆，1972年，第184页。

他人，这是可行的，“奏假无言，时靡有争”即是明证。所以船山说“知而言之以著其道，不如默成者之厚其德以敦化”①，又说：

> “不言而存诸心”，乃静存动察工夫，不因语显，不以默藏，与“不闻亦式，不谏亦入”一义，只在识不识上争生熟，不在默不默上争浅深。特以人于不默时有警，则易识；而方默亦识，乃以征存诸心者之无所间也。②

“存诸心”者何？一个不以人的意志为转移的恒常本体，此本体常寂常显，似乎是语言难以通达的极致。“存诸心”者，如孟子所言的“有诸己”一样，是上天赋予每个人的良性禀懿。天地日新，生生不已的世界带来的是“道”的“变动不居，周留六虚”和“物”的成、住、坏、空。此《周易》所言之神体也，“神无方而易无体”。人俯仰、涵化、浮沉于其中，没有一受成型而不易的定在。此处约有三义：本体是自在的存在，“不因语显，不以默藏”；本体可识，故其言“只在识不识上争生熟”，这种“识”只能属于本体之知而非通常的知识。佛教所谓的见量照成而来的知识不是儒家作为“默识心通”之对象的道体。其三，本体的存在及其认识是独立于语言之外的，它“森然于不睹不闻之中”，在默运中获得被人类认识的可能性，其前提是必须有“征存诸心者”以及心与本体的亲密“无间”。

四、结　语

船山的言道关系论是继承前儒思想的一个合乎逻辑的延展和综合。

---

① 《读四书大全说》，《船山全书》第 6 册，第 870 页。
② 《读四书大全说》，《船山全书》第 6 册，第 695 页。

无论对语言功用的重视、语言本质的思考，还是语言表达道体上的怀疑，在先儒那里均得以较为充分的表达。船山之学不过是儒家精神照彻下的综合众说之说，但它保持了高度的思辨性并在本体论视域中进行。孔孟都重视“知言”。孔子将“知言”与“知天命”“知礼”并论，其“知”显然不仅仅指面向个体的经验之知，而应如船山所言的“本末具鉴”之知。孟子把“知言”与“养气”看作自身值得自豪的能力。语言具有呈现人道之应对和开展方向的指示作用，故对道的开显具有直接意义。孔孟高度重视语言运用的时机与艺术，都视“默”为一种与“言”具有同样价值的行为方式，这是由“道”的时间性和“言”的目的性所决定的。孔孟都强调“道一”，且“道”就是事理和伦理的展开过程。宋明儒者明确提出了“道体”概念并强化“道统”意识。在体贴天理和言说天道的过程中，他们发现了“言”的局限性，但并未充分反思“言”的本质和言说“不可言说者”的合法性问题。明代中晚期的儒者深体致良知之意，转向对心性本体的深度体证之路。戒惧、慎独、知止、诚意、涵养成为心学功夫的大端，此在阳明后学中的表现尤为明显。虽然功夫无分于内外、动静，但其效验无疑最多体现在心灵之中，其过程和效果都具有难以言传的神秘主义特点。“言”的局限性成为一个显性问题。例如，顾炎武就感受到心学中的神秘成分对晚明的影响，抱怨他那个时代的学者沉迷于“无言”和“一贯之道”，不再关怀“夫子论学论政之大端”①。整体上看，先秦儒家的言道保持较为和谐的状态，即更多体现了二者之间的一体性和亲密性，体现出“以言明道”和“以言行道”上的信心；宋明时期则凸显了言道关系的紧张和不相称，对言以传道的局限性予以较多关注。综上，儒家对言道关系持一种

① “不习六艺之文，不考百王之典，不综当代之务，举夫子论学、论政之大端一切不问，而曰一贯，曰无言，以明心见性之空言代修己治人之实学。”（《日知录校注》，合肥：安徽大学出版社，2007 年，第 384 页）

谨慎乐观而又理性的态度，即认为语言不仅被创作出来用以再现和模拟道，而且经过人类努力，语言能够实现这一目的。语言是人类心智的反映，而人类的心智在本体上与道相一致。“言”是“道”的派生物，是“道”在人心的映现。“道”之神化的本性超越人的认识能力的界限。“言”只是人类认识能力和认识结果的载体。在某种意义上，语言也可以歪曲、遮蔽道，且与道存在较大的不对称性。

船山的言道关系论正是对儒家上述思想的拓展。激于时变与学风，船山对语言之功用、经验世界和历史文化予以更多重视，一反中晚明以来重心悟和谈玄论道的学术风气，强化了经(文)以载道、以言明道的传统观念。在注解经典中，船山强调了念、识和觉的重要性，其因或在于：“念”能够表达和承载其内心的历史意识和文化关怀；“觉”可以更有效、更清晰地传达出“心喻之知”的亲切性及心灵的特征。船山作为一个思想家首先面对时代问题而思，在继承过去的基础上面向未来而思，这就使得其认识论不能仅为纯粹的知性分解与理论建构而作，而要为其汲取文明精粹以存续文化之道统的价值追求和现实关怀而作。故船山强调了念念相续的文化记忆和历史源流意识。

(本文增订版即将刊于《齐鲁学刊》2023 年第 3 期)

王船山政治哲学的基调

谷继明*

一、近代以来的船山诠释脉络

清末人们对于船山学，特别是对其政治思想的理解，往往受到谭嗣同的影响。比如梁启超说："我读船山书，都是壮飞教我。"① 谭嗣同如是评价船山：

> 君统盛而唐、虞后无可观之政矣，孔教亡而三代下无可读之书矣！乃若区玉检于尘编，拾火齐于瓦砾，以冀万一有当于孔教者，则黄梨洲《明夷待访录》其庶几乎！其次，为王船山之遗书。皆于君民之际有隐恫焉。黄出于陆、王，陆、王将缵庄之仿佛。王出于周、张，周、张亦缀邹峄之坠绪。辄有一二闻于孔之徒，非偶然也。若夫与黄、王齐称，而名实相反、得失背驰者，则为顾炎武。顾出于程、朱，程、朱则荀之云礽也，君统而已，岂足骂哉！②

谭氏将船山的思想与黄宗羲《明夷待访录》并列，同时贬低顾炎武。他判断的标准即是民权思想。又如他谓："唐虞以后，无可观之政，三代

* 谷继明，1986年生，山东人，北京大学哲学博士，现为同济大学人文学院副教授，研究领域为易学哲学、宋明理学、经学史。

① 梁启超：《中国近三百年学术史》，上海：上海三联书店，2006年，第75页。

② 《仁学》卷下，《谭嗣同全集》，北京：生活·读书·新知三联书店，1954年，第56页。

以下，无可读之书。更以论国初三大儒，惟国初船山先生，纯是兴民权之微旨；次则黄梨洲《明夷待访录》亦具此义；顾亭林之学殆无足观。”①船山有哪些具体的批判君权、伸张民权的言论呢？谭嗣同并未加以指明或引用。根据其他学者的归纳，《黄书》《噩梦》《读通鉴论》等集中论述政治问题的书或有涉及疑似“民权”的段落。下面一段即常为人引用：

> 中国财足自亿也，兵足自强也，智足自名也。不以一人疑天下，不以天下私一人，休养厉精，土佻粟积，取威万方，濯秦愚，刷宋耻，此以保延千祀，博衣、弁带、仁育、义植之士甿，足以固其族而无忧矣。②

船山常批评“孤秦”“陋宋”，认为统治者私心太重，这与黄宗羲所谓君主将天下看作“莫大之产业”③ 的批评有相似之处。他反对“万方统于一人，利病定于一言”④ 的政治形态。这些批评君主专制的言论，在清季受到排满革命家的认同，且更为后来强调平等和民主的革命家所推崇。

与政治思想相关联的，是他的理欲观。比如船山曾说过：

> 礼虽纯为天理之节文，而必寓于人欲以见；饮食，货。男女，色。虽居静而为感通之则，然因乎变合以章其用。饮食变之用，男女合之用。唯然，故终不离人而别有天，礼，天道也，故中庸曰“不可以不知天”。终不离欲而别有理也。

① 《上欧阳中鹄》第二十二，《谭嗣同全集》，第464页。
② 《黄书》，《船山全书》第12册，长沙：岳麓书社，2011年，第519页。
③ 《明夷待访录》，《黄宗羲全集》第1册，杭州：浙江古籍出版社，2012年，第2页。
④ 《尚书引义》，《船山全书》第2册，长沙：岳麓书社，2011年，第401页。

船山反对将人类欲望加以否定并试图灭弃的做法，与此相应，政治安排应满足人民的合理欲望，保障民生。在此基础上，不少研究者将船山的这种理欲观与明后期以来的情欲解放运动联系在一起。在哲学史的构建中，船山常常被与戴震相提并论。然而，情况果真如此吗？

二、理的解构与絜矩之道：清代理欲观之基调

在哲学史的叙述中，明末以来思想界已经对宋明理学中天理人欲之辨厌倦乃至反动。在社会上，情欲解放运动风行一时；而在思想界，“理在欲中”等对于人欲正视甚至高扬的思潮也越来越盛。可以说，清代思想界的理欲观主要是对于欲的肯定，其中的代表是戴震。

戴震哲学在近代以来可谓之显学，我们此处不欲探究戴震的系统思想，只是考察一下他对于理学批评的思路，及其现实的政治指向。戴震批评理学家对于理的看法是“如有物焉，得于天而具于心”，然真正的理是寓于气之中，即寓于情之中而非独立的：

> 理也者，情之不爽失也；未有情不得而理得者也。天理云者，言乎自然之分理也。[①]

从本体的层面而言，戴震讲“理在气中”是要反对理的独立性和统一性。这与伦理层面的“理在情中”一致。这里的人情，是每一个人的人情，既包括在上者的人情，也包括贩夫走卒的人情：“心之所同然始谓之理。谓之义；则未至于同然，存乎其人之意见，非理也，非义也。凡一人以为然，天下万世皆曰‘是不可易也’，此之谓同然。”[②] 如果不能

---

① 《孟子字义疏证》，《戴震全集》第6册，合肥：黄山书社，2010年，第150页。

② 《孟子字义疏证》，《戴震全集》第6册，第151页。

达到同然，而是由某一精英或某类群体执持某一“理”来判事，后果是很严重的：

> 圣人之道，使天下无不达之情，求遂其欲而天下治。后儒不知情之至于纤微无憾是谓理；而其所谓理者，同于酷吏之所谓法。酷吏以法杀人，后儒以理杀人。浸浸乎舍法而论理。死矣，更无可救矣。①

批评宋明儒“以理杀人”，这指责可谓异常严厉，又如他说：

> 今之治人者，视古贤圣体民之情，遂民之欲，多出于鄙细隐曲，不措诸意，不足为怪；而及其责以理也，不难举旷世之高节，著于义而罪之。尊者以理责卑，长者以理责幼，贵者以理责贱，虽失，谓之顺；卑者、幼者、贱者以理争之，虽得，谓之逆。于是下之人不能以天下之同情、天下所同欲达之于上；上以理责其下，而在下之罪，人人不胜指数。人死于法，犹有怜之者；死于理，其谁怜之！②

戴震的批评可以归纳为几个要点：第一，不存在独立的、至高为一的理；第二，既然理在事中，是“分理”，则不应当具有宰制性、压迫性；第三，任何人都不能宣称自己独立获得了“全体大用”的理，并执持此理来压制别人。宣称自己获得整全之理的人，他获得的只是“意见”，所谓意见，就是师心自用塑造的话语霸权。在宋明理学那里，天理具有普遍性和必然性，因而理在展开自身的时候，就显示出“不得不然”的

---

① 《与某书》，《戴震全集》第6册，第479页。

② 《孟子字义疏证》，《戴震全集》第6册，第159页。

特色。戴震则认为，既然不存在这种“天理”，则理学家及信奉理学的人们在宣称“天理”的时候，只是假借这种普遍性和必然性来贯彻自己对他人的压迫和宰制。儒学是要维护共同体生活的，那么戴震将统一性的理消解掉之后，又如何保证共同体的统一性呢？他只好求诸“絜矩之道”：

> 凡有所施于人，反躬而静思之：“人以此施于我，能受之乎？”凡有所责于人，反躬而静思之：“人以此责于我，能尽之乎？”以我絜之人，则理明。天理云者，言乎自然之分理也；自然之分理，以我之情絜人之情，而无不得其平是也。[①]

戴震所解读的絜矩之道，是一种在平等基础上建立的交往与对话关系。可以说，对“絜矩”的重视，是清代思想的一个特色。对戴震的《孟子字义疏证》不以为然的钱大昕，在对“絜矩”的重视上亦与戴震一致：

> 予读《大学》书，与忠恕一以贯之之旨何其若合符节也。……天子修其身于上，庶人修其身于下，不敢尊己而卑人，不敢责人而宽己。不以己之所难者强诸人，不以己之所恶者加诸人。……絜矩之道，即修身之道也。由身推之而至于家，由家推之而至于国，由国推之而至于天下。吾道一以贯之而已矣，忠恕而已矣。[②]

钱大昕这种说法有现实指向，未必如牟润孙推测是批评乾隆皇帝以理学标榜却不能自我修身[③]，其实是针对当时的惨苛吏治。戴震对此感受尤

---

① 《孟子字义疏证》，《戴震全书》第6册，第150页。

② 《潜研堂文集》，《嘉定钱大昕全集》（增订本）第9册，南京：凤凰出版社，2016年，第45页。

③ 牟润孙：《注史斋丛稿》（增订本），北京：中华书局，2009年，第641—661页。

为强烈，他正是因为与宗族后辈发生纠纷而被司法机关迫害，不得已避走京师。[①] 在戴震的眼中，基层的宗族和政治势力压迫民众不但要绳之以酷法，还责之以“天理”。程瑶田维护程朱，对戴震有所批评，但也说：“人之言曰：‘天下止有一理。’余以为此亦一是非，彼亦一是非，乌在其一理也。各是其是，是人各有其理也。安见人之理必是，而我之理必非也？而于是乎必争。”[②] 戴震的弟子焦循更是引申其师说曰：“格物者，旁通情也。情与情相通，则自不争，所以使无讼者在此而已。听讼者以法，法愈密而争愈起，理愈明而讼愈烦。吾犹人也，谓理不足持也，法不足恃也。旁通以情，此格物之要也。”[③] 又说：“格物者，絜矩也。絜矩者，恕也。”[④] 可见絜矩是情的旁通，即忠恕之道，亦即人与人之间由对话建立的判断标准。另外，焦循精于易学，他对《周易》的解释，也以六十四卦之间的旁通、时行等关系来寄托社会中不同群体和阶层的絜矩、通情[⑤]。

清儒对于情的重视，对于理的反对，在明代不乏先声，其杰出的代表是李贽。李贽与清儒之间，似乎存在着某种思想上的关联，比如沟口雄三就曾指出“李卓吾的这一辨别，到了戴震才得以体系的展开”[⑥]。然而清儒对李贽是持批判态度的，他们的言论也有不同之处。李贽的学说是强调人人可以作圣，有现成的良知和现成的圣人；而清儒则恰恰强调人之不完满，强调不能躐等。它们又何以成为一致的呢？其实看似相

---

① 段玉裁《戴东原先生年谱》记载：“先生是年讼其族子豪者侵占祖坟，族豪倚财结交县令，令欲文致先生罪，乃脱身挟策入都，行李衣服无有也，寄旅于歙县会馆。饘粥或不继，而歌声出金石。”（见《戴震全书》第 7 册，第 146 页）

② 《让室卮言》，《程瑶田全集》第 1 册，合肥：黄山书社，2008 年，第 97—98 页。

③ 《焦循诗文集》，扬州：广陵书社，2009 年，第 170 页。

④ 《焦循诗文集》，第 162 页。

⑤ 陈居渊：《焦循儒学思想与易学研究》，济南：齐鲁书社，2000 年，第 192 页。

⑥ 沟口雄三：《中国前近代思想的演变》，索介然、龚颖译，北京：中华书局，1997 年，第 271 页。

反的言论背后，分享了一种与汉唐儒学乃至程朱理学完全不同的态度，即平等的诉求。阳明后学强调“满街都是圣人”，意味着将下层抬高到与圣人同一个层面上；而戴震反对宰制之理，则是把圣贤降低到与庶人同一个层面上。

汉唐儒学强调圣、贤、士、庶之间的等差和秩序；宋代理学兴起则是强调在不改变这种等差秩序的前提下，人们在各个等级之间的流动。正如周敦颐提出的“圣希天，贤希圣，士希贤”，士人可以凭借自己的努力，变化气质，涵养德性，从而达到不同的位阶。但到了阳明后学特别是泰州学派那里，圣贤士庶的等级和秩序本身已经被打破，庶人即现成的圣人，而不是说通过学习才能渐渐成就。戴震哲学则隐含了这样的想法：现实中的每一个人都有可错性，都不可能是全善的，因此谁也无法单独宣称自己拥有真理去压制其他人。人们对于事情的判断，是在交往的过程中产生的，这种交往又要建立在絜矩，亦即平等对话的基础上。由此可见，阳明后学与戴震哲学，一左一右，在消解古典等差结构的问题上达到了吊诡的统一。

三、生成与等差

如果我们将以上戴震等人的思路视作清代思想的基调，那么船山显然是与此格格不入的。近代以来的解释将船山放在这一脉络中，难免要对船山的说法进行糅斫。与戴震等相比，船山与理学家的思想更近一些。

船山对于太极图是非常重视的，尽管他的解读未必与朱子全然相同。比如《思问录·外篇》前几条皆是在讨论太极图。他是将太极与横渠的太虚相会通，指出“太极虽虚而理气充凝”[①]，也就是将太极看作

① 《思问录》，《船山全书》第12册，第430页。

理气的统一体。在《周易外传》中，船山还提出过“太极有于易以有易”[①] 的命题；张学智师精辟地指出，这受到了朱子理一分殊的影响。[②]这里的太极必然不会仅仅消解为“多”的条理而已。船山对于太极的强调，恰恰与戴震“发狂打破宋儒家中太极图”[③]、“自得之义理，非《西铭》、《太极》之义理也”[④] 形成鲜明对照。因为对太极的关注，其实就是对本体之“一”的重视。

当然，船山“理在气中”的说法及其相关联的性情论、理欲论，往往令人感觉与戴震相似。但这种相似只是表面的，需要我们仔细分辨。船山最核心的人性论学说，即“性日生日成”说。比如他说：

> 夫性者，生理也，日生则日成也。则夫天命者，岂但初生之顷命之哉！夫天之生物，其化不息，初生之顷，非无所命也。何以知其有所命？无所命，则仁、义、礼、智无其根也。幼而少，少而壮，壮而老，亦非无所命也。……形日以养，气日以滋，理日以成；方生而受之，一日生而一日受之。受之者有所自授，岂非天哉？故天日命于人，而人日受命于天。故曰：性者生也，日生而日成之也。[⑤]

其《读四书大全说》亦曰：

> 未死之前统谓之生，刻刻皆生气，刻刻皆生理；虽绵连不绝，不可为端，而细求其生，则无刻不有肇造之朕。若守定初生一日之

---

① 谷继明：《王船山〈周易外传〉笺疏》，上海：上海人民出版社，2016 年，第 225 页。
② 张学智：《明代哲学史》，北京：中国人民大学出版社，2012 年，第 545 页。
③ 段玉裁：《答程易田丈书》，《经韵楼集》，上海：上海古籍出版社，2008 年，第 184 页。
④ 《申戴》，《焦循诗文集》，第 125 页。
⑤ 《尚书引义》，《船山全书》第 2 册，第 299—300 页。

时刻，说此为生，说此为始，则一受之成型，而终古不易，以形言之，更不须养，以德言之，更不待修矣。①

船山不离开气而论性，气是日赋于人，人之性便日生而日成。易言之，人性呈现为一种动态的结构。这几段论述，对于了解中国哲学史的人来说算是“习闻之论”。但是我们需要进一步思考，其意义究竟在哪里呢？

程朱之人性论，如果不是一种性二元论，那至少也能说，他们是在两个角度来探究人性的。纯善之性是天命之性，是理；而后天的恶，则可归咎于气质。就至善之性而言，自途人以至于尧舜，是一样的；但因为气质之差异，现实中的人仍是有等差的。学者需要通过变化气质和明理，来逐渐达到圣人的境地。阳明学不赞同这种分说，一定要混而一之，即气言性，将理气心性贯通起来。阳明后学一方面同于程朱，认为天命之性是人人皆同的；另一方面又要即气言性，则气也是人人皆同的，于是便会得出“见在圣人”或“满街都是圣人”的结论来。

船山即气言性，这一点与阳明同；但是他立足于气，认为气是时时刻刻灌注与人的，那么人的性，因此也是动态的、生长的，这与朱子学和阳明学以本性为一的看法皆不同。阳明后学强调良知现成，强调“赤子之心”“童心”，这都是一种“本来面目”的思维方式。船山对孟子“赤子之心”的解读则引申了：大人固然不失赤子之心，但仅仅有赤子之心是不够的。他由此批评了两种错误的解释倾向：一是认为赤子之心就是圣人的全部，一是将赤子自然而言、不假安排的啼哭嬉笑看作是心。前者类似于老子说的“婴儿”，后者则是以情识和知觉运动来说心。这两者共同结合起来，走向了异端：“若认大人、赤子了无不同，则已早侵入异端界也”，“孟子说个‘赤子之心’，是从天道上见得，不容向

① 《读四书大全说》，《船山全书》第6册，第753页。

一啼、一笑讨消息”①。船山这里只是批评《大全》中朱子学者的解释，以及佛老，但他写作此段时脑海中肯定想着罗汝芳、李贽等人。

要言之，阳明学反对朱子学理气二分言性，但因为继承了程朱天地之性本一，故认为气也是一，取消了朱子学通过气质建立的现实中的等差。船山则认为气不断地灌注，性理也随着气而不断生长，从而成全了程朱理学所建立的等差。

需要注意的是，船山讲人性因气的灌注而呈现动态的发展，并不是说会有“恶气”存在，使得人性成为有善有恶者。生而为人的事实，已经决定每人所秉的气就是善的。只是这种善的气有生长的强弱、盛衰而已。他常说“气善则理善”，因此他即气言性，同时也即性言气，高扬气的善，把气的道德价值向上提升；与此相对，戴震即气言性，则从气与情欲相关联的结构中言性，是把性的道德要求向下降。在船山哲学中，人的气时时刻刻与太虚之气发生关联，他要时时刻刻为自己整全的人生负责，为整体的宇宙负责，努力增加太虚中的清气。这种“朝乾夕惕”的工夫，对于人们的道德要求其实是更高了。人不是仅仅知道某些道理就可以了，他还要在气上下工夫：一方面反复锻炼使之中正纯粹，一方面培育滋润使之盛大充沛。这使得船山的哲学与戴震等有根本不同，是故船山称得上明末至清代思想的异调。

四、教化与秩序

船山在清代的特异之处，不仅表现在基本的哲学义理上，还表现在他的问题意识和现实关怀上。因为对于人性差等还是平等的看法，与政治上的“教化”还是“絜矩”相关。

---

① 《读四书大全说》，《船山全书》第 4 册，第 1018—1019 页。

东原坚持理是条理、分理，反对理学家“如有物焉”的说法。但理学家所言之理并非如此浅薄。戴震强调“分”，理学家又何尝不知分理。程颐有“理一分殊”的说法，后来李延平教朱子时说：“吾儒之学，所以异于异端者，理一而分殊也。理不患其不一，所难者分殊耳。”① 可见程朱一脉对于分殊有着极为清醒的认识，只是这个分殊之理，要统一于太极之理。程子说：

> 《西铭》明理一而分殊，墨氏则二本而无分。（自注：老幼及人，理一也。爱无差等，本二也。）分殊之蔽，私胜而失仁；无分之罪，兼爱而无义。分立而推理一，以止私胜之流，仁之方也。无别而迷兼爱，至于无父之极，义之贼也。②

理一分殊表达了理学家的政治设计：“理一”的意义在于强调士人不断学习明彻先王之道，并且有整个天下乃至宇宙的政治担当和责任感；“分殊”的意义则在于警戒士人要安于自己的伦理角色和政治分位，不要躐等或僭越。对于一个处于较低官位或者没有官职的士人来说，他一方面在具体政治实践中不可做出僭越之事；另一方面则要有家国天下的责任感和不断学习圣人之道的努力。这是一个等差结构，而更直观地加以表达的，则是司马光的《体图》。他的这个图式，自王、公至士、庶人共十等，形成一个金字塔模式。司马光说：“一以治万，少以制众，其惟纲纪乎！”③ 保持这个金字塔统一的，是纲纪，亦即程子的“天理”。以此角度来审视，周敦颐的《太极图》及《太极图说》，也具有一种自上

---

① 赵师夏《跋延平答问》引朱子语，转引自王懋竑《朱熹年谱》，北京：中华书局，1998年，第15页。

② 《二程集》，北京：中华书局，2004年，第209页。

③ 司马光：《潜虚》，《四部丛刊》影宋本，第3页。

而下的政治义涵。从空间上来看，“无极而太极”居于最高位，其他的存在者都是太极的展开，居于下位。太极是统一之理，而人极之确立取决于圣人。不论周敦颐还是朱子，都会认为太极之理是真实而无妄的；而余英时将朱子的“无极而太极”比拟为政治中的虚君①，是缘于将民主政治的前见投射到宋代士大夫上，并不符合朱子本人的意思。也正是在这个角度上，戴震“发狂打破宋儒家中太极图”的意义才能被理解：对太极图的打破，其实是对于这样一个理一分殊之等差世界和共同体秩序的打破。

船山正是与宋代理学家站在一个立场上。在讨论《尚书》中“天”和“民”的关系时，他说：“盖天显于民，而民必依天以立命。合天人于一理。天者，理而已矣。有目而能视，有耳而能听，孰使之能然？天之理也。”② 他根据《尚书》中“天视自我民视”，指出既要重视民情、民意，又不能谄媚民意而违反天理。换句话说，民众的诉求有时并不正确，或者说是违背天理的，这时候圣王应该做的是“无违道以干百姓之誉”，即以天理化民。这与戴震把天理消解于民情之中，是根本不同的。在船山看来，民意有时候是很危险的：“忘大德，思小怨，一夫倡之，万人和之，不崇朝而喧阗流沔，溢于四海，旦喜夕怒，莫能诘其所终。若此者，非奉天以观民，孰与定其权衡，而可惟流风之披靡以诡随哉？”③ 在信息传播和人际交往日益便捷的社会里，各种话题和热点极容易被制造出来，引诱民意的沸腾和欲望的肆虐，而且一部分士子还热衷于从事这项事业。明末各种邸报的盛行、宫廷实录的公开和传抄、出版的繁盛、香艳书籍的风行等，与当时各种形式的群体性事件呈现出很大的关联。陈宝良指出：“明末的新社会风尚，是一种秩序变动，其根

① 余英时：《宋明理学与政治文化》，长春：吉林出版集团，2008 年，第 155 页。
② 《尚书引义》，《船山全书》第 2 册，第 328 页。
③ 《尚书引义》，《船山全书》第 2 册，第 330 页。

本点理应着力于商业繁荣以后的诸多商业化倾向，但也不能不注意自王阳明崛起以后在意识形态领域产生的巨大震动，以及由此而对人们生活观念变化的影响，乃至对整个社会生活领域所产生的冲击。”①

同样地，在对待理欲问题上，船山与清代许多思想家也十分不同，《思问录》说：

> 所欲与聚，所恶勿施，然匹夫匹妇，欲速见小，习气之所流，类于公好公恶而非其实，正于君子而裁成之。非王者起，必世而仁，习气所扇，天下贸贸然胥欲而胥恶之，如暴潦之横集，不待具归壑而与俱泛滥；迷复之凶，其可长乎？是故有公理，无公欲；公欲者，习气之妄也。不择于此，则胡广、谯周、冯道，亦顺一时之人情，将有谓其因时顺民如李贽者矣；酷矣哉！②

所谓“公欲”，即“众人所欲求者”。但因为人性是动态发展的，亦即有差等的，许多人在成长的过程中并不能贞定自己的性，反而为习气所煽动。这样一类人所欲求的，未必就符合大理。公理上同天理，而公欲则下流为放肆狂乱。船山又说：

> 有公理，无公欲。私欲净尽，天理流行，则公矣。天下之理得，则可以给天下之欲矣。以其欲而公诸人，未有能公者也。即或能之，所谓违道以干百姓之誉也，无所往而不称愿人也。③

船山此处讲得更清楚，而且他反对公欲，恰恰与我们上面所引的他对于

① 陈宝良：《明代社会生活史》，北京：中国社会科学出版社，2004 年，第 662 页。
② 《思问录》，《船山全书》第 12 册，第 428 页。
③ 《思问录》，《船山全书》第 12 册，第 328 页。

《尚书》“违道以干百姓之誉”的批评相互发明。以每个个体的平等为基础，通过选票、“公投”建立的社会，往往会产生很多“违道以干百姓之誉”的政客，这种人为了赢得民意和选票，不惜以空言欺骗民众，放弃对于善和正义的追求，故船山称之为“愿人”，亦即乡愿之人。需要辨析的是，在其他的语境中，船山也有过肯定“公欲”的说法，比如他说：“天下之公欲，即理也；人人之独得，即公也。道本可达，故无所不可，达之于天下。”① 但我们需要注意，这里的语境是君主“好货”“好色”之欲，船山之意在于这个“欲”若要合于天理，必然是能“达”之于天下的欲。这就不仅是以欲规定理，而且以理来规定欲。易言之，当船山肯定公欲的时候，他指的是所有人之人性中固有之合理倾向的欲；他所反对的“公欲”，则是现实状态中、具体某一情境下，每个个体或一部分个体共同表达出的欲求和意见。

当李贽、黄宗羲、顾炎武、戴震等纷纷适应“近世化”而渐渐向大众和个体一边靠拢的时候，船山却站在精英士大夫一边思考，不免显得“反动”。就这个问题来说，嵇文甫、蔡尚思等先生的眼光十分犀利，没有强把船山等同于梨洲、戴震等人。嵇文甫曾注意到船山与黄梨洲同为“启蒙思想家”，但“在对于群众性政治运动的看法上颇有些歧异。梨洲热烈赞扬某些群众性和党派性的政治斗争，而船山则持否定的或批判的态度”②。蔡尚思则指出“船山浓厚的以三纲为中心的礼教思想”③。老前辈实事求是的态度十分可贵，尽管他们基本是从否定的方面来看待这个问题。更具体地考察船山与梨洲等人的不同，我们可以更清楚了解船山此种观点的问题意识所在。比如同样将明亡之祸归于阳明后学，梨

① 《张子正蒙注》，《船山全书》第12册，第191页。

② 嵇文甫：《论王船山与黄梨洲政治思想中的一个歧异点》，见《王船山学术讨论集》，北京：中华书局，1965年，第457页。

③ 蔡尚思：《王船山思想体系》，长沙：湖南人民出版社，1985年，第27页。

洲、亭林主要指责他们不学无术、空疏无实，导致国家衰微；船山所反对的，是阳明后学陷入猖狂妄行之后，带来的纲纪陵迟、上下之别泯灭，要言之即共同体的败坏。明朝之亡，先亡于李自成、张献忠之乱，后亡于清兵入关。在船山看来，李自成、张献忠是“犯上作乱”。这种乱局，一方面是由于统治者不注重保障民生、满足人民的基本欲求；另一方面，则是阳明后学风行之后，对于等级之分所带来的破坏力，使得犯上作乱成为一种极易被鼓动起来的事。只有从这个角度，我们才能真正理解船山为什么一方面重视民之所欲，谴责忽视人民欲求的苛政，一方面却仍不赞同人民自作主张，斥责躐等。

船山所理解的儒学是这样的一种政治学：君主的权力虽然要受到限制，但却不能无限制向下开放，以至于人人都可以议政；政治、教化的主体，应当是贤良士大夫。船山憎恶的主要有这几类群体：党争、农民起义(“大盗”)、异族。显然，在他的眼里，儒学要维护共同体的秩序，以走向善治，而非鼓励“犯上”和“作乱”。他解释“民可使由之，不可使知之”曰：

> 天之生人也同，而人之习以成性者异。夫既为民矣，其父兄之所率，乡党之所狎，知有饱暖逸居而已。进之孝友姻睦，尊君亲上，免于淫辟而止耳。为之禁其作，定其分，行乎不得不然之途，所可以贵治贱，以贤治不肖，而使之由者也。若其所以然者，君之何以尊，父之何以亲……而欲使知之，必不可也。先知先觉者显其用于德行，则亦足以导天下于中正和平之中，而风俗美矣。①

他的思考是符合古代儒家的，包括被认为最能弘扬人之主体性的孟子。

---

① 《四书训义》,《船山全书》第 7 册，第 541 页。

“先觉觉后觉”的思路决定了此种政治理论的基本结构。也正是基于古代儒学义理和现实问题的考虑，船山批评躐等之学：“后世有异端者，欲以性命之理遍喻愚贱，非贬道以殉俗，则立意以惊众。言之谆下，及于猥琐，适足以生君子之厌恶而惑小人之狂迷。”[①] 这里的“异端”不仅仅指佛道，更指向了阳明后学。正如我们前面提到的，船山的这个批评不仅仅是从抽象、形上层面出发，而且更是为了探究明代后期社会秩序崩溃的原因，以期重建皇极。皇极者，大中至正之道也。

① 《四书训义》，《船山全书》第 7 册，第 542 页。

王夫之《张子正蒙注》中的“几”概念

马天威*

“几”是王夫之哲学中的一个关键概念。在哲学史的视野下，《易传》中的“几”脱离于早期的日常语义，上升为哲学概念；宋明理学中周敦颐以“诚、神、几”并称，拓宽其哲学意蕴；张载同样发挥“几”的意义，展现北宋易学风貌。其后，研几之学与明代心学运动相结合，在心性论的纵深上蔚为大观。[①] 王夫之论“几”在此基础上，极大加强其哲学深度，成为又一个里程碑。[②]《张子正蒙注》继承张载“太虚即气”的宇宙观，但在哲学上仍以船山独有的易学本体论为骨架，对张子气论颇多转进发明，呈现出广大深闳的思想图景。“几”概念处于船山哲学的关键节点，贯穿于本体论和气化宇宙论两种思想模式之间，涵盖纯粹思辨的本体论、以气论为基础的自然哲学和精神修养的心性论等领域。研究“几”概念，是透视船山哲学体系的一次有益尝试。

---

* 马天威，北京大学哲学系中国哲学专业19级博士研究生。本文系北京大学大成国学研究生奖学金资助项目，编号：DC202109。

① 陈畅：《宋明理学中的研几义蕴——以朱子、白沙、阳明后学、蕺山为线索》，《思想与文化》2014年第1期，第114—135页。

② 徐荪铭：《王夫之论“几”》，《船山学报》1984年第1期，第47页。

一、太和本体必有之几

《易传》中“几”意指“动之微，吉之先见者”[①]，即事物运动变化的微小征兆。圣人能够敏锐捕捉到几微的苗头，在事情显著之先判断吉凶祸福，做出积极的行动。在时空中事物的前后联系可以通过“几”得以探知，故称“知几其神”；几也是把握宇宙运行和万民之志的关键门径，故《周易》为圣人极深而研几之经典。张载《正蒙》的气论哲学以易学为经典根基，其中几的意义基本延续《易传》的解释。王夫之阐扬易学本体论结构，并将此作为注释《正蒙》的哲学基础，在解释学意义上，《张子正蒙注》可以视为船山易学与张载气学的视域融合，两种哲学结构的交锋造就了该书思想的广阔与复杂。把握船山几的独创性，首先要从其哲学的整体结构入手。

对《正蒙》首章的注释，王夫之即勾勒出其哲学的大体结构。

> 太和，和之至也。道者，天地人物之通理，即所谓太极也。阴阳异撰，而其絪缊于太虚之中，合同而不相悖害，浑沦无间，和之至矣。未有形器之先，本无不和，既有形器之后，其和不失，故曰太和。[②]

在张载哲学中，道主要指气的运行变化，太和是气运行所呈现出来的至高的和谐状态，不是抽象的本体论概念。王夫之的解释则发挥其哲学创造性，并非依从张子本义。其一，王夫之建立起太和本体与气化世界的

---

① 李鼎祚：《周易集解》，北京：中华书局，2016 年，第 472 页。
② 王夫之：《张子正蒙注》，北京：中华书局，1975 年，第 1 页。

“太和—虚气结构”。太和与道都指本体，“太和”即至高的和谐，“太”意味着这种和谐状态不是属于一般具体事物的和局部的，而是总体性的和根本性的。太和本体意味着一切虚与气运行的秩序和法则的总根据。王夫之明确指出，太和—虚气的本体论结构渊源于其易学的“太极”概念，太和就是太极。在船山易学中，“太极之有是本体的有，不是生成的有”[①]。太极本体指纯粹的存在，而且这种“有”不是具体事物的简单加总，或某种外在于事物的生成性力量，而是超脱时空的永恒本体。与之相对的形器世界，也就是《正蒙》中太虚与气的世界，处于时间与空间之中。“太和—虚气结构”是一种典型的体用结构，即太极、太和、道为体，形器、气为用。其二，太和与具体事物在思想结构中的区分，并不等同于两者处于截然的两世界。太和本体并不是没有内容的空无，而是具体事物运行的内在必然性。体内在于用，用表现出体，二者不能割裂。体用都是“有”，都是表示存在、实有的概念，太和是存在的基本状态，内在于时空中的一切存在。存在物有两种状态，一种是成型的存在物，由阴阳共同形成，因此不离于太和；一种是尚未成型时的存在物，是隐微状态的“有”，并不是纯粹的空无，太和依然起作用。其三，若进一步追问本体何以是内在必然性的根据，其原因在于太和由阴、阳两类“元状态”共同作用构成，阴阳必然相互作用呈现最高和谐，即太和本体。也就是说，阴阳并不是外在于甚至低于本体的，而是就在本体之中。反之，如果本体是外在于阴阳的更高者，就成了毫无内容的空概念，容易流入佛教虚空本性的理论中。因此从太和到虚气，是内在阴阳作用的和谐状态发显出来，并在具体的事物中起作用的过程。王夫之在本体内部、体用之间对“几”的意义都予以深化。

首先，“必有之几”表示太和本体内在蕴含的运动变化的必然性。

---

① 张学智：《明代哲学史》，北京：中国人民大学出版社，2012 年，第 543 页。

> 涵，如水中涵影之象；中涵者其体，是生者其用也。轻者浮，重者沉，亲上者升，亲下者降，动而趋行者动，动而赴止者静，皆阴阳和合之气所必有之几，而成乎情之固然，犹人之有性也。细缊，太和未分之本然；相荡，其必然之理势。胜负，因其分数之多寡，乘乎时位，一盈一虚也。胜则伸，负则屈；胜负屈伸，衰王死生之成象，其始则动之几也。此言天地人物消长死生自然之数，皆太和必有之几。①

阴阳两种状态相互作用表现出来的至高和谐即太和本体，因此太和本身必然是运动的根据，这就是“必有之几”。必有之几不是具体运动，毋宁说是一种“运动性”，即运动之所以运动、生成之所以生成的本质。“必有”指这种内在本质的内在必然性，“健顺合而太和，其几必动”。与传统易学对几概念的理解相比，王夫之的“几”概念从一般宇宙论的时空架构中，被提高到本体的地位。本体不是现成的、固定不动的大全，而是内在包含着运动的根源，赋予发展变化、生成创造的功能以根本地位。

其次，本体之“几”的根源就在于阴阳的相互作用。阴阳是两种纯粹的“元状态”，两者必然发生交互作用，成为一切运动的内在原因。这样就在本体意义上保证了世界必然运动不息、生生不已。“王船山对于气之本体，没有接受张载的主张，不以太和或太虚为不分阴阳之气，而主张太虚为阴阳未显之气，太虚之气已经为阴阳之气，但还没有显明，还是隐藏。”②

---

① 王夫之：《张子正蒙注》，第1—2页。

② 罗光：《王船山形上学思想》，《罗光全书》册十八之一，台北：台湾学生书局，1996年，第135页。

一嘘一吸，一舒一敛，升降离合于太虚之中，乃阴阳必有之几。[①]

相反相仇则恶，和而解则爱。阴阳异用，恶不容已；阴得阳，阳得阴，乃遂其化，爱不容已；太虚一实之气所必有之几也。[②]

王夫之指出“几者，动静必然之介，伸必有屈，屈所以伸，动静之理然也”[③]。几就是阴阳动静两种元状态的相互作用的微妙端倪。阳的状态向外蓬勃而舒展，阴的状态向内收敛而聚集，两者交互作用之几就是运动的根源。

最后，必有之几与船山易学中的“乾坤并建”相一致。

盖阴阳者气之二体，动静者气之二几，体同而用异则相感而动，动而成象则静，动静之几，聚散、出入、形不形之从来也。易之为道，乾、坤而已，乾六阳以成健，坤六阴以成顺，而阴阳相摩，则生六子以生五十六卦，皆动之不容已者，或聚或散，或出或入，错综变化，要以动静夫阴阳。而阴阳一太极之实体，唯其富有充满于虚空，故变化日新，而六十四卦之吉凶大业生焉。阴阳之消长隐见不可测，而天地人物屈伸往来之故尽于此。知此者，尽易之蕴矣。[④]

船山易学“以全易言之，乾坤并建以为体，六十二卦皆其用”[⑤]，乾坤两卦的共同作用是构成世间一切状态的基始。在船山易学中，乾坤两卦

① 王夫之：《张子正蒙注》，第19页。
② 王夫之：《张子正蒙注》，第25页。
③ 王夫之：《张子正蒙注》，第185页。
④ 王夫之：《张子正蒙注》，第9页。
⑤ 《周易内传》，《船山全书》第1册，长沙：岳麓书社，2011年，第607页。

并非与其他六十二卦并列，而是两种根源性的纯粹状态，一切其他状态都是根据乾坤的互动而来，乾坤并建之体在其他六十二卦的解释中始终起作用。需要注意的是，这种源始和统领关系不是纯乾纯坤简单加总之后的结果，而是乾坤共同组成的总关系在起作用。“乾与坤同时生成，并体而立，阳不孤阳，阴必与之同时而立；阴不孤阴，阳必与之同时而在。阴阳为一体之两面，两面成此一体。”①

以易学本体论统合张载的宇宙观存在的理论困境如何处理太虚和太和的关系？王夫之的策略是将太虚视为一种特殊的气，仍在太和“必有之几”的统摄之下。

> 虚空者，气之量；气弥沦无涯而希微不形，则人见虚空而不见气。凡虚空皆气也，聚则显，显则人谓之有，散则隐，隐则人谓之无。神化者，气之聚散不测之妙，然而有迹可见；性命者，气之健顺有常之理，主持神化而寓于神化之中，无迹可见。若其实，则理在气中，气无非理，气在空中，空无非气，通一而无二者也。其聚而出为人物则形，散而入于太虚则不形，抑必有所从来。②

尽管太虚能充分表现太和的氤氲状态，但是两者并非等量齐观的概念。太虚首先是一种特殊的气，虽然无形无状，不能被耳目闻见所把握，却也是真实的存在，即“虚空皆气也”。太虚凝聚为气，气散返归太虚，二者相互转化，都属于太和的作用与表现。自此易学的体用论与《正蒙》的虚气宇宙观有力地打并为一，太和—虚气结构成为王夫之哲学的核心结构。

---

① 张学智：《王夫之“乾坤并建”的诠释面向——以〈周易外传〉为中心》，《复旦学报(社会科学版)》2012 年第 4 期，第 23 页。

② 王夫之：《张子正蒙注》，第 8—9 页。

二、太虚与气的动几与初几

太和本体之几一定呈现在万事万变之中，成为太虚与气运行动力的根据。本体构成运动的内在必然性，称为“必有之几”；而在时空中的事物，有开端、有终结，有隐藏、有显明，每一个阶段的运动都有转化的关键节点，这些关键点也称为“几”。

> 至虚之中，阴阳之撰具焉，絪缊不息，必无止机。故一物去而一物生，一事已而一事兴，一念息而一念起，以生生无穷，而尽天下之理，皆太虚之和气必动之几也。①
>
> 是皆物感之良能，人皆习之而不察者尔。不感则寂，感则鸣，本有可鸣之理，待动而应之必速。良能，自然之动几也。②

因为太和本体的阴阳交互，才能有永恒不已的运动。在太虚之中，这种阴阳作用不明显，称为絪缊；在气化世界，阴阳的作用显化出来，表现为气的运动不已，生生无穷。时空之中的运动之几有时称为“动几”，在事物发生之初则称为“初几”。

首先，《张子正蒙注》继承《易传》“几”的基础意义，指出“几者，动之微，微者必著”③。几就是事物运动变化所处的微小状态，但是这种状态并非无足轻重，而是蕴含着成为显著趋势的根由。由太和本体必有之几而产生的运动，内在于气化世界中，必然表现为事物的运动变化。这种变化可以为人所察知，“察事物所以然之理，察之精而尽其变，

① 王夫之：《张子正蒙注》，第326页。
② 王夫之：《张子正蒙注》，第91页。
③ 王夫之：《张子正蒙注》，第72页。

此在事变未起之先，见几而决，故行焉而无不利”[①]。情势几微处极为隐晦难见，变化莫测倏忽而逝，学者需要通过深入研究，把握住性质变化的临界点，在事物显明之先做好积极的预备。一切运动之几都是本体的体现，故而动几实际上也与太和必有之几相贯通。因此对于具体事物动几的研究实际上也可以通达本体，可见王夫之的动几说对张载的气化论有所推进。

其次，“初几”是事物萌芽的微小状态。在理论结构上，初几处于本体与事物交汇的十字路口：“几”意味着与必有之几内在必然性的联系；而“初”意味着在运动必在时间之中。《张子正蒙注》首章，承接道与太和的本体论论述，紧接着就解释“其来也几微易简，其究也广大坚固”一句：

> 来，谓始动而化之初；究，谓已成形体也。几微，气之初动；易简者，唯阳健阴顺而已。广大，品物流形；坚固，体成而不易毁也。乾坤有体则必生用，用而还成其体。体静而用动，故曰“静极而动，动极而静”，动静无端。[②]

王夫之用“气之初动”来解释“几微”。从太虚到气的过程，是由隐含的太虚凝聚显现为气的过程。太虚转化为气，气消散回归太虚是自然而然的永恒运动。因此，“几微”就是气初出于太虚，事物性质刚刚显现，运动仅有萌芽的状态。初几最为纯粹地体现乾坤并建的太和本体，“唯阳健阴顺而已”。“初几”之“初”不是宇宙论模式下，从无到有的绝对开端。王夫之完全认同张载对纯粹虚空的批评，认为太虚与气都是实

---

① 王夫之：《张子正蒙注》，第 72 页。

② 王夫之：《张子正蒙注》，第 2 页。

有。事物有隐藏与显现、有内敛与发散，但是没有绝对意义的生灭，不存在“灭尽无余”的状态。这从根本上拒斥了有生于无的创世论，也杜绝了追问何者为太虚之初的永恒倒退。

最后，更为重要的是，没有绝对开端的宇宙也意味着气之初几注定从一开始就面对着复杂的既有世界。初几从本体禀赋的太和，其展开一定会受到特定时空环境的深刻影响；就人而言，秉承于太和的性也必然受到耳目攻取的遮蔽，太和与虚气两者存在一定张力。正是由于初几的复杂处境，才造成了实践性根源。

一方面，无论何种时境，内在的本体都一定发挥作用，这也是人道德判断和应事接物的根本指针。

> 乃所以为时者，喜怒、生杀、泰否、损益，皆阴阳之气一阖一辟之几也。以阴交阳，以阳济阴，以阴应阴，以阳应阳，以吾性之健顺应固有之阴阳，则出处、语默、刑赏、治教，道运于心，自感通于天下。①

在易学中所谓“时”即卦时，是每一卦所呈现的总体情境。把握某一具体爻辞要结合一卦整体六爻的关系，特别是相对应的爻位的阴阳爻的乘承比应关系。在船山易学乾坤并建的基本前提下，一切卦时实际上都是由阴阳之气相互作用所呈现，在不同时境下产生的喜怒、生杀、泰否、损益状态也都可以归本于太和本体。本体与时境的贯通带来了实践的根本标准，只有归本于本体之道，以此与万物感应联通，才是一切出处、语默、刑赏、治教恰当性的保证。

另一方面，微小的苗头也有可能因为气的攻取而偏离正途，走向伦

① 王夫之：《张子正蒙注》，第 64 页。

理上的恶，故而在初几之初必须进行严格的判断。

> 事物既至，则不但引我以欲者多端，且可托于义者不一。初心之发，善恶两端而已，于此分析不苟，则义明而不为非义所冒。①

王夫之在解释张子《正蒙》之起手处，即点明此书大义正是在初几时，使人能够得其本体之正。

> 谓之《正蒙》者，养蒙以圣功之正也。圣功久矣，大矣，而正之惟其始。蒙者，知之始也。孟子曰："始条理者，智之事也。"其始不正，未有能成章而达者也。②

在王夫之看来，《正蒙》一书的根本宗旨就是"养蒙以圣功之正也"。蒙以养正，出自《周易》蒙卦，此处指人生道德修养的初始必须端正，"圣功久矣，大矣，而正之惟其始"。一切圣贤功业的达成根本上都起始于端正"初几"。

自此，几结构性的关键作用得以揭示。其一，太和—虚气结构中，太和本体直接贯穿体用，体是乾坤并建的阴阳相互作用，用则是本体在太虚与气的运动中必然显现，故称"必有之几"。其二，虚与气的交互作用中的动几与初几，正是在具体事物中展现出来的本体。太和与虚气的张力，构成了实践性的深刻根源。其三，人的性—身心结构与太和—虚气结构相对应也由此得以揭示，几由此进入心性论和伦理学。

---

① 王夫之：《张子正蒙注》，第 71 页。
② 王夫之：《张子正蒙注》，第 1 页。

三、心几、善恶之几与存神知几

王夫之宇宙观与心性论两者贯通，本体论的落脚点正在于心灵的转化、性命的安顿与内在秩序的建立。太和—虚气的体用关系也体现在人的心性结构中，对应着心性论的“性—心身结构”。相应地，在心性论领域几的理论地位同样重要。

> 太虚者，阴阳之藏，健顺之德存焉；气化者，一阴一阳，动静之几，品汇之节具焉。秉太虚和气健顺相涵之实，而合五行之秀以成乎人之秉彝，此人之所以有性也。原于天而顺乎道，凝于形气，而五常百行之理无不可知，无不可能，于此言之则谓之性。人之有性，函之于心而感物以通，象著而数陈，名立而义起，习其故而心喻之，形也，神也，物也，三相遇而知觉乃发。故由性生知，以知知性，交涵于聚而有间之中，统于一心，由此言之则谓之心。顺而言之，则惟天有道，以道成性，性发知道；逆而推之，则以心尽性，以性合道，以道事天。惟其理本一原，故人心即天；而尽心知性，则存顺没宁，死而全归于太虚之本体，不以客感杂滞遗造化以疵类，圣学所以天人合一，而非异端之所可溷也。[①]

宇宙与人的对应关系有顺而言之和逆而推之两种思想进路。顺而言之，从宇宙造化生人的角度，太虚与气的流行运动造就了人的诞生，“一屈一伸，交相为感，人以之生，天地以之生人物而不息，此阴阳之动几也”。太和本体内在于虚与气，也必然内在于人，因此乾坤并建的太和

① 王夫之：《张子正蒙注》，第17—18页。

完整地构成了人的本质，即“性”。心由特殊的灵明精爽的气构成，具有感应万物的认知功能，这也是人的独特之处。心同样由气构成，故而同样涵具本体之性，故能与万物之阴阳相通，更重要的是心也能够反身性的认识本体自身。这就是“惟天有道，以道成性，性发知道”。逆而推之，则是从人反过来认识宇宙的角度，心能够感知外物和本体。如果能通过修养功夫，摒弃攻取之气带来的欲望纷扰，进而以纯净的心来把握和体证太和本体，就是尽性。内在于人的性和宇宙的本体二者本然同一，故而也就能内在地与道相合，在一切实践中保持至善。这就是“以心尽性，以性合道，以道事天。”总之，人如同一个具体而微的宇宙，人由太虚与气构成，太和是虚气的本体也必然是人的本性。

一方面，“人心即天”，心可以内在知道、尽性；另一方面心也隐含着被气的客感客形遮蔽而偏离本体的可能性，因此王夫之哲学修养功夫最核心的场域就在于心。心产生道德意识、进行道德判断的萌芽，称为“心几”“善恶之几”。心认知本体之道必由门径，这就要求发挥心的独特功能以“研几”“知几”。

其一，王夫之继承和改造周敦颐“几善恶”的观点，他指出人的善恶在于心最初感应事物而做出的判断。心的感应初始可以称为“心几”，因为这一判断直接关系到人的道德，也可以称为“善恶之几”。

> 乾道变化，各正性命，理气一源而各有所合于天，无非善也。而就一物言之，则不善者多矣，唯人则全具健顺五常之理。善者，人之独也。攻取之气，逐物而往，恒不知反。善反者，应物之感，不为物引以去，而敛之以体其湛一，则天理著矣。此操存舍亡之几也。①

① 王夫之：《张子正蒙注》，第106—107页。

絪缊之中，阴阳具足，而变易以出，万物并育于其中，不相肖而各成形色，随感而出，无能越此二端。人心万殊，操纵、取舍、爱恶、慈忍，一唯此阴阳之翕辟，顺其理则为圣，从其妄则为狂，圣狂之分，在心几变易之间，非形色之有善恶也。物之所以相感者，利用出入，莫知其乡，一万物之妙者与！[①]

宇宙与心性具有一贯性，心几在理论结构上与“初几”相当，处于善恶的十字路口。一方面，气之初几秉承的太和更加清晰明显，同样此时的心几也更有向善的动力。船山写道：

学圣之始功在于见几；盖几者，形未著，物欲未杂，思虑未分，乃天德之良所发见，唯神能见之，不倚于闻见也。[②]

几是形体尚未完全成熟的状态，心之几同样处于不纷扰的纯粹状态，本体的善性能够比较清晰地彰显出来。因此，王夫之哲学安顿人的身心性命的第一步就是见几，在初几时刻正本清源，直接体认本体。

另一方面，初几时刻依然隐含着为恶的隐患，因此需要严格审查心几的道德判断。太和本体是善的终极依据，就万物总体而言可以表现本体的最高和谐；但具体事物各自根据阴阳攻取之气，并不能完整表现本体，故而有善有恶；只有人能够全部禀赋乾健坤顺的本体太和，因此人性必善，所谓“学者近取而验吾心应感之端，决之于几微，善恶得失，判为两途，当无所疑矣”[③]。心有两个选择，一是上溯性体，与天相合，则可为圣；一是受到外物引逗，忘记自己健顺之性，则可为狂。简言

① 王夫之：《张子正蒙注》，第 27 页。
② 王夫之：《张子正蒙注》，第 72 页。
③ 王夫之：《张子正蒙注》，第 120 页。

之，心几秉承太和为善，失却本体即恶，心几的判断就是在这两条路上进行取舍，“善恶之几，决于一念”①。

> 性无不善，有纤芥之恶，则性即为蔽，故德之已盛，犹加察于几微；此虞书于精一执中之余，尤以无稽、弗询为戒，为邦于礼明乐备之后，必于郑声、佞人致谨也。心无过而身犹有之，则不能纯粹以精，以成乎性焉安焉之圣德也。②

圣人德盛仁熟能够充分发显性善本体，但是仍然需要谨慎审查初几，不能以纤毫恶念遮蔽善性。尽管在王夫之哲学结构中，性直接来自本体，气质严格意义上不能称之为性，但是他并非认为属于气质的部分必然是恶的根源。

> 爱恶之情无端而不暂息者，即太虚之气一动一静之几；物无不交，则情无不起，盖亦不疾而速，不行而至也。存神以合湛，则爱恶无非天理矣。③

王夫之并不认为气本身是人道德行为善恶的根据，关键在于心是不是能够在几微处发生转变：从闻见之知转变为对人与物背后本体的体知。七情本非心体知太和的心灵状态，但是因为其根源都在于虚与气，这两者本身并不是恶的根源，只有心完全沉溺于此才是恶。如果能够存神合湛，实现心的转化，那么七情同样可以是天理的体现。

其二，心的转化的关键就在于“存神知几”，这也是王夫之心性论

① 王夫之：《张子正蒙注》，第 267 页。
② 王夫之：《张子正蒙注》，第 114—115 页。
③ 王夫之：《张子正蒙注》，第 25 页。

最核心的部分。研几之学目标在“精义”“诚几”和“熟仁”，集中表达了王船山独立守正的哲学品格。[①]

> 存神以知几，德滋而熟，所用皆神，化物而不为物化，此作圣希天之实学也。几者，动之微；微者必著，故闻见之习俗一入于中以成乎私意，则欲利用安身而不可得，况望其德之滋乎！[②]

知几之“知”并非普通的认知，而是诉诸实践的体知。一般认知总是以耳目闻见之知为基础，加以思勉而成。但知几不是同样的认识方式，知几需要在实践中积累德性，君子存养成熟德性盛大，自然而然获得特殊的智慧。知几之“几”特重在动之微处察知本体必有之几。本体无形无象，并非能够用耳目把握的对象，而是内在于性的，因此需要特殊的认识能力去把握，这就是“神”，故必存神方能知几。

神不可致思，只能存神。所谓“神”一方面是太和本体细缊相荡所产生的神妙本性，这种本性在太虚中能够充分呈现，故可说是太虚之气的本性；另一方面因为与心灵的贯通，神也是感应本体的特殊认知能力。

> 心思之贞明贞观，即神之动几也，存之则神存矣。舍此而索之于虚无不测之中，役其神以从，妄矣。[③]

存神在于心灵的贞明、贞观。贞明、贞观出自《易传·系辞下》“天地

---

① 杨建祥：《船山“研几”之学的哲学品格》，《船山学刊》2007 年第 4 期，第 14—15 页。

② 王夫之：《张子正蒙注》，第 72 页。

③ 王夫之：《张子正蒙注》，第 73 页。

之道，贞观者也。日月之道，贞明者也”①。王夫之特别重视其中的“贞”，他指出“吉凶之胜，天地之观，日月之明，人事之动，皆趋时以效其变，而必以其至正而大常者为之本也”②。如果用来形容心思，则明、观可以指特殊的认知能力。换言之，贞明、贞观指的是由于心思守正而自然获得的实践智慧。“知微知彰，虚明而知几也”③ 这一过程即存神。耳目闻见的感官经验加之思辨而形成普通认知，实际上容易收到客感客形的牵引，不是贞明、贞观，并不能真正见几、知几。只有所存之神是内在于自身本性的，因此培养德性才是真正符合自身内在本性的真正主动性。

> 事理之宜吾心，有自然之则，大经素正，则一念初起，其为善恶吉凶，判然分为两途而无可疑，不待终日思索而可识矣。张子之言，神化尽矣，要归于一；而奉义为大正之经以贯乎事物，则又至严而至简。盖义之所自立，即健顺动止，阴阳必然之则；正其义则协乎神之理，凝神专气以守吾心之义，动存静养一于此，则存神以顺化，皆有实之可守，而知几合神，化无不顺。此正蒙要归之旨，所以与往圣合辙，而非贤知之过也。④

《张子正蒙注》以端正初几为始，以知几合神为终，“几”贯穿于王夫之哲学体用结构的关键处。王夫之哲学特重行动践履，回到实践是存神顺化、知几合神的最终依归。在实践中涵养德性，而又将这种源自本体的真正主动性运用于实践中，两个过程交互进展，君子的人格修养也日益

---

① 王夫之：《周易内传》，第 577 页。
② 王夫之：《周易内传》，第 577—578 页。
③ 王夫之：《张子正蒙注》，第 74 页。
④ 王夫之：《张子正蒙注》，第 76 页。

精纯。王夫之研几之学得以成立，有赖于其苦心孤诣建立起的哲学结构。一方面王夫之哲学思辨精深，体用结构纹丝不乱，毫无含糊不清之处；另一方面，天人、体用的层次关系在本体的内在联系下又能得以贯通，“几”正是理解其哲学结构的一把钥匙。今以表1来总结一下王夫之的“己”的哲学结构：

表1 王夫之的哲学结构

	宇宙观	易学	心性论	几(宇宙观)	几(心性论)
体	太和、道	乾坤并建	性	必有之几	存神知几
用	太虚与气	六十二卦	身与心	初几与动几	心几、善恶之几

近现代

身心内外：方位隐喻的中国意义

匡　钊*

身心问题向来被视为哲学研究的重要问题，且亦被作为凸显中西哲学间差异的重要话题，就其源流脉络，张学智师曾撰文《中国哲学中身心关系的几种形态》①，畅言现有研究思路及其得失。张学智师指出：“身心问题的解决有两个大的方向：生理-心理学的和哲学形上学的。只就哲学形上学的方向言，也有知识学的、道德-美学的以及统合这二者混而不分的几种解决思路。生理-心理学的解决方法是把身和心看成两个独立的实体，寻求这两个实体之间的关系。哲学形上学的解决方法则把这两者看成一个实体的不同的方面，寻求这个实体的活动在这两方面留下的印记，以及它们互相作用的方式。”② 以上两大方向，在现代学术视域中可归于学科方向的不同，而如暂不追问其研究内容的实质差异，在表面上这种学科上的不同便直观地反映在所采用的术语系统的差异上。生理-心理学的身心研究进路，往往通过一系列“自然科学”话语加以展现，将问题置于脑—神经元—脊髓—生物电的互动关系当中；而哲学形上学的身心言说传统，则仍旧依赖古典的“人文学科”话语，利用实体—现象—本质—作用等术语阐释问题。20 世纪后期的哲学遗

---

* 匡钊，1975 年生，哲学博士，中国社会科学院哲学所副研究员。

① 张学智：《心学论集》，北京：中国社会科学出版社，2019 年，第 3—21 页。

② 张学智：《心学论集》，第 3 页。

产之一，便是提示我们并不能通过简单的对于实证性的追求而比较出不同术语系统间的价值优劣，而对不同类型的理论言说方式本身的元语言层次研究往往能为我们提供更多的思想启发。仅就身心问题在中国哲学话语场域内的言说方案而言，我们亦可在将其进一步细分的前提下，尝试对其术语类型与术语内容再加审视，并据此对中国哲学在此问题上显示出的特点进一步加以刻画。

一、两种身心对应

就中国古典哲学中之身心关系论的特点，学智师指出："中国古代思想一开始就把身心二者设想成体用合一的、神秘相应的、以意带气的、混沌不分的，倾向于现象地、一元地而不是截然两分地论说身与心。"① 将中国式的身心一体与西方式的身心二元对照来看，可谓长期以来观察中国古典哲学之特色的重要视角，类似地对于"一体"与"二元"的言说贯穿于中国哲学研究的"天人""体用""心物"等多方面，而身心问题不过是此种研究视角得以落实的某一方面。在此意义上，上述对照实际上已经成为中国哲学研究中的某种典型范式。仅就身心关系而论，是否可以完全贯彻上述哲学言说范式，认为中西之间存在两种不同的看待身心关系的模式，如追究其细节，仍可有进一步讨论之处。

心作为现代意义上"精神性"活动的中枢，如排除脑电图、核磁共振等自然科学手段的运用，其运作状态对于任何人来说都是超出经验范围的，而全世界的古今人类都同样在常识上认为心的状况需要从其他一些可把握的经验来推想，而各种相关的身体反应无疑是展开这种推想的

① 张学智：《心学论集》，第 7—8 页。

最基本凭借。这种由身体经验推想心的状态的思路，为中西古人所共有，如亚里士多德就主张“心灵的所有属性似乎都和躯体相联结，忿怒、温和、恐惧、怜悯、勇敢、喜悦，还有友爱和憎恨”[①]。与心相应的身，在先秦哲学中被称为“形”或“体”，《国语·周语下》中，单襄公对鲁成公：“吾见晋君之容，而听三郄之语矣，殆必祸者也。夫君子目以定体，足以从之，是以观其容而知其心矣。”言语中所谓“体”，所指便是可从“目”（眼睛）、“足”（腿脚）与“容”（面貌）等角度加以观察的人的种种身体表现，而以上各种观察角度，尤其是对面容表情的观察，所最终通达的结果，便是相对于此可见之“体”的不可见之“心”的状态。同样的看法也反映在《左传·襄公二十五年》与《左传·襄公三十一年》所记载的子产的言语中，子产分别说：“他日，吾见蔑之面而已，今吾见其心矣。”“人心之不同如其面焉。”这都是通过见面容而推知其心的说法。以“形”指身，则广泛见于先秦诸子文献，如《管子·内业》中“形”与“心”对举的用法。有论者总结先秦同类的用法如下：

> 作名词使用的“形”，常与“心”对言，指精神安顿的处所，例如《荀子·天伦》：“形具而神生”，《荀子·非相》：“形不胜心”，《管子·内业》：“形不正……心不治”，《管子·内业》：“夫道者所以充形也”，《庄子·天地》：“形全者神全”，《吕氏春秋·季春纪·尽数》：“圣人察阴阳之宜，辨万物之利，故精神安乎形，而年寿得长焉”，《淮南子·原道》：“形者，生之舍也”，以上诸例均可证。《广雅·释诂》：“形，舍也”一语，可以综括作名词解的

① 亚里士多德：《论灵魂》，秦典华译，北京：中国人民大学出版社，403a，15—20。这里出现的“心灵”在原译文中被译为“灵魂”，但我们认为应将其译作“心灵”更合适，详细讨论参见匡钊《先秦道家的心论与心术》，第八章，北京：中国社会科学出版社，2021 年。

"形"字之涵义。①

但上述身心之间的照应，在中西哲学的表述中间并不对等，我们可以称西方哲学，典型如古希腊哲学中所见的身心关系为"弱对应"，而称中国古典哲学中所见的身心关系为"强联系"。

就古希腊哲学而言，亚里士多德言心灵(psyche)强调其具有生命力的方面，视之为有生命的身体(body)的形式(form)②。如果可以认为心与身在具体的人的存在中亦呈现形式与质料的关系，则仅在具体的有生命的人的存在中，作为形式的心决定着作为质料的身的存在状态，但归根结底心与身分属两种不相容的实体。也就是说，在根本上心与身是可被视为二元分立的，而其结合仅表现在具体的生命存在中。这种处在形式—质料言说范式下的身心关系，是二元实体间在具体情境中的"弱对应"，身心的相互抽离，并不影响其可被视为独立的实体。这种理解身心问题的方式，在西方历史上无疑是主流和典型的，稍后基督教传统中灵肉的二分，在哲学意义上亦可被认为奠基于上述身心关系理解。但在中国古典哲学当中，上述两种实体间的"弱对应"，却被身心间的"强联系"所取代。

回到前文所引的先秦文献，由身体表现可推想心的状态，恰恰是因为"心"居于相对于"身""形"或"体"的更为高级的支配性地位："'使其形者'……只有那颗主管情感、意志和精神等多种功能的'心'足以当之。"③ 正是由于心相对身的强支配性，我们可以由经验中的受

---

① 黄俊杰：《马王堆帛书〈五行篇〉"形于内"的意涵——孟子后学身心观中的一个关键问题》，杨儒宾主编《中国古代思想中的气论及身体观》，台北：巨流图书公司，1997年。

② 参见乔纳森·巴恩斯编《亚里士多德》，北京：生活·读书·新知三联书店，2006年，第168—172页。

③ 杜正胜：《形体、精气与魂魄：中国传统对"人"认识的形成》，黄应贵主编《人观、意义与社会》，台北："中研院"民族学研究所，1993年，第39页。

支配者——身体——的某些表现情况来推想超验的支配者——心，而身心间具有支配性的“强联系”的存在，可使先哲发展出从身体效果推测心灵缘由的思路。“春秋时代的贤者往也透过表面器官推测内心而了解真正的‘人’……都是以心为人之主宰做前提的。”①

二、心以役体

先秦哲学并无实体的观念，而上述身心间的“强联系”也因此并不附带其他先决条件，于是身心两者在此“强联系”中表现出的对应性，因为身的随附性地位，亦可被置于“一体化”的哲学言说范式当中。这种身心“一体”的理解，实际上基于先秦哲人对心相对于身的支配、主宰性的了解。

上述看法首先可从诸子之外的文献中加以追溯。《国语·郑语》即有一个重要的对于心之支配地位的正面说明：

> 故先王以土与金木水火杂，以成百物。是以和五味以调口，更四支以卫体，和六律以聪耳，正七体以役心，平八索以成人，建九纪以立纯德，合十数以训百体。

这段话涉及大量观念，诸如五行、四肢、六律之类，暗含一个复杂的宇宙论方面的预设，而后面谈到的“成人”“立纯德”“训百体”则含有丰富的伦理、政治意味，或许表达了成为后来儒家理论资源的春秋时代的某种通见。其中正面说明心相对于身体及其各部分的支配性的句子就是“正七体以役心”。心支配着耳目等身体器官的运作，如《国语·周

① 杜正胜：《形体、精气与魂魄：中国传统对“人”认识的形成》，黄应贵主编《人观、意义与社会》，第39页。

语下》所谈及："夫耳目，心之枢机也，故必听和而视正。听和则聪，视正则明。聪则言听，明则德昭，听言昭德，则能思虑纯固。"这里的意思是说心因为来自耳目的正确和谐的视听而"聪"且"明"。当然，这种"聪明"并没有停留在认识层面上，而是立刻由此转移到了伦理领域，进而与"德"发生联系，而心最终所达到的"思虑纯固"，因此大约也绝不是单纯的认识上的思维清晰。

《国语·郑语》以役体的说法，完全被孔子后学继承下来。《五行》经文称："耳目鼻口手足六者，心之役也。心曰唯，莫敢不唯；诺，莫敢不诺；进，莫敢不进；后，莫敢不后；深，莫敢不深；浅，莫敢不浅。"这种心相对于身体及其各部分的主导性，在同时期或稍后的道家文献中也有所反映，《管子·心术上》称"心之在体，君之位也"，《淮南子·原道训》称"夫心者，五藏之主也"，《精神训》称"心者形之主也，而神者心之宝也"，均与《五行》中的观点一样，可被视为对于更早的《国语》中"正七体以役心"说法的继承。这些体为心之所役的讲法，也恰同于《性自命出》中"君子身以为主心"的结论，均是在反复强调心为身体之主宰，后来《荀子·解蔽》谓"心者，形之君"亦是从同样角度看待问题。《五行》说部文字对此层意思有进一步的发明，明确提出问题："六者为心役，何[也]？"并加以回答："心贵也。"紧随其后的说文更指出："耳目鼻口手足六者……体之小者也。心……人体之大者也，故曰君也。"这里出现的"君"字，如《管子》中的用例一样，仍是对心之支配、主宰地位的阐释与确认，而大小体之说，亦出现在孟子的思考当中。

也正因为心在儒道两家的思想中均被视为身体的主宰，因此心亦被作为人之所以为人的真正代表，或者说"主体性"的代表。如牟宗三曾声称："中国思想大传统的中心落在主体性的重视……'心'代表'道德的主体性'（moral subjectivity），它堂堂正正地站起来，人才可以堂堂正正地站起来。”① 并做如下断言：“这性体心体就是我们的真实而真正的主体性。”② 日本学者池田知久也有类似的判断：“人体内部异于身体其他器官的、足以承当起主体性的存在，无疑那就是‘心’。”③ 劳思光在论及先秦哲学时也认为：“荀子以‘心’为‘主体性’。”④ 所有这些表述，都是在思考人之所以为人的时候，强调心的绝对地位而虚化了身体的存在。在此意义上，人的各种修身努力，最终也都服务于心的建设。这也就是为什么笼统意义上的“自己”所欲获得的各种德性品质，更严格来说都是对于精神人格的塑造，比如儒家成就自己、“为己之学”的目标，也就是达到某种理想的精神或心灵境界。在这种“君子身以为主心”“六体为心役”的意义上，《性自命出》才会得出“心术为主”的结论。⑤

如果我们认为身心间的“强联系”为现代哲学诠释中“一体”的言说范式提供了可能性，从古典哲学术语运用的方式来看，我们还可为这种可能性提供一个进一步的形式上的论证。

三、身心内外

在现代学科的研究视野中，中国古典哲学的主流普遍被认为缺乏理论论证的兴趣或者能力，并在这方面与西方哲学形成强烈的对比，在此意义上，如欲避免简单坠入西方形式逻辑的陷阱，则在传统的研究视野

① 牟宗三：《中国哲学的特质》，上海：上海古籍出版社，1997 年，第 69 页。

② 牟宗三：《心体与性体》(上)，上海：上海古籍出版社，1999 年，第 159 页。

③ 池田知久：《马王堆汉墓帛书〈五行篇〉所见的身心问题》，《池田知久简帛研究论集》，曹峰译，北京：中华书局，2006 年。

④ 劳思光：《新编中国哲学史》(一卷)，桂林：广西师范大学出版社，2005 年，第 255 页。

⑤ 参见匡钊《早期儒家“为己之学”以“心术为主”的意义——以心观念的起源和身心关系为线索》，《湖北社会科学》2021 年第 9 期。

中便几乎是无法适当讨论中国哲学的表达形式，而这在很大程度上也成为业内避免对中国古典哲学之表达形式展开研究的重要理由。但人类理性思维的方式不限于西方哲学的经典分析性样板所能提供的范围，20世纪80年代以来对于“隐喻”问题的研究便对此提供了很好的反例，“隐喻”不再仅仅被视为美化语言表达的外在手段，而是我们理性思维的基本方式之一，“隐喻的本质就是通过另一种事物来理解和体验当前的事物”[①]。在某种程度上，隐喻对于思维构建的意义，甚至比传统意义上的逻辑推理更为基本，而西方哲学对于形式化的传统偏好反而在一定程度上阻隔了对隐喻在思维中地位的适当理解，但中国哲学的言说反而为我们提供了以更直接的方式去把握隐喻这种理性抽象的机会。当然，隐喻的实际运用具有高度的文化差异和文化依赖，极大地源自我们的生活经验，但这并不排除对隐喻机制之形式的讨论是普遍的，也就是说，从隐喻角度对中国古典哲学言说方式的讨论，可以得到具有知识上的可公度性的理论说明。

对于类似“心”这样超验的概念，先秦所谓“内”，与“中”这个术语类似，均能被用来指示人心，那么与“内”相对，常被成双一并使用的“外”字，有时所指是人“身”。明确将身心对举与“内”“外”对举联系起来的例子在《国语·晋语一》中能找到一条重要的记载。仆人赞知骊姬欲害申生，他说：“必恶其心而害其身矣。恶其心，必内险之；害其身，必外危之。”这里明确向我们呈现出一个心/身对应于内/外的话语结构。《国语·鲁语下》记载的另一条材料虽然没有提到“身”——叔孙穆子评价某个违反礼制的现象说：“今大夫而设诸侯之服，有其心矣。若无其心，而敢设服以见诸侯之大夫乎？将不入矣。夫服，心之文也。如龟焉，灼其中，必文于外”，我们可以从其语义推断，

① 乔治·莱考夫、马克·约翰逊：《我们赖以生存的隐喻》，何文忠译，杭州：浙江大学出版社，2015年，第3页。

能对内心活动加以外在呈现的载体，仍然是躯体意义上的“身”——“诸侯之服”自然是要穿在人身之上的。

如暂时搁置“二元”或“一体”的判定，回顾早期文献中对于身心关系的描述，我们可观察到“内/中”与“外”或者“心”与行为、样貌等的强烈对比。《尚书·盘庚》谓“汝克黜乃心，施实德于民”，是将心与“施德”的行为对比来看，而其开篇“今予其敷心腹肾肠”的说法，是为了强调自己的言语真的能够反映自己的心思，表达出心与言语之间的对比。类似地，春秋时期晋国遗址出土的《侯马盟书》中有一个“腹心”的用法：“趞敢不判其腹心，以吏其宗”[①]，也是在心与行为活动的对照中来运用这个概念。这个说法亦见于《诗经》，如《兔罝》谓：“赳赳武夫，公侯腹心。”从隐喻的角度看，这里出现的心被用作喻象而非欲加以阐明的“本体”，但心与人身的对照仍然存在，只是形成对照的是他人而非自己的身体。另外在《诗经》中还多见“中心”这个词，如《终风》谓“谑浪笑敖，中心是悼”；《谷风》谓“行道迟迟，中心有违”；《黍离》谓“中心摇摇”“中心如醉”；《有杕之杜》谓“中心好之”。综合以上种种说法，我们可以看到古人实际上给出了对心的一个定位，即相对于行为、言语等等外在的一切客观表现而言，心总是处于一个“内”或“中”的位置，被包裹在我们的身体内部。

上述意义上的心与身体的活动容貌等相对，在《左传》和《国语》曾被表达为“劳心”与“劳力”对比。《左传·襄公九年》载：“知武子曰：……君子劳心，小人劳力，先王之制也。”《国语·鲁语下》有言：“君子劳心，小人劳力，先王之训也。”这个说法，到孟子那里就是“劳心者治人，劳力者治于人”（《孟子·滕文公上》）。孔孟论“容色”或“形色”，虽未直接言心，但仍可以推测这些外在的表象，如“劳

① 刘翔等编著《商周古文字读本》，北京：语文出版社，1989年，第207页。

力”这样的身体活动一样，均与内在的心的某些特定状态有关。

类似的理解在诸子书中也是不言而喻的常识，帛书《五行》有“中心辩然”的说法，而新出土文献《心是谓中》更直谓“心是谓中”，将心与中的等价关系呈现出来①，而此种说法显然类似《管子·内业》所谓“定心在中……可以为精舍”“正心在中，万物得度”“心全于中，形全于外”“全心在中，不可蔽匿”等话语，呈现了统一的语义脉络。关于以“内”指心，帛书《五行》“形于内”的说法最为典型，且更将是否“形于内”与“行”或“德之行”的差异联系起来。“内/中”之心与“外”的对比，最终落实在心与身的对比之上，而诸子常在这种对比中强调心相对于身的主宰地位，如《管子·心术上》中“心之在体，君之位也”、《荀子·解蔽》中“心者，形之君”、《五行》中“耳目鼻口手足六者，心之役也”和《国语·郑语》中“正七体以役心”的说法都可印证此点。综合起来可以说，正是因为内在的心相对于身体处于某种支配性地位，类似的关系模式也会延展到心与从身体发出的活动或其形貌等一切外部表现上。

至于中西方对心的理解上的差异，大概仍然要从关于心的言说的修辞方式中去寻找，所谓“二元”或“一体”的表述，或许只是不同类型隐喻建构的结果而已，而这样的说法本身并不具有决定性的理论意义。

四、从实体隐喻到方位隐喻

富有意味的是，以“内”“外”的对比言说心身关系，这里的语义建构仍然是隐喻性质的，是以基于我们的空间经验的“方位隐喻”来对其加以刻画，而这个隐喻大概在包括道家在内的早期文献当中均受到

---

① 参见曹峰《清华简〈心是谓中〉的心论与命论》，《中国哲学史》2019 年第 3 期。

广泛的接受。那么至此我们可以分辨出先秦文献中围绕心得以运用的三种隐喻：使用最广泛的“方位隐喻”和两种“本体隐喻”——表述前诸子文献和荀子之前儒家所接受的有关精神能力的“实体隐喻”和体现道家思想之独特性的“容器隐喻”，而后两种隐喻之所以最终能够在荀子那里表现出一种融贯的一致性，正是由于心的“方位隐喻”相对于“实体隐喻”和“容器隐喻”均具有兼容性，或者说正是由于心的“方位隐喻”的存在而使早期文献中有关心的所有隐喻可以形成一个连续的整体系统。

利用方位隐喻，我们可以区别心内和心外的一切，但这种区别并没有固定的坐标可言，内/外作为空间方位总是相对的而无法划定确切的界限。这一点赋予方位隐喻两方面极大的弹性：在兼容性方面，内外关系既可以被视为处于不同位置的实体间的对比，如在内的“心体”与在外的身体乃至“万物”，如事件、表情、活动等等一切可被同样想象为实体的客观对象或人的行为效果之间的对比，亦可被视为边界不断变化的空间(容器隐喻所运用的喻象，如房舍，则是有确定边界的，也就是说，容器隐喻涉及有边界的有限空间，但对于空间本身的想象可以是无远弗届的)内部和外部的对比，内部空间可以容纳特定的精神性能力也可以是“虚”或“无”的；在语义内容方面，内外关系亦可以是可变与自由拓展的，如以“内/中”的视角言心，则体或身是“外”，而家、国、天下甚至宇宙亦同样是“外”，而由于不存在明确的界限，“内”的空间可以得到无限的扩展，在“大其心”的意义上，吾心最终亦可以便是宇宙——其大无外、其小无内。

回到荀子的例子，他主张心有所藏亦能虚，在承认心是具有精神性能力的实体的同时亦视之为道的容器，表述中整合了关于心的两种本体隐喻，其思想背景无疑与这个通行的方位隐喻有关。整合不同类型隐喻的思路仍然来自黄老学，《管子》当中便出现了关于心的方位隐喻，如

《内业》篇目、其中“内藏”的说法及“心”/“形”与“中”/“外”的对言都是典型的例子，而其在表述身心之间的支配性关系时亦采用了实体隐喻，如《心术上》以心为“君”而与“九窍”之“官”相对，是将心与感官的对比设定为不同实体间的关系——这与《孟子》“大体”“小体”的隐喻十分类似；至于《内业》所谓“不以官乱心，是谓中得”，正是整合使用了心的实体隐喻与方位隐喻，而《内业》“定心在中……可以为精舍”的说法，则是整合使用了方位隐喻与容器隐喻。最终，当《内业》运用“泉原”这个喻象的时候，可以说是先荀子而借助于水的隐喻来整合心的实体隐喻与容器隐喻，而其正是用以说明前文中“心以藏心”“心之中又有心”的观点。可以看到，这里的隐喻的运用和对心的层次构造的设定，均与荀子以水喻心时如出一辙。还可注意的是，《心术上》开篇以实体喻心之后，紧接着便以容器喻之，呈现出语义上的连贯性而未如《老子》般将其置于势不两立当中。上述所有关于心概念的修辞，均为荀子所继承。除前引文中的例子之外，《荀子·修身》言“治气养心”，论及“狭隘褊小，则廓之以广大”，其中的“狭小”“广大”亦是典型的基于空间方位之对比的言心之隐喻，而这亦是荀子为旧有的关于心的方位隐喻增添的内容之一。他在这方面的另一个贡献便是前文讨论过的与心之“清”“浊”有关的“在上”和“在下”的说法，后者亦作为典型的方位隐喻发挥作用，而这一点或许通过《礼记·郊特牲》中对于魂魄上下的理解在中国哲学史上发生更为深远的影响。

从《管子》到荀子，言心时均通过方位隐喻的运用，整合了其实体隐喻和容器隐喻，使之成为融贯一致的对心概念之各个不同方面的整体描述，而以往思想家们希望心可以具备的种种特性不但均被接受下来，更进一步被巧妙地安放在新增加的层次性当中。这种言说心的方式，亦表现出黄老学和荀子思想的复杂性甚至不一致之处，这在以往的讨论中往往被归于他们尝试整合不同源头思想的努力或受到不同致思进路影响的结果，而在我们看来，如对其思想底层加以探讨，则其根本上源于隐喻使用的整合而非逻辑分析的推理。

进而反观中国古代对心与体关系的理解，当古人仅欲对两者加以对照之时，则借助"内/中"与"外"的对比的方位隐喻加以言说，在此意义上，身心概念表现出空间方位的相对关系，而非两种不同实体之间的关系。如果把空间设想为连续的不可分割的整体，那么其中诸如"内/中"与"外"这样的方位永远是相对的，而这种弹性使心与身的对照并不会借助确定的界限而固定下来。但当古人欲强调心相对于身的主宰性地位时，则往往诉诸实体隐喻，如前引文以心为"君"而与身体诸感官相对的言说，心与窍之间的关系是固定的。由前引文可见，先秦文献在论及身心关系时，实际上是在以上两种修辞策略之间自由切换或整合运用，而这给表述带来相当大的不确定性，对特定观点的阐释往往更依赖上下文的提示而非固定的身心关系理解模式。

至于西方哲学中言及身心关系时，似乎更多地依赖于实体隐喻，两种实体之间的对照。此种意义上心灵与身体的关系与西方文化中更广泛的灵魂与肉体的对比一脉相承，而均不涉及方位空间。于是，对不同修辞策略运用的不完备观察，带给我们某些关于中西之间理解身心关系的刻板印象，比如西方式的二元对立建立在身心绝对的分离之上，而在中国人的思考中身心甚至天人之间从某个特定角度看总有不间断的连续性。然而，对上述差异以"二元"或"一体"这样的术语加以表达缺乏必要的理论深度，这两个术语并不能表达出哲学上的"本体论差异"，而只是表明了中西哲学之间某一方面的修辞运用偏好。停留在"二元"或"一体"的表达中并不会为我们理解中西哲学差异增添新知识，反而需要进一步加以检讨——其意义可通过对隐喻的讨论再加揭示。我们如欲强调差异，可放大中西哲学对身心关系表述中隐喻选择的不同，强调中国式的方位隐喻与西方式的实体隐喻之间的区别；相反，我们亦可同时将双方所运用的实体隐喻并置齐观，则中国古人对于身心关系的理解和西方的差异就不那么清晰了——身心的对立，或者说心灵与身体、感官及由之而来的世界经验之间的对立，将同时出现在双方的理论视野当中。

“二元”或“一体”这样的术语，无论被用于陈述中国哲学自身特性，还是被用于陈述中西哲学差异，均没有决定性的意义，而从隐喻运用的角度看，中国式的哲学修辞显然更为丰富，而其理论后果亦更难加以清晰揭示。由此推测，对于其他重大而显著的中西哲学或者理性思维模式之间的差异而言，均应可在类似隐喻研究这样的公共理论平台上加以分辨，而绝不意味着任何一种彻底的本体论上的不可通约性。

《尚书》版禅让说及其历史政治文化意义

——在缺点、批评与修正中成长起来的“崇高虚构”之真

王生云*

一、禅让说之流行

尧舜禅让说在政治混乱而学术活跃的战国之际广为流行。诸子各借其说为自己的理论服务，尤以儒墨二家为盛。如裘锡圭曾指出“尧舜禅让这个广泛流传的上古传说，绝不可能是战国时代某一学派所创造出来，先秦诸子不过是按照各自的观点来解释这一传说”[①]，典型的有墨家从尚贤角度来理解尧舜禅让，将它作为尚贤的最好榜样来称颂。比如《墨子·尚贤上》说“古者圣王之为政，列德而尚贤……官无常贵而民无终贱。有能则举之，无能则下之……古者尧举舜于服泽之阳，授之政，天下平。……尚欲祖述尧舜禹汤之道，将不可以不尚贤。夫尚贤者，政之本也”[②]；《尚贤中》说“故古者圣王唯能审以尚贤使能为

---

* 王生云，1986年生，中共云南省委党校(云南行政学院)讲师。

① 裘锡圭：《中国出土古文献十讲》，上海：复旦大学出版社，2004年，第284页。孙诒让：《墨子间诂》(上)，北京：中华书局，1986年，第41—44页。

② 孙诒让：《墨子间诂》(上)，第52—54页。

政……古者舜耕历山，陶河濒，渔雷泽。尧得之服泽之阳，举以为天子，与接天下之政，治天下之民”①；《尚贤下》说“昔者尧有舜，舜有禹……是以近者安之，远者归之……尚贤者，天、鬼、百姓之利而政事之本也”②。顾颉刚认为，尧舜禅让的故事是墨家创作的，但墨家还不曾想到舜禹禅让的故事。据他考证，墨家学说中禹是靠征伐而得天下③。

儒家出土文献《唐虞之道》《子羔》和《容成氏》等皆推崇禅让。《唐虞之道》开篇即曰“唐虞之道，禅而不传”，并以尚(贤)德和化民的角度来推崇禅让说。《唐虞之道》中说：“尧舜之王，利天下而弗利（自利）也。禅而不传，圣之盛也。……禅也者，上（尚)德授贤之谓也。上德则天下有君而世明，授贤则民兴教而化乎道。不禅而化民者，自生民未之有也。”④《子羔》篇从治天下平万邦的治理效果来看“善善相受”的禅让制。《容成氏》则通过将禅让与革命相对照而凸显“授贤不授子”的优点。正如整理《说明》所言，“三代以上，皆授贤不受子，天下安艾；三代以下，启攻益，汤伐桀，文、武图商，则禅让之道废而革命之说起”⑤。

二、禅让之实践

在儒墨的宣扬下，禅让说成为一种广为称颂的故事，不免令人心向往之。于是处于战国混乱中的国君以各种动机利用其说，开始实践禅让。顾颉刚先生指出，战国时期大概出现了三个禅让事件，分别是魏惠

---

① 孙诒让：《墨子间诂》(上)，第65页。

② 吕思勉、童书业编著《古史辨七》(下)，上海：上海古籍出版社，1982年，第52—53页。

③ 荆门市博物馆编《郭店楚墓竹简》，北京：文物出版社，1998年，第157—158页。

④ 荆门市博物馆编《郭店楚墓竹简》，第184页。

⑤ 荆门市博物馆编《郭店楚墓竹简》，第249页。

王未遂的禅让实践、秦孝公未遂的禅让实践和燕王哙导致内乱的禅让实践[①]，关于前两个故事的真实性学术界存疑，但第三个则是公认的。以下，我们就分析第三个禅让实践案例。依顾颉刚的讲法，燕王子哙是"听人讲禅让的故事，听得高兴而实行禅让的"，"想不到结果闹了一场惨剧，让位的与被让位的都杀死了"[②]。《战国策》载燕王哙以虚荣心擅自让国，导致"国构难数月，死者数万众，燕人恫怨，百姓离意"[③]。孟子认为这样的禅让是祸害，直斥"燕可伐矣"。《战国策》接着讲"孟轲谓齐宣王曰：'今伐燕，此文、武之时，不可失也。'王因令章子将五都之兵，以因北地之众以伐燕。士卒不战，城门不闭，燕王哙死。齐大胜燕，子之亡。二年，燕人立公子平，是为燕昭王"[④]。《庄子·秋水》评论说"昔者尧、舜让而帝，之、哙让而绝……"郭象注："夫顺天应人而受天下者，其迹则争让之迹。循其迹者，失其所以迹矣，故绝灭。"[⑤] 燕王哙只是模仿尧舜之迹(外在表现)而不懂尧舜之所以迹(用心)，所以导致身死国灭。该禅让之实践是典型的以"无德禅无德"，燕王哙欲学尧让许由以图虚名，结果子之非许由，导致身弑国乱民伤。

三、禅让缺点被韩非等人极力放大

燕王哙禅让失败的事件，对此后战国诸子产生了巨大的震撼作用，正如罗新慧所言"战国中晚期，随着燕王哙、子之禅让的失败以及专制主义理论的发展，禅让学说趋于沉寂。但是，关于禅让和尧舜禹的传

① 荆门市博物馆编《郭店楚墓竹简》，第 39—42 页。
② 《顾颉刚全集》第 1 册，北京：中华书局，2010 年，第 496 页。
③ 《顾颉刚全集》第 1 册，第 935 页。
④ 《顾颉刚全集》第 1 册，第 61 页。
⑤ 郭庆藩：《庄子集释》(中)，北京：中华书局，2012 年，第 578—579 页。

说，仍然是学者们谈论的话题”[①]。此后孟子开始纠正禅让说，提出严格的禅让限制条件。荀子直接否定禅让之名，但不否定选贤与能的制度，可以认为他承认禅让之实，但为避免流弊，而否定其名。而韩非子则走得更远，他竭力否定禅让说，努力揭示禅让可能产生的种种弊端，另外《竹书纪年》中有某些类似韩非子而更具体化的讲法。

韩非子大概因看到或者听到现实中以禅让之名行私欲之实的不少情况，竭力揭露禅让可能出现的弊端来达到否定禅让说之目的。他以讲故事的方式提示了禅让的几种可能的弊端。

1. 禅让成擅让

燕王哙的禅让其实是擅自主张的“擅让”，他并未经过廷议和百姓的同意，为己之虚荣心而行禅让最终导致悲剧。因此荀子非常反对“擅让”，孟子对禅让说也做出了限制即“天子不能以天下与人”。韩非子把这种禅让可能导致的悲剧进一步放大，他托尧舜禅让故事来表达：

> 尧欲传天下于舜。鲧谏曰：“不祥哉！孰以天下而传之于匹夫乎?”尧不听，举兵而诛杀鲧于羽山之郊。共工又谏曰：“孰以天下而传之于匹夫乎?”尧不听，又举兵而流共工于幽州之都。于是天下莫敢言无传天下于舜。仲尼闻之曰：“尧之知舜之贤，非其难者也。夫至乎诛谏者必传之舜，乃其难也。”[②]

文中以讲故事的方式揭露出禅让演变为擅让，会做出荒唐的事情，甚至会不惜诛杀劝谏者而强力推行。更具有讽刺意义的是，还借托孔子的话说“夫至乎诛谏者必传之舜，乃其难也”。韩非把批判的矛头直指以孔

---

① 罗新慧：《〈容成氏〉、〈唐虞之道〉与战国时期禅让学说》，《齐鲁学刊》2003 年第 6 期，第 106 页。

② 王先慎：《韩非子集解》，北京：中华书局，1998 年，第 350—351 页。

子为代表的儒家。

2. 逼　禅

美丽的禅让传说也许是因被人臣逼迫而君主不得已实行的表面仪式。这种被臣子逼迫而实行的禅让就是逼禅。在韩非子看来，所谓的尧舜禹禅让说很可能就是这种逼禅：

> 古之所谓圣君明王者，非长幼弱也及以次序也。以其构党与，聚巷族，逼上弑君而求其利也。彼曰：何知其然也？因曰：舜逼尧，禹逼舜，汤放桀，武王伐纣，此四王者，人臣弑其君者也，而天下誉之。①

《竹书纪年》中也有类似而更具体化的记载，比如“昔尧德衰，为舜所囚也。舜囚尧于平阳，取之帝位。舜放尧于平阳。舜囚尧，复偃塞丹朱，使不与父相见也”②。撰者的目的是想告诉人们尧舜禹禅让的背后，可能就是“舜逼尧，禹逼舜”之举。尧舜禹禅让和汤武革命一样，都是因为事情成功之后，善于采取手段，凭其显名和威力，让天下服从而留下令名。韩非甚至把尧舜禹禅让说与现实中的诸多臣弑其君的事件相提并论，如田成子取齐，司城子罕取宋，太宰欣取郑，单氏取周，易牙之取卫，韩、魏、赵三子分晋等。这种猜测和解释方式的目的在于揭露美丽的禅让背后可能有不可告人的逼迫和篡逆等行为。

3. 以禅让为阴谋

韩非子认为禅让有时候也可能是一种阴谋，是一种以漂亮的外在形式开脱自己罪责的手段。当把禅让作为阴谋，就不是真要禅让，其真实目的是实现真正的继位。韩非以汤让天下与务光的故事来揭露这种禅让

---

① 王先慎：《韩非子集解》，第433—444页。

② 王先慎：《韩非子集解》，第63—65页。

的阴谋，他说：

> 汤以伐桀，而恐天下言己为贪也，因乃让天下于务光。而恐务光之受之也，乃使人说务光曰："汤杀君而欲传恶声于子，故让天下于子。"务光因自投于河。[①]

汤让天下与务光的故事见于《庄子·让王》篇，韩非子增加了“而恐务光之受之也，乃使人说务光”等一句，就变成了十足的阴谋论。

4. 禅让打破尊卑秩序

韩非子认为尧舜禅让如同汤武革命一样，都是打破尊卑秩序的事件，并认为如果以此为榜样设教，就会破坏秩序而导致混乱。他写道：

> 尧、舜、汤、武或反君臣之义，乱后世之教者也。尧为人君而君其臣，舜为人臣而臣其君，汤、武为人臣而弑其主、刑其尸，而天下誉之，此天下所以至今不治者也……父而让子，君而让臣，此非所以定位一教之道也。[②]

在韩非子看来，“臣事君，子事父，妻事夫，三者顺则天下治，三者逆则天下乱，此天下之常道也，明王贤臣而弗易也”[③]。提倡禅让或者革命，既不利于维护这种上下尊卑秩序，而且也有因秩序受破坏而导致社会混乱的可能性。

5. 禅贤的弊端

美好的禅让理想是建立在选贤与能和天下为公的基础上的，而韩非

---

① 王先慎：《韩非子集解》，第 182 页。
② 王先慎：《韩非子集解》，第 466 页。
③ 王先慎：《韩非子集解》，第 510 页。

子认为禅让所引起的尚贤会导致严重的弊端。他认为“上贤任智”是逆道。《韩非子·忠孝》篇说，“上贤任智无常，逆道也……是废常、上贤则乱，舍法、任智则危”[①]。老子有言“不尚贤，使民不争”[②]，尚贤会引起人们争斗，而韩非子进一步将之引申为尚贤会导致臣子篡逆，因而提倡“尚法而不尚贤”。

韩非子认为尚贤的弊端有二：一是臣将乘贤以劫其君；二曰贤人难以确定，往往导致“选其心之所贤”，人主表现出好贤的喜好，群臣就会以装出贤的样子来欺骗和讨好他的方式夺取政权。[③] 刘华泽指出，韩非子尚法而不尚贤主要是出于戒备的心理，尚贤将被贤者所篡。[④] 事实上另外还有一方面是，韩非子认为人君难以确定真正的贤人，而往往只会“选其心之所贤”。[⑤] 因此，提倡禅让就会引起尚贤的风气，人君表露了其尚贤的倾向和爱好，人臣就会以各种伪装的行为欺骗他而达到篡位的目的。但人君往往没有辨别真伪的能力，人君所选的贤人往往是自己“心之所贤”，最后可能重蹈燕王哙错选人才而“身死为僇”的悲剧。

四、禅让说得到孟、荀二人的修正和改进

关于禅让的缺点和弊端，孟子和荀子也都有深刻的认识。但与韩非子不同的是，他们不直接否定禅让所代表的天下为公和选贤与能的价值，而是通过限制禅让的条件或者直接取消禅让之名而保留其实的方式来修正和完善禅让说。

---

① 王先慎：《韩非子集解》，第 510 页。
② 王弼注：《老子道德经注》，北京：中华书局，2011 年，第 9 页。
③ 王先慎：《韩非子集解》，第 44—46 页。
④ 刘华泽：《中国古代政治思想史》，天津：南开大学出版社，1992 年，第 146 页。
⑤ 王先慎：《韩非子集解》，第 408—409 页。

1. 孟子限制禅让条件："天与之""人与之"

孟子目睹燕王哙让国的悲剧之后，从理论上对禅让说做出了严格限制。孟子否定人主可以擅自禅让的说法，提出"天子不能以天下与人"，而要靠"天与之"和"人与之"。《孟子·万章上》中，他与万章详细讨论了此问题[①]，孟子解释尧舜的禅让是"天与之"和"人与之"，是天和人共同意愿而非天子个人的意志。不过，孟子中的"天"是虚悬一格，其实最重要的是人民的接受和同意。"天与之"就是"使之主祭而百神享之"，即能够恭敬而合礼地对待祭祀；"人与之"就是"使之主事而事治，百姓安之，是民受之也"，即能够担当执政大任，能够爱民养民，获得百姓的拥戴。另外在尧去世之后，舜还表现出非常谦虚的美德，让尧之子，这表现出他对尧的尊敬和不贪天子之位的美德，而最终百姓选择了舜。孟子修正后的尧舜禅让，不同于现实中人主以私心而擅自禅让，也不同于人臣贪位逼禅逆篡等各种情况。天子的举荐而天民共受的禅让模式，其中体现的是重要的民本思想。

2. 荀子驳斥"擅让"之说：保留禅让之实而去其名

荀子强烈反对"尧舜擅让"的说法，但其用词为"擅"而非"禅"，此处大有学问在。《荀子·正论》篇说"夫曰尧舜擅让，是虚言也，是浅者之传，陋者之说也，不知逆顺之理，小大、至不至之变者也，未可与及天下之大理者也"。杨倞注："擅与禅同。"[②] 先秦"擅"有独揽、自专等涵义。《左传·哀公二年》："简子誓曰：范氏、中行氏反易天明，斩艾百姓，欲擅晋国而灭其君。"[③] 此处"擅"做独揽或专权。《荀子·正名》说"析辞擅作名，以乱正名，使民疑惑"[④]，"凡邪说

---

① 朱熹：《四书章句集注》，第 312—313 页。

② 王先谦：《荀子集解》，北京：中华书局，2012 年，第 322 页。

③ 杨伯峻编著《春秋左传注》第四册，北京：中华书局，1981 年，第 1613 页。

④ 王先谦：《荀子集解》，第 401 页。

辟言之离正道而擅作者，无不类于三惑者矣”[①]。此处“擅”理解为专断或者自做主张，它难以与“禅”字同义。由此可见，荀子反对的是自做主张而把天下让给别人的讲法。为了避免别人把禅让理解为擅自主张的“擅让”，荀子直接取消了“擅让之说”。《荀子·正论》说“有擅国，无擅天下，古今一也”，其原因在于“天下非一人之天下，天下人之天下”，所以天子不能擅自把天下让给别人，这与孟子的讲法是一致的；另外他认为有擅国，国是受天子之封，可以通过天子而转让。杨倞认为“荀卿言尧舜相承，但传位于贤而已，与传子无异，非求名而禅让也”[②]是确解。荀子认为只有制度性的传贤，而不应该立禅让之名，因为“禅让”之名容易被误解为“擅让”。

荀子反对擅让之名，但并不代表他否定禅让之实。因为荀子的目的是传贤，当天子的儿子不贤的时候，就需要传给其他贤者。圣在谁就让谁来继位，包括后子或者三公。《荀子·正论》中指出：“天子生则天下一隆，致顺而治，论德而定次，死则能任天下者必有之矣。夫礼义之分尽矣，擅让恶用矣哉!”[③] 荀子的理想是“决德而定次，量能而授官，皆使民载其事而各得其宜”，在这种理想中，天下之圣必被选到三公之列，圣只有可能在子或者三公，则无论是后子继位或者三公继位，因其德和制度保证了他不会改朝更制，也就是相当于“以尧继尧”，保持了制度的延续性和稳定性。所以这种制度性的政权交替就无须立禅让之名，但能解决禅让所要解决的问题，即选贤任能和天下为公的理想。所以笔者认为，荀子反对擅让之名，但不反对禅让之实。在荀子这里，禅让是隐没其名的实质性禅让。所以杨倞注曰“夫让者，礼义之名，今圣

---

① 王先谦：《荀子集解》，第 408 页。
② 王先谦：《荀子集解》，第 323 页。
③ 王先谦：《荀子集解》，第 323—324 页。

王但求其能任天下者传之，则是近礼义之分矣，岂复更求禅让之名哉？”①

五、《尚书》所建构之禅让说

《尚书》尧舜禅让的故事在《尧典》(含《舜典》)，而舜禹禅让的故事在《大禹谟》。据顾颉刚先生考证结论，《尧典》是汉代写定的，《大禹谟》也不过是摘取“《尧典》和《论语·尧曰篇》、《墨子》、《孟子》、《荀子》、《左传》、《国语》等”的文句而造成的文章。② 顾先生的目的显然是通过考证以明尧舜禅让说为墨家所伪造，而舜禹禅让说则是“儒家添出来的”③。通过古史辨，他进一步提出著名的“古史层累说”，以古史为“层累地造成”④ 的观点，证明古史不可信。从者不乏其人，其影响非常深远。不过我们也可以说，在某种意义上，正因为古史是层累造成的，它才变得更加完善。一代又代人都是借助故事，来寄托自己的理想和表达自己的理论，而后来者大概是在对前者扬弃的基础上构造而成的。理由显而易见，假如后者满意于前人的构造，就没有继续编造故事的必要，直接沿袭传承即可。所以不妨说，后来者是在不断修正和完善前人构造的基础上提出新的构造，以便能够超越前人。这种通过修正或者改进故事的不断层累的方式来表达理论，往往“后出转精”，也更逼近人情和道理，更少弊端。

我们不妨以此来考察《尚书》中尧舜禅让故事，不难发现其构造有几个突出的特点：首先突出的是禅让者(尧)的德行；其次，受禅者是通

① 王先谦：《荀子集解》，第324页。

② 吕思勉、童书业编著《古史辨七》(下)，上海：上海古籍出版社，1982年，第100页。

③ 吕思勉、童书业编著《古史辨七》(下)，第56页。

④ 蔡沈注：《书集传》，南京：凤凰出版社，2010年，第52页。

过多次严格的选拔程序而被选中，比如尧为寻找接班人，举行了多次廷议推荐，认真分辨真伪；另外，选中之后，深入考察其德行之真伪（察其私）；然后，长期试用和多种能力的测试；最后，通过神圣的仪式实行禅让。

首先是关于禅让者（尧）德行的描述，主要通过治国平天下的效果和治理方式来体现，强调其德行的自然而真实性。《尧典》中写道：

> 曰若稽古，帝尧曰放勋，钦明文思安安，允恭克让，光被四表，格于上下。克明俊德，以亲九族。九族既睦，平章百姓。百姓昭明，协和万邦。黎民于变时雍。①

这段材料首先突出了尧的德行，如钦（恭敬）、明（通明）、文（文章）以及让，以及这些“德行之美皆出于自然之美，而非勉强”②；其次突出尧能推其德，自身—家—国—天下，即九族和睦（家族内），百姓昭明（畿内庶民皆受到很好教化和感召，令其自明其德），协和万邦（国际关系和谐），“黎民于变时雍”（老百姓被感化，安居和谐）；另外，还通过具体的事件来体现尧之德，比如后面他对官员的分工，他让羲和、羲叔、和仲、和叔四人坚守四方岗位来观察象四时的节令变化以便按时布政，最后与四岳商讨接班人的问题。

另外按照汉代人的讲法，尧最突出的德是仁和智。司马迁《五帝本纪》说“帝尧者，其仁如天，其知如神。就之如日，望之如云”③。《大戴礼记·五帝德》中借孔子的话也称赞尧“其仁如天，其知如神；就之

① 蔡沈注：《书集传》，第1—2页。
② 蔡沈注：《书集传》，第2页。
③ 司马迁：《史记》，北京：中华书局，2009年，第2页。

如日，望之如云”，王聘珍注引《左传》文“如天之无不覆”[①]。“其仁如天”，一方面如王注所言是仁覆天下，另一方也强调则其仁不伪，是如孟子所言的“由仁义行”或者“尧舜性之也”；“其知如神”则能明辨而不惑。《尚书》虽没用“仁”和“智”来形容尧，但其所体现的德确实具备仁和智。尧亲九族，安百姓，协和万邦，令百姓安居乐业，无不体现其仁。而后面会讲到在群臣推荐候选人时，尧能够明辨贤否，不被情感障蔽而接受不贤之子和表里不一的共工继位。而对尧对舜的考察也是几个方面，首先是把两个女儿嫁给舜观察其孝亲治家的情况，另外“纳于大麓，烈风雷雨弗迷”考察其智。

其次，受禅者(舜)是通过多次严格程序性推选(类似今天民主集中制)而被选中。《尧典》记载尧廷廷议举荐候选人的过程。[②] 尧选拔接班人经历了多次廷议。在前期的廷议中，尧否决了其子丹朱及大臣共工，足见其智不惑。后又通过实际的试用考验，否决了治水九年而不成的鲧。最后一次他再询问四岳谁能够继承天子之位，在周围的人都不符合条件的情况下，尧要求“明明扬侧陋”。有人推荐侧陋之舜，尧本来听闻过舜的故事，却还详细询问他有什么德行，当到四岳说舜“父顽，母嚚，象傲”，还能够做到“克谐，以孝烝烝，乂不格奸”的时候，尧非常爽快地说“我其试哉”。因为从描述之中体现了舜超凡仁且智之德。在这样一个悲惨的家庭之中，能够保持孝道，能不让父母兄长做出违法犯罪之事。但尧还需要详细考察其德行真伪，就把两个女儿嫁给舜来观其私，察其所安。可见尧对于自己接班人的选择是十分慎重，公开推选，严格考察，然后试用。

再次，对被考察通关的候选人，进行长期试用和多种能力的测试，

---

① 王聘珍：《大戴礼记解诂》，北京：中华书局，1983 年，第 121 页。

② 蔡沈注：《书集传》，第 4—6 页。

来决定是否禅位与他。《舜典》中记载了对舜的多方面的考察和试用，具体包括德行、治国能力的考察以及应对危险境地的应变能力，可谓“历试诸难”（《书序》）：

> 慎徽五典，五典克从；纳于百揆，百揆时叙；宾于四门，四门穆穆；纳于大麓，烈风雷雨弗迷。帝曰：“格！汝舜。询事考言，乃言底可绩，三载。汝陟帝位。”①

五典是人伦五教，即《左传・文公八年》的“父义、母慈、兄友、弟恭、子孝”。“五典克从”就是从道德上感召和影响人们；“百揆时叙”是政务处理得井然有序；“四门穆穆”，是接待四方宾客时令人肃然起敬②；“烈风雷雨弗迷”是善于在危难中镇定地解决问题。这些充分显示了因为舜有高尚的德行、杰出的政治才能和临危不惧的镇定，尧才决定把天子之位让给他。

最后，以神圣庄严的仪式进行传位。《尧典》说“正月上日，受终于文祖。在璿玑玉衡，以齐七政。肆类于上帝。禋于六宗。望于山川，遍于群神。辑五瑞，既月，乃日觐四岳群牧，班瑞于群后”③。最后舜又把天子之位让给了禹，皆是圣圣相传（以善受善）的制度性禅让。禹而后传子成为“家天下”的开端，根据孟子的讲法“尧舜禅，夏商继，其义一也”。

从《尚书》版禅让的以上几个突出特点，可以认为，它参考了前人对禅让制缺点的批评，并在此基础上进行了改进和完善。首先，塑造大德形象之禅让者（尧）。大德形象具体现于细节之中，仁且智的形象真

---

① 蔡沈注：《书集传》，第 8—9 页。
② 李民、王健：《尚书译注》，上海：上海古籍出版社，2004 年，第 13 页。
③ 蔡沈注：《书集传》，第 10 页。

实可感，毫无非伪装造作之嫌。大德（尧）保证了他对待天下重器的严肃和谨慎态度。其“如神之智”保证了不被群臣迷惑，在廷议推选候选人时候，能够清醒辨别真假是非。其次，严谨而慎重对待候选人的选择。候选人的选定经过多次廷议、推荐商讨。对于不知其德能之人，以试用的方式观察其德行和能力，比如鲧。对于听闻其德行的人，就进行严格的考察而非以听为实，长期试用对其应变危难的能力等做多方测试。最后以德行、治理才能以及处置危机能力的能力，并参考政绩（群众评价）、组织考察结果（两女儿卧底考察）、群臣评价、四方宾客的看法等，综合决定是否禅让。当尧决定传位于舜之时，舜再三表示谦让，最后以神圣仪式（“受终于文祖”）接受继位。道德的影响以及治理政绩的突出，体现了孟子所说的“人与之”的要求，即获得大家同意和民心的归服。尧舜禹制度性的禅让和根据德能授官分工的做法，也体现了荀子所期待的政治理想，即“决德而定次，量能而授官，皆使民载其事而各得其宜”，并保持礼义制度的延续性。整个过程的叙述排除了韩非子等所揭露的各种可能的弊端，全然是“圣圣相传”的理想的政治权力转移，其中毫无欺诈、蒙蔽与阴谋之等迹象。由此，可以认为《尚书》中的禅让故事的塑造，是在吸收和回应了先前诸子的相关讨论后完善和修正的版本。

《尚书》版禅让说几近完美，所以顾先生说《尚书》禅让说“骗过一千多年的人们。自此以后，舜禹禅让说便也在《六艺》里植下了一个深固的根基，除崔述以外，差不多就没有人敢对它怀疑的了”[①]。人们不怀疑《尚书》中的故事，除了它具有儒家经典本身的权威性之外，更重要的原因是，其所寄托的美好理想和所体现的制度具有完备性，即合情合理。这让人们宁可认为，现实中禅让实践的种种弊端更多是没有能够

① 吕思勉、童书业编著《古史辨七》（下），第101页。

落实尧舜禅让之制，而不是尧舜禅让之制本身有不足。其实，经典本身的权威性也是由于人们相信而产生的。正如姜广辉先生所言“经典的权威性并不像过去学者所通常理解那样，仅仅是统治阶级扶持和树立的结果”，他引证伽达默尔的话说“权威并不依赖教条的力量，而是依靠教条的接受生存。……真正的权威所具有的遵从既不是盲目的也不是奴性的服从”，“由于经典在知识和洞见方面的优越性，人们相信经典的正确性和权威性，并自觉地而非违心地崇奉它”。①

六、《尚书》版禅让说之意义

首先，《尚书》版禅让说成为“崇高的虚构”之真。柏拉图有所谓“贵高的谎言(假话)”②，而《尚书》尧舜禅让的故事我们不防称之为“崇高的虚构”或者“崇高的构造”。这种“崇高的虚构”，一方面因“层累”的方式不断修正而得到完善，经不断的修改完善，“后出转精”的构造更接近人情和事理，因其吸收了各种合理的思想，同时回应了各种质疑和挑战，从而减少流弊；另一方面把这种“崇高的虚构”的故事置于遥远的古代。因为遥远的古代“考古蛮昧”，其真实性不易证实，也难以否定其有，反过来，就会使人们相信这种虚构所要表达的理想是曾经在历史上真实发生过的事实，因而令人深信不疑，也更容易激发历代人们追求理想的力量。如同《圣经》把未来的末日救赎说成是过去发生过的事实，就更能激发人们的信心，这比柏拉图把理想国说成是虚构的乌托邦更有力量。顺着顾颉刚考证禅让说起源的思路，我们也可以说

① 《经学今诠初编》，《中国哲学》第二十二辑，沈阳：辽宁教育出版社，2000 年，第 1 页。

② 柏拉图：《理想国》第三卷，郭斌和、张竹明译，上海：商务印书馆，1986 年，第 127 页。

《尚书》的禅让版本，既吸收了春秋尚贤主义、孔子德治主张、墨家打破等级的尚贤说以及孟子的民本说和荀子的制度性选贤与能，结合了“天下为公”的大同思想等，又回应了战国以来的政治实践所暴露的缺点和韩非等人对其可能产生的弊端的批评和揭露，终于在汉代修改完善而定型。最终又把这种崇高的理想，非常巧妙地放到遥远的历史深处。此后不再有修改的新版本，也几乎无多人质疑，足见其完善性。历代多少儒者追求尧舜之治，而历代人臣篡位都要披上禅让的某些外在形式，足见其产生的力量之大。

这种“崇高的虚构性真实”，在某种意义上就超越事实之真。因为事实之真，会随着时空转移而改变其原貌，也会因人们考察历史事实的角度不一样而得出相对的结论，而这种存活于人们心中的理想信念之真却是永恒的。所以尧舜禅让正如顾先生所言千余年来少有人怀疑其真。姜广辉先生说儒学是一种“意义的信仰”，他把意义分为两种，即“是什么”（指谓）和“有什么用”（价值）。[①] 对这种崇高的构造的认识，应该以“意义信仰”方式来实现，即用“说了什么”和“有什么用”的提问和运思方式，而非考证事实的方式。不少学者考证《圣经》中记载的真实性，但证实或证伪都不足以打倒其“信仰的意义”，因为它代表的是一种理想或教戒，而非对事实的简单记载。所以徐复观认为章学诚的“六经皆史”之说“歪曲了经之所以为经的基本意义”[②]。也正因为这样，一个虚构的故事才能够流传千古而鲜有人质疑其真实性。相反，因它所表达的内容或道理，贴近人情合乎常理，符合人们的美好愿望和理想追求，故而长久不息。

其次，禅让成为历代化解政权危机的低成本方案。禅让说在中国历史上产生了影响深远。翻开二十四史，以禅让的方式实现政权转移的

① 姜广辉主编《中国经学史》第一卷，北京：中国社会科学出版社，2003 年，第 242 页。
② 徐复观：《徐复观论经学史二种》，上海：上海书店出版社，2002 年，第 8 页。

例子不在少数，比如王莽受禅、汉魏嬗代以及清末民国孙中山禅袁世凯等。中国历史上，世袭、禅让和革命共同构成最高权力传递或转移的基本类型。世袭在遇到幼主无能，集团政治斗争，或者某主因特殊原因而导致政权危机的时候，禅让就往往成为一种低成本的化解政权危机的方式。黄晓平认为，“所谓的政权危机的化解是指出解决或消解周期性的一家一姓的君权统治危机，而其主要的目的或曰最终指向，并非是为了一家一姓君主或皇权之私利，而是为了整个君主政体的正常运行，是为了整个华夏文化政治共同体能够保有可持续的正常政治治理”，“禅让制以最小的政治代价来调整和恢复君主的政体的正常运行”。[①]

再次，《尚书》版的禅让成为了批评或者揭露假禅让之名而行其私的参考系。也许“家天下”时代的统治者会不认同《尚书》中的禅让方法，因为他们如果以这种方式行禅让就难以捞到什么“好处”。那些欲以禅让的表面形式而获得称颂的统治，也将因其实际德行而遭受质疑和否定。刘向《说苑·至公》中记载一个秦始皇欲禅让却被儒者揭露其无德而作罢的讽刺性故事[②]，可以和《尚书》中的尧舜禅让形成鲜明的对比，而得出无德之君不可禅让的结论。现实中禅让的失败皆是无德之君擅让或者无德之臣篡逆(逼禅)所致。在某种意义上，《尚书》尧舜禅让说就为历代君主或人臣以各种以禅让之名行其私欲提供了批评的重要参照系。

---

① 黄晓平：《禅让制与传统中国政权危机化解：基于宪法视角的考察》，北京：中国政法大学出版社，2012年，第7—8页。

② 刘向：《说苑校证》，北京：中华书局，1987年，第374—348页。

从王国维“清学三变说”看《皇朝经世文编》经世学谱系

马晓见*

王国维在《沈乙庵先生七十寿序》里勾勒出清代学术的“三变”。第一变生于明清鼎革，“多胜国遗老，离丧乱之后，志在经世，故多为致用之学”，而顾炎武为其中代表：“亭林之学，经世之学也，以经世为体，以经史为用。”第二变发生于乾嘉时期，代表人物为戴震与钱大昕，他们当国家鼎盛之时，不再有强烈的经世抱负，其学问取向为“经史之学也，以经史为体，而其所得往往裨于经世”。第三变之时，国势渐倾颓，士大夫于是“有国初诸老经世之志”。这段时期的学问，“言经者，及今文，考史者，兼辽金元，治地理者，逮四裔，务为前人所不为”。代表人物为龚自珍、魏源，他概括说“道咸以降之学新”。不过，王国维不认为龚、魏是开创者，他以为，龚、魏之学“乃二派之合，而稍偏致者”，欲求其源头，须从前两变入手①。

王国维的三变以“经世”为基准，寥寥数语就勾勒了一幅清代经世学谱系。但是，王国维的讨论较简略，限于《沈乙庵先生七十寿序》（以下简称《寿序》）篇幅，也不可能提供具体内涵。其实，尽管强调

* 马晓见，湖南长沙人，北京大学哲学系博士生。

① 王国维：《观堂集林（外二种）》，石家庄：河北教育出版社，2003年，第574页。

“经世”可以追溯到顾炎武那一代①，但真正将“经世”二字突出来而开一代风气的清代著作，非《皇朝经世文编》莫属。该书成于 1826 年，由魏源受江苏布政使贺长龄嘱托而编，共一百二十卷，文章两千余篇，来自明末清初以下作者六百余人，分学术、治体、吏、户、礼、兵、刑、工八纲。刊刻后，数十年间风行海内，“有心于经济者几乎家有其书”。至 20 世纪初，光是各种“续皇朝经世文编”就多达近二十部。②然而，因为该书卷帙浩繁，其思想总体倾向难以把握。当代研究里，一般仅仅将其视作文献汇编，较少讨论其实质性经世内容。

其实，《皇朝经世文编》（以下简称《经世编》）如此广泛地搜罗了清代经世文章与经世作者，恰恰可以从中发掘出上至清初、下至 1826 年的经世学谱系。只是该谱系尚在《经世编》里分散存在，有待于被组织。本文以王国维关注“经世”的“清学三变说”为参照系，尝试组织梳理《经世编》自带的这个“经世学谱系”，并附带检省王国维“清学三变说”与此的异同。故本文按王说，先考察“国初”时期，后再及“乾嘉”时期，再及最后的龚、魏。

一、明末清初时期的经世学渊源

1. 顾炎武：《经世编》的灵魂人物

顾炎武堪称《经世编》的灵魂人物。就数量而言，《经世编》所选编的顾炎武文章多达 95 篇，诸作者里首屈一指，且遍布于八纲之内。就

① 如何把握“经世”的基本内涵，在今天依然是一件有争论的事情。不过，不论王国维、梁启超抑或现代研究者，均公认晚明以降具有强烈的经世倾向。有研究者指出，这个思想方向，可追溯至王畿。其言：“儒者之学务于经世。”但这种倾向和古人所言如“《春秋》经世，先王之志”的经世，在内在精神上究竟如何继承，究竟有何分别，在此不予涉及。（参见周积明：《“经世”：概念、结构与形态》，《天津社会科学》2018 年第 3 期，第 157—158 页）

② 李汉武：《魏源传》，长沙：湖南大学出版社，1988 年，第 77 页。

思想内核而言，经世学的“经世精神”直承自顾炎武。《学术一·原学》所收录的潘耒（按：顾炎武弟子）《日知录序》里，开篇即要求区分“通儒”与“俗儒”，其推崇顾氏，不遗余力：“昆山顾宁人先生，生长世族，少负绝异之资，潜心古学，九经诸史略能背诵，尤留心当世之故，实录奏报，手自钞节；经世要务，一一讲求。”“当代文人才士甚多，然语学问，必敛衽推顾先生。凡制度典礼，有不能明者，必质诸先生。天下无贤不肖，皆知先生为通儒也。”①

“经世要务，一一讲求”，正是《经世编》的真实写照。学为“通儒”，也正是《经世编》的学问追求。在许多重要问题上，顾炎武的观点代表着《经世编》的整体倾向。以下选取三文，略窥顾炎武于《经世编》里的地位。

《学术一·原学·与友人论学书》出自顾炎武。该文针对理学心学末流好谈、妄谈“心性”的弊病，要求重新定义“圣人之道”。该文指出：“命与仁，夫子之所罕言也。性与天道，子贡之所未得闻也。性命之理，著之《易》传，未尝数以语人。”这是因为，关于性命天道的学问，属于儒学里最高级的学问，绝不是大多数人可以轻易通晓的，孔子也并不会以此来进行普遍教育。顾炎武指出，儒学的学习方式是“下学而上达”，需要有大量的次级知识、工夫来作为支撑。“其答问士也，则曰‘行己有耻’。其为学，则曰‘好古敏求’。其与门弟子言，举尧舜相传所谓‘危微精一’之说，一切不道，而但曰：‘允执厥中，四海困穷，天禄永终。’呜呼！圣人之所以为学者，何其平易而可循也！”然而在晚明，天道性命却在被无差别地奢谈。顾炎武评价这些人“是必其道之高于夫子，而其门弟子之贤于子贡”。由此，顾炎武提出自己理解的“圣人之道”：

① 《魏源全集》第十三册，长沙：岳麓书社，2004年，第47页。

> 愚所谓圣人之道者如之何？曰“博学以文”，曰“行己有耻”。……耻之于人大矣！不耻恶衣恶食而耻匹夫匹妇之不被其泽。故曰：“万物皆备于我矣，反身而诚。”呜呼！士而不先言耻，则为无本之人；非好古而多闻，则为空虚之学。以无本之人而讲空虚之学，吾见其日从事于圣人而去之弥远也。

圣人之道在“博学”，在“有耻”。“博学”得其实，“有耻”得其本，耻于“匹夫匹妇之不被其泽”，而“实”于“好古而多闻”。如此理解的“本”与“实”，是才是“圣人之道”的根本取向。值得注意的是，如此理解的“本”与“实”，也正是《经世编》所呈现的经世学的根本立场。就“本”的问题，如《学术一·原学》前两篇文章，一名《辨志》，一名《民贵》，其言：“学者一日之志，天下治乱之原，生人忧乐之本矣。”[①]“扬雄氏曰：‘周之士也贵。’然文王、武王、周公之贵民也亦明矣。爱其子者隆其师，贵士正所以贵民也。”“夫姚、姒、子、姬、孔、孟之圣与贤，天所靳而不轻生者；然及其既生，天亦止欲其护吾民耳。”[②] 此即有其“本”者，与“耻于匹夫匹妇不被其泽”相一致。就“实”的问题，《经世编》又自叙有五条编纂条例，其第二条即“广存”：“广存。有利必有害，论相反者或适相成；见智亦见仁，道同归者无妨殊辙。”保甲、军屯、封矿、丧祭、差徭、河流、盐课、耗羡、畿辅、转漕等等诸多方面，具体措施多有其争议，《经世编》不仅广取诸方面，而且兼收正反双方意见。总之，《经世编》广纳各方各界的经世讨论，以成此120卷巨著，确实堪称“多闻”，堪为“实学”。

《治体二·原治下·历代风俗》节选自《日知录》，由编者拟定标题，旨在凸显风俗问题对于政治的根本意义。其言：

---

① 《魏源全集》第十三册，第2页。

② 《魏源全集》第十三册，第4页。

嗟乎！论世而不考其风俗，无以明人主之功。……东京之末，节义衰而文章盛……蔑礼法而崇放达，视其主之颠危若路人然……以至于国亡于上，教沦于下，羌、戎互僭，君臣屡易，非林下诸贤而谁咎哉？

有亡国，有亡天下，亡国与亡天下，奚辨？曰：易姓改号谓之亡国。仁义充塞，而至于率兽食人，人将相食，谓之亡天下。魏晋人之清谈，何以亡天下？是孟子所谓杨、墨之言，至于使天下无父无君而入于禽兽者也。……是故知保天下，然后知保其国。保国者，其君其臣，肉食者谋之；保天下者，匹夫之贱与有责焉耳矣。[①]

这段著名的“亡国亡天下”之辨，被晚清概括为“天下兴亡，匹夫有责”，并以之来动员中国人救华夏文明。[②] 但此处顾炎武旨在讨论“变风俗”。因为正是旨在讨论“风”，顾才指出东汉末年“教沦于下”，而玄学清谈可以亡天下。《经世编》里，风俗问题处于相当根本的位置。如管同（按：道光朝桐城派）所作《治体一·原治上·拟言风俗疏》即指出，“风俗正然后伦理明，伦理明然后忠义作”。该文还特别针对道光时即已经存在的要求变更“法度”的声音说：“天下士嚣嚣然争言改法度，夫风俗不变，则人才不出，虽有法度，谁与行也？”[③] 又如《治体一·原治上·富民》讨论如何解决贪官污吏：“治贪之道，赏之不劝，杀之不畏，必渐之以风。”[④] 这些文章，均可视为风俗问题的延续。

《礼政一·礼论·仪礼郑注句读序》一文要求转变陆王心学以下唯知尊德性的学风，以求归本于《仪礼》。其言：“礼者本于人心之节文，

---

① 《魏源全集》第十三册，第 335—339 页。

② 参见但兴悟《“天下兴亡，匹夫有责”的再诠释与中国近代民族国家意识的生成》，《世界经济与政治》2006 年第 10 期，第 14—20 页。

③ 《魏源全集》第十三册，第 319—320 页。

④ 《魏源全集》第十三册，第 289 页。

以为自治治人之具。”“三代之礼，其存于后世而无疵者，独有《仪礼》一经。”然而，王安石科考罢《仪礼》，而陆九渊倡言心学，这些看似“外在”的“自治治人之具”不再被重视。于此，顾炎武表彰了一位独求礼经与郑玄注的济南“张处士”，而论其书《仪礼郑注句读》：

后之君子因句读以辨其文，因文以识其义，因其义以通制作之原，则夫子所谓以承天之道而治人之情者，可以追三代之英，而礼亡之叹，不发于伊川矣。如稷若者，其不为后世太平之先倡乎！[①]

顾炎武不仅要求深究礼，还要求深究礼之“所以然”。“制作之原”“太平之先倡”这些更具政治哲学深度的问题，至少预示着清代学术的内在方向。后文讨论的魏源《曾子章句序》，即涉及制作问题。值得一提的是，这位顾炎武表彰的“张稷若”，正是贡献《经世篇》开篇第一文《辨志》的张尔岐。

有研究者指出，清代学术存在着“礼学复兴”这一脉络，且“礼学复兴”与反省王学末流、崇尚实学内在一致[②]。《经世编》里，在“学”“治”“礼”三纲内，均广泛强调“礼”对修身与治国的重要性。如《学术一·原学·中庸论》即提出，君子中庸的路径，不在虚悬一理，而在躬行于礼，并由之“发而皆中节”。汉儒取《中庸》入《礼记》的做法，正合于“克己复礼为仁”。[③] 而《礼政一·礼论·原治》则指出，三代民逸乐，实由于圣王善于制礼。其礼“原情而为之节，因事而为之防”，“其理自然也”。于是，“先王之制礼也甚繁，而其行之也甚易；

① 《魏源全集》第十六册，第32—33页。

② 参见潘斌《明清之际学风的嬗变——以礼学兴起为中心的探讨》，《史学月刊》2021年第8期，第99—102页。

③ 《魏源全集》第十三册，第12—13页。

其操之也甚简，而施之也甚博”①。此外，《礼政一·礼论》里收录的许多奏疏，其标题明显体现着“礼与其奢也宁俭”的精神，如《行俭论》《定制崇俭疏》《杜奢疏》等等，莫不如此②。可以说，《经世编》吸收了上溯至顾炎武的这条“礼学复兴”的脉络。

王国维以顾炎武为经世学鼻祖，与《经世编》高度吻合。顾炎武堪称《经世编》灵魂人物，且其学问取向，如崇尚实学、重视泽惠百姓、要求整肃风气、重视礼学等，均被《经世编》吸收为全书基本倾向。尤其是崇尚实学和重视泽惠百姓，可称全书信条。崇尚实学，规定了经世学的内容；重视惠泽百姓，规定了经世学的目的。

2. 作为“畸民”的唐甄

《经世编·叙》里曾表示，选文来自社会各阶层，比如“畸民”③。这里，“畸民”并非贬义。《庄子》言：“畸人者，畸于人而侔于天，故曰，天之小人，人之君子；人之君子，天之小人也。”所谓“畸”，郭象注为“乖异人伦，不耦于俗”④。《经世编》里，唐甄于此最为突出。

唐甄，明末清初人，著作《潜书》，上篇论学术，阐发了“尽性”与“事功”相统一的心性之学；下篇论政治，旨在讲求实治实功。尽管他依然推崇孔孟，但其对君主专制的激烈抨击历来受研究者重视。如《潜书·止杀》言：“自秦以来，凡为帝王者皆贼也。”⑤“周秦以后，君将豪杰，皆鼓刀之屠人。”《治体一·原治上》选唐甄文章多达5篇，可

---

① 《魏源全集》第十六册，第6—7页。

② 《魏源全集》第十六册，第8、18、20、23、25、26页。

③ “故聚本朝以来硕公、庞儒、俊士、畸民之言都若干篇。”（《魏源全集》第十三册，《叙》，第2页）

④ 郭象注，成玄英疏《南华真经注疏》，北京：中华书局，1998年，第158页。

⑤ 宋立顺：《“彷徨”而“呐喊”——唐甄反专制君主思想原因探析》，《中国社会科学研究论丛》2013卷第1辑，2013年，第200页。雷日：《〈潜书〉政治伦理思想研究》，河北大学硕士论文，2017年，第23、26—27页。左书谔：《试论唐甄的社会政治思想》，《兰州大学学报(社会科学版)》1992年第4期，第24—25页。

见唐甄之于《经世编》政治原理的重要性：

> 毋立教名，毋设率形，使民日由善而不知。(《尚朴》)①
>
> 天子之尊，非天帝大神也，皆人也。(《抑尊》)②
>
> 以言乎所生，男女一也。(《备孝》)③

唐甄的这些说法，确有其“畸”。比如，《尚朴》里，唐甄就认为天子绝非高高在上，应当将天子还原回人间。《备孝》认为，男女由天所生，本无不同。这也是相当早的男女平等的说法。

唐甄关于君主皆人和男女平等的说法，尽管不能说就是《经世编》的理论原则，但确实就是其理论倾向的最激进表达。就君主问题而言，《抑尊》主旨在于澄清现实君主地位过于尊贵，为了善治，有必要拉近君主与百姓的距离。该篇为《治体三·政本上》第二篇文章，而这个版块的二十余篇文章，明显与“抑尊”有内在联系：其下第三篇为熊伯龙④《纳谏》：“谏官，国之威神也。凡天下大奸大害之所伏，其始也，以谏官折之而有余；其后也，以君相制之而不足。”⑤ 其后二十五篇均为清代臣下诫帝王的奏疏，例如讨论灾异的劝诫作用、请开言路、请止北巡等等。⑥ 可以看出，只有在“抑尊”之后，才可能有谏官的崇高地位，这些诫帝王的奏疏才有分量。而“抑尊”的理论基础，便在于

---

① 《魏源全集》第十三册，第 290 页。

② 《魏源全集》第十三册，第 354 页。

③ 《魏源全集》第十六册，第 314 页。

④ 熊伯龙也是位“畸民”。其人顺治时进士，知西洋天文算法，持有强硬无神论观点，曾研读王充《论衡》，继之而作《无何集》。“无何”，语出《荀子·天论》：“星坠、木鸣，国人皆恐。曰：是何也？曰：无何也，是天地之变，阴阳之化，物之罕至者也，怪之可也，而畏之非也。”自言其目的在于“欲以醒世之惑于神怪祸福者”，并否定君权神授。《无何集》至 1794 年方才刊出。

⑤ 《魏源全集》第十三册，第 356 页。

⑥ 《魏源全集》第十三册，第 6—7、353—401 页。

“天子皆人”。值得补充的是，唐甄的君主观与顾炎武接近。顾炎武《学术三·法语·说经》言：“为民而立之君，故班爵之意，天子与公、侯、伯、子、男一也，而非绝世之贵。”①《备孝》出自《礼政七·家教》，在《礼政七·家教》与《礼政八·昏礼》中的礼仪讨论，颇为重视妇女礼仪问题。其中，章学诚《妇学三则》与任启运《女教经传通纂序》②，均旨在强调妇女礼仪教育的合法性。这无疑是对传统上根据男尊女卑而轻视妇女教育的反动。在此，唐甄的“男女一也”的说法在理论上走得最远。

由此而言，《经世编》择人择文，颇重视明清之际的思想家。通过唐甄的文章，《经世编》的“经世”内容，时常流露出反传统、反专制的色彩。《寿序》概括说“国初之学大”，这个评价可概括顾炎武，却不可概括唐甄。唐甄与其说“大”，不如说“畸”。正是这种“畸”，为后来《海国图志》大异习俗地赞美美国“无君”的政治、赞美西洋的一夫一妻无妾制做好了准备。

二、《经世编》的取与舍

《经世编》不录戴震一文，与其说是疏忽，不如说是魏源的取舍态度。在前文论及的《与友人论学书》末尾，《经世编》编者下了一条按语：“国初承明季之弊，故其言如此。至于近日，而违行己之耻与置四海之困穷者，又不在内心之儒，而在徇末之士矣。”③ 顾炎武针对着明末王学末流空谈性理，而魏源面对他的时代，根据求“实”、求“本”，将批判的矛头对准了当世的“徇末之士”——乾嘉考据学。

---

① 这个观点，魏源自己也同样认可。《默觚·治篇三》：“故天子自视为众人中之一人，斯视天下为天下之天下。”（《魏源全集》第十三册，第 333 页）

② 《魏源全集》第十六册，第 321、357 页。

③ 《魏源全集》第十三册，第 38—39 页。

魏源不取戴震作品[1]，原因何在？《经世编》里就暗含答案。戴震在《经世编》里并未全然隐身，陆燿的《复戴东原书》当可视为《经世编》与考据学的分野之所在。文中，陆燿与戴震往来讨论宋学得失，开篇即言：“来教举近儒理欲之说，而谓其以有蔽之心发为意见，自以为得理，而所执之理实谬，可谓切中俗儒之病。”可见，陆燿相当认可戴震对程朱理欲观的批评。但是，陆燿并未抛弃宋学：“若尽举朱子之创社仓、行荒政、难进易退、知无不言，与象山之孝友于家、化行于民，阳明之经济事功、彪炳史册，以为理学真儒之左契，则矍相之圃廑有存者矣。”[2]

陆燿何人？《切问斋文钞》何书？陆燿所编《切问斋文钞》是《经世编》体例的直接模仿对象。《经世编》影响虽巨，但并非该类文集的始作俑者。《经世编·五例》即提及其体例部分借鉴于陆燿的《切问斋文钞》。已有学者指出，《切问斋文钞》对于《经世编》的意义值得重视。[3]

陆燿，乾隆时举人，以清节为天下第一，提倡“崇实黜虚”。其所编《切问斋文钞》刊于 1755 年，选文宗旨为“明治道，存同异，贵有用”。分为学术、风俗、河防等 12 门。此前陈子龙所编《皇明经世文编》多限于具体政事。而陆燿一大突破在于，先立“学术”为第一门。如此

---

① 魏源并不反对戴震“遂民欲”。可比较魏源与戴震对《大学》“挈矩之道”的解释。《古微堂四书》：“矩即天则也。天生蒸民，有物有则。格致者，格此矩。自一人之心以至于亿万人之心，即今日之心以印于上下千古之心，无不合符节焉。故‘从心所欲不逾矩’者，圣心也；从民所欲不逾矩者，王道也。诚一己之好恶以同众人之好恶，斯之谓絜矩，斯之谓知本。”（魏源：《魏源全集》第二册，第 479 页）戴震：《与段若膺论理书》：“大学絜矩之道，不过‘所恶于上，毋以使下’云云。曰‘所不欲’，曰‘所恶’，指人之常情不堪受者耳。以己絜之人，则理明。孟子对齐王好货、好色曰：‘与百姓同之’，非权辞也。好货、好色，欲也；与百姓同之，即理也。”（戴震：《孟子字义疏证》，北京：中华书局，1982 年，第 184—185 页）

② 《礼记·射义》：“孔子射于矍相之圃，盖观者如堵墙。”（转引自《魏源全集》第十三册，第 74 页）

③ 周积明、傅才武：《陆燿与〈切问斋文钞〉》，《求索》1998 年第 3 期，第 121 页。

安排，意在表明经世学问并非“末”学，而实有其学术归本。[①]《切问斋文钞》的开篇即选录张尔歧的《辨志》，《经世编》也同样如此。这些均可视作魏源对陆燿的继承与致敬。

陆燿与戴震同时。《切问斋文钞》编成时，考据学如日中天，而戴震又为皖学宗师。陆燿赠《切问斋文钞》于戴震望其斧正，颇有以实用之学诫考据之意。与经世文编先驱陆燿的态度相一致，《经世编》展示的不是考据学的繁荣，而往往是考据家晚年对考据的自我反省。如戴祖启（戴震家族后人）的《答衍善问经学书》旨在讨论经学学习本义。该文指出，学经本应诵经文，玩注释，反之于身心，再施行于民物。而当时风气却往往不顾六经，但以小学与地理相考辨。由是其言：

> 吾家东原盖痛悔之，晚婴末疾，自京师与余书曰：“生平所记都茫如隔世，惟义理可以养心耳。”又云：“吾向所著书，强半为人窃取。不知学有心得者，公诸四达之衢，而人不能窃也。”[②]

依此，戴震晚年深悔早年考据支离，而尤其强调“义理养心”。《经世编》又收录段玉裁文章两篇，均后悔或反省于考据学。其《朱子小学跋》言：

> 玉裁不自振作，少壮之时，好习辞章，坐耗岁月。三十六乃出为县令，不学而仕者十年，政事无可纪。……归里而后，人事纷糅，所读之书又喜言训故考核，寻其枝叶，略其根本，老大无成，追悔已晚！……垂老耄，敬谨翻阅，绎其指趣，以省平生之过，以

① 周积明、傅才武：《陆燿与〈切问斋文钞〉》，《求索》1998年第3期，第119页。
② 《魏源全集》第十三册，第79页。

求晚节末路之自全。[①]

正如阳明《朱子晚年定论》实非朱子晚年定论，《经世编》里的这些文字，也不必深究其情。在考据学面前，《经世编》力图恢复理学心学经世致用方向的尊严。与此相应，在著名的“汉宋之争”上，《经世编》倾向清代“宋学”。如姚鼐《学术二·儒行·赠钱献之序》一文，其言“当明佚君，乱政屡作，士大夫维持纲纪，明守节义，使明久而后亡，其宋儒论学之效哉！”[②] 该文与桐城派缘起实有莫大关联。[③]《经世编》文章不少来自桐城派，方苞《学术一·原学上·传信录序》言：“古之所谓学者，将明诸心以尽在物之理，而济世用；无济于用者，则不学也。”[④] 朱子所言“吾心之全体大用”，在经世学“济用”的维度上被推崇。《经世编》里，数篇文章均在反击汉学对朱子学的攻击，如《记收书目录后》深病朱彝尊、毛奇龄以来的汉学门户之见；又如《文士诋先儒论》则挑明，汉学若不是因为担心犯众怒，只怕攻程朱后还要攻六经。[⑤]

《寿序》以为，戴震、钱大昕之学“以经史为体，而其所得往往裨于经世”。同时将龚、魏学问理解为“乃二派之合，而稍偏至者，其开创者仍当于二派中求之焉”[⑥]。就《经世编》情况而言，该观点偏差较大。《寿序》未仔细考虑魏源经世学对考据学的强烈拒斥态度，以及对“宋

① 《魏源全集》第十三册，第72—73页。

② 《魏源全集》第十三册，第62页。

③ “面对汉学坚城，姚鼐‘独立不惧’，奋起抗争。关于这场抗争的史料，在姚鼐的撰作中，最珍贵者莫过于《赠钱献之序》。姚鼐告别四库馆前夕，恰值钱大昕的从子钱坫将归江南。他郑重写序相赠。序文中，他不顾钱氏一门皆精汉学，皆是戴震考据学方面的同志，极力称扬程朱理学，严厉纠弹汉学。”（王达敏：《论姚鼐与四库馆内汉宋之争》，《北京大学学报（哲学社会科学版）》2006年第5期，第87页）

④ 《魏源全集》第十三册，第44页。

⑤ 《魏源全集》第十三册，第81页。

⑥ 王国维：《观堂集林（外二种）》，第574页。

学”桐城派的欣赏。[①]

三、 龚与魏：新一代经世学的动向

在龚自珍与魏源的文章里，特别能看到经世学的新动向。在《经世编》文章作者部分，龚自珍与魏源被排在一起，共收30篇。其中，龚自珍政治理论3篇，魏源学术理论2篇。两人均关注边疆问题：龚有6篇讨论蒙古，而魏则有4篇讨论槽粮海运。有研究者指出，《经世编》的这部分内容为魏源日后亲身参与运筹的漕粮海运改革提供了思想基础。[②]但更重要的是，龚、魏文章里均有一半以上属于“兵”。可以说，新一代经世学展示了对军事的浓厚兴趣[③]。

龚自珍《著议》是一篇重新定义学问范围与学者身位的文章，位于《学术一·原学》。龚自珍认为，三代之时，所有的“学”均不出王者之治。“是道也，是学也，是治也，则一而已矣。”为了确立这个立场，他基于三代的典范政治，重新解释定义了诸如“法”“卿大夫”“士”“师儒”“法先王”“道”等词汇的内涵。所有这些，全都围绕于先王立法及其解释。例如，王者之子孙为后王，而士与师则传习彰明先王法意的学问。龚自珍相当强调这种学与治的一致性，并由此划定学问者的学问重心：

> 陈于王，采于宰，信于民，则必以诵本朝之法，读本朝之书为率。

---

① 这同样是后来经世学的发展方向。在曾国藩身上，即可看到“经世学”与“桐城派”的融合。

② 刘兰肖：《〈皇朝经世文编〉与魏源经世思想的成熟》，《云南民族大学学报(哲学社会科学版)》2004年第1期，105—106页。

③ 《魏源全集》第十三册，《姓名总目》第48页。

必须追问的是，龚自珍在这里所说的“三代之治”，究竟是与现实历史无涉的三代，还是就是现实历史中的三代？按其本义，就是现实历史里的三代。唯有如此理解三代之治，我们才能理解《著议》中龚自珍对孔子从周的赞美以及对其他儒者的批评。何以孔子对周公念兹在兹，龚自珍解释说：

> 以孔子之为儒而不高语前哲王，恐蔑本朝以干戾也。

周之于孔子，正如清之于龚自珍。龚自珍是站在清朝内部的立场，做出这些告诫的。换言之，士人必须去探究清代的先王之法，以成就清代之治，以现实地将清代建设为三代。[①] 站在这个立场上，龚自珍批评当时的儒者：“生不荷耰锄，长不习吏事，故书雅记，十窥三四，昭代功德，瞠目未睹，上不与君处，下不与民处。”正是对眼前的政治世界愈发无知，士、儒开始变成了独立群体，脱离了其本义：

> 由是士则别有士之渊薮者，儒则别有儒之林囿者，昧王霸之殊统、文质之异尚。其惑也，则且援古以刺今，嚣然有声气矣。是故道德不一，风教不同，王治不下究，民隐不上达。国有养士之资，士无报国之日。殆夫，殆夫！终必有受其患者，而非士之谓夫？[②]

士不仅放弃了自己的本职，成为了分裂于现实共同体之外的群体，甚至以古刺今，以造成道德风尚的混乱。总之，国家为养士投入了资源，士

---

① 顾炎武的《通今》感叹，孔子于其世无法探究国史秘闻，因而无从研究从当代出发的“三代”。我们看到，《著议》的立场，与此完全内在一贯。《经世编》里，这两篇文章，即被编者安排为前后相继：先《著议》、后《通今》。《魏源全集》第十三册，第36—37页。

② 《魏源全集》第十三册，第34—35页。

却并未回报国家。长此以往，士必将自受其祸。可以说，龚自珍激进地重新定义了士：既然学、治一致，既然为国所养，士就应该投身于复本朝先王之法。值得注意，龚魏的学问取向正是在这个路径下展开。龚批评士人“昭代功德，瞠目未睹”，龚自己就博览清代掌故，而魏源更是写作《圣武记》来记录“本朝”的武德武功。① 这也是为什么《经世编》首先自我规定为“皇朝”。由此多少可以理解，何以章太炎叹息龚、魏之学让“学隐之风”断绝：士的独立性已经被取消，而完全融于本朝政治。

《曾子章句序》是魏源《古微堂四书·曾子发微》的序言，勾勒了《曾子》一书的原貌以及曾子之学贯穿于日用至神化的精神，并由此强调曾子之学的意义，位于《学术五·文学》。《古微堂四书》里，魏源自出心裁，另编“四书”，由《小学》而《大学》、由《孝经》而《曾子》，而后三书均出自曾子②，故该序实可视为《古微堂四书》纲领。该序指出，《汉书·艺文志》本录有《曾子》十八篇，至南宋而失传，惟《大戴礼记》尚存十篇。

魏源推重曾子，除了因为曾子上承孔子，下启子思子、孟子之外，还在于曾子学的特点。曾子学乍看少言“性天”，但重内省，求反躬实行：“曾子得圣道宗，孝尽性，诚立孝，敬存诚，万伦万理，一反躬自

---

① 尽管龚魏的学问其实大大越出了“本朝”，尽管所谓“本朝先王”依然会显露出“托”的一面，但龚魏对掌故之学的关心，依然是真实的关心：哪怕最后要上探于天道王道，也必须是像孔子从周一样，由“本朝”出发的上探。

② “小学”部分，指古人八岁入小学后，十五岁入大学前所受教育。魏源为此安排了从《大戴礼记》选取自《贾谊新书》的《保傅》开始，至《管子·弟子职》结束的教育，覆盖了从父母婚姻到胎教到少年敬师的教育内容。“大学”部分，为魏源博采朱王解释而以古本《大学》为底本的《大学》诠释。“孝经”部分，为魏源节录黄道周《孝经集传》所成。“曾子”部分，为魏源由《大戴礼记》及《吕氏春秋》《新语》中选辑与恢复的《曾子》十八篇原书以及曾子言行汇录等。《古微堂四书》钟意于曾子之学，魏源以为，《大学》《孝经》《曾子》三部分均出自曾子。魏源自己解释这种安排说，以《孝经》次《大学》，因为“《大学》出于曾子，而《孝经》则夫子所特授曾子之书”。“‘志在《春秋》，行在《孝经》’，真垂世立教之大原。”又以《曾子》次《孝敬》，其实即以曾子之学一以贯之。（《魏源全集》第二册，第519页）

省出之。初罔一言内乎深微，外乎闳侈，惟为己为人进退义利际，谆谆提撕而辟咡之，百世下如见其心焉。”然而，魏源更进一步，强调了曾子之学看似不高深其实上探于神化的内核：“日用则神化也，庸德则大经也，不越户庭，明天察地，体用、费隐贯于一，不遗不御也。”尽管魏源序中未明说，但很明显这种学问警惕着“空虚之学”，与顾炎武期望的“实学”非常一致，且同时并非不能展开向儒学最高主题“性命”“天道”的探究。在此，顾炎武的“实”学与探究“性命”的宋学，于曾子之学中相交融。①

《孙子集注序》是魏源《孙子集注》一书的序文，全书已佚。该序不仅评价《孙子》能媲美《易》与《老子》，而且兵学本就是儒学的合法分支。就前者：

> 然则孙武果否知道？曰“亢之为言也，知进而不知退，知存而不知亡，知得而不知丧”，所以“动而有悔”也。此《易》之言兵也。“天下莫柔弱于水，而攻坚强者莫之能先。”此老子之言兵也。“百战百胜，非善之善者也；不战而屈人之兵，善之善者也。故善用兵者无智名，无勇功。”此孙子之言道也。经之《易》，子之《老》，兵家之《孙》，其道冒万有，其心照宇宙，其术皆合天人，综常变。

乾阳之亢进，水之攻坚，本为《周易》与《老子》基本的“象”，魏源由其中看出先秦思想对军事活动的描摹，故《易》道与《老子》道本通于兵。

---

① 张学智教授即认为，经世学应当理解为心性之学的的内在要求与自然开出，并认可熊十力的如下判断：“实学一词，约言以二：一，指经世有用之学言。二，心性之学，为人极之所由立，尤实学之大者。”魏源自己作为《经世编》编者，但却深取于曾子之学，这正是此种“实学”双面向的体现。（张学智：《中国实学的义涵及其现代架构》，《北京大学学报（哲学社会科学版）》2003 年第 6 期，第 22—23 页）

孙子言战争里的“善之善者”，不在杀伤战胜，而在“不战而屈人之兵”，故“无名”“无功”，其高度实可与“道”相沟通。故该序又言：

> 微观于五行相生相克之原，天地间无往而非兵也，无兵而非道也，无道而非情也。

天地之间，五行相生相克，无不在性质上相当于“兵”。这里，“兵”应当理解为相保护与相斗争。由此，天地间的运动变化，无不依循于相保护与相斗争的“道”而发生，而所有的“道”都生发于事物的根本情势。

此外，该序强调儒家立场下，军事研究的必要性与合法性。魏源开篇即指出：兵家真正不合于儒家之处，仅在于强调“兵者诡道也”。此外，则多有相容。他说，军事行动如果被用来保护人，那就是一种“仁术”：“‘弩生于弓，弓生于弹，弹生于孝子。’杀人以生人，匪谋曷成？谋定而后战，斯常夫可制变。”“变化者，仁术也。”魏源特别广泛摘取儒家经典里并不多见的对兵事的肯定，以强调孔子绝非不知兵：“然兵列五礼，学礼宜及，‘有文事者，必有武备’，‘好谋而成’①，‘我战则克’，‘学矛夫子，获甲三百’。”②

---

① 值得注意的是，魏源所讨论的军事活动，其特色在于强调“谋”，强调“变化”，而并不鼓励一般意义上的“好战”或是“好勇”。以“好谋而成”为例，该典故出于孔子与颜回、子路的对话：“子谓颜渊曰：‘用之则行，舍之则藏，唯我与尔有是夫！’子路曰：‘子行三军，则谁与？’子曰：‘暴虎冯河，死而无悔者，吾不与也。必也临事而惧，好谋而成者也。’”就此章，朱子注也指出，子路“自负其勇”，以为颜回必无用于军事。而孔子则“抑其勇而教之”。朱子进一步指出，“然行师之要实不外此，子路盖不知也”。换言之，魏源的解读，并不与朱子相违反：孔子实知兵谋。不过，孔子、朱子不显言之，而魏源显言之，这却是他们的区别。（参见朱熹：《四书章句集注》，北京：中华书局，1983 年，第 95 页）

② 这几处典故，分别出自《周礼 · 地官司徒》、《史记 · 孔子世家》夹谷之会、《论语 · 述而》孔子批评子路语、《礼记 · 礼器》孔子言行礼之道、《左传 · 哀公十一年》。（以上见《魏源全集》第十七册，第 235—236 页）

此外，魏源《城守篇》也被收录。该篇一开头就说“仁人不问伐国，书生不足谭兵”①。该开头在《圣武记·城守》篇里改写作“仁不伐国，儒不谈兵”。可见，魏源的思想倾向与当时回避军事的儒者颇为不同。正是因为对军事的高度敏感，魏源才能在后来相当超前地赋予鸦片战争以不可替代的意义，并因此而写出《圣武记》与《海国图志》这两部名扬海内的著作。《圣武记》记录了由努尔哈赤起兵到鸦片战争的整个清代武事，而《海国图志》，魏源自述其为“兵机之书”②。由此，“师夷长技以制夷”这场受军事问题引导的恢弘的文明革新与文明竞争拉开了帷幕。可以说，对军事的关注，是新一代经世学最具特色的一个部分。

《寿序》评价龚魏“道咸以降之学新”，“虽不逮国初、乾嘉二派之盛，然为此二派之所不能摄”，均极准确。如龚自珍取消士人独立性，全纳入“本朝”的学治统一体，如魏源将兵事上升到“道”的高度，均已溢出前人。至于《寿序》所言“乃或托于先秦西汉之学，以图变革一切”，“其所陈夫古者，不必尽如古人之真，而其所以切今者，亦未必适中当世之弊。其言可以情感，而不能尽以理究”，则非讨论经世学谱系的本文所能予以充分讨论的了。

四、结　语

《经世编》卷帙浩繁，本文借助王国维清学三变说，以一窥其经世学谱系。就“一变”而言，顾炎武确为灵魂人物，其文章多定下全书基本倾向，如崇实学、重民生、变风气、重礼学等。王说准确。但同时，唐甄等“畸民”的尖锐理论，如抑君权、倡导男女平等等，同样为相关

---

① 《魏源全集》第十七册，第237页。

② “然则执此书即可驭外夷乎？曰：唯唯，否否！此兵机也，非兵本也。”（《海国图志原叙》，《魏源全集》第四册，第1页）

部分的基本理论倾向。此部分可补充王说。“二变”则王说与《经世编》差异甚大。王国维以为，戴震、钱大昕同样为魏源学问源起，但《经世编》对考据学相当排斥，并展示了戴震与段玉裁的晚年悔过，并同时青睐考据学对立面桐城派以及经世文集的先驱人物陆燿。此部分可纠正王说。就“三变”而言，龚自珍与编者魏源代表着经世新动向，龚尤其关心当代，而魏又关心礼乐制作的根源，且高度重视军事的重要性。王说突出其“新”，又言龚魏之学越出前两派藩篱，极准确。

论劳思光对现代文化困局的梳理与回应

——从《当代西方思想的困局》入手

冯骏豪[*]

一、引言：对于现代文化理解的缺失

受到五四与新文化运动思潮的影响，中国学者对于现代文化的理解倾向正面。提倡全盘西化的学者，认为中国急需通过西化而“现代化”，以挽救当时的国家。即使是承认传统文化价值的港台新儒家，也认为中国传统文化需要“现代化”，开出“科学与民主”。新儒家学者曾经指出西方文化或现代文化有其问题，需要通过学习中国传统文化来解决，但尚未对现代的文化危机进行详细梳理。曾经与唐君毅、牟宗三共事的劳思光，则反思了上述两派学者的取向，认为需要对现代文化的问题有所梳理，方可以处理现代的文化危机。劳思光曾经批评唐、牟两位学者对于现代性缺乏全面的掌握，这成为二人的中国文化现代化理论的关键盲点。①劳思光晚年曾经对于现代文化的问题进行了较为系统性的梳理，

---

* 冯骏豪，1988 年生，香港特别行政区人，深圳大学人文学院助理教授，研究领域为现当代中国哲学、明代儒学。此文是深圳市哲学社会科学规划课题“二十世纪港台地区中国文化发展观研究”（SZ2022B009）阶段性成果。

① 劳思光：《危机世界与新希望世纪——再论当代哲学与文化》，香港：中文大学出版社，2007 年，第 123 页。

并尝试提出相应的回应。本文将从其晚年作品《当代西方思想的困局》[①]一书入手，梳理劳思光对于现代文化困局的理解与回应，接着对于相关论点进行理论有效性的反思。

二、现代文化的三重困局

劳思光梳理了现代文化所面对的三重困局：包括传统与现代性的张力、现代性的不完整任务以及后现代反理性思潮。[②] 这三种困局可以看到三个维度，第一重困局是各个前现代文化在面对现代性时出现了不同程度的张力与冲突，是不同文化从前现代进展到现代文化时的整合问题。第二重困局则是现代文化本身的“不完整性”，即现代文化处理不同地区包括其自身发源地欧洲的文化问题时的有限性，而这些有限性则导致了不同的社会问题。第三重困局则是由对于现代文化的反思所引发。由于现代文化出现问题，导致欧美出现反理性思潮，这些反理性的思潮冲击了人类对于共同规范的承认，引发了“哲学的终结”的文化危机。

在第一重困局方面，劳思光指出现代文化与前现代的文化出现不相容的情况，而这种情况并不只在中国发生；即使现代文化的发源地欧洲，也有前现代文化与现代文化的冲突问题。人类是先继承了已有的文化，才去学习其他文化，不可能完全抛弃脱离自身的文化去接受新的文化。比如人类学习一种新的语言，必然是建立于自己的母语之上，即使后来因各种原因不再使用母语，也不可能是先抛弃了母语，“从零开始”学习新的语言。故此，传统文化与现代文化是必然会交织的。[③]

① 劳思光：《当代西方思想的困局》，台北：台湾商务印书馆，2014 年。
② 劳思光：《当代西方思想的困局》，第 3 页。
③ 劳思光：《当代西方思想的困局》，第 8—9 页。

在此交织之中，劳思光提出了“张力”和“潜力”两个概念。劳思光指出传统与现代的冲突并不单是东方世界的问题，即使在现代文化起源的欧洲也会出现，比如欧洲启蒙运动中的“解咒”就是要破除亚里士多德开始所建立的“目的论世界观”。前现代所建立与肯定的东西在现代文化中不能被承认，可见现代性与前现代的社会之间有不相容性，而这些不相容的成素指向现代文化与前现代文化之间的张力。① 要在传统与现代文化的冲突之中找寻出路，则涉及了一种“创造”的工作，这工作需要发挥文化传统的“潜力”。这些具有潜力的成素潜在于传统文化的内部，但是不容易被表现，传统文化面对传统与现代文化的冲突问题，需要找出传统文化中能够面对现代文化、能够与现代文化对话的成素。②

第二重困局则是现代文化自身的不完整性。劳思光为现代文化进行“病理学观察”，指出现代性自身蕴含的问题。这个病理学观察分为三点，包括扩张主义、工具理性以及人类的物化。关于扩张主义，劳思光指出现代文化的经济结构和前现代的农业社会生产并不一样，农业社会生产是以安定为主要目的，即安居乐业为主，正如中国传统常常强调安天下；而工业生产则是以扩张为目标。③ 随着现代文化下的科技进步，工业生产提高了生产效率，能够更快地生产更多货品。这种生产方式成立之后，便会一直扩张生产力及市场。这种“扩张主义”本身并无负面意涵，可实际上却带来了帝国主义和殖民主义，导致文化冲突等问题。④

现代文化下的科技发展也带来了法兰克福学派所说的“工具理性”的问题。⑤ 工具理性把“有用的”和“合理的”的概念等同起来，认为

---

① 劳思光：《当代西方思想的困局》，第 9 页。

② 劳思光：《当代西方思想的困局》，第 10 页。

③ 劳思光：《当代西方思想的困局》，第 24 页。

④ 劳思光：《当代西方思想的困局》，第 24 页。

⑤ 劳思光：《当代西方思想的困局》，第 25 页。

"好的"就是"有用的";在现代文化下,人类应该越来越理性,可是事实上理性的功能却退化了,因为理性从"目的理性"转到"工具理性",即"好的就是有用的"。[①] 劳思光指出,说明一个东西是否有用,需要指向一个目的,具有这个目的才是完整的陈述,而目的本身是不能谈是否有用的;可是在现代文化下,随着源自亚里士多德的目的论世界观受到冲击,启蒙运动之后人们不再认为世界是跟着一个目的运作的。这样工具理性衡量是否有用的标准往往走向休谟所说的"理性为欲望服务","好的"东西就是能够满足欲望的东西。[②] 由此,理性成为了人满足欲望的工具,"自然人"的动物性维度被强调。

现代性的第三个病理学观察,则是"物化"(retification)的现象。劳思光指出:"在现代文化的毛病愈加暴露出来的情况之下,现代文化共同的趋向,以及所蕴含的文化病都表现在'物化'现象上。"[③] 这种物化现象有三个层面的表现。第一种物化现象为人类化成"自然物"。这是源于经验科学的发展,人被当成一个自然物来研究,这方面的物化体现在心理学的发展。行为主义心理学发展之后,心理学成为一门独立的科学,它把人的问题化成自然对象的问题,由此把人自身化成"自然物",配合工具理性,越来越把人类看成一种欲望的生物,再以知识来配合欲望的满足。[④] 第二种意义的物化则体现在生产和经济生活上。在经济生产中,人变成资本主义下的员工,被计算在生产过程中的作用,与其他货物一起放进利润的计算当中,而资本家对于货物的态度是要降低成本和增加产能以提高利润,则无可避免会出现剥削。[⑤] 第三种意义的物化则在人与动物的关系上。劳思光指出20世纪60年代到现在都出

① 劳思光:《当代西方思想的困局》,第13页。
② 劳思光:《当代西方思想的困局》,第13—16页。
③ 劳思光:《当代西方思想的困局》,第32页。
④ 劳思光:《当代西方思想的困局》,第33—34页。
⑤ 劳思光:《当代西方思想的困局》,第34页。

现很明显的放纵欲望的趋向，不断把人当作动物看，提倡欲望的放纵；同时在现代文化的世俗化之下，基督教和儒家等传统规范受到很大冲击，人类渐渐把动物性的欲望当作应该追求的东西。[①]

现代文化的第三重困局就是，后现代反理性思潮所引发的“哲学之终结”及其所进一步引发的文化危机。[②] 当现代文化出现种种问题，以及无法阻止希特勒大屠杀等等荒谬的事情发生的时候，则产生了一个对理性不信任的思潮，即后现代文化兴起。劳思光梳理了后现代思潮的三种病态：第一种病态是片段化的病态。后现代的论述针对传统上共同接受的客观性、合理性等概念，找出一个片段的小范围指出理性思维的不可信，然后根据这个小范围作出普遍全体的判断。[③] 劳思光认为“这种思考方式并非使我们更精确地了解世界，而是突出一个观念，再透过它来笼罩整个社会历史，如此便形成我所谓‘片段化’的病态”[④]。第二种病态就是特权化的病态。后现代论述否认理性，可是却非常相信自己的语言是可信的，具有无须证成的普遍性。要建立具普遍性的真理，需要通过理性的语言，建构理论来证立其普遍性，可是若站在反对理性思维的立场来建立论述，则是把自己使用的语言当作一种具有特权地位的语言，认为自己的语言是正确的而其他的语言都是错误的。劳思光言“如果连合理性都是可疑的，那这些话又是根据什么呢——因为既然不能根据合理性来说，就必须承认这语言有个特殊的地位，这就是所谓‘特权’……如果有人主张没有真假，那又如何主张自己的所说是对的，并且是对所有人都是可以成立的?”[⑤]第三个病态就是虚无化的病态，因为后现代语言反对合理性，那么行为规范以及道德价值则会变得

① 劳思光：《当代西方思想的困局》，第 34—35 页。
② 劳思光：《当代西方思想的困局》，第 41—42 页。
③ 劳思光：《当代西方思想的困局》，第 43 页。
④ 劳思光：《当代西方思想的困局》，第 44 页。
⑤ 劳思光：《当代西方思想的困局》，第 45 页。

虚无。劳思光以福柯为例，指出：

> 他(按：福柯)把我们平常建立社会正义的合理性判准丢开，否定一切主张的合理证成，这样一来，他用的是“自破的”(self-defeating)论述语言、自破的根据。此外，把自立的根据丢掉以后，还是要依照他的思想做事情，这时候就产生一个真正的文化危机，因为使用一个自破语言，在行为上就会蕴含一个自毁(self-destruction)的行为……采取矛盾思想的后果是任何价值都不能成立，这就是虚无化的病态。而更根本的危险，不是认为我们没有找到真理，而是认为根本没有真理。[①]

可见，劳思光所谓虚无化的病态，就是反对合理性之后所带来的价值虚无，让人类缺乏建立行为规范的价值标准，让人们在自破的语言之中做出自毁的行为，从而带来了文化危机。

三、客观主义与相对主义的得失

面对现代文化的这三重困局，劳思光从20世纪的各个思潮当中，选取了具有一定影响力的“客观主义”和“相对主义”作为审视焦点，指出它们对于现代文化困局问题的有效资源以及有限性，借用当中的有效资源以建构回应现代文化困局的理论。

劳思光认为，客观主义对形上学的反思对于哲学学科的发展有一定的贡献，可是客观主义也同时取消了道德哲学的领域。[②] 劳思光以维也纳学派为代表，指出维也纳学派认为有认知意义的命题才能成为知识，

---

① 劳思光：《当代西方思想的困局》，第49页。
② 劳思光：《当代西方思想的困局》，第54—67页。

人类是透过组合这些命题来认识世界的。[①] 由此，维也纳学派破除了传统形上学对世界的理解，因为传统的形上学只有系统的融贯性，均无法被验证，对于维也纳学派来说，这些形上学理论只能表达情绪和态度。同时劳思光指出，维也纳学派的理论处理文化问题的能力则非常有限，因为维也纳学派认为只有具有认知意义的才是学问的对象，而道德哲学处理的是应该与不应该的规范问题，并不是对世界的知识；如此一来，道德哲学思考“应然”的领域便会被取消，世界会失去共同规范的领域。[②] 劳思光认为，客观主义在思考的精密性以及对于传统形上学的反思上有一定贡献，可是人的研究与自然物的研究之间毕竟有一定差距，客观主义把人直接当成自然物，是其最大的限制，因为客观主义之下，很多问题被取消了，只能够关心具有认知意义的问题，这不但取消了形上学，也连带取消了价值意识的问题，令视域缩小。[③]

在劳思光看来，相对主义对于“人的视域可以转移”的理论以及“有效历史”的概念，有助于对“交互主体性”的承认以及论证文化发展的可能，两者可以呼应劳思光的“成素分析”理论，不过相对主义同时也带来了价值虚无化的问题。[④] 相对主义关联着诠释学，而诠释学指向了重要的问题，包括社会科学的特性以及对人的研究和对自然物的研究的区别。劳思光举出伽达默尔的“有效历史”的观念，指出以往文化活动所留下的东西，需要进入当前生活才算有效，不能进入当前的生活则是“历史的垃圾”。[⑤] 这个理论则可以呼应着劳思光的“成素分析”的文化发展理论。不过，劳思光也提出，这种相对主义无意中走向了合

---

① 劳思光：《当代西方思想的困局》，第 60—61 页。
② 劳思光：《当代西方思想的困局》，第 62 页。
③ 劳思光：《当代西方思想的困局》，第 66 页。
④ 劳思光：《当代西方思想的困局》，第 66—73 页。
⑤ 劳思光：《当代西方思想的困局》，第 73 页。

理性的虚无化，因为文化之间的价值冲突会被解释成为视域之间的差异问题，而并没有普遍性标准的衡量，因而合理性也会走向虚无化。① 由此，劳思光认为相对主义对于视域转移以及有效历史的理论对于处理文化如何发展的问题有一定的帮助，不过也要避免相对主义之下价值虚无化的问题。

劳思光指出“客观主义”和“相对主义”在面对现代文化的困局上，各自有值得借用的理论资源，比如对形上学的反思、对交互主体性领域的开拓、有效历史的概念。不过同时各有其限制；要从上述的资源中，提炼出有效的方法，处理现代文化的困局问题，指出未来文化与哲学的发展方向。

四、极限概念与成素分析——文化及哲学发展的方法

从以上的分析，劳思光反思形上学语言的有限性，指出用形上学语言说明世界的理论困难，从而提出使用极限概念取代绝对概念，突破大系统叙述的封闭性，同时避免思考方向的虚无化。另外，劳思光以相对主义的视域融合以及有效历史的观点作为资源，提出成素分析的文化及哲学的沟通与发展方法。

劳思光认为形上学系统不能提供确定的知识，失去解释世界的功能。劳思光言：

> 形上学语言不是在表达对世界的认识，因此拿这种语言去讲客观世界，人不能因为形上学命题所说的那些话不能证明是假，于是就把它们当成是真的，然后又加上对“绝对”(ultimate)的要求，

① 劳思光：《当代西方思想的困局》，第66页。

于是就以为不只找到真的问题，还因为自以为找到“绝对真理”而很高兴。①

由于形上学语言不可验证，不能提供对世界的说明。形上学语言所讲求的是系统的融贯，是封闭的系统。以形上学语言说明世界以及人类文化会凸显封闭性，同时形上学语言的不可验证不等于就可以把它设定是真的，然后绝对化后就以为自己找到真理。人类的思考是在时空以内的，不可能在某个时空点上便可以触及超越时空的绝对真理。劳思光言：

在一定的时空点上，我们经验的、认识的都是有限的，都受时空观点所影响。所以这里用“极限”概念来代替“绝对性”的概念，就是不要以为我们现在就可以掌握一切实在；“极限”（limit）的意思是指往这个方向去做；它代表一个方向，而不表示在具体的时空点上已经达到。②

劳思光认为存在的展开犹如开花一般，哲学思考的成果永远有一部分是属于未来的，故此以极限概念取代绝对的概念。“极限”是指向一个思考或发展的方向，以避免虚无化的情况，可是不等于这个极限的概念是可以达到的。所谓的真理是对于人类共同有效的，可它也是可以修改的。原来的哲学概念、社会制度、价值观等等，即使在当下的世界非常有效，可是随着历史和社会情况的转移，会出现部分失效的情况，如此则需要作出修改。这个修改并不是随意、无方向的修改，而是指向这个极限概念，往极限概念迈进一步的修改。承认哲学成果以及文化成果的可修改性，而极限概念则是修改的方向，可以一定意义上避免虚无化的问题。

① 劳思光：《当代西方思想的困局》，第99页。
② 劳思光：《当代西方思想的困局》，第110页。

劳思光同时以视域融合和有效历史的理论作为资源，重新思考了文化内部发展以及不同文化之间的沟通问题。劳思光认为黑格尔模型说明文化是人的主体精神的外在化过程，在解释一个文化内部发展的时候十分有效，可是当要说明不同文化之间沟通的时候则存在限制，比如中国传统文化面对现代文化，黑格尔模型则缺乏有用的解释路径，以黑格尔模型解释中国文化现代化的问题，即会变成中国文化内部有现代文化的价值肯定，把它彰显便可现代化。① 劳思光改用帕森斯的内在化模型，提出“创生”与“模拟”的划分，认为一个文化要生出异质文化的文化成果，并不由内部生出，而是直接学习模拟，然后整合调适，这样不同文化之间才会产生视域的融合。② 由此，劳思光提出了成素分析方法，指出每一个文化系统内部都有其开放成素和封闭成素。前者是能够突破历史脉络和社会脉络，而具有普遍意义的有效成素，后者则是未能突破历史脉络和社会脉络只在特定时空中有效的成素。③ 文化需要提炼和发扬自身的开放成素才能持续发展。这发展则包含了两个维度，突破历史脉络的开放成素即是能够面对该文化现时自身的文化问题的成素，落在时间的历史维度；而突破社会脉络的开放成素则是能够冲破自身社会状况的限制，对于人类共同问题具有普遍效力的成素，落在空间的维度。同时，不同特殊文化之间以开放成素接合，互相吸收对方有效成素，再整合调适，从而发展出更高层次的文化系统与理论建构，吸收原有的文化系统。如此特殊文化的持续发展则成为可能，也对于不同文化之间共同面对的文化问题，包括上述的现代文化的三重困局问题也会有所帮助。

---

① 劳思光：《文化哲学讲演录》，香港：中文大学出版社，2010 年，第 62 页。

② 劳思光：《文化哲学讲演录》，第 62—65 页。

③ 劳思光：《危机世界与新希望世纪——再论当代哲学与文化》，第 126—127 页。

五、劳思光观点的理论效力分析

劳思光通过梳理现代文化的三重困局，并尝试以极限概念取代绝对概念，以及成素分析的方法，突破现代文化的三重困局，打开文化发展的可持续性，以及不同文化体之间互相吸收和整合对方开放成素，从而在互相不会影响到对方主体性之下，可以达至相互并进发展。即使劳思光的理论能够回应部分的问题，比如能够降低传统与现代性的张力，尝试发挥传统文化的潜力，但是劳思光的文化哲学理论并未能完全地处理问题，尤其是在面对现代文化的不完整性的时候，劳思光的文化哲学理论并未能直接处理，只能开通文化发展上一个处理的可能。

在处理传统与现代性的冲突问题上，劳思光的成素分析理论，可以带来视域转移，把传统文化与现代文化的冲突，转移成为有效成素与失效成素之间的取舍问题，降低传统与现代之间的张力。当传统文化面对现代文化，无论是欧洲地区从内部的改变还是亚洲地区从外部的传入，都需要面对取舍的问题，因为原有的文化体必须改变才能进入现代化的阶段；同时由于现代文化本身带有扩张性，传统文化并不能忽视现代文化的压力，传统与现代之间的张力更为明显。劳思光提出成素分析理论，把传统与现代的问题视角从文化体的取舍转移成为文化元素的取舍，传统文化所面对的并不是整个被置换的压力，而是部分失效的封闭成素的替换问题，如此传统文化所遭受的压力以及与现代文化之间的张力则得以缓和。以理论效力作为取舍元素的衡量标准，则可以建立起双方共同承认的转换原则，使整个取舍与发展循“理”而行，而非基于民族情感或个人情感等不具有普遍效力的因素。由此，在成素分析之下，传统文化面对现代文化的时候可以具有共同的取舍标准，同时把文化转移变成成素的交互，也能够缓解传统与现代之间的张力；而以理论效力作为标准也可以找寻传统文化的开放成素，发掘传统文化在现代社会之中的潜力。

劳思光提出以极限概念取代绝对概念，可以回应哲学的终结所带来的文化危机。后现代对于理性表达怀疑，甚至认为合理性与共同的规范都是可以怀疑的，可是在怀疑理性之后，却没有给出具有制约性或者共同承认的方案。劳思光批评这是一种特权化的病态，即认为自己的语言具有特权，在不需要合理性的证立之下认为自身观点是正确的。同时，后现代在特权化的病态之下，所引发的更严重的文化危机则是社会的虚无化。由于理性被怀疑，尤其是对于传统形上学系统下的绝对真理的怀疑，导致原来的价值系统受到冲击，而在怀疑合理性之下，新的信念与价值系统不能建立，使社会中的价值虚无化。这个虚无化的后果，便是人失去了共同承认的价值规范，加上现代性下的工具理性与物化，使人类渐渐走向以文明的方式满足自身的欲望，与原来建立文化以调节和处理欲望的目标背道而驰，人类也因此渐渐动物化。劳思光以极限概念取代绝对概念之下，人类可以免除形上学承认“绝对真理”所面对的理论困难，追求共同的价值规范。即使极限概念之下共同的规范并不能完美，也无法达至终极的完美世界，但是并不代表人类不能追求人生的正面价值，社会的正面发展，而极限概念则能在方法论上说明人类文化的发展依然可以具有价值方向，而不是走向虚无或者追求物欲。

劳思光的成素分析以及极限概念取代绝对概念，是以文化哲学的角度，提出不同文化之间可以进行相互学习发展的进路，以及文化发展依然可以具有方向性，避免人类未来虚无化的问题。可是面对现代性自身的不完整性问题上，劳思光的文化哲学观点只能指出一个方向与可能性，并不是直接处理现代性所带来的问题。虽然极限概念可以让文化重新出现发展方向成为可能，可是成素分析与极限概念毕竟只是指出文化发展的方法，并不是直接指出文化发展、共同规范的肯定与价值追求应该朝着哪一个方向。因为这属于第二层次，需要通过不同文化具体面对人类价值虚无的问题，再通过自身有效成素的提炼，以及与其他文化的开放成素整合来找出价值方向。故此，具体能否解决人类价值虚无的问题，依然需要根据各个文化体的文化成果而决定，而不是单凭成素分析和极限概念便可以直接解决。

六、总　结

总括而言，劳思光的文化哲学理论并未能完全解决现代文化困局的问题，是未完成的计划，但是依然对处理现代文化的困局有一定的贡献。劳思光的工作是给出了文化有序发展的方法论，而困局中的部分问题比如人的物化、价值的虚无化等等，则需要借助不同文化应对此问题的开放成素来处理。即使劳思光的文化哲学并不能直接呼应所有现代文化的困局，只能开出文化未来发展的方法论，但是不同的文化传统之中已经具有能够呼应和处理相关困局的开放成素，只等待后人去提炼与交流，以促进人类文化的多元与健康发展。故此劳思光的文化哲学工作为处理现代文化困局提供了方法与方向，而处理实际问题的工作，则有赖于不同文化体共同努力。

后 记

在本书策划、组稿、编纂过程中，陈清春、邓庆平、周广友、吴敏、钟治国、李春颖、唐纪宇、谷继明、陈前军、冯骏豪等同门出力尤多，特此说明。

张昭炜　程海霞

2022 年 12 月 31 日

* 按入师门时间排序。